学问人生 大家风范

——丁声树先生百年诞辰纪念文集

中国社会科学院语言研究所
《丁声树先生百年诞辰纪念文集》编辑组　编

商务印书馆
2009年·北京

图书在版编目(CIP)数据

学问人生　大家风范:丁声树先生百年诞辰纪念文集/中国社会科学院语言研究所《丁声树先生百年诞辰纪念文集》编辑组编. —北京:商务印书馆,2009
ISBN 978-7-100-06771-3

Ⅰ.学… Ⅱ.中… Ⅲ.丁声树(1909~1989)—纪念文集　Ⅳ.K825.5-53

中国版本图书馆CIP数据核字(2009)第172124号

所有权利保留。
未经许可,不得以任何方式使用。

XUÉWÈN RÉNSHĒNG　DÀJIĀ FĒNGFÀN
学问人生　大家风范
——丁声树先生百年诞辰纪念文集
中国社会科学院语言研究所
《丁声树先生百年诞辰纪念文集》编辑组　编

商　务　印　书　馆　出　版
(北京王府井大街36号　邮政编码100710)
商　务　印　书　馆　发　行
北京市白帆印务有限公司印刷
ISBN 978-7-100-06771-3

2009年10月第1版　　　　开本880×1230　1/32
2009年10月北京第1次印刷　印张18⅜　插页8
定价:41.00元

丁声树先生

1963年10月在北京召开中国科学院哲学社会科学部委员会扩大会议。毛泽东、刘少奇、周恩来、朱德、邓小平等中央领导人接见与会代表。局部扩大居中者为丁声树先生

1964年10月语言研究所全体人员合影。前排居中人员左起儿至左起十七依次为:吴宗济、李荣、丁声树、赵荫、吕叔湘、吕叔湘、石明远、陆志韦、陈润斋、周定一、其中吕、石、李、吴为本书作者。本书作者还有:一排张惠英(左二)、黄雪贞(右一)、何乐士(右二)、二排舒至章(左二)、王广义(左四)、陈嘉猷(左六)、陈治文(左十二)、金有景(左十三)、金有景(左十二)、熊正辉(右九)、韩敬体(右十)、三排李瑞岚(左六)、侯精一(右一)、李锡胤(右三)、张振兴(右七)、张盛裕(右八);四排莫衡(左六)、蔡富有(右十);五排伍铁平(左六)、刘庆隆(左八)、闵家骥(左十三)、陈章太(右八)。

1938年夏在昆明拓东路历史语言研究所。自右至左为：丁声树、赵元任、董同龢、杨时逢、吴宗济

1957年11月语言研究所领导与部分工作人员合影。前排从右至左：丁声树、吕叔湘、石明远、罗常培、郑奠、陆志韦、周浩然

1959年调查昌黎方言时,丁声树先生(二排右一)、李行健(二排右二)、熊正辉(一排左一)和房东以及发音合作人合照

1959年河北昌黎方言调查组部分成员在昌黎一中。前排左起：熊正辉、余钟惠、白宛如、庄惠珍、陈章太；后排左起：鲍怀翘、周殿福、丁声树、贺巍、张盛裕、侯精一、李荣、金有景

1959年河北昌黎方言调查组部分成员在昌黎一中。前排左起：熊正辉、余钟惠、庄惠珍、白宛如；后排左起：金有景、贺巍、张盛裕、侯精一、周殿福、发音合作人、石明远、丁声树

1965年语言研究所团支部组织团员和青年到颐和园举行团日活动。前排丁声树（右一）赵洵（右五）

1965年于颐和园。左起：许少青、赵洵、李瑞岚、丁声树、高祖霁、吴昌恒

谚云，有闻必录，盖不辨真伪是非，姑妄听之，姑妄述之也。此有闻录即取此义为名。论语公冶长篇，子路有闻，未之能行，唯恐有闻。盖见善如不及，恧躬行之不逮，有如此。此有闻录岂敢取此义。

三十一年七月　声树

丁声树先生手迹（一）：《有闻录》序

古籍整理出版小组：

左克思同志"史字"128号上看到1958年史部古籍出版计划，不胜欣喜。廿四史采用百衲本是完全正确的，其中所据各种旧本，抽换补足的，特别可贵。

我现在建议：赶快抽换百衲本廿四史。这个百衲本已是破烂的，毁了不可再印，此是洋装流装，只能供专家、中等书局号召发售委托印这部廿四史，实在是一个大浪费。

敬礼

丁声树

丁声树先生手迹(二)：致古籍整理出版小组信

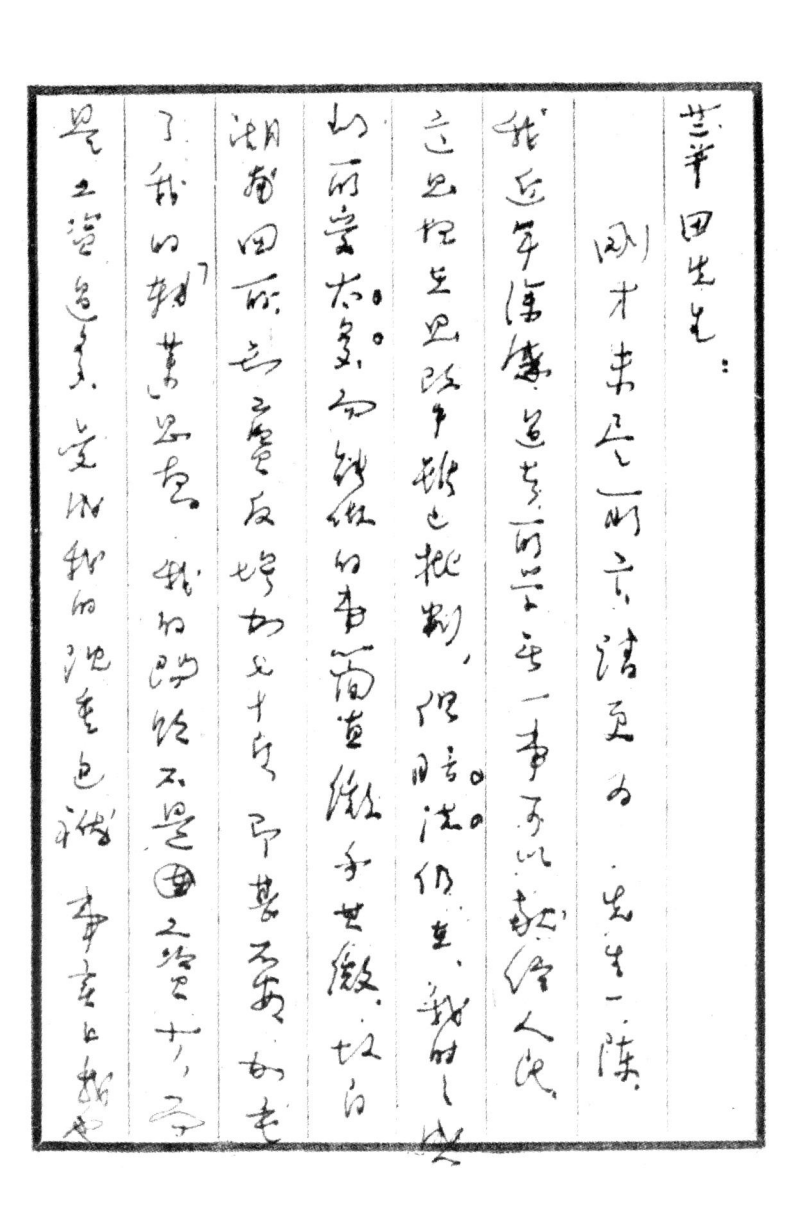

莘田先生：

刚才来尽两示读过。先生一谏我近年汇集近来所发一事不以救给人民立足怕生业败年那也批判，但明法仍是我觉得山而学太象而纠缠的事而查做手世做故白湖南田所云之意反据如文十年印甚不安如老了我的树黄品志我的助哈不是因之觉苦二号上发兔表安在似的论道是电波申去上机多

丁声树先生手迹(三)：致罗常培信一页

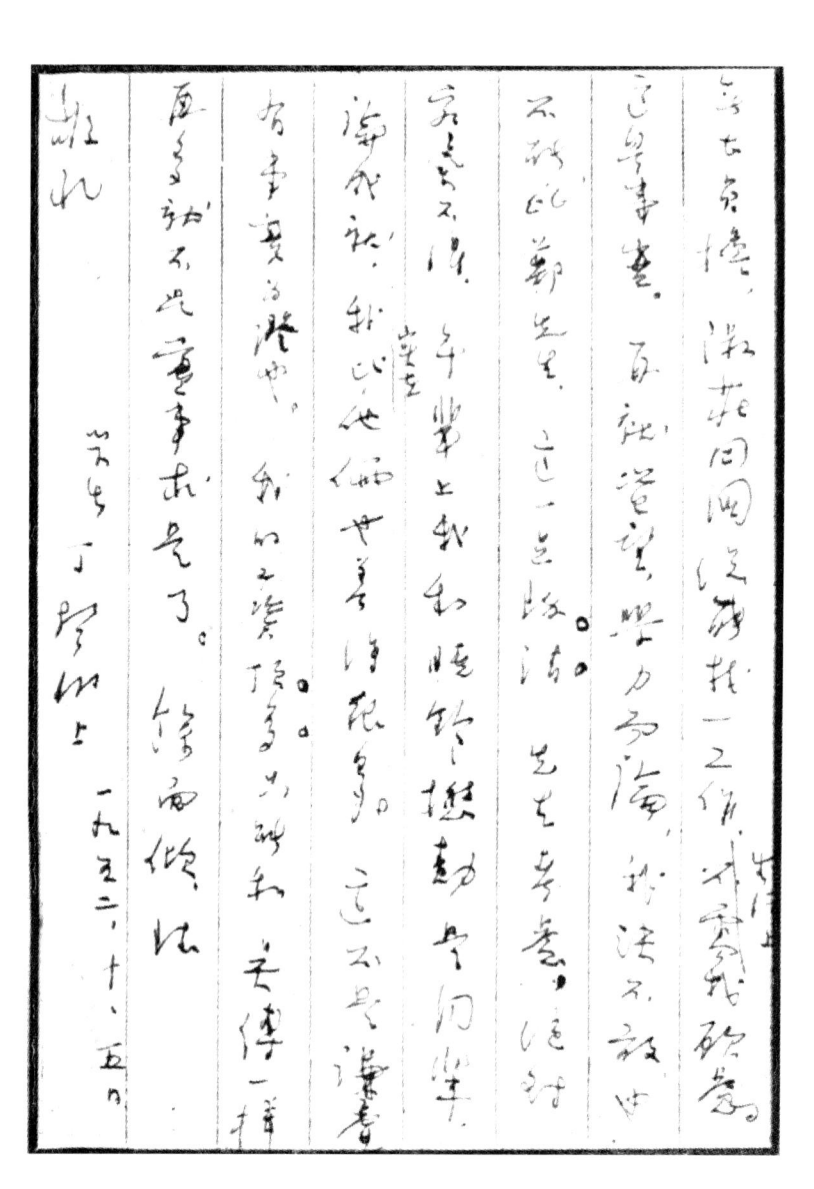

丁声树先生手迹(四)：致罗常培信二页

目 录

丁声树同志的学风（代序）……………………… 吕叔湘 1

怀念丁声树同志 ………………………………… 季羡林 4
怀念丁声树先生 ………………………………… 周祖谟 6
志节高尚,学术精深 ……………………………… 刘大年 8
怀念同学兼畏友丁声树二三事 ………………… 吴宗济 10
缅怀丁声树学长 ………………………………… 胡厚宣 13
丁声树先生 ……………………………………… 李 荣 16
缅怀丁声树先生 ………………………………… 朱德熙 30
丁声树同志的治学精神 ………………………… 杨伯峻 33
丁先生是大学者 ………………………………… 徐世荣 38
纪念丁声树先生 ………………………………… 周一良 41
深切缅怀丁声树先生 …………………………… 石明远 45
一生严谨圣洁　风范长留青史——怀念丁声树先生 … 严学窘 50
杰出的学术成就,高尚的道德风范——丁声树先生学术
　　活动追思会侧记 …………………… 韩敬体 整理 54

七律——梧梓学兄百年诞辰纪念 ……………… 吴宗济 61

临江仙——纪念丁声树先生百年冥诞 ………………	李锡胤	62
纪念丁先生百年诞辰 …………………………………	贺　巍	63
丁先生百年诞辰祭 ……………………………………	贺　巍	64
怀念梧梓业师 …………………………………………	莫　衡	65
雄狮礼赞——纪念丁声树先生 ……………………	舒宝璋	67
跟丁声树先生在昌黎调查方言 ……………………	熊正辉	68
怀念丁声树先生——为纪念丁先生百年诞辰而作 …	贺　巍	73
一腔情怀念师恩 ……………………………………	张振兴	83
一代语言学巨人——怀念丁声树先生 ……………	金有景	95
怀念恩师丁声树先生——先生事例杂记 …………	张盛裕	131
丁声树先生对"弗""曷"的考论揭示另一型合音 …	郑张尚芳	139
铭记丁先生的教诲 …………………………………	黄雪贞	146
丁先生是有远见的好领导人 ………………………	刘庆隆	150
忆丁先生 ……………………………………………	单耀海	154
细针密缕惠人间——缅怀丁梧梓先生 ……………	舒宝璋	158
献身于词典事业的丁声树 …………………………	闵家骥	172
青年人的良师益友——怀念丁声树先生 …………	韩敬体	182
平凡的故事,非凡的境界——丁声树先生为人和治学往事琐记 ………………………………………	韩敬体	200
丁声树先生二三事 …………………………………	晁继周	226
缅怀丁声树先生——浅谈丁声树先生治学态度对后学的影响 …………………………………………	刘洁修	228

丁先生教我编词典 ················· 李志江 238

品格学问俱佳的"丁圣人"——追怀丁声树先生 ······ 陈章太 257
一位品格高尚、学问精深的杰出语言学家
　　——哀悼丁声树先生 ················ 陈章太 268
记忆深处的丁声树先生 ················ 侯精一 274
润物细无声——先师丁夫子梧梓百岁冥寿纪念 ····· 陈治文 291
回忆丁先生的教导 ·················· 张惠英 300

仰之弥高，风范永存——纪念丁声树先生百年诞辰 ··· 蔡文兰 312
永远的偶像与丰碑 ··················· 董　琨 317
一位极有学问、十分谦虚的大学者 ············ 伍铁平 327
著名的语言学家丁声树 ················ 何乐士 336
丁声树先生百年诞辰之际的点滴回忆 ·········· 李瑞岚 356
德高望重的语言大师——纪念丁声树同志 ········ 成立中 360
大家风范　不耻下问——丁声树先生教我认识了一个
　　家乡字 ······················ 王广义 362
聆听丁声树先生教诲二三事 ·············· 蔡富有 365
忆丁声树先生三件事 ················· 伍均仁 373
小事当中见品格——忆丁声树先生几件小事 ······ 陈嘉猷 377

缅怀博学敦厚的丁声树先生 ·············· 胡明扬 381
难忘丁声树先生的一件事 ··············· 唐作藩 385
《古今字音对照手册》学习札记三则 ·········· 曹先擢 387

回忆丁声树老师 …………………………………… 钱曾怡 392
一位平凡而伟大的语言学家——怀念丁声树老师 … 李行健 401
音韵与方言结合的光辉典范——自《汉语音韵讲义》
　　缅怀丁声树先生 ………………………………… 李如龙 409
呕心沥血作词书 …………………………………… 张万起 416
"接受'丁学'"、"'溱'之qín音"、"丁声树谜题"……
　　——为纪念丁声树先生百岁诞辰而作 ………… 鲁国尧 420
他的成就泽及中国整个语言学界——纪念丁声树先
　　生诞生100周年 ………………………………… 王　宁 440
甘为沧海一滴水——记我国著名语言学家、共产党员
　　丁声树 ………………… 戴　煌　李光茹　林玉树 444
怀念我最敬佩的老师——丁声树先生 …………… 梁德曼 461
润物细无声——丁声树先生印象 ………………… 柳凤运 483
一代天才　声树梧梓——纪念语言学大师丁声树先生
　　百年诞辰 ………………………………………… 聂振弢 493
怀念丁声树先生 …………………………………… 李　平 506
家学渊源丁声树 …………………………………… 杨德堂 515
回忆丁声树先生 …………………………………… 劳　榦 520

祭声树九周 ………………………………………… 关淑庄 524
声树十周年寄语 …………………………………… 关淑庄 525
桃李不言　下自成蹊——悼念我的姨夫丁声树
　　先生 ……………………………………………… 翟乾祥 526
情志高洁　为人低调——深切怀念哥哥丁声树 … 丁声俊 534

碧波陵园 ………………………………… 关学林 554
丁声树藏书·批校本所见 ………………… 关学林 564

附录一 丁声树先生生平年表………………………… 570
附录二 丁声树先生主要论著目录…………………… 577
编后记………………………………………………… 579

丁声树同志的学风(代序)[*]

吕叔湘

声树同志比我年轻,可是在语言研究的道路上他走在我前头。他的第一篇论文《释否定词"弗""不"》写成在1934年,这篇文章一发表就受到学术界的重视。那一年他才二十五岁,我已经三十岁了,还在教中学。七年之后,1941年,我写《论"毋"与"勿"》,就是受了声树同志那篇文章的启发。

声树同志治学的风格可以归纳为三点。首先,他善于发现问题,也就是有眼光。比如"弗"和"不"这两个字的分别,"何""曷""胡"三个字的分别,从前多少学者都没有说清楚。东汉的何休说"'弗'者'不'之深也",算是沾了点边,可究竟怎么个深法,不清楚。至于"何""曷""胡"三个字,从前人总是说"'曷','何'也","'胡','何'也",好像这三个字毫无分别,可以通用。从前的学者中间也有人目光敏锐,为什么看不出它们的分别呢?我以为有两个原因。一个原因是从前人缺少历史观点,以为后世无分别的

---

[*] 1983年4月16日中国社会科学院机关党委召开"向丁声树同志学习"党员大会,吕叔湘先生在会上作了发言,本文是发言的记录。1989年4月12日中国社会科学院语言研究所举行丁声树先生学术活动追思会,吕叔湘先生又宣读了这篇发言。此文曾发表于《中国语文》1989年第4期。

字，古代也无分别。另一个原因是他们缺少一套语法概念。声树同志能够摆脱这两个缺点，是因为他在北京大学学习，在那里他受到了西方语言学的影响。可是话又说回来，跟他有同样经历的人很多，并非都跟他一样的善于发现问题，这又是为什么呢？这就不能不归结到个人的修养了。

声树同志治学的第二个特点是善于占有材料。这可以拿《说"叵"字音》这篇做例子。这个问题的起因是山西省南部有个地方叫做"叵河镇"，那里边的"叵"字按本地的读音折合普通话的音是 kē，可是《康熙字典》的注音是邬感切，音 ǎn。别的字书都跟《康熙字典》相同，只有《龙龛手鉴》的注音是苦合反，音 kē。究竟是哪个对呢？声树同志从《康熙字典》引用的一条《新唐书》材料入手，引用了从六朝到唐代的文献证明正确的音是 kē。然后又引用了"叵"字的异体"启""启""匌""佮""鞈"等字的材料，进一步证明这个字音 kē。三千多字的一篇文章，一共引用了字书、韵书、训诂书十二种，诗文十三家，诗文注音五家，其他书两种，可以说是充分占有材料了。

要能占有材料，首先得熟悉材料；要熟悉材料，得读书。（当然这是指研究古代语言，研究现代语言，除读书外还得观察口语。）声树同志读书之勤是大家都知道的。做研究工作常常要从熟悉材料入手，从材料中发现问题，这叫做读书得间。读书跟翻书不同。在研究过程中当然还需要翻书查材料，但是读书是根底，没有这个根底，光知道翻书，那是不行的。在勤读书这件事情上，我们都要向声树同志学习，尤其是青年同志。我常常看见有些青年同志，找人要题目，拿着题目现翻书找材料，当然效果是不会很好的。

声树同志治学的第三个特点是善于驾驭材料。他写的文章总是论证周密而又条理分明，读起来不费力气。拿《论诗经中的"何""曷""胡"》这篇论文做例子。这篇文章先分节讨论这三个字的用法，每节以一个字为主，看它在《诗经》里是怎么用的，其他二字是否也能这么用。得出结论："曷"字表何时，并且专指未来时间；"胡"字表示"何故"，"何"和"曷"间或也表示"何故"，但不多；"何"字用于其他场合，即代替名词，修饰名词，表示处所、状态、方法等等。这三个字的分工相当清楚，不是可以随便通用的。

《史通》的作者刘知几说，"史有三长：才，学，识。"我觉得这三个字适用于一切研究工作。能够发现问题是识，能够占有材料是学，能够驾驭材料是才。这样看来，声树同志确实是一个才、学、识兼备的研究工作者。

末了，我要谈一点感想，就是丁声树同志写出来的东西太少了。这不是我一个人的感想，凡是了解声树同志的人都有这个感想。我们也曾经劝他多写点，他总是说：写不出什么，写不出什么。事实不是他写不出什么，而是他悬格太高，要能够颠扑不破才肯拿出来。当然，我们反对粗制滥造。可是有声树同志这样修养的人，随便写什么都不会是粗制滥造的。他这样的过分谨慎，就使得我们不能得到很多我们希望得到的东西。这是非常可以惋惜的。

怀念丁声树同志[*]

季羡林

声树同志研究的范围，我甚少通解，因而不敢赞一辞。但是，对于他作为一个人，作为一个学者，我却是十分敬佩，觉得颇有一些话要说。

在初解放的一段时间内，我住在城内沙滩红楼和翠花胡同，在沙滩一个小饭铺里经常同他在一起吃饭。又有许多机会同他一起开会。他给我的印象是淳朴、诚恳，蔼然儒者气象。后来听许多人讲到，声树同志极俭，而待人极厚；对自己要求极严，处处以最高标准要求自己。这方面的事迹，如果搜集起来，可以写成一本书。他的道德水平达到了很高的境界。在今天社会上道德准则不断滑坡的情况下，他的举动真可以振聋发聩，可以给人以针砭，给人以策励。

作为一个学者，他的著述虽然不算多，但是，据真正的内行说，他的每一篇文章都是千锤百炼的产品，达到了很高的水平。在这

---

[*] 此文是季羡林先生1989年4月12日在中国社会科学院语言研究所举行的丁声树先生学术活动追思会的发言，曾在《中国语文》1989年第4期追思会报道中摘要发表，现全文刊发。季羡林先生曾在其自选集《悼·念·忆——另一种回忆录》(2008年6月，华艺出版社出版)中收录。

方面，他对自己要求很严格，对别人要求也同样很严格。在今天学术道德也不见得很令人满意的情况下，他也可以给我们以针砭，给我们以策励。

总之，从为人和为学两个方面来看，声树同志都可以成为我们的楷模。他会永远活在我们心中，我们会永远向他学习。

1989 年 4 月 10 日

怀念丁声树先生[*]

周祖谟

丁声树先生卧病多年,终于逝世,这是使人非常悲痛的事。丁先生是我非常敬重的一位朋友。我们都是北大的毕业生。他是1932年毕业,我是1936年毕业。我认识他是在1936年的秋天,我初到南京中央研究院历史语言所工作的时候。当时他给我的印象是亲切笃实。虽然他很有学问,但毫无骄矜之气。以后熟了,同他在一起论学,他一直很谦虚,从来不轻易表示意见。彼此说笑,他爱对我学北京人常说的话:"谁知道呐?"或者说:"可不是嘛。"这已经是五十三年前的事了,那时我们都不到"而立"之年,他长我五岁,回忆往事,音犹在耳。

我跟董同龢和他同在蓝家庄宿舍住,一间房分里外间,他住外间,我同董住在里间。他在生活方面非常俭朴,冬天南京很冷,他坚决不要炉火。他每天很早就起床,吃半磅牛奶就到北极阁办公室去了,晚间十点钟才见他回来。星期日照常如此,很少休息。他

---

[*] 此文是周祖谟先生1989年4月12日在中国社会科学院语言研究所举行的丁声树先生学术活动追思会的发言,曾在《中国语文》1989年第4期追思会报道中摘要发表,现全文刊发。

爱惜时间,已成习性。平时不大与人闲谈,循规蹈矩,勤勤恳恳,所中同事交谈的时候不肯呼其名,常呼"丁梧梓","梧梓"是他的字。有时称为"丁老夫子"。大家对他那谦抑、节俭、好学不倦的精神都十分敬佩。

  他发表的文章并不多,可是每篇文章都引证精确,迭出新解,学者无不啧啧称赞。由于他平日蓄积者厚,体悟者深,所以水到渠成,有伦有序,自成佳作。他对方言、音韵、训诂、语法都有很深的造诣,而对训诂尤为精到。

  全国解放以后,他到中国科学院语言研究所工作。我在《中国语文》编辑会上还不断同他晤面,他总是那样言语温和,不失为学长的风度。他对工作认真负责,汲汲不息,对后进诚恳指导,不遗余力,有口皆碑。如今他不幸逝世是中国语言学界的一大损失,很多人失去了良师益友,使人格外怀念。他的高尚的道德情操将永远为人所崇敬,永远是人们学习的榜样。

志节高尚,学术精深[*]

刘大年

丁声树同志是我非常尊敬的学者之一。对于他的为人治学,我的脑海里一直萦回着这样几个字:志节高尚,学术精深。我对语言学没有研究,但有兴趣。1954年至1955年中国科学院筹备成立学部,1955年举行的汉语规范化会议和第二年的青岛学术讨论会,我都是参加者,知道一些当时语言学界的情况。说他志节高尚,学术精深,是我在那个过程中亲切感受到和实际了解到的,并非一句套语。

丁声树同志拒绝到台湾去,积极参加新中国的语言学工作,60年代又加入中国共产党,他追求的是什么?古人讲"淡泊明志",我们口头有时也讲某某人"热衷",也就是说急切追求个人的名誉地位。丁声树同志一辈子淡泊为怀,以至淡泊到了忘记自己的程度,一辈子不知道"热衷"为何物,尽管在辞书里他对这个词作过准确的解释。从长期的实践来看,他所奋力追求的,只有国家民族的学术繁荣、人民的需要、人民的利益。他加入共产党,无非是确

---

[*] 此文是刘大年先生1989年4月12日在中国社会科学院语言研究所举行的丁声树先生学术活动追思会的发言,曾在《中国语文》1989年第4期追思会报道中摘要发表,现全文刊发。

信共产党是为人民谋福利而不是为少数人谋私利的，党所从事的是正义的事业，所以他要求加入到这个行列中去，为自己的信念和目标而奋斗。"毫不利己，专门利人"这句话现在没有人讲了，不但没有人讲了，在一些人的心目中，直至堂而皇之的议论中，差不多认为这句话应该改成"毫不利人，专门利己"。这是社会现实生活中的一股浊流。丁声树同志和一切有爱国心、有正义感的人的信念和努力表现了我们这个民族的浩然正气。浊流终究是要为社会生活前进的主流所冲决荡涤以去的。我想我们对此应该有信心。

前面说到了1955年汉语规范化讨论会。那次会上许多与会者提出请当时主持中宣部常务、热心语言学、也分管语言学工作的胡乔木同志作个报告。我负责去联系。乔木开头不答应，后来他要求请丁声树、王力两位先就会上提出的问题同他进行一次讨论，然后再去作报告。这次在中南海进行的讨论中，胡乔木同志仔细听取和询问了丁、王两位的意见。那次汉语规范化会议是建国以后举行的一次重要的语言学讨论会，苏联汉学家鄂山荫、郭路特等也应邀来参加。据我所知，会议对推进汉语规范化是起了作用的。我不知道现在语言学界对乔木的报告怎么评价。我提起这件事，多少也说明丁声树这位学者在语言学界所受到的推崇。社会科学院最近几年去世的我最熟悉的非历史学门类的学者中，可以同丁声树同志比美的另一位是孙冶芳同志。他们的经历不一样，他们的特点相同：品德高尚，学术造诣精深。他们都为人民做了很多好事，很有建树。他们真正是我们应当效法的榜样。丁声树和孙冶芳这两个名字，是社会科学院的光荣名字，也是社会科学界的光荣名字。让我们永远记住他们的名字。

怀念同学兼畏友丁声树二三事

吴宗济

【题解】何以称"同学"？七十多年前（1933年），我在清华大学上过罗常培先生的《中国音韵沿革》课程，毕业后于1935年考入南京中央研究院历史语言研究所，和丁声树兄同为助理，师事赵元任先生，我们是同学。1940年后因时局关系分手。解放后，罗先生任北京中国科学院语言研究所所长，我于1956年奉召来所任副研，又和丁兄同学共事。

何以称"畏友"？孔子曾称"益者三友"为："友直、友谅、友多闻"，丁兄的学问，在同辈中公认为"多闻"；而他对我们集体从事的《方言调查报告》的研究和审稿，能做到极其认真。有错必纠，直言无隐。更使我受益匪浅。他无愧于古人所称道的"畏友"。

我在1934年清华毕业后，留校工作，次年考取南京的中央研究院历史语言研究所，为第二组①的助理。当时第二组中有助理四人，先有杨时逢，从1934年起，每年招考一名：来自北大的丁声树为第一届，来自清华的我是第二届，清华的董同龢是第三届。我们都由赵师带领，从事湖北和湖南的方言调查并编写报告。1937年"七七事变"、南京沦陷前夕，史语所撤退到昆明。1938年赵先生就应聘去美。^②到 1940 年,我们四个助理完成了湖北和湖南两省的《方言调查报告》。第二组迁往李庄,我转业去了重庆,从此与丁兄睽违了 15 年,直到 1956 年,我应语言研究所所长罗常培师之召来所任副研,又和丁兄相聚。

丁兄于国学造诣甚深,尤其对《中国音韵学》打下坚实的基础,成为罗先生的得力助手。我虽听过罗师的音韵学课程,但在当时的调查工作是各人分工。我主要是录音和记音,丁兄则担任古今音韵的源流和对比。他对工作极端负责,对我的工作也很注意,他常说:"做学问不单是为了自己,出了错不仅是'灾梨祸枣',还贻害后来的读者……"

新中国成立后,我在上海任国营进出口公司"科学仪器调研科"科长,当时罗先生已担任中国科学院语言研究所所长,访知我在上海,于 1956 年调我来语言所为副研究员,从此又和丁兄重聚。此时他已是饱学成才,而我则于此道多年荒疏,每每向他请益,更是谊兼师友。

丁兄对自己的生活极其简朴,衣着也从不趋时,一如古之"大布之衣"。后来生病住院,我去探视,他已不能说话,竟成了"植物人",拖了十年之久。使我深深体会到如同古之颜渊,"斯人也,而有斯疾也?!"

附　注

①当时中研院史语所有 4 个组:傅斯年先生为所长,兼任第一组"历史学"组长;第二组"语言学",组长赵元任;第三组"考古学",组长李济;第四组"社会人类学",组长陶孟和。

②见文后照片。

1938年夏,赵先生去美的前一天,我们四个助理同赵先生在昆明拓东路史语所的合影,自左至右为:吴、赵、董、丁、杨

缅怀丁声树学长[*]

胡厚宣

今天参加丁声树先生学术活动追思会,引起了我无限的怀念和崇敬。

丁先生是我的老同学老学长。三十年代初期,在北京大学,他读中文系,我读史学系,他比我早两班,我们都住在北大西斋元字号,朝夕过从,非常要好。我们一同选修钱稻孙先生的高级日文,也称日文研究国学书选读,他坚苦卓绝,博闻强记,各门功课成绩都非常优秀。

1932年丁先生北大毕业后,进了中央研究院历史语言研究所,我1934年北大毕业后,也进了史语所,他在第二组即语言组,我在第三组即考古组,我们来往尤其亲密。我每写一篇文章,都向他请教,请他提意见,他都耐心指导,并提出批评。他在史语所,写文章虽然不算太多,但每发表一篇,都非常精辟,无不受到领导上的重视和学术界的好评。他不但中文博学,就是对

---

[*] 此文是胡厚宣先生1989年4月12日在中国社会科学院语言研究所举行的丁声树先生学术活动追思会的发言,曾在《中国语文》1989年第4期追思会报道中摘要发表,现全文刊发。

外文也很精通,大家喊他活字典,说他记的英文单字,比赵元任先生还多。

抗战后期,我离开史语所到成都齐鲁大学教书,我们仍然经常通信。我写了《甲骨文四方风名考》寄给他看,承他赞赏,并提出补充资料。我出版《甲骨学商史论丛》,也得到了他的鼓励和称许。不久他离开史语所到美国考察,这一时期我们通信较少,但仍有联系。

解放后,丁先生一直在中国社会科学院语言研究所工作,1956年我也从上海复旦大学调到了中国社会科学院历史研究所,从此来往又多了起来,每在一道开会和学习,他高超的学术水平和进步的政治思想,使我受到极为深刻的教益。丁先生在语言所曾任方言研究组组长,《中国语文》杂志主编,词典编辑室主任。他编写了好多书,尤其像《现代汉语词典》一书,印行了一百多次,发行达一千六百万册之多,在社会上产生了很大影响。他在方言、音韵、训诂、语法和词典编纂等各个方面,都有很深造诣,并做出了突出的成绩。他主持编纂《现代汉语词典》为了火车"车皮"一个名词,曾找到我在铁道学院教书的大孩子反复询问了好多次,这种负责认真的态度真是使我感动极了。

总之,丁先生同我约六十年的交往,我深知他治学勤奋,博大精深,学风严谨,成绩卓越,是一位在国内外享有盛誉的全才的语言学家。又生活俭朴,自律甚严,奖掖后学,不遗余力,其高贵品质,深受人们的崇敬。

1982年在他病中,我同夏鼐同志去协和医院看他,他双眼紧闭,似睡还醒,好像已经不认识我们,不禁为之心酸。万没有想到长期疗养,终于医治无效,与世长辞。我们深感悲痛,从此失掉一个好友,这尤其是我们国家学术界的重大损失,但是他卓越的学术成就和崇高的道德品质将与世长存,永远值得我们学习和怀念!

1989 年 3 月 12 日

丁声树先生[*]

一九〇九年三月九日——一九八九年三月一日

李　荣

一九三九年秋天,我到昆明上西南联合大学,才听说丁声树的名字。那时候丁先生的成名之作——《释否定词"弗""不"》已经发表了五年了。《诗经"式"字说》发表了也有三年了。一九五〇年夏天语言研究所成立,我那年秋天进语言研究所,这才第一次见到丁先生。丁先生高个子,总在一米七八以上,脑门子(前额)也高。

丁先生在中央研究院历史语言研究所的时候,先后参加过四个省的汉语方言调查:一九三五年十月湖南,一九三六年四月湖北,一九四〇年三月云南,一九四一年十月四川。语言研究所成立后,一九五二年到一九五三年,丁先生主持语法小组的工作,《语法讲话》在《中国语文》连载。一九六一年出单行本,书名为《现代汉语语法讲话》。后来丁先生的工作逐渐转移到方言上。一九五六年起,教育部和语言研究所合办普通话语音研究班,半年一期,

---

[*] 此文是李荣先生 1989 年 4 月 12 日在中国社会科学院语言研究所举行的丁声树先生学术活动追思会的发言,曾发表于《中国语文》1989 年第 4 期。现遵李荣先生遗稿和关淑庄先生(丁声树先生夫人)意见稍有改动。

前三期着重培养方言调查人员，丁先生率领方言组全班人马都住到研究班。一九五八年夏天，丁先生率领方言组到张家口地区调查方言。一九五九年春天，丁先生率领方言组到昌黎县调查方言。《昌黎方言志》一九六〇年七月由科学出版社出第一版，一九八四年七月由上海教育出版社出新一版。一九五九年起，丁先生的工作又逐渐转移到词典上。《现代汉语词典》的试印本是一九六〇年印出来的。其中有三分之一是丁先生看过油印稿才发排的。一九六一年，丁先生正式调到词典室主持工作；一九七九年十月九日住院，一直卧病到一九八九年三月一日逝世。一九六一年，我也临时调到词典室，帮忙修订《现代汉语词典》，到一九六三年冬天为止。从语法小组到方言组，到词典室，我一直跟着丁先生工作。我们把词典修订工作叫做"通读"，"通读"就是把试印本从头到尾读一遍，能修改的就修改，不能修改的就"仍旧贯"。我总是先走一步，把"把关"的权力和责任留给丁先生。

丁先生有一回填干部履历表，在"专长"一栏填"粗知汉语音韵训诂，略有方言调查经验"。现在说说丁先生在这三方面的贡献。

丁先生在音韵方面的专著有1957《汉语音韵讲义》[①]与1958《古今字音对照手册》。《手册》是《讲义》的基础，《讲义》是《手册》的升华。《汉语音韵讲义》文字精练，条理清楚。事实都是已知的，说法全是新鲜的。《讲义》跟《方言调查字表》对读，可以初步掌握《切韵》系统与北京语音的关系。《手册》有好些本字的考订。考订本字根据古今音变的规律，又充实了古今音变的规律。还有，《手册》的例言是一篇无懈可击的文字。

现在说到音韵方面的论文。音韵学的中心内容是语音的构造、对应与演变。1952《谈谈语音构造和语音演变的规律》,这篇用最浅显的文字,说明最基本的道理。1943《"碚"字音读答问》,1962《说"叵"字音》,这两篇贯串古今,解决音韵的实际问题——什么字读什么音。《"碚"字音读答问》末了说:

> 川省地名,他方人误读者,不仅北碚一例。綦江之"綦"本音旗帜之"旗",犍为之"犍"本音乾坤之"乾",每闻他方人呼"綦"如"基",呼"犍"如"健",而本省人则未尝误。盖口耳相传,易存旧读,而望文为音,辄致讹变,亦语文之通例然也。

从个案引出通例,这是丁先生作文的一种方法。

在训诂方面,丁先生以剖析文义起家,终于坠入字网——编字典。剖析文义最难人的是差不多的字眼。盘根错节,乃见利器。这才显出作者的功夫。这里举四篇论文来说。每篇篇目之后,节引元文要点。

1934《释否定词"弗""不"》——"弗"字似乎是一个含有"代名词的宾语"的否定词,略与"不之"二字相当;"不"字则只是一个单纯的否定词。

1938《诗卷耳芣苢"采采"说》——[诗]采绿之"采"自为外动词,而卷耳芣苢之"采采"自为形容词,二者不可牵合。依文法构造言:"终朝采绿,不盈一匊。""终朝采蓝,不盈一襜。"各有二述语而为两句,而"采采卷耳不盈顷筐。"则止有一述语而为一句。

1942《论诗经中的"何""曷""胡"》——㈠"何"字在诗经中有以下几种用法是"曷""胡"二字所少有或者根本没有的:①表

"何物""何事",如今语"什么"。[例如]其赠维何?∣亦又何求?∣②加于名词(不限事物)之上。也如今语"什么"。[例如]彼何人斯?∣何草不黄?∣③与"如"连用,"如何""如之何"表方法程度状态等,如今语"怎么""多么"。[例如]伐柯如何?∣析薪如之何?夜如何其?∣我劳如何!∣④表"何处",如今语"什么地方""哪里"。[例如]云徂何往?∣于何其臻?∣㈡"曷"在诗经中最大多数的用法是表"何时",而且专指未来时间。如今语"到什么时候","到哪一天"。[例如]曷至哉?∣曷云其还?∣这种用法是"何""胡"二字所没有的。㈢"胡"在诗经中几乎一律是表"何故"。如今语"为什么"。[例如]胡不归?∣胡俾我瘉?∣"何""曷"二字在诗经中这么用的很少。

1948《"早晚"与"何当"》——["早晚"与"何当"皆问时之词。]盖"何当"之用局于未然(将来之何时),"早晚"则可施于未然,亦可施于已然(过去之何时),用法上范围较广耳。

这些论文都可以作论说文字的范本。

本文起稿时,作者对读史汉《辕固生传》,无意中为《释否定词"弗""不"》发现一对好例句:

桀纣之民不为之使而归汤武《史记》一二一《辕固生传》
桀纣之民弗为使而归汤武《汉书》八十八《辕固生传》

《汉书·辕固生传》根据《史记》,《史记》的"不为之使"《汉书》作"弗为使",证实丁先生"弗"字略与"不之"二字相当的说法。

现在说到编字典。通读《现代汉语词典》虽说费了三年,一九六一年到一九六三年,其实只有两年半。开头半年是校改《新华字典》,一面校对清样,一面修改。用丁先生的话说是"先练练兵"。《现代汉语词典》用白话解释白话,突破前人用文言解释白话的框框,意义分析周到妥帖,虚字用法提要钩玄,可以说是训诂学上一项成就。《新华字典》与《现代汉语词典》,书成于众人之手,得失利弊,是非功过,账不能全记在丁先生名下。丁先生是最后把关人,责任最大。这里只举"未免"跟轻声"了"[·lə]字两条为例。这两条丁先生都仔细推敲过。

先说轻声"了"字,这一条改过两次。第一次是修订《新华字典》,最妙的是义项②第一条的例句:

②助词,用在句子的末尾或句中停顿的地方,表示变化,表示出现新的情况。1.指明已经出现或将要出现某种情况:下雨~|开饭~|今天已经星期六~,明天就是星期日~。定义给读者轮廓,例句给读者全貌。配上合适的例句,整个注释就活了。第二次是通读试印本,试用本轻声"了"字的注释就更细密了。抄录如下:

【了】·le 助词。①用在动词或形容词后面,表示动作或变化已经完成。a)用于实际已经发生的动作或变化:他们这个小组受到~表扬|水位已经低~两米。b)用于预期的或假设的动作:你先去,我下~班就去|他要知道~这个消息,一定也很高兴。②用在句子的末尾或句中停顿的地方,表示变化,表示出现新的情况。a)表示已经出现或将要出现某种情况:下雨~|春天~,桃花都开~|他吃了饭~|天快黑~,今天去不成~。b)表示在某种条件之下出现某种情况:天一下雨,我就不出门~|你早来一天就见着他~。c)表示认识、想法、主张、行动等有变化:我现在明白他的

意思~|他本来不想去,后来还是去~。d)表示催促或劝止:走~,走~,不能再等~!|好~,不要老说这些事~!

"未免"很难下注。请对比试印本与试用本"难免、不免、未免"三条注释的异同:

试印本【难免】不容易避免:开始搞一个新的工作时,困难是~的。

试用本【难免】不容易避免:没有经验,就~要犯错误。

试印本【不免】免不了:他想到自己的缺点,~有些惭愧。

试用本【不免】免不了:这段公路太窄,往来车辆有时~拥塞。

试印本【未免】不免:你的话~多了些。

试用本【未免】实在不能不说是……(表示不以为然):你的话~多了些|他这样对待客人,~不礼貌。

"难免、不免"两条试用本沿用试印本的定义,更动例句。"未免"条试用本改定义,点出"未免"跟"不免"的差别。《现代汉语词典》一九七八年第一版第一次印刷又有改动:

第一版【未免】①实在不能不说是……(表示不以为然):你的顾虑~多了些|他这样对待客人,~不礼貌。②〈书〉不免。

主要是恢复试印本的定义作为义项②,因为"未免"跟"不免"有共同之处。例如《世说新语·言语》"苟未免有情,亦复谁能遣此。"不过"未免"口气比"不免"婉转些,好比"他没说,他没同意"口气比"他不说,他不同意"婉转。"未能免俗"口气也比"不能免俗"婉转些。一九八九年四月八日下午五点左右,中央电视二台播放的故事片《大侦探》里,主人对夜里进入他家用武力取回宝物的杜先生说:"你这样做未免太不公道。"这句话可以作"未免"义项①的例句。

丁先生编字典,造句用字,十分拘泥。丁先生也有不拘泥的时候。有一次我提出,"国家"等好些条目,定义都有堂皇的依据,可是不合平常的说话。丁先生的回答很简单:"食肉不食马肝,不为不知味。"这是《史记》一二一《辕固生传》,汉景帝裁决两个书呆子争论"商汤周武是受命还是放杀桀纣"的话。司马迁接着点出:"言学者无言汤武受命,不为愚。"丁先生是想说,进退两难的条目不必死抠,不能较真儿。汉景帝的金口玉言,一定减少了《现代汉语词典》很多麻烦。可是这又有什么用呢?无论你是谨慎还是冒失,无论你编字典编得好,编不好,挨批是必然的,在劫难逃。李锐挽田家英诗云:

水暖春江犹在劫,只缘佛法本无边。

丁先生在词典室的十九年,不是《庄子·养生主》里的十九年:

今臣之刀十九年矣,所解数千牛矣,而刀刃若新发于硎。彼节者有间,而刀刃者无厚,以无厚入有间,恢恢乎其于游刃必有余地矣。是以十九年刀刃若新发于硎。

丁先生在词典室的十九年,是《左传·僖公二十八年》里的十九年:

晋侯在外,十九年矣。……险阻艰难,备尝之矣。民之情伪,尽知之矣。

丁先生在方言研究上的贡献有三项：一是培养干部。一九五六年全年跟一九五七年上半年，他率领方言组全班人马都住在语音研究班投入教学工作，一星期回一天家。三十年来研究班学员做了很多方言工作，有的在教学上研究上颇有成就。二是编1956《方言调查词汇手册》与1958《方言调查词汇表》。前者经过几十年使用，证实有适当的预见性。三是写方言调查报告。1938《湖北方言调查报告》与1960《昌黎方言志》都是集体写作的。《湖北方言调查报告》是赵元任先生主持的。那里头有许多深刻的见解，精彩的议论，不知出于何人手笔。有一次我跟丁先生说起，《总说明》里调查用字表所附词汇常见字说明，交代一些常用字的音韵地位，简单明白。丁先生说是他起草的。藕是嫩的甜，姜是老的辣。青年思想新鲜，老年境界开阔。丁先生的作品，无论早年的晚年的，都有看头，耐咀嚼。《湖北方言调查报告》的序文末了一段是：

湖北报告写完了，有了个模型以后，湖南江西比较的好写，我们的调查队不久又可以向河北东三省等处去调查方言了。

序文署的年月日是"中华民国二十七年七月七日"，署的作者是五个人序于昆明。这是卢沟桥事变周年纪念日。序文的年份一定不错，月份虽不中不远矣，日子我怕没有那么巧，大概是有意写的。那时候我国东部半壁江山都被敌人占领，东三省早在九一八事变后就沦陷了。所以说"我们的调查队不久又可以向河北东三省等处去调查方言了"。民国二十七年是一九三八年，那一年丁先生年方而立。《昌黎方言志》是丁先生主持的，声韵调是他定的，分类词表是他起的稿。全书他都过过目。方言地图他每条每处校对。语法特点他老强调话不要说满了。

一九七九年《方言》创刊。我事前没有跟丁先生商议。当时想出满一年之后再跟他研究如何改进。《方言》第三期八月二十四日出版，179—181面登了美国学者罗杰瑞的《闽语里的"治"字》。九月，方言组黄雪贞准备到福建永定调查客家话，去看丁先生。黄雪贞提起，据说永定音硬，梅县音软，不知道什么叫音硬音软，怕对付不了。丁先生听黄雪贞说要出门调查挺高兴。他说《方言》办得还好，不仅登国内的文章，还登外国人的文章，这在以前是没有的。他仔细看了罗杰瑞讨论"治"字的文章，写得不错。外国人对中国方言的问题研究得这么深，说明人家这么多年一直在研究，没有停止。我们的步伐要加大，否则就要落后。研究方言要实地调查，要掌握第一手的资料。耳听为虚（别人对方言的评语是空的），眼见为实（自己调查的是实在的）。要调查事实，不管别人说音硬音软。有问题回来可以一起讨论，一起研究。我老了，跑不动了，希望你们多跑跑。不要老觉得自己不行，出去几次，掌握的第一手资料多了，就行了。

这是丁先生晚年发表的对方言工作的重要意见。丁先生说他老了，不能出去调查方言了，就好比好酒的人说他再不能喝酒了。

十月，丁先生病了。病了还是丁声树，照样背书，照样认难字。他在病床上背着书教他的独生女丁炎学习。有一次，方言组邵颖瓛到医院照顾丁先生。丁先生问他的姓名，他就把名字的读法跟写法都说了。丁先生立刻说"瓛"字有"桓"跟"献"两个音。我听了真高兴，我想丁先生出院还是八级工。谁知道后来丁先生在病床上又犯了脑溢血。

丁先生不但善于研究语言,剖析文字,还善于运用语言,调度文字。这里举出丁先生的三条"创作",两条他引用的诗文。

丁先生坐公共汽车有两条口诀:"车上的人多不上,上车的人多不上。"怪不得丁先生上班常常早到迟退。上车的"上"古音上声,车上的"上"古音去声,这是丁先生的文字游戏。

五十年代,语法研究很热闹。有个妄人很希望丁先生能对他的作品表示意见。丁先生说:"你有胡说的自由,我有不理的自由。"

一九七四年,坦克车里的乱箭手吹捧《现代汉语词典》是"封资修的大杂烩"。有人大批判开路,一面批试用本,一面编词典,还嫌批判对象老跟着他。丁先生说:"你老抄他,他怎么不老跟着你!"

大概一九六六年天下已经大乱全所还没集中的时候,丁先生我们六位都上日托的牛棚。牛者,牛鬼蛇神也。日托是说上班进棚,下班回家。牧童手不持鞭,往往吩咐完了就走。有一回有件需要技巧的工作,连那位最有机械脑子的同棚都无所施其技。我就哼了一句"蚊子叮铁牛",丁先生立刻接着说"无渠下嘴处"。我浙江台州人,寒山子久居天台,我读《寒山子诗集》是乡曲之见。丁先生河南邓县人,《寒山子诗集》这么熟。牛棚顶上的太阳是钉着的,只有寒山子才能叫他移动。

丁先生一生谨慎,常常引用薛宝钗的名言:"小心没过逾的。"所以《现代汉语词典》先出试用本。这一回可上了薛宝钗的当。十年编不出词典,成了丁先生批判会的保留节目。

丁先生做学问有什么秘诀?五十年代早期,语言所常常讨论培养干部。有人大声疾呼,要有学问的把秘诀交出来,不要保留。

丁先生当然是个喊话对象。丁先生的秘诀在一个对子里。丁先生善于对对子。三十年代早期,北京有人命题,上联是"孙行者",有人对的下联是"胡适之",丁先生说他对的下联是"祖冲之"。要找第三个下联恐怕不容易了。丁先生记得很多好对子,有一个是他用来劝人好学的:

> 书山有路勤为径,学海无涯苦作舟。

丁先生的秘诀元来就是勤学苦练。丁先生脑子好,这是天赋,没有办法学。丁先生勤学苦练,这可是谁都能学的。

读书是丁先生的生活,作文是丁先生的工作。读书作文是他平日安身立命之所;无可奈何之日,也是他安身立命之所。一九三八年,丁先生在《诗卷耳芣苢"采采"说》末了一段假设外动词重叠始于汉代:

> 夫外动词之用叠字,此今语所恒有如言"采采花","锄锄地","读读书","作作诗"之类,而稽之三百篇乃无其例;且以声树之寡学,仰屋而思,三百篇外先秦群经诸子中似亦乏叠字外动词之确例:是诚至可骇怪之事。窃疑周秦已上叠字之在语言中者,其用虽广如上所举"名""状""内动"诸词皆是,而犹未及于外动词;外动词盖只有单言,尚无重言之习惯,故不见于载籍。降及汉代,语例渐变,叠字之用浸以扩张,向之未施于外动词者今亦延及于外动词。习之于唇吻者,不觉即形之于简编;毛氏诗传训"采采"为"事采之",韩诗章句亦言"采采而不已",殆皆狃于当日语言之常例以释诗而不自知其乖违;郑玄注经,每以汉代之典制况古

礼,毛韩两家诗说之解"采采"乃以汉代之语例揣古言:此固汉儒说经之通蔽;然古今语言迁变之迹,借此犹得略窥其一二。此亦中国语言史上语例演化之一端,考文者所宜深究也。

谦逊的口气略带"踌躇满志"的自信。

一九六六年,那时候我国正大踏步走向灾难的深渊,有一天,丁先生回家还手不释卷。老婆孩子说:"还看书?"意思大概是读书闯了这么大祸,整天挨批挨斗,回家该歇歇了。丁先生的回答出乎妻女意料之外:

黑牌也挂了,街也游了,小锣儿也敲了,还不让看点儿书呀!

这是丁太太告送我的。我想游街是在北京相传三大凶宅之一端王府大院里游的,但是一不能说"游园",二不能说"游院",元话一定说的是"游街"。上天无路,入地无门,不看书你干什么?

我问过丁先生想写什么文章,想写什么书,他说想写几条《诗经》的笔记。请看丁先生《诗卷耳苤苢"采采"说》的后记:

民国十九二十年间,声树尚在北京大学读书,时黄晦闻先生主讲毛诗,著有诗旨纂辞印授诸生。声树受读之余,每生疑滞;或有触发,随笔疏记,一年之间积得读诗札记三十余条;自惭陋学,杂之旧稿中,不敢示人。去岁卢沟桥之变,岛夷肆虐,冯陵神州;庐山一呼,全国赴难。不自揣量,亦欲放下纸笔,执干戈以卫社稷,遂举十年中藏读之书积存之稿而尽弃之。人事因循,载离寒暑,未遂从戎之愿,空怀报国之心。……即以曩之读诗札记第一条说"采采"者,就所忆持,撰为此篇。

丁先生当年的札记三十余条，写成发表的几篇上文都已经说了。我常跟他提《汉书》八十一《匡衡传》里的四句话："无说诗，匡鼎来。匡说诗，解人颐。"希望他能够写出来，先睹为快。大匠不示人以璞，丁先生不轻易作文。别看丁先生博闻强记，他写作时总要查对元始资料。丁先生思想敏锐，反应迅速，可是下笔不苟，反复推敲，写一遍，改一遍，再抄一遍。《说"匼"字音》一篇，我亲眼看他抄了三四遍。《广陵散》于今绝矣。

丁先生在学问上主张精益求精，并且说到做到。通读字典不怕人家说"瓶口细"，坚持一条一条看完。

丁先生在生活上主张随遇而安，并且说到做到。长安居，大不易。辇毂之下，寸土千金。除了住医院，下干校，在语音班教书，土改，出差，集中学习或开会，一九五〇年以来，丁先生在北京至少住过四处房子：最早是住在考古研究所大院紧靠南墙的两间屋子里，我去过一两次。最后是住在经济研究所分配给丁太太的宿舍里，我没有去过，据说二层两间，三层一间。当中丁先生至少租过两次房，一次是在一九五六年年底前后，丁太太带丁炎从纽约绕道罗马回国，丁先生在史家胡同租了房子，我去过一次。除此以外，丁先生至少还租过一次房子，我不知道房子在什么地方，也不知道什么时候租的，我只听丁先生说过厨房的位置不好。丁先生喜欢安静，读书写字都需要安静。我知道他房子挤，所以很少到他宿舍去。算起来，我到医院看他的次数要远比到他宿舍看他的次数多。丁先生有涵养，从来不发牢骚，对房子住得不好没有怨言。只有一次，大概在一九五四年前后，丁先生身体不好，还是天天上班。罗先生，语言所第一任所长罗常培先生老劝丁先生回宿舍休息，丁先生总是笑笑不理。有一次，丁先生对我说，那屋子太潮，我根本不想回去。这是我知道的丁先生唯一的一次怨言。大家都知道，屋子潮对心脏病没有好处。丁声树不言房，房亦弗及。丁先生住院以后两年，中国社会科学院分给丁家一套四居室。可惜治疗脑溢血，近年来医学上并无奇迹出现，丁先生本人已经无力读书写字了。

一九八三年，丁炎到美国留学。动身前丁太太带她到我宿舍辞行。丁太太说："总不能老让父亲的病耽误孩子上学。"丁炎在国内已经过了上大学的年龄了。后来丁太太告诉我，丁炎半工半读，功课都得甲等。最近听说，她上哈佛研究院了。周树人诗云：

无情未必真豪杰，怜子如何不丈夫！

丁先生九泉之下，可以含笑。

一切有为，皆属无常。死者，人之所必不免也。大块劳我以生，息我以死。丁声树毕生从事语言学工作，鞠躬尽力，死而后已。丁先生盖无遗憾。

附　注

①丁先生著作前用阿拉伯数字注明写成的年份。《讲义》与《手册》几乎同时开始写作。

1989 年 4 月 10 日

缅怀丁声树先生[*]

朱德熙

丁先生是我非常景仰的前辈学者。他在学术上成就高,贡献大,可惜他一生从事研究工作的时间太短。"文化大革命"中他被折腾了十年,接着是缠绵病榻十年,整整浪费了二十年时间。要是把这二十年时间都还给他,可以想见他在研究上和培养人才上将会作出多么大的贡献。

丁先生的学问,我不敢妄加评论,不过对于丁先生的学风,我是感受很深的。我见到的有以下三点。第一是实在。实在包括两方面的意思,一是学问根底扎实,二是著述切实具体,不尚空谈,与目前好谈玄理的风气大异其趣。丁先生的文章多就事实说话,好像没有什么高明的理论,其实不然。这只要举一个例子就能说明。《现代汉语语法讲话》里"主语、宾语"一章是丁先生执笔写的。总共不到一万字,可是写得十分精彩。《讲话》本来是一部通俗著作,这一章却把当时语法学界争论得不可开交的主宾语问题分析

---

[*] 此文是朱德熙先生1989年4月12日在中国社会科学院语言研究所举行的丁声树先生学术活动追思会的发言,曾在《中国语文》1989年第4期追思会报道中发表。

得十分透辟。看起来很浅显，其实里头包含着丁先生对主宾语问题甚至整个汉语语法问题的深刻见解。就当时汉语语法研究的水平说，他走在了时代的前头。

第二是严谨。丁先生从来不随便写文章。他对自己的要求很高。从他发表的著作里可以看出，他写文章要求根据穷尽的材料得出确凿的结论。在《诗卷耳芣苢"采采"说》里，丁先生说："且以声树之寡学，仰屋而思，三百篇外先秦群经诸子中似亦乏叠字外动词之确例。"为了研究《诗经》中叠字，证实先秦时代只有形容词和不及物动词可以重叠，及物动词不能重叠的事实，他把先秦典籍整个检查遍了。丁先生发表的文章不算多，但都在学术上产生了重要影响。例如《论诗经中的"何""曷""胡"》《释否定词"弗""不"》等，不但本身的结论重要，而且在研究方法上也有开创性。所以一直到现在都受到重视。现在的风气可不是这样。发表文章要以量胜，甚至认为光写论文还不够气派，必须一连出好几本专著才显出有学问。

第三是广博。丁先生的学问真可以当得起博古通今四个字。他古书熟，对于传统的音韵、训诂之学有极深的造诣，同时对现代活的方言有广博的知识和高超的调查、分析能力。这两种训练集中在一个人身上是十分罕见的。他发表的好几篇论文都是讨论先秦汉语语法的，而同时他又是编词典的好手。他在主持《现代汉语词典》的编纂工作中作出了重要贡献。他大概是主持、领导大型词典编纂的最理想的人选。

我担心像丁先生这样知识广博的学者以后恐怕很难再有了。因为现在的教学体制、科研体制和学术界的风气似乎都不利于相关学科的沟通。

十年前丁先生刚发病的时候,我们还存着一线希望,以为他有可能好起来。后来知道这是没有指望的了。每当我们要承担一项困难的任务的时候,就不禁会想起他,说:要是有丁先生来参加就好了。可是他虽然活着,却完全失去了思考的能力。不可能跟我们一起工作,令人感到遗憾和悲哀。现在他终于去世了。留下来的是他的经得起时间考验的著作、严谨的学风和高尚的品格。我们应该珍视这一份宝贵的遗产。

丁声树同志的治学精神[*]

杨伯峻

丁声树字梧梓,凡是和他相交较早较久的,很少人不称他为梧梓,我写这篇文字,还是习惯地称他梧梓。

他的确是"由爱国主义走向共产主义"的知识分子。他的爱国主义不始于坚决拒绝去台湾,而是至迟开始于七七事变时。他于一九三八年写了一篇《诗卷耳苤苢"采采"说》,文末写了一段附言:

> 去岁卢沟桥之变,岛夷肆虐,冯陵神州。……不自揣量,亦欲放下纸笔,执干戈以卫社稷,遂举十年中藏读之书积存之稿而尽弃之。人事因循,载离寒暑,未遂从戎之愿,空怀报国之心,辗转湘滇,仍碌碌于几案间,良足愧也。

自然,怎么样才能真正"卫社稷",当时只是埋头书本的丁梧梓是

---

[*] 此文是杨伯峻先生 1989 年 4 月 12 日在中国社会科学院语言研究所举行的丁声树先生学术活动追思会的发言,曾在《中国语文》1989 年第 4 期追思会报道中摘要发表,现全文刊发。此文曾在《中国语文》1999 年第 4 期上发表。

不甚了解的,结果落得"空怀报国之心"而已。那几句话,不仅是自愧,其中包含多少酸辛。

在北京大学中文系读书时,他喜欢听钱玄同先生的"音韵沿革"和《说文解字》两门选修课。他是玄同先生的得意学生。他熟于《说文》,又于残本《切韵》《广韵》以及历代韵书、字书有研究。他写的毕业论文,玄同先生给他一百分,一时传为美谈,足见他于古人所谓"小学"功力之深。他又长于"经学",于《诗经》用力尤深,好几篇关于《诗经》的训诂论文,结论都凿切不移。关于他的治学方法,可以说出下列几点。

第一,能结合实际,解决实际问题。重庆有个北碚,碚字读培,还是读倍,不见于各种字书。不少人也不愿意探讨这个问题的。一则管它读阳平声或者去声,无关宏旨。二则古今字书都没收这个字,在古今若干万部书中去寻觅这个字的音读,实在太费劲了。梧梓不这样看待。我不晓得他查了多少书,他却肯定以"碚"为地名的,不止北碚,更有著名的宜昌虾蟆碚、荆门十二碚,于是乎遍考两宋人诗文集和与此有关的书,用各书异体字作"背",苏轼、苏辙兄弟唱和诗都有"碚"字,依诗的格律,应读去声。另外还用了若干宋人材料作论证。真是狮子搏兔,用尽全力。古今字书所没有的字,今天《现代汉语词典》却有了,说:"碚,bèi 地名用字:北碚(在四川)。"连注音短短十一个字,得来好不容易!读者试翻阅《"碚"字音读答问》,便足以知道了。山西省南部有个匼河镇,匼字,依晋南方言,应该读 kē。可是自《康熙字典》以后的字书、词典,如《辞源》《中华大字典》《辞海》《国语辞典》都音 ǎn,没有 kē 音。他于是写了一篇《说"匼"字音》一文,用历史上各方面的材料来印证,《康熙字典》的 ǎn 音（邬感切）,本于《韵会举要》和《洪武正韵》；而 kē 音（苦合切）却来自《龙龛手鉴》。《康熙字典》的编者,瞧不起《龙龛手鉴》,匼音苦合切,依《康熙字典》自订条例,纵不列入正文,也应"另到备考中",然而这个音竟未列入备考中。梧梓不惜从若干种书籍中,肯定"匼"字应该读 kē,《龙龛手鉴》的反切是正确的。《现代汉语词典》"匼"字条说:"匼河 kēhé 地名,在山西。"又说:"匼匝 kēzā〈书〉周围环绕。"这短短总共不到二十字的两条,不知费了作者多少心力！由此类推,一部《现代汉语词典》,那么多字和词条,几乎倾注他半生精力。以他的博洽矜慎来主编《现代汉语词典》,无怪乎是书行世后不胫而走了。

第二,他每为一文,一定先把有关资料搜集得十分完备。引用各书,必参考不同版本。如果引用"经书",甚至还参考汉石经残字,如《释否定词"弗""不"》（载于《庆祝蔡元培先生六十五岁论文集》）引用《尚书·盘庚中》"迪高后丕乃崇降弗祥",便引《隶释》所载《汉石经》"弗"作"不"。又如《广韵》入声"物"韵"弗"纽内有"不"字,并注云,与"弗"同。梧梓考之敦煌唐写本《切韵》残卷,故宫博物院所藏王仁昫《刊缪补缺切韵》和唐写本《唐韵》,"物"韵内都没有"不"字,便断定今本《广韵·物韵》里的"不"字是宋代人所增加。这样细密而认真,一直是他治学和工作的负责精神。他的论文所引用的资料是无懈可击的。

第三,他每为一文,不但收集正面例证,更重视反面例证,也列举和他论点不相涉的有关例证。总之,前后左右每个方面都考虑周到。拿《论诗经中的"何""曷""胡"》（载于《历史语言研究所集刊》第十本）一文而论,某些用法,只见于《诗经》,《尚书》却和《诗经》有所不同。即使在《诗经》中,也有不同用法,梧梓也举了出来;甚至《易·损·卦辞》只有一条不符合他的论点的例句,他也举出来。再举《诗经"式"字说》(载《历史语言研究所集刊》第六本)一文论,他从"式"字每与"无"字对言,"式"又与"虽"字对言,审其辞气,断定"式"是"应当"之义。复从"式"字说到"职"字,"职"和"式"古音相近,《诗经》"职"字也有和"无"对言的,因此,"职"也和"式"一样,可以解作"应当"。除此之外,《诗经》中还有难以解释的"式"字,他都一一列举出来,好使其他学人继续研究。他这种实事求是的治学态度,实足以为今日治学者的楷模。

第四,他每为一文,不但不抹煞前人的成就,就是同时人的帮助,他一定也注明出来,从不掠美。譬如《诗经"式"字说》,曾引朱熹《诗集传》,然后说:"朱因《诗》之上句言'虽',故增'亦当'二字于下句以足其义,初非以'当'解'式',而适符'式'字之本旨,妙得诗人之语意矣。"朱熹仅仅偶然得诗人之语意,他也给以说明。又如《诗卷耳芣苢"采采"说》,毛《传》、孔颖达《正义》、朱熹《集传》以至陈奂《毛诗传疏》都把"采采"看作及物动词,"采采卷耳""采采芣苢"的"采采"是采而又采(采即今之采字),但戴震《诗经补注》、马瑞辰《毛诗传笺通释》却认为"采采"是叠字形容词,形容卷耳和芣苢二种植物的繁茂。自然,戴、马之说是正确的。梧梓既详引了戴、马二人的论证,又把全部《诗经》的叠字考察一番,得出结论,不但《诗经》没有及物动词叠字为用之例,就是先秦群经诸子也没有这个确例。从《诗经》本身构词造句之例已可以证明戴、马二人之说,更何况先秦所有书籍没有毛传所说"采采"的及物动词连用的例句呢？梧梓仅仅为证实戴震、马瑞辰之说，不惜将全部《诗经》的叠字加一番整理研究，从而得出确凿结论，但把功劳仍归于戴震、马瑞辰诸人。又如他的《"碏"字音读答问》，曾引郭允蹈《蜀鉴》引《夷陵志》，他注明说："此条承友人张苑峰先生惠示。"（苑峰是张政烺先生的字。）又如《说"匠"字音》，曾引《新唐书·杨再思传》，又注明："《杨再思传》一条是高景成同志检示的。"又如《说文引秘书为贾逵说辨正》（载《历史语言研究所集刊》第二十一本）一文附记有云陈槃庵（槃）先生曾检示《易纬乾凿度》说"易一条"云云。这种实事求是的精神，更是今日青年人所应该学习的！

丁先生是大学者[*]

徐世荣

丁声树先生是当代语言学界一位最可钦敬的大学者。《孟子》曾论及贤者诸等,其中有两句是"充实之谓美,充实而有光辉之谓大"。意思是内则充实,外则光辉,始可称"大"。虽是古人之言,今日看来仍有道理。丁先生就是内则充实,外则光辉的大学者。充实——学识渊博,其语言音韵之学,举世共仰,不必说了。光辉——就是学术贡献的广远影响、巨大作用和道德品行的高尚风范。先生既充实而更有光辉,故能成其大,"大学者"当之无愧。

谨以我跟随先生在"普通话语音研究班"共事的片断印象,略谈先生的学术作用和品德风范。

其学术作用就是为现代汉语规范化而鞠躬尽瘁,"以为己任",作出显著的成绩。在推广普通话,调查方言的一系列工作中,负起重担。所谓甘为"人梯",实际就是为了语言事业而奉献

---

[*] 此文是徐世荣先生1989年4月12日在中国社会科学院语言研究所举行的丁声树先生学术活动追思会的发言,曾在《中国语文》1989年第4期追思会报道中摘要发表,现全文刊发。

一切。"人梯"的含义是负重,是解难,是促成。先生在"研究班"的两年(1956—1957),废寝忘食地培训出几百位学员。他拟订方言调查规划,亲自编写讲义,创制方言调查的手册、字表、卡片等。传授知识、方法,金针度人。我至今仍能忆起先生兀立讲台讲授音韵学的形象:身穿灰布旧衣,一边含笑讲课,一边不住地抬手抚摸稀疏的头发。培训,讲课,辅导,培育种子,浇灌幼苗,这一类园丁的工作,本是大学者所不屑为,但先生却不惜亲登讲台,耳提面命;而且确实是全力投入这项工作,与学员同吃同住,朝夕接触,不论时间,不分地点,不辞辛苦地为学员析疑解惑。就这样,汗水凝成硕果,培养出几批全国各省市的骨干力量,再去辗转传授,成为先生的千百化身,建成了一支精强的队伍,才把全国两千个点的方言调查工作网撒开;再加上随时地联系,视导,协助,促进,终于完成了党和国家交给的这一艰巨任务,史无前例地获得方言普查的初步成果,使普通话的推广、教学,有了"知己知彼"的科学依据。用科学方法变革现代汉语分歧的现状,这是怎样光辉的业绩呀!

其品德风范最可称述的:一是谦和平易,二是沾溉后学,汲引后进。以我之浅陋,本不胜任"研究班"这样高级进修班(不少大学教师负笈来学)的教学,是由于先生与叶老(叶圣陶当时任教育部副部长,兼管推广普通话工作)相商而让我担任"北京语音"课的。我在任课之始,并无信心,得到先生多次的鼓励、支持,才鼓起我的勇气,先生那谦和、热情的音容笑貌,至今难忘。这种感受,何只我一人,许多同道,谈起先生,都以为其待人接物,品德修养,足为我辈楷模。

这位大学者长逝了！留给我们的是一个高大的身影和一派春风。

我今日参加丁声树先生的追思会,追思中不止于悼念,还想到应向先生学习,特别学习他的为革命事业甘为"人梯"的奉献精神。

纪念丁声树先生[*]

周一良

丁声树、关淑庄与女儿

丁声树(梧梓)先生我是在1936年到南京中央研究院历史语言研究所开始认识的。但他的名字四年前我已经知道。30年代初天津《大公报》每星期发表一篇星期论文,由当时政界和文化学

---

[*] 此文曾发表于作者的自选集《郊叟曝言》(2001年,新世界出版社出版),据关淑庄先生(丁先生夫人)意见稍有修改。

术界的著名人士撰写。记得1932年暑假，胡适之先生有一篇星期论文，提到当年毕业的两个学生，加以表扬和鼓励。一是清华大学历史系毕业的吴晗，另一位就是北京大学中文系毕业的丁声树。好像还提到他关于"不"和"弗"的论文，记得胡先生关于发明一个字的意义等于发现一颗恒星的说法，好像就是在这篇星期论文里提出的。

初见丁先生，留着平头，蓝布长衫，非常朴实，像一个老学究。但他却跟赵元任先生一起用外国仪器搞语音实验，是赵先生的得意弟子。我在南京这一年，跟他熟悉起来，知道他对于声音训诂之学修养很深，而对于方音和方言也很了解。听说抗战中南京撤退的时候，他随身只带了一部书，就是许慎的《说文解字》，说明他对这部书定有研究，而这正是研究先秦两汉古典文献的最基本、最重要的参考书。

再碰到丁声树是40年代在美国，他由中央研究院派来哈佛大学和耶鲁大学研究。旧雨重逢，高兴自不待言。40年代末，我们先后回国，又都在北京工作，来往颇密。他常常带我的孩子们到街上去吃面茶，因此有"面茶丁伯伯"之外号。

临近解放，南京政府准备撤退，中央研究院各个所行动不一，各研究所的主要研究人员如陶孟和等一般走得很少，只有历史语言研究所在傅斯年的督促之下几乎全部人员连同图书资料一起运走，包括留在所里的私人图书在内。但是，当时在南京的丁声树却决定留下，而他的全部图书跟所里一起走了。

解放以后，丁公在语言研究所，抓了很多方面的工作，他参加过编字典、培训人员、自己讲课、到各省去调查方言等等，而事必躬亲,鞠躬尽瘁,受到大家的拥戴,但是他自己的研究工作却没有时间去搞。

丁公在解放以后积极要求进步,最后入了党。他的夫人关大姐常常纳闷,曾经问过我"你与声树都是书呆子,为什么现在热心于政治"?她不理解。我回答她,自己解放后有两种感觉:恨与悔。恨就是自己出身剥削阶级,悔就是没有参加革命而是去读书搞研究。"文化大革命"以后,我又跟她谈过自己如何决心改造,又如何加入了造神运动的行列,碰得头破血流,最后才认识自己"毕竟是书生"。关大姐关于我的问题,我是陆陆续续地才能解答,但关于丁声树同志,我却不能很好解答。他出身于河南农村,他曾跟我说,儿童时吃早点一个咸鸭蛋要分几天吃,可见非剥削阶级。但他对自己政治上要求很严。他是所里唯一的一个一级研究员,年岁已高,担负的工作也很重,但他对自己要求却特别严格,例如"文革"之后,所里分配给他比较宽敞的四居室住房,他坚决不要,并且说服家里人,一直住在经济所分配给她夫人的二楼两小间、三楼一小间的住房。日常生活中,他总以贫下中农标准要求自己,甚至有时不肯喝牛奶、吃鸡蛋。当时所里有班车上下班,他家住得很远,但他觉得如果他坐班车,别人自然会让座给他,所以宁可放弃班车的便利,自己搭公共汽车,需要在站里等很久,车上也异常拥挤,耽误很多事情。因为他这样严格要求自己,社科院把他作为知识分子党员的榜样加以表扬。《光明日报》上也曾经用图画故事的形式连载了他的事迹。丁公就是这样过于劳累,在七十岁时患脑溢血病倒了,很快就成了植物人。他初病时,我去看他,似乎还能认得人,眼眶含泪而不能说话,不久之后完全成为植物人，躺了十年就去世了。看起来，丁公是没有像我那样发现参加造神运动终于觉悟自己是书生。

丁夫人关淑庄大姐满族，哈佛大学经济学博士，丁公回国时她因治疗哮喘病，留在美国工作了几年。而她父亲关定保长期在张作霖部下辗转做过几个县的知县，公正清廉，颇得民心。"九一八"以后，他把妻子和儿女留在沈阳，假装预备定居，自己只身入关，后来才设法把家属带进关内。关淑庄1936年考入清华大学，1937年卢沟桥事变后，清华南迁，她转入燕京，因成绩优异，通过个人申请得到哈佛女校奖学金而到哈佛读书。她在统计学上颇有成就，她较早将数学中的"差分"方法（difference，是微积分的一部分）用来分析经济，被美国教授称赞，可惜没搞完就回国了。关大姐回国后在国家统计局和社科院经济所工作，却不断受到批判。1992年，其女自哈佛大学获得经济学硕士并参加工作，关大姐重返美国，并照看她的女儿和孙女。前不久，她患舌癌，动了手术，经过顽强刻苦训练，在越洋电话中发音仍然清晰响亮，能谈到半个小时。我想她一定能够战胜这一顽症。

深切缅怀丁声树先生[*]

石明远

丁声树先生1909年3月9日出生,今年是他诞辰九十周年。他是我国语言学界的一代宗师,更是我个人的良师益友。十年前,丁先生久卧病榻之后,遽归道山,但他的音容笑貌、学者风范却永远留在我的脑海里。每当念及,我就魂牵梦绕而泪眼涔涔。丁公的学问造诣极深,我不敢妄加评论,但相处多年,就耳听目见,缕述几事,以表怀念。

1957年春我到语言所工作,所长罗常培每逢茶余饭后与我漫步花径路边,向我介绍语言所的情况,介绍丁公时给我留下的印象最深。说在北大中文系学习时,师从国学大师钱玄同、沈尹默。都知道钱先生对学生判分是极严格的,而丁先生的毕业论文,竟得了100分,一时全校轰动,出了个大一百是河南人丁声树。丁公到中央研究院历史语言研究所,初去是助理,默默无闻地看书,从不率尔为文,掌握了充足的资料,才肯下笔。后来他在《庆祝蔡元培先生六十五岁论文集》上发表了《释否定词"弗""不"》,引据充分,论证严密,无懈可击。这时丁公还不到三十岁。丁公因此极受所

---

[*] 此文曾发表于《方言》1999年第3期。

长傅斯年赏识,一般在学刊发表文章,只给抽印本20份,没有稿费,这次破例给稿费大洋二百元。一时誉满全所。他的同仁胡适之先生看到丁公的文章后,评价也很高,说"真是巨眼,佩服,佩服"。

我在办公室常接到向丁公请教的电话,他多半是随问随答,试举两例如下:(一)"文化大革命"前彭真市长的秘书程湘清一次来电话说,在起草文件时遇到"取法于上,仅得其中",问出于何处,丁公立即告诉他出《资治通鉴》贞观二十二年,上作《帝范》十二篇以赐太子,说到这个话。(二)是叶剑英元帅《庆祝中华人民共和国成立三十周年大会的讲话》里两个成语:"艰难困苦,玉汝于成"。还有"山重水复疑无路,柳暗花明又一村"。请教到丁公处,立即作了答复。前一条典出于北宋哲学家张载《西铭》,原话是"富贵福泽,将厚吾之生也;贫贱忧戚,庸玉汝于成也"。后一条出自南宋诗人陆游一首七律《游山西村》,后来成了人们习用的成语。我用铅笔抄在1979年7月29日在人民大会堂听报告时发的本子上。新华社发布的电讯稿里有这两条成语的注释。后来看到北京人民出版社出版的正式文本里也有这两条成语的注释。

丁公的道德文章在史语所时就出了名,后来我去尹达家(从五七干校回来),还有周祖谟先生在丁声树先生的追思会上,都说到丁公的雅号是"丁圣人"。

语言研究所方言室、词典室的年轻人以及所里其他许多人都受到丁公的培养,或讲音韵,或讲训诂,或讲勾词(讨论书籍报刊上什么词可勾),字写得潦草的,请他练字。丁公自己在星期天、节假日也勾词,抄卡片,起了示范作用。丁公循循然善诱人。我跟他一起多年，受到他的教益就很多。1958年语言所搬到西城端王府后，有一次他对我说，你的方言很有特点，可以记记。后来送我《韵镜》，说实在的，这本书说内、外转等等我看不懂。后来又送我史语所有他文章的集刊，还有用来记录方言的《方言调查字表》，以及《古今字音对照手册》，语音班的音韵讲义油印本等。经丁公对我不断启发、指导，我逐渐地领悟到莒县［tθ tθ' θ］和［tʂ tʂ' ʂ］这两组声母是有规律可循的，从而使我萌发了记录莒县方言的兴趣。我后来写《莒县方言志》，最早便是得益于丁公的指导。丁公几十年来在方言室、词典室殚精竭虑，无微不至，培养了一代新人，作为骨干力量，使工作后继有人。正如唐刘禹锡诗所咏：芳林新叶催旧叶，流水前波让后波。这是历史的规律。

丁公夫妇俩都是高级研究人员，月收入五六百元，在那个年代算是收入颇丰了。但他却过着极为俭朴的生活。丁公布衣布鞋，戴着个帽罩折断了的解放帽子，衣着从不讲究。从穿戴上看不出是位大学者的样子。生活上严格要求自己，从不特殊。三年困难时，国务院发给他一张优待证，有肉、蛋、糖、豆、香烟等，每月买一次。丁公把这张供应证放在办公室抽屉里，一直没有使用。我多次劝说，请他拿去改善一下生活，无论如何也不行。一天下雪，下午说好明天用汽车去接他上班，汽车开去时，他早走了。1956年丁先生在和平里的语音班讲课，有一次通知他去中关村开会，语音班给雇了车送他，他给司机付了钱请他回去，和大家一道坐公共汽车来开会，特殊的事怎么也不干。在河南五七干校分配烧开水，锅炉烧煤，老是站着调理，以增加火势，腿肿得发亮，被卫生员看见了，他说千万不要告诉军宣队，让他休息。他早就有高血压，一天我去三里河送孩子，看到他在一家药房里买降压药，不去医院，怕所里知道他患病让他休息。上班吃食堂自己排队打饭，买一个素菜，分一半给同桌的年轻人，另一半再用水滤一滤，怕咸，将其冲淡，自己将就着吃。

1965年建外永安南里七、八号高研楼落成。当时的哲学社会科学部要分给丁公一套，但他无论如何不搬，说三里河的两间一套就很好了，三楼又给一间可以当书房。丁公书多，自己住的一小间，除一张床和一张小桌外，全是线装书。尽管住在这样狭小房间里，也不去五间一套的单元里，为了一个宗旨——不特殊。

每遇国家有困难、天灾，研究所里有困难户，丁公总是慷慨解囊相助。抗美援朝时他不在所里捐而是去银行，数目比一般人多，怕张榜表扬；邢台地震他在办公室打听到邢台地区募捐办事处在什么地方，于是收集了家中衣物雇三辆三轮车送去；1963年河北水灾时除捐献衣物外，还买了数条灰色棉毯捐上。所里有困难的同志多半向他借过钱，如炊事员小张，上有父辈，下有三个孩子，爱人不工作，靠自己微薄的工资，生活非常困难，我知道丁公就经常接济他。

丁公是1962年6月光荣参加中国共产党的。他入党后组织观念特别强。党小组长是个女孩子资料员，在小组会上丁公主动汇报思想，说党内没有特殊党员。他处处起模范作用，如请他担任《中国语文》主编，后来又担任词典室主任都愉快地接受了。不论做什么工作，都是全力以赴，没有星期天，没有节假日。像丁公这样勤勤恳恳，一心扑在工作上面的学者，说起来实在太令人感动了。

"文化大革命"时丁公也在劫难逃。大字报铺天盖地,把他打成反动权威,挂黑牌,戴高帽,开批判会,劳动改造。我很担心他承受不了这种种人格的污辱。有一次我们这些人被集中在一个大办公室里住宿,夜里我俩一道去厕所,在路上,丁公笑着说:我们真的实行三同了,同吃、同住、同劳动(不准回家)。看他的样子,我放心了,他是经得起风雨的。

在纪念丁公九十冥诞,逝世十周年之际,我深切缅怀丁公的敦厚、谦和、诚笃,毕生以他的学问惠及后生,功德无量,谨以此文为祭。

一生严谨圣洁 风范长留青史[*]
——怀念丁声树先生

严学宭

丁声树先生是在国内外享有盛誉的语言学家。他知识渊博，为学严谨，所发表的《释否定词"弗""不"》《诗经"式"字说》《论诗经中的"何""曷""胡"》等等不朽论著，都以资料丰富准确，论证科学严密，见地精辟新颖，受到了学术界的高度评价。至所编写的《古今字音对照手册》《汉语音韵讲义》和主编的《现代汉语词典》等都把我国的语言科学推向新的高峰！

《汉字大字典》编纂时，审音组的同志专访丁声树先生征询意见、承指示："中古音可取《切韵》音系，以《广韵》为代表，《集韵》的错误较多。对于又音，不管它是否区别意义，都可以标注。然后，再多参见各种语言材料，看是否主要读音，切不能根据《康熙字典》音项排列的先后次序来决定主次音。要多参考《史记》《汉书》《经典释文》、唐诗、宋词等资料中的有关材料，特别是唐宋作品的读音，来确定哪个是中古的常用音，用常用音作为主要音。《广韵》的又音最好保留。唐代读音除了诗词外，还可参考两部

---

[*] 此文曾发表于《语言研究》1990年第2期。

《一切经音义》的读音。

"入声字的读音,常用字主要向北京人调查,看他们读什么音,把调查的结果再归纳一下,看有什么规律。不要主观地定个规律去套。一般的清声母中,用作动词的常归入阴平,如杀、塞、劈、哭、出、答、折、楔、吃等,是不是这样,还得用北京人的实际读音来检验。清声母也有个别例外变成阳平的,如福、得、德作名词时读去声,劈柴的劈读上声。

"《广韵》中的重纽及以后韵书中的重纽,不能随便合并。如入声中的'一'和'乙',属重纽的现象,现在声调不同。'一'读阴平,'乙'读上声。

"不少书中有错读,注音也有错,应该注意校正改正。标点本的如《三国志》中有'砍'字,当时根本没有'砍'字,只有'坎'字,如'坎头去尾'。'砍'是后代才有的。这一定是搞错了。范睢的'睢'读 jū,也搞错了。

"地名,要尊重本地人的读法,可去调查当地人的读音。如四川的北碚、綦江、犍为等都有自己的读法,北京的'大乘巷'、'小乘巷',过去我们认为应读 shèng,北京人读 chéng 错了。后来,根据各种语言材料证明,应注为 chéng。可见人民群众对地名的一贯称法是有根据的。

"读书音和口语,以哪种为主,也要进行调查,根据每个字的具体情况来定。

"章太炎、吴承仕的有关著作可以参考。"

丁声树还指示:"《汉语大字典》要求新,就要有比较丰富的第一手资料。不要像台湾的《中文参考辞典》和日本的《大汉和词典》,抄过来,抄过去,就那么一点点东西。我们要在前人已取得成绩的基础上,再向前进。前人的成果要吸收,已批判或发现错了的要摒弃,要引为教训,前人已校订各种字典的错误要避免。

"为了解决古代汉语材料不足,可选一部分古籍作引得式卡片,如《孙子兵法》《庄子》等。

"要广泛收集一些古籍中的注释,从先秦时代一直到后代,如张相、杨树达著作中的有用的部分。

"清代关于声韵、文字、训诂,汉字的形、音、义,也做了不少的研究,有的总结了前人研究的成果,我们应收集钻研。

"重要的文献,宋元以来的笔记、杂记,涉及到各种客观事物的有关词语的解释的,关于人名、地名、官职、器物、成语、典故的解释的,都要广泛地收集一批,如欧阳修等不管是法家还是儒家的,最好能剪贴一批。

"日本学者编字典是把不少中国古代文章都作了引得的。

"释义尽量用第一手直接语言材料,少用第二手转引的间接材料。外语论文材料不宜使用。

"至于古文字如甲骨文已辨认清楚的,可进入字典。

"佛经、道教用字也应该收集一些。

"错字要校正,不要随意附会。

"工具书应该引用一般的合乎规范的语言材料。

"现代政治家有新义的用字,可适当采用。"

我们读了丁声树先生对编纂汉语大字典的高见卓识,不仅可为衡量得失的标准,且能为今后编纂或修改、增订的价值取向。

我得识丁声树先生是1935年夏我的导师罗莘田(常培)先生

引见于北京北海公园静心斋,求业传道解惑的。我还清楚地记得罗师对我说过,他和赵元任、李方桂两位先生翻译的高本汉(Bernhard Karlgren, 1889—1978)的《中国音韵学研究》(Etudeé Sur La Phonologic Chinoise 1915—1926)就请头脑清明的丁声树先生仔细校改过。我还听说胡适先生的考证文字也要请丁声树先生精心校对。至于语言学中历时、共时、表层、深层,从纵向推求规律,横向比较异同,则更不在话下了。

丁声树先生宽以待人、严于律己的思想品格,更是遐迩皆知。

我们缅怀这样一位学术巨人,就在于铭记他闪烁的光辉,追寻他沾溉后人的"旧学商量加邃密,新知培养精深沉"的瑜亮学风。

杰出的学术成就，高尚的道德风范[*]

——丁声树先生学术活动追思会侧记

韩敬体　整理

中国社会科学院语言研究所筹备的丁声树先生学术活动追思会，1989年4月12日上午在中国社会科学院学术报告厅举行。中国社会科学院负责人汝信、刘启林，我国语言学界、史学界的著名学者、专家，教授吕叔湘、李荣、季羡林、朱德熙、周祖谟、杨伯峻、张政烺、胡厚宣、刘大年，语言研究所的科研人员和丁先生的生前友好共150人出席了会议。会议由语言研究所所长刘坚主持。整个会场庄严肃穆。追思会开始，全体与会人员起立，为丁声树先生默哀。有十三位同志在会上发言，他们从不同角度回顾丁先生的学术活动，高度赞扬了他的突出的学术成就和崇高的道德品质。现据发言顺序记要如下。

---

[*] 1989年4月12日，中国社会科学院语言研究所隆重举行丁声树先生学术活动追思会，这篇文章是这次会议的详细报道。曾发表于《中国语文》1989年第4期。此次在本文集中刊载，将多数先生的发言摘要换作全文另行刊发。吴宗济、石明远二位先生因另撰专文刊发，未将发言全文另发。

刘　坚：

我国杰出的语言学家、中国共产党优秀党员丁声树先生于今年3月1日19时30分在北京逝世,终年八十岁。

丁声树先生,号梧梓。1909年3月9日生于河南邓县,1926年考入北京大学预科,1928年进北京大学中文系学习。1932年到中央研究院从事语言研究工作,先后任助理员、编辑员、副研究员和专任研究员。1944年至1948年在美国考察,曾任哈佛大学远东语言部研究员,同时兼任耶鲁大学语言部研究员。解放后,一直在中国社会科学院语言研究所工作,曾任方言研究组组长、《中国语文》杂志主编、词典编辑室主任。他是原中国科学院哲学社会科学部委员,曾当选为第三届和第五届全国人大代表,第三届全国政协委员,第六届全国政协委员,常务委员。

丁先生是一位在国内外享有盛誉的语言学家。早年主要从事古汉语词汇研究,1935年发表《释否定词"弗""不"》,引起了语言学界的震动。以后他发表的《诗经"式"字说》《诗卷耳苯苢"采采"说》《论诗经中的"何""曷""胡"》等等,受到了学术界的很高评价。他编写的《古今字音对照手册》《汉语音韵讲义》(文字部分),他与吕叔湘等合著的《现代汉语语法讲话》以及他主持编纂定稿的《现代汉语词典》都达到了很高水平。丁先生在方言、音韵、训诂、语法和词典编纂等各个方面都有很深造诣,并作出了突出贡献。他不愧是一个全才的语言学家,当得起"博大精深"的赞誉。

丁声树不仅是一位知名学者,也是一个优秀的共产党员,1983年4月,中国社会科学院党委召开党员大会,表彰了他的模范事迹。他大公无私,严于律己,德高而不显,望重而不骄,不为名不为利，甘当人民公仆的高贵品质深受人们的敬仰。

丁声树先生逝世了，这是我国语言学界的重大损失。但他的卓越学术成就和崇高道德品质将永世长存。

吕叔湘：

（发言全文另发）

汝　信：

首先请允许我代表中国社会科学院对丁声树同志的逝世表示深切的哀悼。丁先生离开了人世，但他作为卓越的学者和优秀共产党员所树立起的榜样却永远留在我们的记忆里。在半个世纪里，他对我国语言学事业作出了重大贡献，在学术界享有很高声望。他有两点特别值得我们尤其是中青年研究人员学习。第一是丁先生严谨的治学态度和科学精神。他勤于探索，刻苦钻研，占有充分材料，认真深入地研究，以渊博学识和科学方法提出精辟见解，他的著作有很高水平和很强的说服力。这正是目前我国学术界应该注意的问题。第二是丁先生无限热爱祖国，在政治上一贯要求进步追求真理的精神。解放前夕，他坚信只有共产党才能救中国，没到台湾去。解放后一贯要求进步，在共产党由于政策失误造成困难的情况下，他对党没有丧失信心，反而在1962年加入了共产党。这是很令人感动的。他一贯严于律己，全心全意为人民服务；甘为人梯，对青年人诲人不倦地进行关怀、培养，成为青年人的良师益友。无论从学问上还是道德上，丁先生都无愧是老一辈的中国知识分子的最优秀的代表人物。

李　荣：

（文章另发）

季羡林：

（文章另发）

朱德熙：

（文章另发）

周祖谟：

（文章另发）

杨伯峻：

丁声树同志是我六十多年来要好的朋友，也是我所尊敬的朋友。他出生和我同年同月，他若健在，也八十岁了。我和他于1928年到1932年在北京大学中文系同学，兴趣基本相同，所选修的课程也大体相同，又同住马神庙北大学生宿舍西斋，因此过从较密。钱玄同先生极赏识他，他的毕业论文钱先生评为一百分。钱先生评分很严，很少给人高分，他被评为满分，在北大文科中传为佳话，可见他水平之高。他毕业后到中央研究院工作，可能出于钱先生和胡适之先生的推荐。后来他去美国，胡适之先生也在美国，我听说，适之先生多次对人说，在美国华人中青年中，以丁声树学问最富最深，学术前途最有希望。胡先生也是不容易称赞人的。由胡、钱两先生对他的评价，可见他的学殖了。丁声树同志后来主持《现代汉语词典》工作，不耻下问，在偶然交谈中，我窥见他的认真负责精神。他的为人热心慷慨，自奉甚薄，待人宽厚，急公好义，无比诚挚，有不少的事迹，令人感动。

张政烺：

我与丁声树相处多年了。他的生平，刚才刘坚也念了，写得很好。恰如其分地评价了他。丁声树爱国家、爱民族。解放时国民党政府逃往台湾,历史语言所也迁往台湾,把图书资料都运走了,丁声树个人的图书也被运到了台湾。但丁声树没有去台湾,其中受到陶孟和先生的影响。1934年我住在北大东斋,他去找过我。抗战时期,我们一起逃过难,逃到长沙、昆明,后来到四川。他1944年去美国考察,当时出国人员要去受训,要参加国民党。他参加了受训,但他坚决不加入国民党,这在当时是极少有的。在重庆,有个地方叫北碚,四川人念碚为 bèi,下江人到那里,把碚念成 pèi,念了白字,丁声树专门写了文章考证这个字的读法。我现在也写了一篇考据文章,是受到过丁声树话的启发的,想替他写这个文章,以此来怀念他。

胡厚宣：

（文章另发）

刘大年：

（文章另发）

徐世荣：

（文章另发）

石明远：

丁先生有深厚而鲜明的爱国思想。1944年至1948年他在美国考察,兼任着两所大学的研究员,还结了婚,生了女儿。他为女儿起名丁炎,意为炎黄子孙。他有很好的研究环境和美满的家庭,但为报效祖国,1948年他毅然回国工作。他回国后给女儿写信,不断教导她是中国人,让她学习汉字,用汉字写信给他。

丁先生集中华民族的优秀品质于一身,不为名,不为利,勤奋工作,事迹很多。他家收入较多,但生活那样俭朴,不了解他的人感到他入不敷出。他把钱捐献给了国家、人民,他自己剩下不多的存款,也想全数捐给国家,他曾跟我谈起这件事。他吃饭、穿衣都异常俭朴,人们说他简直像苦行僧一样。丁先生就怕特殊化。三年困难时期,科学院照顾老专家发给特需供应证,他坚决不要。坐所里的班车,别人给他让座,他坚决不坐,后来干脆就不坐班车了,自己去挤公共汽车。他常坐13路公共汽车上下班,在车上排难解纷,帮助做工作,被车队誉为模范乘客,还邀请他去参加座谈会。

在治学上,他要求青年人多读书,从小题目做起。"批林批孔"时,批孔子反对汉字改革,丁先生找到所里一位青年研究人员,提出确凿材料,论证孔子并没有反对汉字改革。这位青年同志还写了一篇文章发表了出来。

丁先生博闻强记十分突出。他读书多,头脑中储存也多。记得北京市委一位工作人员为"取法于上,仅得其中,取法于中,不免为下"的出处问了好几个人,都说不出出在何处。后来问到丁先生,丁先生不假思索地就说出在《资治通鉴》贞观二十二年,实在令人惊异。后来中央办公厅还来问过"艰难困苦,玉汝于成"这话的出处,他也是即时答出。

丁先生的逝世,国家失去了一位杰出的学者,我失去了一位良师益友,我感到非常悲痛。

准备在追思会上发言的还很多,由于时间关系,他们提交了书面发言。

吴宗济:

1935年秋,我考入中央研究院历史语言研究所。初到南京时,与丁声树同一室。他灰布大褂,蓬首布鞋,而绳床布被,旁无长物,与当时学者西装革履者迥异。此后多年,他虽级别已极高,而享用每居人后,食堂买饭,从不吃甲菜。出门办事,从不要公车。他在大学时即为系主任所赏识。到历史语言所后,赵元任、李方桂二师在中国音韵学上,总是向他咨询。

郭良夫：

工作中遇到问题,常向丁先生编著的《古今字音对照手册》《现代汉语语法讲话》《现代汉语词典》三部书请教。他留给我们的著作数量不多,可是对学术的贡献都是很大的,因为他的很多论断都是不可移易的,不能动摇的,令人信服的。丁先生的民主的学风,科学的治学方法,是使他取得光辉成就的重要因素,这种学风和方法值得我们努力学习。

丁声树先生曾经担任过领导工作的语言研究所词典编辑室、方言研究室和《中国语文》杂志社的代表也作了书面发言。

丁声树先生的夫人关淑庄从美国打来电话说,她和女儿丁炎,对语言研究所为丁先生举行追思会表示由衷的感谢。

一些高等院校、科研单位和生前友好发来了唁电,对丁声树先生的逝世表示哀悼。

丁声树先生为我国的语言学事业作出了突出贡献。他虽然逝世了,但他的治学精神、道德文章将激励着后辈继续前进,完成他的未竟之业,把我国的语言科学推向新的高峰。

七 律

——梧梓学兄百年诞辰纪念

吴宗济

同庚同馆早离群,卅载重逢谊更亲。

访语调音通古韵,搜词数典富今文。

群贤北苑君称最,四友南庠我仅存。

天上人间都百岁,心香一荐倘通神。

二零零九年春　同学吴宗济祝献

临江仙
——纪念丁声树先生百年冥诞

李锡胤

曾记端王府里事，经书倒执坛前。温良恭俭瞻公颜，不忍朽木弃，勉我识前言。

干校三年忝"战友"，老丁[①]吃苦在先，淮南烈日火炉[②]边，"小车"典型在，推到大同年[③]。

附 注

[①]先生戏谓："经干校后，人不以'丁老'相称，而改呼'老丁'，可喜。"
[②]先生司炉，供应开水，我为之汲井。
[③]先生真有"小车不倒只管推"精神。

博古通今一代佼　　恭谦求索路遥迢
千锤百炼传佳作　　细雨无声润李桃

纪念丁先生百年诞辰
己丑年春贺巍敬书

百年诞辰兮安魂　　奠椒桂之坠露兮酒浆
德高望重兮高山仰止　博古通今兮音义句章
学无止境兮周流求索　千锤百炼兮佳作弥芳
风雨同舟兮矢志不移　翠竹苍松兮经风傲霜
日月忽其不淹兮春秋代序　滋兰蕙之峻茂兮溥泽乐康
帝阍开关兮并迎　　羌尔遵道兮返顾四荒

丁先生百年诞辰祭
己丑年春贺巍敬书

怀念梧梓业师

莫 衡

梧梓业师,学贯古今,功底扎实,治学严谨;诲人不倦,奖掖后学;淡泊名利,作风朴素,生活简朴;慷慨解囊,救助穷困。这些都是人所共知。他对工作一向认认真真,一丝不苟,譬如对"贯气"一词的注释,跟我研讨了十来次,还让我找黎锦熙先生请教过三次。他在干校时,烧过开水,养过鸡,看护过猪娃,也是事事认真负责,博得同志们的普遍赞誉。余跟随业师学习、工作二十余载,他深入浅出地给讲授"音标""音韵",手把手地引导记录、整理自己的方音,经常耐心地对如何解字释义作出示范。我能勉强独立工作,是跟业师言传身教分不开的。由于资质鲁钝,学习又不够勤苦,只得忝列门墙,未能得到真传,有负业师期望,愧疚之心无以言表。兹值业师诞辰一百周年之际,谨赋韵文三则,以示志哀。

鹧鸪天·深沉怀念

一代词宗拱北辰,精编《现汉》苦耕耘。杏坛妙释"帮滂并"[①],满座春风洗耳闻。

严父爱,永铭心,常记扶教济危贫。慈容永逝留清影,泪湿布襟不自禁。

干校纪实二首

一

熊熊炉火赛朝阳,列队水壶迎曙光。
五七学员下夕烟,热汤入肚暖心房。

二

鸡雏绕膝喈喈鸣,正点开餐早晚中。
期盼猪娃均茁壮,三更披挂战寒冬。

附 注

①"帮滂並"是音韵学中代表声母的三个字,这里借指"音韵学"。

雄狮礼赞
——纪念丁声树先生

舒宝璋

壮岁雅称丁圣人， 雄狮搏兔冠群伦[①]。
北京饭店门难启[②]，息县锅炉水易温[③]。
华夏辞书金胆沥， 康熙字典素心存[④]。
身居病榻精神爽， 犹背韩公寿世文[⑤]。

附 注

[①]丁梧梓先生在中央研究院历史语言研究所时，治学精湛绝伦，力任千钧，如雄狮搏兔，所向披靡，有"丁圣人"之称。

[②]有一次，丁先生应邀赴北京饭店开会，徒步而前，衣着朴素，门卫几乎不让进。

[③]"文革"期间，先生下放到河南息县烧锅炉，从不熟练到熟练，人或称之为"丁不开""丁时开"以至"丁老开"。

[④]先生蓄志欲修订《康熙字典》者多年，虽胸有成竹，而始终未能立项，遂无法如愿。

[⑤]晚年住院期间，先生常小声背诵早年即已成诵的《韩昌黎文集》，以锻炼脑筋，庶几出院后能立马上班。

跟丁声树先生在昌黎调查方言*

熊正辉

昌黎方言调查是丁声树先生领导的最后一次方言调查。《昌黎方言志》出版后，丁先生就调到词典室负责《现代汉语词典》修订工作，离开了他领导多年的方言组。我是一九五八年大学毕业后分到语言所方言组工作的。当时丁先生是方言组组长。我到方言组没多久，就跟丁先生和方言组其他同志去昌黎调查方言。时间已经过去三十年了，跟丁先生在昌黎调查时的许多情景仍历历在目。

那是一九五八年的年底，河北省昌黎县县志编纂委员会派人专程来北京，邀请语言所到昌黎调查当地方言，编写昌黎方言志。丁先生原来就有个调查河北省方言的计划，想以此作为试点，摸索大面积调查方言并绘制方言地图的经验，以便将来绘制全国汉语方言地图。丁先生为此还主持编制了相当详备的方言词汇调查表。所以，当昌黎县来邀请时，很快就决定方言组全体同志都去。记得我们坐火车抵达昌黎的时候，昌黎县文教局长在站台上迎接。丁先生穿一身旧的棉制服，戴一顶旧的呢制服帽，跟大家一样提着

---

* 此文曾发表于《方言》1989 年第 2 期。

随身用品走下火车。后来过了一段时间,文教局长跟我们都很熟了,他说,刚见面时真看不出丁先生原来是一位有名的大专家。

昌黎县政府安排我们住在县立一中,吃饭在教师食堂。伙食当然比不上在北京的时候。特别是到了工作后期,粮食供应开始紧张,经常只有白薯等粗粮。丁先生那时身体就不太好,有高血压,很多东西不能吃。可是丁先生坚持跟大家一样,自己排队买饭,卖什么吃什么,不愿意人家对他特殊照顾。

每一个地方的方言总会有一些使外地人注目的特点。昌黎城关话也有。一个是阳平字如果处在轻声的前面时,读一种低降而拉得较长的调型。还有一个是应答词[nɤ nəˑ],相当于英语的"Yes"。刚到昌黎不久,有一次逛商店,一位年轻的女售货员说的一句话正好包含这些特点。丁先生随即也模仿着说。那位姑娘脸登时红了,以为丁先生在取笑她。陪我们的当地同志赶紧解释,说我们是专门研究方言的,是来这里调查方言土语的,不是取笑她。这才避免了一场误会。

在开始调查前,我们先跟当地同志了解昌黎全县的方言差别。根据当地同志的语感,昌黎话内部大致可以分为五片。经过共同研究,确定每一片选一个点做重点调查。这五个点是昌黎城关、张家石门、曹东庄、陈官屯和朱建坨。后来的调查结果,证实当地同志的语感还是有根据的。昌黎话基本上分南北两大片。南边一片儿化韵音值跟北京一样是卷舌韵母,古平去两声的浊声母字有连读变调。北边一片儿化韵是一个[ɯ]尾,不卷舌,没有南边那样的连读变调。昌黎城关和张家石门同属南边一片,而彼此略有小的差别。陈官屯和曹东庄同属北边一片,彼此也有小的差别。朱建坨在儿化韵的读法上跟南边一样,而在连读变调上又跟北边一样。

在分组去五个点调查之前,大约花了一个来月的时间讨论词汇调查表,也就是丁先生主持编的方言词汇调查表。丁先生一直主持这个讨论,几乎是逐条逐条地过了一遍。主要是让大家掌握每条词调查的要求,明确词义范围,注意调查时可能遇到的问题和差错。这样的讨论对我来说真是获益不浅。汉语方言在词汇上南北的差别很大。我是南方人,在南方长大。虽然在北方生活了多年,北京话的字音掌握得还可以,北方方言的词汇却了解得不多。经过这次讨论和接着的重点调查,对北方方言的词汇就不那么完全陌生了。

对词汇表的讨论结束后,我们就分成五个组分头去调查。因为我刚工作,丁先生特意让我跟他一个组,负责调查朱建坨的方言。我们这个组还有高玉振同志、科学院河北省分院的李行健同志,还有县文教局专门抽调来协助我们调查的小学老师王振泰同志。朱建坨在县城的东边偏北一点。先坐十来分钟的火车到留守营,然后再步行几里路。我们每个人都带着自己的铺盖卷儿。下了火车,公社派了一位社员老大爷驾着小毛驴拉的一辆小车来帮我们拉行李。我们住在一户社员家里。一间大约十五平米的房间,干净明亮。一铺大炕占了大半个房间,再加上两个大板柜,就没有多少可以站人的地方了,所以进屋就得上炕。睡觉,工作,学习,聊天儿都是在炕上。记音时就盘着腿弯着腰趴在小炕桌上记。一开始是用《方言调查字表》记字音。丁先生一直指导着我们,告诉我们如何比字调和定字调,如何归纳声母和韵母,如何调查儿化韵,如何记字音。我记得在调查儿化韵的时候,我把"歌儿"跟"根儿"记成同一个韵,把"街儿"跟"今儿"记成同一个韵。丁先生发现了,告诉我记得不对。我还跟丁先生争,说没错。丁先生就请发音合作人一遍一遍地发音,让我仔细听。后来听出来是有点差别。这时候我才发现,原来是我自己学北京话的时候就没有学地道,自己嘴里就不会分,所以也就听不出来。

在朱建坨调查结束后,又回到县城。其他几组的同志也都陆续回到县城。根据五个点调查的材料,拟出了一个大约有一百来个问题的调查表,再分头做普遍的调查,调查的结果将用来绘制昌黎方言地图。这次我跟王振泰同志两个人一路,一人一辆自行车,车后带着行李,隔几个村选一点,每点调查半小时到一小时。到哪村天黑了就在哪村睡。整整三天时间,在昌黎县的西南部转了一大圈回来。这次普遍调查显示了绘制方言地图的一个困难问题。出发前,大家对这百来个问题的调查要求也明确。但是在实际调查时又碰到许多未曾预料到的新情况。几路调查的材料对到一起,有许多就对不上。所以《昌黎方言志》中的昌黎方言地图一共没有多少张。那个时候,我们年轻同志受到"大跃进""左"的思潮的影响,总认为老专家保守,这也不能做,那也做不了。其实是我们自己幼稚,知道得太少。

在昌黎调查总共有半年多时间,天天跟丁先生在一起,学到的东西,对刚刚踏入研究工作之门的我来说是够多的了。可是我学到的部分跟丁先生的整个学问比起来,又是微乎其微。由于丁先生转到词典室工作,又由于这个运动那个运动不断,再加上"文化大革命",在昌黎调查之后就没有机会再向丁先生学习。等到粉碎了"四人帮",有可能而且自己也认识到有必要再向丁先生学习的时候,丁先生病倒了。

  丁先生患脑溢血,住院多年,终于不治,与世长辞了。丁先生一生不务虚名,不图私利,钻研学问孜孜不倦,调查研究不辞辛劳。丁先生的学识博大精深,学风严谨朴实。丁先生的逝世,是我国语言学界的巨大损失,更是我国方言学界的巨大损失。丁先生的学问已经不能直接传授给我们了。但是丁先生治学的精神、治学的品格,永远是我们学习的榜样。

怀念丁声树先生*

——为纪念丁先生百年诞辰而作

贺 巍

丁先生的品德高尚,学识渊博,深受大家尊敬。他几十年如一日,默默工作,勤奋一生,为我国语言学事业做出了重大贡献。特别是我国的汉语方言调查研究工作,能从弱到强,在国内外受到高度关注并有重大的影响,是和丁先生对这项工作的远见卓识,以及在他的领导下,所做的一系列工作是分不开的。我十分怀念他、感激他。回想许多往事,犹历历在目,下面写几个回忆片段,以表示怀念之情和崇敬之意,并对当时方言调查研究的状况,留下一点记忆。

一 关心青年成长

1957年夏方言组从语音研究班回到语言所之后,组里有十多位年轻人,丁先生对我们的学习非常关心。为了提高我们的业务能力,尽快参加方言调查工作,他和其他先生商议,为我们制定了

---

* 此文曾发表于《方言》2009年第2期,收录本文集,略有修改。

许多具体措施,使我们的学习收到了较好的效果。

丁先生经常给我们说,做学问不能急于求成,要踏踏实实地坐下来练基本功。为达到这个目的,他根据我们的特点,把我们分成几个小组,请本组李荣先生、吴宗济先生、周殿福先生等分别担任我们的导师。明确责任到人,进行辅导。各位先生根据我们每个人的不同情况,布置专题作业,要求在规定的时间内,写出研究报告,进行辅导,使我们适时进入研究领域,对提高我们的业务能力,起了较大的作用。

当时所里活动很多。在十分困难的情况下,丁先生每星期都尽量给我们安排业务学习,由他和其他各位先生给我们做专题辅导,有时还结合实际作记音练习或就方言中的问题进行讨论。每次在开会前预先通知大家要讨论的问题,让大家查资料、看参考书,作好充分准备。这种学习方式,能把问题引向深入,对我们非常有益。每次讨论丁先生都有精辟的发言,他给我们专门讲解的《广韵》序、陈澧的《切韵考》《颜氏家训》音辞篇,至今还有深刻的印象。

平时我们以自学为主。丁先生要我们抓紧时间读书,但不能贪多求快,要有计划地从最基本的书读起。他指出:在古汉语方面,读《论语》《孟子》《古文观止》和《唐诗三百首》,要求能看懂,有的段落或诗篇会背诵;在音韵方面,读《汉语音韵讲义》《切韵音系》,要求能了解古今音构造,并能说出北京话和本方言和古音的关系;在方言方面,读《现代吴语研究》《钟祥方言记》《华阳凉水井记音》《湖北方言调查报告》《中山音系》《闽语研究》等,要求能查看表格,并学习研究其分析比较的方法;在工具书方面,列出《广韵》《集韵》《切韵考》《四声韵谱》《说文解字》《康熙字典》等多种,要求会查看、会使用,特别是对《广韵》《集韵》要求的更加严格,要至少按小韵对着《方言调查字表》阅读一遍,并能查出或推导出某字某音在方言调查字表的位置。这是一项最基本的训练,如果切实做到了,对古今音的演变可以有基本的了解,对音韵学当中有争议的问题也会有明辨是非的认识。

经过一段学习,大家有些浮躁,认为学得差不多了,希望尽快走出去到各地调查。但从客观情况来说还不具备这方面的条件。丁先生心明眼亮,适时要求我们继续坐下来练基本功,记录自己的方言。他说:"调查方言首先要从自己的方言做起,只有把自己的方言研究清楚了,才便于调查其他方言。"他常常反问大家:"一个连自己的方言都弄不明白的人,还有什么资格研究其他语言和方言?"他这些话含义深刻,是告诫我们不要相信那些吓人的空"理论",而我们更不要去做那样的人。为此他要求我们,每个人都要从自己的方言入手,定出计划,进行调查研究,按时完成。丁先生说到做到,此后多次检查我们的作业,并随时解决在调查时我们所遇到的问题。由于有了亲自的实践,系统地记录分析整理了自己的方言,以后在调查其他方言时,的确减少了许多困难,真切地感到丁先生说的话,所采用的方法是非常有道理的。

二 调查张家口地区方言

全国汉语方言普查要求在 1956 年至 1957 年两年内完成。1958 年语言所方言组按照有关计划将转入绘制全国汉语方言地图的工作。丁先生多次在组内说,开展这项工作,准备先从河北、河南、山东三省做起,积累经验之后,再向全国铺开。后来从人力等多方面考虑,认为这个计划太大,决定先从河北省做起,大家觉得比较切合实际。

为了选择河北省方言地图的调查项目,丁先生根据河北省的方言情况,决定先以调查河北省张家口地区的方言作为试点。这个地区有入声,和山西方言相近,在北方话中有代表性,这是丁先生选择这片方言进行调查的理由之一;再是这个地区的方言不是太难也不是太容易,适合组里的年轻人到这里调查,进行实地训练,提高调查能力;三是丁先生把为绘制全国方言地图所编制的方言词汇调查表已完成初稿,可以拿到这里试用,以便修改补充。丁先生提出的这个调查计划大家是非常赞成的。

经过认真准备,丁先生于1958年7月中旬带领在所的方言组全体人员,自带行李和日常生活用具,乘火车到达张家口市。经与有关部门联系,把我们安排到张家口一中,作为调查基地。因为当时学校放假,有空房子便于住宿;再是这里有张家口各地的学生,便于找发音合作人。学校非常支持我们的工作,给我们好几个教室让我们住宿和办公。这是方言组第一次大规模的外出调查,丁先生为我们做了周密安排,到了住地大家很快就安顿了下来。

通过与当地人谈话,丁先生很快就了解到了本地区的方言情况,和大家商议后,决定重点调查张家口市区、万全县、怀安县、怀来县四个点的方言。确定张家口市区、怀安县、怀来县,分别由周殿福先生、李荣先生、吴宗济先生带领年轻人调查;万全县由丁先生带领我调查。各点按要求找了发音人,为调查做好了准备。事先还以张家口市区的方言为试点,进行了集体记音训练,明确了记音的标准与要求,为以后各点的语音比较打下基础。

我们每天上午记音,下午整理材料和讨论。丁先生这时已十分劳累,但他不让对他有任何照顾。在调查中,有人负责录制各点声韵调的录音,有人刻印各点声韵调比字材料。在全组会上,丁先生领着我们逐点讨论各地的记音,由发音人读例字例词,必要时放录音对比,大家审音定音,改正并确定该方言的声韵调系统。通过讨论这四个点的记音,大大提高了大家听音记音的能力。在听辨连读变调和儿化音与基本韵的关系时,各点遇到的困难最多,丁先生分辨语音之精细与归纳音位之准确,让大家从中学到了处理这类问题的方法。

各点记完方言调查字表,整理好同音字表,大致用了五六天的时间。丁先生放手让我调查万全县方言,既学到知识,有时还得到他的鼓励,真让我有说不出的高兴。

记录词汇时,丁先生召集大家先通读一遍词汇调查表。一是组里有不少南方人,不了解词表中北方话的词义,再是不清楚调查词汇时的应注意事项。有了这次通读,明确了词义,统一了调查要求,为下一步的调查整理打好了基础。尽管这样,各点在记录词汇时,还是遇到不少难题。比如一些指示代词的读音记起来非常困难,通过发音人读,大家模仿,由丁先生记出的音,再到当地核对是非常准确的。

在张家口一中,我们用了二十多天的时间完成了各项工作。这是我们工作的第一步。因为发音人是学生,有的音读不准确,有的词条不会说,必须到当地核对。这项工作需分头进行。丁先生要求各点到各地用十天的时间进行核对并作补充调查,完成后各自回所。

经过多天操劳,丁先生身体不好,但他坚持和我一起下去。我们的调查点是万全县,但发音人的所在地是孔家庄乡。这个乡临火车站,我们背着行李下火车,正好碰着下雨,到乡里要走三四里路,路途泥泞。我和丁先生说,我先到乡里,放下行李,再回来接他,他不肯。我们十分困难地到了乡里。我们虽然事先给乡里发过信件,但他们怎能明白我们调查本方言的目的,为此费了很多工夫才明白了我们的意图。乡里给我们安排了吃住的地方,我们两人一个房间;吃饭在乡食堂,一天两顿饭,几乎顿顿土豆。丁先生坚持前半天核对字音、词汇和补充调查;后半天整理材料并按所里的规定完成一个月的劳动天数。他这种严于律己的精神,令我十分感动。

十多天之后,我们回所了,其他人也回所了。所里的情况大变,我们没有时间再整理调查的材料。1959年1月丁先生又带领我们到昌黎调查方言。这次昌黎调查名义上是为昌黎编写县志,但实际上是丁先生为进一步调查河北省方言在作试点,昌黎方言地图的绘制,虽然只有十多幅,但总算完成了丁先生的一点心愿。

三　对语言学事业的贡献

丁先生在制定国家语言规划、实施汉语规范化、推动汉语方言普查等方面做了许多工作,至今对我国的文化教育及语言科学的繁荣和发展还在发挥着作用。丁先生做得多,说得少,从不彰显自已。现在重温一些往事,以作历史的回忆。

现在使用的汉语拼音方案是在中国文字改革委员会领导下制定出来的。以什么样的语音作为制定拼音方案的依据,有许多不同意见。丁先生多次参加会议,明确指出北京语音是普通话的语音标准。也是制定汉语拼音方案的语音标准。有人主张用拼音方案注音不标声调,丁先生用声调在古今汉语历史演变中的作用,来说明这种做法的不可行性。现在的拼音方案是通过很多专家学者的不断修改讨论制定出来的,其中包括丁先生的一份努力。

实现汉语规范化,对异读词进行规范,是一项重要工作,做起来琐碎而复杂。丁先生进行广泛调查研究,从历史和方言以及使用的范围等诸多方面决定异读词的读音。普通话审音委员会于1957年至1962年分三批发表的《普通话异读词审音表初稿》是在丁先生的主持下,经过多次讨论,由他最后审定发表的。

1955年10月的全国文字改革会议和现代汉语规范问题学术会议召开之后,决定在全国用两年的时间,开展汉语方言普查,其任务由语言所协同全国各高等院校完成。丁先生对这项工作提出具体方案,草拟出有关汉语方言普查的两个文件,由高等教育部和教育部联合发布到全国各教育厅局及各高等院校。成为我国有史以来所进行的第一次汉语方言普查,对了解我国汉语的面貌及其分布状况起了重大的作用。

在开展汉语方言普查时,急需方言人才,语言所于1956年联合教育部开办了普通话语音研究班。丁先生身负重任带领方言组全体人员,克服重重困难,全部投入教学工作。从1956年至1957年连续开办了三期,为全国高等院校培养了一批汉语方言调查人才;在教学中所编写的各种讲义,为调查方言所制定的《方言调查字表》《方言调查字音简表》《方言调查词汇手册》等,在方言调查中发挥了重大的作用,至今仍在应用。

编写以词汇规范为目的的《现代汉语词典》,是国务院给语言所下达的任务(《国务院关于推广普通话的指示》1956年2月6日)。语言所对此项工作非常重视,从1956年后半年着手收集资料到1959年完成初稿,由吕叔湘先生主持;从1960年印出试印本到1978年正式定稿出版,由丁先生主持。丁先生逐条审定,认真修改,精益求精,不辞辛苦,日夜奋战,累坏了身体,以至积劳成疾,与世长辞,这是我国方言学界的重大损失,也是我国语言学界的重大损失。他的治学精神、治学品格将永远留在我们的心中。

四　有关丁先生的几份遗稿

丁先生做事非常认真,做总结、写文章、写信都要先起草,经修改抄清后才发出。在我写这篇纪念稿翻检过去的材料时,发现有丁先生几份遗稿。回想起来有的是我给他抄清时,底稿留在我这里的;有的是他和组里的通信交我保存的;还有的是交我以后备查的。这些稿子有总结、短文、提案、书信等共10件,对了解当时的情况,对研究丁先生的高尚品德及学术思想有重要价值。现在分类列出,并作简要说明。

①普通话语音研究班第三期语音学和方言调查课程教学辅导小结。总结分课程进行情况、学习成绩、优缺点等三部分,全面反映了本期的教学情况,其中有本期全部教学人员名单。共6页,

1200字。(1957-7-12)

②汉语方言和标准语。指出"汉语标准语要在官话中选择,究竟应该采用什么样的官话作标准语,这才是问题的中心"。共1页,200字。

③北京话和北京土话。本文主张拿北京话作标准语;拿北京话的音系作标准音;拿北京音作设计拼音文字的基础;拼音文字应不分尖团。共11页,2200字。

④进一步开展汉语方言的调查研究。附条说,这是为学部委员会议准备的一个提案初稿,希望同志们传观提意见,以便修改。本文建议汉语方言进一步的调查研究应该以词汇、语法为重点。共3页,2000字。(1960-11-28)

⑤给李荣先生的信。信中讲昌黎方言调查情况。共2页,400字。(1959-4-5)

⑥给石副所长(石明远)的信。信中讲到所里支援江苏普查编写《江苏省和上海市方言概况》问题;关于下半年丁先生到词典室看稿问题等。共4页,1000字。(1959-4-27)

⑦给江苏小组诸位同志的信。信中讲到绘制江苏方言地图和昌黎方言志样稿问题。共1页,800字(1959-11-2)。为了帮助江苏省编写《江苏省和上海市方言概况》,语言所于1959年10月派李荣、贺巍、金有景、庄惠珍四人赴江苏协助工作。1959年底完稿,江苏小组回所。

⑧给南京师范学院叶祥苓的信。信中讲到印《江苏省和上海市方言概况》精装本供国际学术交流用的问题。共1页,500字。时间应为1960年夏。

⑨给古籍整理出版小组的信。本文建议赶快撤消重印"四部备要"本二十四史。丁先生说这个四部备要本子是最坏的,万万不可再印,以免谬种流传。共1页,400字,时间不详。

⑩给郭沫若院长的信。建议取消学部委员津贴。共1页,400字。(1957-5-8)

一腔情怀念师恩[*]

张振兴

1963年8月底,我到了语言研究所方言组。当时的语言所在北京西城,靠近西直门的原端王府内唯一的一座楼房里。方言组在二楼西南向的一个角落,大家都叫它"方言胡同"。一天早上,我正在胡同走廊里拖地板,走过来一个人,穿着一身很普通的灰色旧中山装,高高的个子,脑门子有点高,背略有点驼,他对着我点点头,说:"真干净,别累了!"我也笑了笑回答说"不累的"。过后我问旁边办公室里的人,他们说那就是丁声树先生呀,是我们方言组的组长,现在在词典室主持编现代汉语词典。这是我第一次见到先生,跟我原来想象的很不一样。

在厦门大学念书的时候,当时黄典诚先生给中文系的青年老师开课讲《诗经》,利用晚上的时间每周两次,我当时也旁听。一次讲周南《卷耳》篇,"采采卷耳,不盈倾筐。嗟我怀人,置彼周行",解释"采采"时,特别提到丁声树先生的论文《诗卷耳苤苢"采采"说》,这是我第一次听到先生的名字。课后没有找到这篇论文,可是却无意中读到了先生1952年发表的《谈谈语音构造和语

---

[*] 此文曾发表于《汉语学报》2009年第1期,收录本文集,略有修改。

音演变的规律》一文。这是我第一次读先生的论文。以我当时的还没有入门的学识,这篇文章的很多内容也是看不懂的,只是感觉先生写的东西,行文平易,道深浅出,不像其他有些语言学的文章那样高深莫测,看了叫人头晕目眩。后来又从其他老师那里陆续听到先生的人品与学问,早存仰慕之心。毕业分配初定以后,心里想着这可好了,可以看到丁先生了。可是没有想到跟先生的第一次见面是在走廊里,还是在擦地的时候。也跟我原来想象的很不一样。

又过了几天的一个傍晚,都下班了,我一个人在办公室里背《方言调查字表》,正大声念国际音标元音表呢。一会儿丁先生过来了,我不好意思地说:"我以为都下班了,就大声念,没想到吵着你了!"那时我刚到北京,还很不习惯说"您",就说"你",事后好几天不好意思,心里老说自己笨,连这个都不会。可先生一点儿责怪的意思都没有,他说:"我听到有声音,就过来看看。"我于是也大着胆子问,怎么背《字表》呀,国际音标有的音很难念,怎么办呢?先生说,《字表》不要硬背,那样记不住的,你联系自己的方言,看看是不是就容易记住了?国际音标不要着急,你自己话里会说的音先学,自己话里不会说的音后学,可以请组里其他人帮忙。不过,你最好每天先把音标表里的符号抄写几遍,写好了也很重要的,不怕抄书。短短几句话,让我受用了一辈子。几十年以后,先生早已仙鹤西归,当我勉强也带学生的时候,我们见面的第一件事就是复述先生的教导。说到抄书,也巧得很,再过没几天,李荣先生找我,记得给我一份抄好的《东莞县志》方言词汇材料,让我照着原书校对一遍,然后还有一份大约有万把字的稿子,让我抄写誊清。当时也不明白什么意思,照做就是了。好几年以后才知道,这也是丁先生的路子,"不怕抄书",练习写字,你连音标都写不好,字都写不好,怎么做学问？当时方言组有一位临时雇请的余老先生,专门抄写旧志里的方言材料,一手好字,工整有力,一笔不苟。李荣先生让我校对这位老先生抄写的材料,再让我誊清一份稿子,那是给我一个样板,照此办理,尽在不言中。后来看到李荣先生《丁声树》一文(《方言》1989年第2期98—103页),有一段原文如下：

  别看丁先生博闻强记,他写作时总要查对元始资料,丁先生思想敏锐,反应迅速,可是下笔不苟,反复推敲,写一遍,改一遍,再抄一遍。《说"匼"字音》一篇,我亲眼看他抄了三四遍。

李荣先生也如是。上个世纪九十年代,记不清楚具体哪年哪月了,一次我给李先生整理办公室里的书柜抽屉,看到他在西南联大时写作《切韵音系》一书的一摞原稿,八开大的红格稿纸,每个格子大约一个四号字大小,排满了李先生早年那手工整娟秀的钢笔字,我翻看了好几页,就没看到有哪个字的胳膊腿是伸到格子以外的。当时看了,不禁眼眶湿润,直想哭出来。丁先生、李先生从行文写字所透露出来的严谨学风,真的《广陵散》于今绝矣！

1964年10月底,我从山东黄县劳动实习回到所里。随后,李荣先生带着我和同组的另一位先生到浙江温岭进行方言调查实习。我以为接下来的时间里,可以过一段平静的研究所的研究生活了,不会想到很快就再度下乡参加"四清",更不会想到还有后来的十年"文化大革命"。于是行前特意找了丁先生,我问以后怎么做方言?先生还是用一贯的慢声细语,说跟着李荣先生,李先生学问好,他说怎么做就怎么做。过了一会儿,先生问我:你觉得你的方言有什么特别的地方?我略想了一下,回答说:我的漳平永福话里有一些说法很特别,也很古老,例如"盖房子"叫"起厝",这个"起"就是古词呀。那时我正断断续续读点《史记》《汉书》的篇章,记得《汉书·郊祀志》里有"起步寿宫",《昭帝纪》里有"追赠赵倢伃为皇太后,起云陵"的话,所以就用"起"字回答先生的提问。先生听了笑了笑只说"好,好",就没再说什么。我那时太年轻,不知学问深浅,更不懂得这是在鲁班门前弄斧,关云长面前耍大刀。先生就是"剖析文义起家"的,《汉书》这一类书,都是熟读,甚至可以大段大段背诵的!过了很多年以后,多看几本书以后我才知道,"起"有兴建义,古书并不少见。刘义庆《世说新语·豪爽》"明帝欲起池台,元帝不许";《水浒全传》第九十一回"田虎就汾阳起造宫殿";《古今小说》"木棉庵郑虎臣报冤"里也说"(贾似道)于葛岭起楼台亭榭,穷工极巧"。再过了许多年以后,看的方言材料多了,才知道"起厝"的说法是闽语的共性,几乎见于所有闽语地区。跟闽语有密切关系的浙江南部方言,包括一些吴语也用"起",例如温端政《苍南方言志》(语文出版社,1991年)337页记录"盖房子"条:

灵溪话　起厝　k'i$^{53\text{-}34}$ts'u^{11}
龙港话　起屋　tç'i^{53}u^{24}

钱库话　起场屋　　ts'ɿ³⁵diɔ²¹³⁻²²

金乡话　起房子　　ts'ɿ³⁵vʌŋ³³⁻²¹tsɿ⁵⁵

畲　话　起楼　　　hi²⁴lau²²

近日看郑张尚芳《温州方言志》(中华书局,2008年)275页,记录"盖房"叫"起屋ts'ɿ⁴⁵⁻⁰ʔʋu³²³"。其实"起屋"这个说法也见于其他很多南方方言(以下引例见于李荣主编《现代汉语方言大词典》各有关分卷本,以及其他方言报告材料,恕不一一注明出处),例如广东的广州hei³⁵ok⁵、东莞hɐi³¹ŋok⁴、增城hi³¹vuk¹、西河hi³¹uk¹¹;江西的永新çi⁵³vo³⁵、南昌tç'i²¹³ʔu⁵、萍乡tç'i³⁵⁻⁵u¹³;湖南的长沙tç'i⁴¹u²⁴、宜章çi⁵³əu³³、东安tç'i⁵⁵u⁴²;安徽的绩溪ts'ɿ²¹³⁻³¹vuʔ³²等地。这个说法还见于一些官话方言。据刘村汉《柳州方言词典》(江苏教育出版社,1995年),柳州盖房子说"起房子",又说"起屋k'i⁵⁴u³¹"。又据许宝华、宫田一郎主编《汉语方言大词典》(中华书局,1999年),柳州也单说"起",例如蒙光朝《柳州鱼峰山中秋歌会》:"讲得乖,拿刀砍竹起凉台,凉台起在相思路,哥常走往妹常来。"可见,兴建、起盖说"起",在方言里用得十分普遍,是南方方言的共性,并不是我漳平永福方言特别的地方。但是那个时候我哪懂得这个道理呀!后来也经常看到一些年轻学者的方言报告,颇好说特点,往往说某某读音,某某词语是某方言特有的;还有文章说湖南很多地方管"没有"说"冒",闽语说成"毛",广东有的地方说成"冇",是这些方言的特征词;客家话第一人称代词有的地方叫"偓",有的地方叫"哎",有的地方叫"艾",可以用来区分不同的客家话。他(她)不知道"冒、毛、冇"其实同源,"偓、哎、艾"都是"我",只是各地写法不同而已,都不是区别词或特征词。这是因为没有比较周围的方言,一比较就不会轻易说这个话了。跟我年轻时所犯的毛病一样。

  这次求教之后,温岭回来我就先后去山东、江西农村参加"四清",接着就是"文化大革命",一晃竟然有十一年左右的时间没有机会再听丁先生的教诲。"文化大革命"后期,我在家里偷着学英语,读《广韵》,丁先生于此二项都是顶尖高手,但当时是无法问道先生的。况且我也只是粗学而已,也不敢去麻烦先生。1979年10月,先生脑溢血病发入住协和医院(当时叫首都医院)特护病房,后来一段时间有好转,脑子还清醒。一次夜里轮班我去陪护先生,他忽然张开眼睛问我:你不是学英语吗,你知道英语哪个单词最短?我生性愚拙,没有回答出来,他微微一笑说,"I(我)呀,只有一个字母!"过了一会儿,先生半眯着眼又问:你知道英语哪个单词最长?我只能直说不知道。先生自答道:48个字母,你回去查查词典。先生一身学问,又是记忆力超强,这是病床上还在默念英语呢。可是非常惭愧,英语词语浩如烟海,一直到现在我也没有找出这是一个什么单词。2007年11月18日《北京晚报》第22版,刊登一篇十分休闲的文章,说英国威尔士安格尔西岛上有一个小镇,名字叫Llanfairpwllgwyngyllgogerychwyrndrobwllllantysiliogogogoch(兰威尔普尔古因吉尔戈格里惠尔恩德罗尔布兰蒂西利奥格格格赫),包含了58个字母。还有几个地名比这个还长这是后话闲话了,肯定不是先生要我查的那个单词。

  大约是1977年,那时语言研究所已经正式恢复研究工作,借驻西郊原北京地质学院主楼的大半,主楼前面是一座巨大的毛泽东主席雕像。这年秋天,语言所组织一次全所的学术演讲会,不论是研究员还是助理研究员每人都得讲一个题目。跟现在不一样,当时学术会议很少,所以这次演讲会就显得很隆重。我本来腹中空空如也,又兼平生不善言辞,要在那么多师长面前说学术,紧张程度可想而知。会前在会议室走廊里先是见到吕叔湘先生,问我准备怎么样,我说很紧张,手心都出汗了,吕先生只笑着说"至于嘛!";后来又见到丁先生,问我说什么,我回答说漳平方言人称代词,他也没说什么。我的发言里说到我的母亲在他人面前称呼我的父亲,总是说"我伊","伊"是单数第三人称代词,就是北京话的"他"。中间休息的时候,我从丁先生身边经过,先生冲我一笑,说"我伊"就是"我的伊"呀,谁说乡下人不亲热?先生平时不苟言笑,这是我听到过的最随便的一句话了。后来我自己也特别得意"我伊"的说法,可以跟时下流行的"我的他"媲美,但又更意远含蓄。也是在这次讲演会上,记得丁先生说的是轻声引起语音变化的题目,他举了很多例子,现在印象最深的是"板凳 bǎn dèng"口语里经常说成 bǎn·teng,"凳"字轻省以后声母变送气了;北方很多地方叫"王格庄、李格庄、孙格庄"什么的,这个"格·ge"就是"家·gɑ~·jiɑ"轻省弱化以后留下来的。先生平时对语言的观察是细致入微的,往往见微知著,这是真正学问大家的风格。这是我第一次听先生的公开讲演,也是我听到过的先生唯一的一次公开讲演,以后就再也没有这样的福分了。

1979年10月一天夜里,丁先生脑溢血发作,随后入住协和医院。第二天在所里听到消息,就急着想去看他。过了几天以后,先生病情稳定了,转入特护病房,所里组织几位年轻人夜里轮流陪护,我当然参加了。还记得我第一次陪护的时候,我是晚上8点多到的,当时已经有点冷了,我先在走廊里暖暖身子,再进病房。先生闭着眼躺着,不知道是完全睡着了,还是半睡,一会儿从喉咙里发出"咕咕"的声音,一会儿又发出粗重的鼾声。我不敢惊动先生,只是轻轻地把伸在外面的一只手给放在被子里,顺手再掖了掖被子。病房里灯光微暗,先生脸色越显得清癯苍白,脑门子也显得更高了。他终日为学问之累,很疲劳了,该休息休息了。后来有一段时间,先生病情有明显好转,才能考我英语单词,才能跟邵颖瓛讨论"瓛"字有"桓"huán和"献"xiàn 两个读音,李荣先生知道了很高兴,才会说"出来还是八级工"。不料病情反复无常,先生再发脑溢血,以后竟然就没有再好转过,一直到1989年3月归于道山,在病床上一躺就是十年。期间,由李荣先生发起的《方言》杂志出版了整十年,誉满学界,蜚声中外;由李荣先生创办的"全国汉语方言学会"也于1981年在厦门正式成立,方言学界一派欣欣向荣的局面;由李荣先生主持的《中国语言地图集》也于1989年出齐了全书,成就了一项大业。斗转星移,岁月沧桑,先生都无法分享我们的欢乐,每每想起,都不免心中怆然!

我到语言所以后,丁先生没有开班课徒,我无缘成为先生真正的授业弟子。但在我心中,丁先生永远都是我最尊崇的恩师。先生久卧病榻之际,我有机会陆陆续续重读了先生的著作。读过先生早期的论文《释否定词"弗""不"》(1934)、《诗卷耳芣苢"采采"说》(1938)、《论诗经中的"何""曷""胡"》(1942),才知道什么叫"学问"二字;再读《谈谈语音构造和语音演变的规律》(1952),才懂得什么叫深入浅出;读过《"碴"字音读答问》(1943)、《说"迺字音》(1962)，才知道什么叫行文论证逻辑之严密。至于先生主持编写的《现代汉语语法讲话》(1961)，一直到主持编纂的《现代汉语词典》(1978)，就更不用在这里多说了。就是到了现在，碰到语法上不明白的地方，我还是习惯首先看看《现代汉语语法讲话》怎么说；我经常查检的《现代汉语词典》，还是习惯用1978年的版本。后来我经常跟我的年轻朋友说，丁先生是文章大师，他的文章前呼后应，滴水不漏，增减一字不易，删改一字无门，真高手也。李荣先生《丁声树》(1989)有一段话：

> 《湖北方言调查报告》是赵元任先生主持的。那里头有许多深刻的见解，精彩的议论，不知出于何人手笔。有一次我跟丁先生说起，《总说明》里调查用字表所附词汇常见字说明，交代一些常用字的音韵地位，简单明白。丁先生说是他起草的。

我后来再读《湖北方言调查报告》"特字表"一节，说明简要，例字齐全，脚注周到，今天用来还是最为合适，我求问李荣先生，李先生说"只有老丁能写这种文章"。李先生在我们面前经常管丁先生叫"老丁"，透着一种特别的亲切。除了丁先生以外，在我印象中，李先生称呼其他人是从来不加"老"字的。有一次我陪李先生到湖南出差，在原长沙九所，李先生跟湖南的几位同行讲了一个下午的《湖南方言调查报告》(1956)，逐条指正书中的错误，完了后交代大家多读《湖北方言调查报告》，说"里面很多东西禁得起推敲"。

行文至此，不禁想到我心中另一位最尊崇的恩师李荣先生。丁声树李荣，人称"丁李"，他们的合作和默契，为学术界罕见，堪称典范。他们的名字是跟现代中国方言学最紧密地联系在一起的。在语言研究所方言组,丁先生是组长,李先生是副组长。1955年现代汉语规范问题学术会议上,两位先生共同发表了《汉语方言调查》的讲话,提出了著名的汉语方言"八区说",把其中的闽南话区和闽北话区合并为闽语区,就是"七区说"。之后,他们共同领导了此后历经多年的全国汉语方言普查。1956—1957年,共同主持了教育部与语言所合办的普通话语音研究班,并亲自授课。语音研究班的教材《汉语音韵讲义》,文字是丁先生写的,简明精练,条理清楚,"内容都是已知的,说法全是新鲜的。"表格是李先生制定的,这个表格尽显绝招,跟文字配合得天衣无缝,我后来就没有见过有其他方言音韵著作有出其右者。1958年科学出版社出版《古今字音对照手册》,署名是"丁声树编录,李荣参订",本书例言出自丁先生之手,李先生说这"是一篇无懈可击的文字"。丁先生后来在《手册》上做了很多校改增订,例如第7页"阿"乌何切,原误作"à 去声",校改为"ā 平声",同页"假(非真也)贾(姓)睼睱",原误作"古疋切,假开二上禡见",校改为"古马切,假开二上马见",如是者大约二十来处。但1981年中华书局重印《手册》时仍照原书,其时丁先生已经无力过问,李先生也无暇顾及。希望以后有机会再印时,能有改正,以慰两位先生。1959年春天,两位先生同率方言组全体到河北昌黎县调查方言,1960年科学出版社出版《昌黎方言志》,书成虽经众人之手,但处处体现"丁李"风格。《昌黎方言志》被公认为方言调查研究报告的经典著作之一,是必然的。1961年丁先生正式调到到词典室主持《现代汉语词典》工作,李先生也随之临时调到词典室,参加修订,一直到1963年冬天才回到方言组。李先生在《丁声树》一文中说:"从语法小组到方言组,到词典室,我一直跟着丁先生工作。"修订《现代汉语词典》"通读"时,"我总是先走一步,把'把关'的权利和责任留给丁先生。"丁李之间看似"平淡如水",但学术交往之深,他人无及。

丁先生和李先生为人处世,风格不同。《庄子·逍遥游》说"鹪鹩巢于深林,不过一枝",丁先生平时好恶不言于表,总是谦和有加。但对学问的精心追求,高度严谨的学风,丁李却是绝对一致的。他们一生都著述甚多,几无败笔。在其他很多方面也有共同点。我1963年刚到语言所的时候,丁先生刚过五十不久,李先生则四十刚过不久,但看上去都像是现在六十多七十上下的人;1976年恢复研究工作了,丁先生早已过了六十,李先生也快奔六十的人了,可看着一点儿也不觉得老。丁先生上下班早出晚归是出了名的,李先生工作起来中午是从不休息的。丁先生对周围的人,特别对年轻后学关怀备至,有口皆碑。我1976年得重病住院,先生特地拿了五十元钱给张惠英,让给我补充点营养,好早日出院。在此之前,方言组一位先生因精神屡屡受挫,郁郁成疾,后来回天津家里养病,丁先生也让我专门送去五十元钱。那个时候五十元钱可是一个大数。李先生其实也是如此,他对年轻学人的爱护,看着就让人感动。我在他身边工作了三十来年,知道他是怎么为年轻人修改文章的,《方言》上发表的很多文章,有的是李先生大段大段重写的,但从来不让在后记或脚注里提起。这些都是大家风范,后世自有定论。丁先生李先生写的字也像,字如其人,都横竖正楷,朴实端庄。受到人格和学问的潜移默化所致,方言组的人写字几乎都是这种"丁李体"。语言所的人一看这种丁李体,就知道是方言组的人写的。

丁先生1989年3月1日辞世,其妻女当然万分悲痛,李先生心中的哀伤也是不轻的。那时我已正式主持《方言》杂志的工作,我请示李先生,决定当年的第二期(5月24日出刊)作为丁声树先生纪念专刊。好不容易找到一张先生的旧照片,当作里封。又找到丁先生1955年7月在遂平县调查方言的一个记音材料,由我代替先生整理成《河南省遂平方言记略》发表。同时全文刊登了先生1955年初印的《方言调查词汇手册》。还有一篇熊正辉先生写的回忆文章《跟丁声树先生在昌黎调查方言》。当然,纪念刊最值得一读的就是上文多次提到的李荣先生亲自写作的《丁声树》一文。其情哀哀,思之切切,溢于言表,丁先生的学问为人,历历在目。后来出版了一部书叫《中国现代语言学家传略》,当然要写丁先生的,把《丁声树》作为附录。我看附录比正文好得多。前读汪曾祺《谈师友》(山东画报出版社,2007),说到张充和为沈从文写的挽辞是:

不折不从　　亦慈亦让
星斗其文　　赤子其人

我经常想,这十六个字用来概括丁先生的一生,也是非常合适的。我还知道,从此以后,李先生在我们面前就更经常提起"老丁",我知道的一些关于丁先生的趣闻逸事,很多是从李先生嘴里听说的。

2008年10月16日 于康城花园

一代语言学巨人[*]

——怀念丁声树先生

金有景

引　言

丁声树先生(1909—1989),号梧梓,我国著名语言学家,河南省邓州市人。丁先生于1932年在北京大学中国文学系毕业后,到中央研究院历史语言研究所从事研究工作,1940年1月任副研究员,1941年1月任专任研究员。1944年至1948年去美国作学术访问,曾任哈佛大学及耶鲁大学研究员,并参加了美国语言学会。1950年起,任中国科学院语言研究所研究员。丁先生还曾任中国科学院哲学社会科学部委员会委员、中央推广普通话工作委员会委员、中国科学院普通话审音委员会委员,语言所方言组组长(主

---

[*] 作者为纪念丁声树先生,曾先后发表过《一代语言学巨人——怀念丁声树先生》(《新学术之路——中央研究院历史语言研究所七十周年纪念文集》,杜正胜、王泛森主编,台北中研院历史语言研究所,1998年10月)和《丁声树先生的治学精神与人格魅力》(《学林往事》,张世林编,朝华出版社,2000年3月),本文由作者之子金欣欣同志根据这两篇文章综合而成。

任)、词典室主任、所学术委员会委员、《中国语文》杂志主编,主编过《现代汉语词典》《现代汉语小词典》,主持修订过《新华字典》。此外,丁先生还曾任全国人大代表、全国政协委员及常委。丁先生治学严谨,在汉语语音学、语法学、方言学、音韵学、训诂学、古典文献学、词典编纂学等领域都有很深的造诣;此外,他在为人处世方面光明磊落、刚正不阿、严于律己、宽以待人,有很高的人格魅力。

我自1954年到中国科学院语言研究所工作,至1979年丁先生患病住院,在这二十余年中,多数时间都在丁先生身边学习和工作。回想起来,能够在著名语言学家丁声树先生身边学习和工作二十余年,对我们这一代语言学工作者来说,真是一件十分幸运的事。二十年来,无论是言传身教,还是耳濡目染;无论是治学,还是为人,丁先生对我的影响都是很大很大的。转眼之间,丁先生离开我们快十年了;如果从他患病住院算起,那就几乎是二十年了。又是一个二十年!尽管岁月已经很漫长了,然而,二十年乃至四十年前的往事,丁先生对我的亲切关怀、谆谆教诲,却始终历历在目,如在昨天。

以下是我对在丁先生身边学习和工作时的点滴回忆。由于我在为学方面与丁先生相距太远,又是学生辈,因而只能就自己的经历和感受,谈谈丁先生在治学、为人等方面的一些情况。此外,一些事情时间较久,加之笔者在病中赶写此文,不及找资料、知情人核对,本文不妥和不准确之处在所难免,敬请大家批评指正。为了本文内容相对完整,本文还引用了几位先生的回忆文章,谨此致谢。

谨以本文缅怀恩师丁声树先生,并借以表达我对丁先生的敬仰与感激之情。

一　初识丁先生

　　我的最高学历是高中一年半肄业。以如此学历而能进入中国科学院语言研究所这一国内语言学研究的最高学术机构工作，并且有幸在丁声树先生身边学习和工作，既与我自幼对语言的爱好以及刻苦学习有关，更与丁先生十分关心、乐于培养年轻人密不可分。

　　我从小爱思考问题，上小学时就喜欢琢磨方言间的差别。在我升高小时，家中来了一位讲浙江丽水话的亲戚，他把"规矩"说成了$_c\text{tɕy}\ ^c\text{tɕy}$，而我的家乡话浙江义乌方言则是说$_c\text{kuei}\ ^c\text{tɕy}$的，因而让我感到很奇怪。后来，我又发现，义乌话称"鸡蛋、鸭蛋"为"鸡子、鸭子"，可与义乌相邻一百里的金华则称"鸡卵、鸭卵"；再往后，我又慢慢发现，义乌话"鹅卵石"还是说"鹅卵子石"的。这些发现，增添了我对方言的兴趣。

　　我上中学后比较喜欢英语和汉语语法。我上的浙江金华中学是一所比较好的中学，师资力量十分雄厚。我的高一英语教师是圣约翰大学毕业的，水平比较高。当时的英语语法课本是《英文典大全》（英文），此书用图解法分析英语句子。对此我很感兴趣。后来，我在商务印书馆金华分馆买到一本黎锦熙先生的《新著国语文法》，这本书分析汉语的句子，用的也是图解法。我高兴极了，经常用它和《英文典大全》对照着学习。由此，我对语法尤其是汉语语法产生了兴趣。

1950年秋,金华文化馆举办俄文广播班,每周集中收听俄语广播,教材用YCOB编的《俄文津梁》,我参加了学习。在我上高中二年级时,正值抗美援朝。1951年1月,我响应祖国号召,投笔从戎,从浙江金华中学参加了军事干校,成为一名中国人民解放军战士。从1951年到1954年,我一直在杭州市的浙江省军区机关工作,有一段时间是辅导部队首长学习吕叔湘、朱德熙先生的《语法修辞讲话》。工作不算忙,我就抓紧时间学习外语(以俄语为主,兼及英语)和语言学。

1952年春,莫斯科出版了一部《俄华辞典》。此书在词条的中文注释后用一种巴拉吉氏俄语拼音法标注汉语读音,如:"Мой 我的 Води",读音注得很不准确。我决心设计一种比较科学的俄语注音法。我的工作得到了部队领导和中国科学院语言研究所的支持。语言研究所还专门委派著名语言学家陆志韦先生为我解答疑难问题。在1953、1954两年内,我和陆先生通了几十封信,我从陆先生那里得到了极其宝贵的、热诚无私的帮助。

1953年,我在自学高本汉的《中国音韵学研究》时,发现此书的"定性语音学"部分有一处印刷错误,即把俄语的-нь 和-нъ 用反了,我就写信向陆先生请教。想不到这封很普通的信引起了丁声树先生的注意。在我1954年10月底从浙江部队调入中国科学院语言研究所,并于1955年夏分配到本所的方言组以后不久,丁先生告诉我:"1953年上半年,我听陆老说:'杭州有个解放军战士在啃高本汉的《中国音韵学研究》,看得出来,他的钻劲是很大的。他常写信向我请教一些问题。'我说:'那陆老您就好好帮助帮助他吧。'陆老说:'是啊。'过了不久,陆老把你那封谈-нь 和-нъ 的信拿给我看。我看了以后有些吃惊：当年《中国音韵学研究》中译本出版前，我曾下了很大的功夫看校样。没想到，当时的一处印刷错误，若干年后却让一个小战士发现了。太好了！所以我不仅在1954年秋语言所讨论把你调来时十分支持，还在1955年夏争取把你分配到方言组来。"

我到语言所后，副所长吕叔湘先生让我参加了一个语言学补习班，这是所里专为新来的北京大学语言专修科20名毕业生开设的。我学得十分刻苦努力。1955年6月，补习班结业前，傅懋勣先生和王辅世先生表示，欢迎我到他们第四组（后扩建为少数民族语言研究所）工作。我很高兴，也很感谢两位先生对我的信任。又过了几天，丁先生找我谈话，告诉我，所里决定把我分配到以丁先生为组长的方言组工作。丁先生还说，我很用功，不仅有较好的记音能力，而且能发现问题，加上我的方言浙江义乌方言也很有研究价值，所以他也很欢迎我去方言组工作。从此，我开始了跟随丁先生学习、工作二十余年的经历。

二 奖掖后学

我到方言组后，丁先生对我的要求是很严格的。因为我缺乏语言学的正规学习和严格训练，所以丁先生对我的业务提高十分关心。他经常和我个别谈话，让我谈谈学习心得和各种想法，多方面地帮助我。他让我苦练基本功，努力学好语言学和外语。他让我在那一段时间不要轻易写文章、翻译外文（当然，工作任务除外），因为我需要打基础。他一再强调，基础要打得宽，因为方言是一种语言的变体,涉及语音、语法、词汇、古文献等许多学科领域,只会记音是远远不够的。丁先生还告诉我,多掌握、了解几种外语极为重要。他说,英、俄、法、日语是要当做工具学的,此外,其他外语也要适当了解一些。世界上有语言几千种,但从类型上看却是不多的。丁先生选了二十几种语言,包括冰岛语、坡里尼西亚语,等等,让我有机会时涉猎一下。正好,美国在第二次世界大战时编了许多语言的自学读本(Teach Yourselves Books),我按照丁先生开的书目,每半个月涉猎一种。读后,真感到眼界大开。

丁先生是科班出身,受过极为严格、正规的语文学和语言学教育。然而,他对自学者也极为关心,处处给予指导和帮助。对此我是有很深的感受的。虽然丁先生对我没有受过大学的正规教育十分注意,督促我多读书、多学习,但他又始终鼓励我多思考,培养我树立自信心。有一次,我对丁先生说:"我在来语言所以前,信心还挺足的;可现在,越读书越没有信心。语言所图书馆里,光是关于《说文解字》的书就有好几书架,我哪辈子读得完啊?前人的成就已经这么高了,我什么时候才能写出有水平的东西来呀?"丁先生听后,显得很吃惊。他很严肃地说:"你这种想法可要不得!要是老抱着这种想法,你就不可能在学术上有进步了。学术总是一代超过一代的,青出于蓝而胜于蓝嘛!"他见我正在读一本音韵学著作,就让我在一周内,把这本书再好好读一遍,然后向他提出书中存在的三个重要问题。我按丁先生的要求做了。一周后,丁先生听了我的汇报,笑着说:"三个问题提得不错,说明你还是很有发展前途的嘛。"

丁先生在业务上对我是大胆放手的,丝毫没有因为我的学历不高而影响对我的使用。丁先生曾让我以汉语拼音方案为基础，设计一套供方言调查用的简易音标。我用一个星期做完了。丁先生看后说，看来简易音标还是不行，太复杂，反不如国际音标方便。原来，为准备全国方言大普查，胡乔木同志请丁先生设计一套便于人员培训、使用的简易音标。那时我刚到方言组不久，丁先生就把这样的任务交给我了。1956年春，教育部和语言所合办普通话语音研究班（后称中央普通话进修班，首任班主任是时任教育部副部长的著名语文教育家叶圣陶先生），为推广普通话、调查汉语方言培养干部，是一个学院的建制。丁先生让我去研究班担任辅导员。那时我到语言所才一年多。1956年夏，普通话语音研究班放暑假，此时语言所接到外交部的一份材料。当时南斯拉夫要翻译《毛泽东选集》，他们准备从俄文转译，但人名、地名却准备从汉语直接翻译。他们把俄文本《毛选》中的人名、地名逐一列出，要求注明汉字及汉字的国际音标。丁先生让我来做这个工作。这个工作有些难度，因为俄文字母是拼音字母，在未找到汉字之前，不知该怎么读。我要先查俄文《毛选》，再查汉文《毛选》，再找出汉字，再注音。有时一个条目，一上午也查不到。我用一个暑假完成了任务，丁先生表扬我做得好。后来听说南斯拉夫大使馆专门给外交部发来了感谢信。

1959年春，丁先生率方言组全体到河北省昌黎县调查方言，这是我第一次系统、全面地参加方言调查。调查结果后来整理成《昌黎方言志》。这本书出版后影响很大，被公认为同类著作的典范。这本书的语法特点部分共有四段，其中两段（两个"了"，两个"没有"）是由我调查发现、记录调查材料，并写出初稿的。当时参加调查的共有十几位同志，丁先生对我与别人是一视同仁的。1961年，丁先生调到本所词典室任主任，并继吕叔湘先生任主编（1956—1960）之后，任《现代汉语词典》的第二任主编（1961—1978），主持修改、增订原有的词典稿。他上任不久，就调我去给他当助手。我的任务主要有两个：一是统一体例。丁先生让我把体例上的问题抄在一个本子上，每碰到一个问题就记下来，并提出处理意见来。他还让我起草了《现代汉语词典》的"凡例"。二是修改分词连写条例。丁先生让我把对原有的分词连写条例的意见写下来，他看后说，很好，就这么修改吧。于是，我用了大约35个工作日，把词典稿的注音通读了两遍，对注音连写作了定稿工作。此外，丁先生还让我帮他做过数千条词语的定稿工作。一般来说，要定稿的词语，丁先生多数都有明确的修改意见，我按他的意见写出来后，他看了，有时改动一两个字，有时一字不改，只用绿毛笔打个勾，就定稿了。我觉得，这是丁先生对我的信任。

1956年，我发表了《怎样利用汉字声旁来辨认普通话的字音》，这是在丁先生的鼓励下写出的，是我发表的第一篇文章。这篇文章写好后，丁先生又给我逐字修改，并且向北京《语文学习》杂志主编张志公先生作了推荐。文章寄去一个月，就在该刊1956年7月号上发表了。当时，还没有文章谈到这一问题。现在，这一方法已为国内外的现代汉语教学所广泛采用。当时，丁先生让研究班把这篇文章油印下发，要求学员们掌握这套办法，还鼓励研究班其他辅导员学习我的钻研精神。当然，我知道，这是丁先生对我的另一种形式的勉励。为了普查汉语方言，丁先生、李荣先生编了一套《汉语方言调查字音整理卡片》，为整理字音提供方便。丁先生让我写了一篇讲这套卡片使用方法的文章《怎样使用〈汉语方言调查字音整理卡片〉》,后发表在《中国语文》1957年第3期上。李荣先生还把这篇文章收入他的《汉语方言调查手册》(科学出版社,1957年)。60年代初,我去苏州调查方言,发现苏州话的数词有特点,就向丁先生做了汇报。丁先生让我写出来。这篇文章谈到百、千、万是一个词,"一百、三千、五万"之类是一个词组。陆志韦先生的《汉语的构词法》认为数词应以位划词,个、十、百、千、万位均是词,"三百万、一千万"也各是一个词。我从苏州话证明这是不对的,只有一到九十九才各是一个词。我的文章《苏州、义乌数词的语音特点》经丁先生的修改,发表在《中国语文》1961年第5期上。

丁先生很关心方言组里年轻人的学习,有功夫时经常结合工作搞一些音韵学的小型讲座。讲座主要是围绕《方言调查字表》进行的。丁先生说,《方言调查字表》是赵元任先生编制的,它把《广韵》和等韵结合在一起,是学习汉语音韵学的一份巧妙的教材。他要求我们把《字表》读得尽可能熟。有一次,丁先生问大家,"官、关"、"清、青"分别属于几等韵?我回答说,"官"是一等韵,"关"是二等韵,"清"是三等韵,"青"是四等韵。丁先生问我是怎么记住的。我说,在吴语的好多方言里,"官、关"读法不同:前者读$_c$kuø,后者读$_c$kuæ。另外,"官"字一点,"关"字两点,也可以帮助记忆。至于"清、青","清"字三点,记住是三等韵,"青"字自然就是四等韵了。丁先生听了,大大称赞了我一番。丁先生又问,以下"连:莲"/"仙:先"/"接:节"这前后两组字,韵母各属于几等韵?我见大家没人回答,就说,前一组属三等韵,后一组属四等韵。丁先生非常高兴地问:你是怎么记住的？我说,在我们浙江义乌方言里,这两组字韵母读法有分别。丁先生感到非常吃惊,让我用义乌话念一遍。在义乌话里,这两组字,三等韵读-ie,四等韵读-iɛ。丁先生听后,连声说:"太棒了！太棒了!"当天晚饭后,丁先生让我去他的办公室,把与上述有关的字全部核查了一遍,最后证明,义乌话里,咸山两摄三四等字的确存在着分别。于是,丁先生让我把这个问题整理一下,写成一篇短文《义乌话里咸山两摄三四等字的分别》。我把文章写出来后,丁先生又帮我作了修改,并说这是篇好文章,可以发表。但由于种种原因,这篇文章在写成七八年之后的1964年才在《中国语文》上发表。文章发表后,受到海内外音韵、方言学界的高度评价和广泛引用。语言所的一位权威还称这篇文章是《中国语文》创刊以来少数几篇很好的文章之一。我知道,我所取得的成绩,与丁先生的亲切关怀和无私提携是密不可分的。

三　尊师重道

丁先生曾师从多位名师。虽然后来他自己也成了学问大家,是中国科学院的学部委员、一级研究员,但他对自己的老师始终恭恭敬敬,一往深情,即使是在一般人不敢说话的时候。我觉得这种感情是极为可贵的。

丁先生是胡适先生的得意门生,他对胡适先生非常崇敬,评价极高。丁先生在美国时,曾在1945年9月19日给胡适先生写过一封信。信中说:"先生的学风,先生的襟度,其肫笃伟大只有蔡先生可以比拟，而治学方法的感人之深，我敢说是三百年来没有人能赶得上的，——三百年前的非科学时代无论矣。"①在60年代，中国科学院经济研究所的一位先生告诉我，大约是在1946年，他在美国的一个小城访问，在一家很小的旅馆里无意中遇见了丁先生，当时胡适先生正好来看丁先生，他们师生俩谈得亲热极了。

1954年下半年，文教界特别是科研界开展批判胡适学术思想的运动，丁先生对此是有保留的。我发现他在整个运动中，没有发过一次言。我当时刚二十出头，对丁先生的表现还不理解，遂私下问丁先生。当时是在丁先生的办公室。他沉默了一会儿说："你以为胡适先生的话都是错的吗？"丁先生的话一下引起潜藏在我心底的一个想法：当时我刚读过胡适先生写的一篇文章，是阐述"大胆假设，小心求证"的，我觉得这种方法至少对我来说是很有用的，因为我当时正是不自觉地运用这一方法试着研究问题的。于是，我把这一想法向丁先生汇报了。这时，丁先生还顺便告诉我，中国科学院召开第一次代表大会时（大约在1950年前后），在发给每位代表的100个纪念品性质的信封背面，都印有"大胆假设，小心求证"的字样。丁先生说，当时与会的那么多科学家和政工人员，谁也没有提出异议。

赵元任先生和李方桂先生也是丁先生的老师，丁先生对他们也十分崇敬。大约在1955年春的一个晚上，我在语言所阅览室读《历史语言研究所集刊》中赵元任先生的一篇文章。这时，丁先生也来了。他看到我，就走过来，亲切地问我："读什么文章啊？"我作了回答。他"哦"了一声，转身准备走开。这时，我叫了一声"丁先生"，他随即回过头问我："有事吗？"我因为觉得丁先生对我很亲切,遂脱口问道:"是不是赵先生对祖国不太有感情啊?"丁先生当时原本很和蔼,听了这话,他的神情马上变得很严肃,说:"金有景啊,你怎么能这么考虑问题呢?"那一次,他和我谈了挺长时间,他还说到,今后两岸的语言学家还是要团结在一起的嘛。

在抗战时期,史语所曾搬至四川乡间的李庄。有一次,丁先生无意中得知李方桂先生一家生活比较艰难,而丁先生当时还是单身,遂执意要把约占薪水一半的米贴送给李先生。李先生没有接受,丁先生曾给李先生写了两三封信,又约李先生夫人徐樱女士面谈,"以至于声泪俱下"。丁先生当时写的信现在还在史语所李方桂发生的文件中保留了半封,是就李先生婉拒的信写的,言辞恳切,至为感人:"今诵来教,似尚于声树之愚诚未尽察及,遂客气而婉拒之,声树为之疚心不已。是以昨函重申前议,务祈俯从鄙意,稍抒声树之积怀,且此为事实可行之办法,目前之米贴,声树实用不了,先生姑视声树为师家庭中之一员如何?"②

40年代,丁先生赴美国作学术访问,其间与赵元任先生有密切来往,对此《赵元任年谱》多有记载。1960年,我国有关部门得知赵元任先生要去莫斯科参加"东方学者大会",为此中国科学院郭沫若院长和陶孟和副院长拟派丁先生参加此会,"有意通过丁声树做争取元任回国的工作。"③虽然此事由于赵先生最后决定不与会,没有成行,但是有关部门把这样的重任交给丁先生,也可以看出丁先生与赵先生的友谊是多么深厚了。1981年,赵先生到北京访问。此时,丁先生已住在协和医院了。听说赵先生想去探望丁先生,但语言所领导担心丁先生会过于激动,不利病体,没有同意。往日,丁先生在与我的言谈话语中,时常流露出对赵先生的敬重和思念之情；如今，他们近在咫尺，却因丁先生身体的原因而无法相见，令人怅然。他们是多年的师生情谊啊！

四　学问大家

丁先生是国内外公认的语言学大家。他的论著几乎都是学术精品，有很高的价值。在训诂学方面，丁先生撰写了《释否定词"弗""不"》《诗经"式"字说》《诗经卷耳芣苢"采采"说》《"何当"解》《论诗经中的"何""曷""胡"》《"早晚"与"何当"》《说文引祕书为贾逵说辨正》；在方言学方面，丁先生有《湖北方言调查报告》《汉语方言调查》《方言调查字表》《方言调查词汇手册》《汉语方言调查简表》《汉语方言调查字音整理卡片》《昌黎方言志》（以上均为合著）《关于进一步开展汉语方言调查研究的一些意见》《河南省遂平方言记略》，主持了《方言和普通话丛刊》第一本、第二本的编辑工作；在音韵学方面，丁先生有《古今字音对照手册》（李荣参订）《汉语音韵讲义》（李荣制表）《"碴"字音读答问》《谈谈语音构造和语音演变的规律》《说"匼"字音》《魏鹤山与孙愐唐韵》；在语法学方面，丁先生有《现代汉语语法讲话》（合著）《在语法座谈会上的发言》；在词典学方面，丁先生有《现代汉语词典》（第二任主编）《现代汉语小词典》（主编），还主持了《新华字典》1962年修订重排本和1965年修订重排本的修订工作以及《新华字典》（农村版）的编写工作（《新华字典》农村版因"文革"原因未出版）；此外，还有《谈谈汉字的标准化》《改进文风问题管见》等。

《古今字音对照手册》虽然名为"手册"，但却是高质量的汉语音韵学工具书。这本书选收了 6000 左右的常用字,以普通话语音为序,标出《广韵》系统的音韵地位。这本书收字精选了音韵学、方言学中的常用字,审音精确,体例严谨,对汉语音韵学与方言学研究有很重要的参考价值。此外,《古今字音对照手册》作为同类工具书中的第一部,就能取得如此高的成就,与丁先生深厚的音韵学、语音学功底是分不开的。

《汉语音韵讲义》原为丁先生在普通话语音研究班上的讲义,着重讲授《广韵》音系和古今语音演变规律,文字精练,内容深入浅出,对音韵学学习者特别是从事汉语方言调查工作的读者有重要参考价值。这本书在 20 世纪 80 年代初,《方言》杂志全文刊登以及上海教育出版社正式出版前,曾在许多高校广为翻印流传,成为几代音韵学学习者的启蒙和参考读物。

丁先生独自撰写的著作虽然不多,但他参与撰写(一般都是最主要的作者)以及主持编写的著作却不少,而且多在相关科研领域有指导意义及重要贡献。比如《现代汉语语法讲话》,是由丁先生和吕叔湘先生等专家学者共同撰写的。这本书语言材料丰富,兼顾书面语和口语,通过语言事实揭示了现代汉语的重要语法现象。这本书吸收了美国结构主义理论之长,采用层次分析法,以功能、分布特征研究汉语的语法单位,建立了新的语法体系,是汉语语法学史上的一部极为重要的著作。著名语言学家周法高先生在《二十世纪的中国语言学》一文中,称这本书为国内最好的一本语法书。

《昌黎方言志》由丁先生主持编写,是河北昌黎方言的详细调查报告。这本书体例精当,记音准确,描写全面,分析深入,对汉语方言调查以及方言志的编写有重要指导意义,是汉语方言学史上的一部里程碑性质的著作。

《现代汉语词典》是我国现代辞书编纂史上一部有划时代意义的汉语语文词典。丁先生继吕叔湘先生之后,作为第二任主编,在吕先生主编的《现代汉语词典》试印本的基础上主持修改与扩编工作。丁先生从宏观的修改方案的制订到具体的收条、注音、释义、举例、分词连写条例等方面的增补、修订,作了大量的深入细致而富有创造性的工作。《现代汉语词典》出版后,受到社会各界读者的欢迎,多次获奖。比如,1994年,荣获了国家新闻出版署颁发的中国图书最高奖——国家图书奖。所有这些,都饱含了丁先生的心血。这也是丁先生在汉语词典编纂史上作出的杰出贡献。

人们一般喜欢以著述的数量评价一位学者学问的大小,比如"著作等身"这个词语就常用来形容一个人很有学问、很有成就。显然这不一定妥当。因为论著不仅有质量的高低之分,还有有形无形之别。从有形论著的数量上看,丁先生的论著不是很多(当然,这也是有很多原因的,下面再谈);但论质量,显然是很高的,这是学术界的共识。以上谈了丁先生的有形论著,下面想谈谈丁先生的无形论著及其价值。

丁先生在汉语语音、语法、方言、音韵、训诂、辞书编纂、古文献等领域造诣是很深的。无论是审改别人的文章(他曾兼任《中国语文》杂志主编),还是解答许许多多求教者的问题,他都尽自己的心得,极为耐心认真。丁先生对名利看得很淡。他常常要给本所的同事、学生(也包括我),给外面相识及不相识的人看许多稿子,却坚决不同意别人在文内对他表示感谢;但是,他在撰写论著过程中受到的别人的帮助,无论大小,他都会在论著中提及,比如他在《古今字音对照手册》中,就提及很多人对他的帮助,其中也提到了我。就我个人而言,每当我在语言学上有了新的想法,都要向丁先生请教、汇报。丁先生几乎每次都经过认真的思考,然后一一为我分析,告诉我什么想法是有价值的,值得深入下去;什么想法还需要改进;什么想法不值得深思。我的不少文章从一开始确定题目,就得到了丁先生的耐心细致的指导,有不少文章还是他一字一句改定的。他改了以后,还要给我说明修改的理由。比如我有一篇文章里有一句"现在扼要地把这个问题略作申述",丁先生说,"扼要"是褒义词,自己不要这样用,可改为"简单地"。又比如上文提到,我的《义乌话里咸山两摄三四等字的分别》一文,也是在丁先生的指导帮助下写成的。

得到丁先生指导帮助的人,有很多很多。比如鲁国尧先生说,他曾"向丁先生请教过好几次,丁先生十分热情,特谦虚。"[④]此外,丁先生还曾为他的老师辈的学者做过许多工作。比如赵元任先生的《钟祥方言记》,丁先生曾经协助做过记笔记、整理材料等工作[⑤],丁先生在1945年到美国后曾协助赵元任先生编汉英口语小字典《国语字典》(赵元任、杨联陞合编)[⑥]。又比如,高本汉著,赵元任、罗常培、李方桂三位先生合译的《中国音韵学研究》,对我国的汉语音韵学研究有着极为深远的影响。丁先生虽不是译者,却是此书的统稿人。此书译者序说,丁先生曾从"文字的可读化,体例的一致化,跟内容的确当化三方面","把全书反复细校,并且把所有查得着的引证都对核了,遇必要时或加以改正,然后才算放手"。中央研究院历史语言研究所傅斯年所长为此书所作的序言也说:"丁声树先生亦校读数过。"李方桂先生还曾回忆说:他们三位译者的"口语和运用的名词又有很多不尽相同之处,因此又由丁声树先生总其大成,把前后划一,编成整体。他的功不可没。"⑦所以,《中国音韵学研究》译得这么好,实在与丁先生投入的大量精力分不开。这也可说是丁先生的无形论著。总之,虽然丁先生的无形论著不如有形论著那样明显,但对中国语言学的贡献同样很大。

五 大音希声

丁先生的有形论著虽不能算少,不过,以丁先生的学识、才气以及治学的素质、方法、态度,人们不免为丁先生未能写出更多的论著感到惋惜。我想,这大概有这样几个原因:

首先,丁先生治学极为严谨。丁先生从就读北京大学开始,接受的就是极为严格的教育,这对丁先生的严谨学风的培养是很有影响的。所以,丁先生对于可写可不写、学术价值不大的文章,是不肯写的;有价值的题目,不到考虑成熟,也不急于动笔;文章写成后,还要精心修改多次,不到无懈可击的境界,决不轻易发表。丁先生是以别人写几篇文章的时间,来精雕自己的一篇文章的。

丁先生每写一篇文章,都要亲手抄六遍。他说,每抄一遍也就是改一遍。我对丁先生说:"您的这个规矩我是学不到的。我的孩子小,我常常是抱着孩子,递给他一支铅笔、一张纸,让他乱涂乱画,我自己再看书、写稿子。这种情况下,一篇稿子要抄六遍,实在难以做到。"丁先生说:"一篇稿子要抄几遍,要视个人情况而定;

但在任何时候都要做到严肃认真,不能粗制滥造。"

丁先生的严谨,在《现代汉语词典》的定稿过程中也可以看出来。比如:《白毛女》里有个词"玉茭子"(玉米),这个"茭"字读什么音,一时可供查考的资料不多。在没有确定读音以前,丁先生一直在考虑这个问题。有一次,大约是1962年夏,丁先生高兴地告诉我,他当面向著名作家赵树理先生请教了,赵树理先生说这个字读 jiāo 音。丁先生这才放了心。

其次,丁先生的最初工作环境,加深了他的这一治学风格。马学良先生回忆道:"史语所升级评职比较严格,常常以真才实学为标准,不太重视论文著作的数量,重视科研成果对本专业或本学科的创新和贡献。如丁声树先生学贯中西,当时他的著述虽不多,但每篇论文都能发前人所未发,有一鸣惊人的卓识高见,不仅为当时国内外专家学者所赏识,同辈学人也莫不佩服,因而两年之内由助研而连升副研、正研,开中央研究院前所未有的先例。誉满全院,成为青年学者向往的榜样。"⑧ 丁先生是很有主见、既确定目标则不轻易为环境所左右的学者。史语所的科学而实事求是的学术评判标准,正与丁先生的见识相合。在这样一种学术氛围中,丁先生做起学问来,自然更加从容自信。可以说,在史语所工作的十余年,最终确立了丁先生治学严谨认真,只重质量、不求数量的学术风格。用现在的话说,这就是精品意识吧。

第三,在50年代,丁先生正值壮年,可谓年富力强。在事业上,从美国考察访问归来,使他对现代西方语言学乃至中国传统语言学都有了更加深刻的理解。此时,正是他事业的最初的丰收期。在良好的政治环境下,同时也是在客观条件的要求下,他在现代汉语语法学、音韵学、方言学方面都有重要建树,其成就尤以方言学为最。在参加许多活动以及全力培养人才之外,在高质量、高标准的前提下,丁先生还完成了这些论著,数量应该说是很多的。然而,50年代后期开始的政治运动,对丁先生的事业发展,却是有很大影响的。

第四,在60年代初,丁先生继任《现代汉语词典》主编及《中国语文》杂志主编,丁先生全身心地投入到词典的修订编纂和杂志的编辑工作上,再加上"文革"的干扰,丁先生的业余写作大致就无法进行了。不过,人们也不必过于遗憾,像《昌黎方言志》和《现代汉语词典》这两部书,虽然都属集体创作的成果,不是丁先生自己的学术论著,但却倾注了丁先生无穷的心血,体现了丁先生博大精深的学问。我在丁先生身边工作,有幸参与了以上两书的编写,比较了解丁先生对此二书的巨大作用和贡献,限于篇幅,这里无法详述了。

总之,丁先生在时代的要求下,在事业最需要他的岗位上,起到了一代学术大师应起的作用,为中国语言学事业的前进作出了杰出的贡献。他的学识大体上以另一种形式表现出来了,至于署名,淡泊名利的丁先生自然是不计较的。

六 学贯中西

丁先生的语言学学识、学术修养、成就以及对语言学的贡献,显然都不是一般人所能比的。我觉得,丁先生在语言学方面的成功,从治学方法上来看,主要有以下三个原因:

首先，传统朴学与现代语言学的结合。丁先生的传统语言学功底是很深厚的，著名的文字训诂学家、丁先生的老师沈兼士先生曾说：北京大学中文系语言文字学方面，每隔几年就出个"状元"，魏建功、丁声树、周祖谟就分别是二三十年代不同年级的状元。[9]严学宭先生曾说："当时北京大学流传着两句口头禅：'前有丁声树，后有周祖谟。'"[10]这可以算得上是口碑了。此外，从《古今字音对照手册》一书中，我们也能看得出丁先生的朴学根底是何等扎实。

丁先生的现代语言学修养也是很深的。他在北京大学时就系统地学习了西方语言学知识，后又去美国，研究美国的近代语言学数年，这从《现代汉语语法讲话》《昌黎方言志》也能看得出来。能够专于传统或现代语言学的学者已经是很了不起的了，丁先生既专于二者，又能将二者很好地结合起来，所以在语言学领域能取得如此重要的成就。特别是《现代汉语词典》，更是传统语言学与现代语言学相结合的典型成果。

其次，古代文献与活语言（方言）的结合。丁先生对古代汉语文献十分熟悉，古文功底十分深厚，古书读得很熟。李方桂先生说，丁先生1932年从北京大学毕业，到中央研究院历史语言研究所工作时，"在汉语经史上的造诣已很渊博了"。[11]当时曾有丁先生会背前四史的传闻，为此我曾问过丁先生。他说："这话你怎么能相信呢？有些篇章我背得很熟，其余的，不过是读得熟一些。像地理志一类的文字怎么背呀？"虽然传闻不确，但由于我在丁先生身边，经常要帮他查书（查古书和外文书，古书查得最多的是二十四史），因此我能感受到，丁先生的古书读得是多么熟。比如有一次，丁先生曾让我查《汉书·扬雄传》中的一个词，他告诉我这个词在扬雄传的前三分之一处，我很快就查到了。扬雄传很长，如果漫无目标地查，速度会慢得多。

至于汉语方言，丁先生同样很熟悉。早在30年代和40年代，在中央研究院历史语言研究所时，丁先生在汉语方言调查研究方面得到了赵元任先生的指导，还曾参加了湖北方言、湖南方言、云南汉语、四川方言的调查工作，1948年还出版了《湖北方言调查报告》(合著)。杨时逢先生的《云南方言调查报告(汉语部分)》《湖南方言调查报告》《四川方言调查报告》，也有丁先生的调查成果在。因此，他考虑问题很全面，分析问题也很深刻。这一点，我在丁先生主编《现代汉语词典》时体会很深。丁先生每审核一个词条的释义，首先要考虑这个词条的源头，比如，"风马牛不相及"、"草木皆兵"等，都要先溯源。另外，有时对词语还要从汉语方言的角度作一番考察，比如《现代汉语词典》的"下"分列为四个字头（包括一个轻声），就参考了汉语方言的读法和用法。这些都使得《现代汉语词典》条理更加清晰、注释更加准确。

第三，汉语与外语的结合。丁先生的汉语、英语水平是不必说了，他还懂俄语、法语等外语。比如《现代汉语语法讲话》(合著)就是吸收美国结构主义理论，分析现代汉语语法现象，从而建立了新的汉语语法体系的。又比如，丁先生主编《现代汉语词典》，在1962年前后，给"火中取栗"这个词条定稿时，先让我从英文词典里查出 cat's paw 条目。他看了之后还不满意，又叫我去语言所图书馆借来中文的《拉封登寓言集》。尔后，又让我去借这本书的法文版。他在仔细查对了法文版以后，才把"火中取栗"这个词条定了稿。

由于以上三方面的原因,加上丁先生的谦虚、严谨、聪明、刻苦,才使他成为了语言学的一代宗师。李方桂先生称他为语言学方面的"一位不可多得的人才"[12],实在是不过分的。

七　虚怀若谷

丁先生虽然有那么大的学问,但人却很谦虚。丁先生少年得志,在北京大学时,受到国学大师钱玄同、沈兼士等先生的赏识;在史语所,又得到傅斯年所长等前辈的器重,未满32岁就已是研究员了,但他毫不骄矜。周祖谟先生曾说,丁先生在年轻时就十分谦虚。[13]王利器先生回忆说,40年代他在四川大学中国文学研究所任职时,"为研究所先后聘请好几位先生来所设讲座,一次即送一个月的薪金。"然而在请到丁先生时,丁先生却拒绝了。[14]那时丁先生早已是史语所的研究员了。丁先生早年取得的成绩他不愿意对我提及,可是有一次他却告诉我,当年他考北大时,有一道数学题他原本不会做,但被他猜对了答数,于是勉强凑了一个运算的算术式。他说,他考取北大,不知是因为他的其他科目成绩好,还是阅卷教师没有注意到他那道题的演算过程。

丁先生不仅对同辈人谦虚,对后学也很谦虚,真正做到了不耻下问。他也常问我一些问题。比如他在编《古今字音对照手册》时,曾征求过很多人的意见,有时也和我商量体例等方面的一些问题,让我感到有些不安。因为当时我刚来语言所不久。

在编《现代汉语词典》时,有一次,丁先生问我"声称、声言、宣称"是中性词还是贬义词。我凭感觉说是贬义词。丁先生让我多找些例子。当时,这些词用得不是很多,我用两个月的时间,才找了几十个例子,其中80%都是贬义。丁先生看了以后,决定暂时作中性词来处理。他还对我解释了这样做的理由。丁先生说,词典是记录和总结时代用法的,在反映时代用法方面,应该滞后一点,不可太超前;现在这三个词既然没有被普遍用为贬义词,就只能先注成中性词,等以后有了变化再修订。当时,新华社发布炮击金门的消息,在援引福建前线解放军新闻发言人的话时,每次都用"宣称"。由于"宣称"基本上是个贬义词,我觉得这样的声明,最好避开"宣称"这个有争议的词。我把这个想法和丁先生说了,丁先生表示同意。我于是在1962年4月20日左右给新华社国内部领导去了一封信,建议他们把"宣称"改为"宣布"。没有几天,我就收到了新华社国内部的回信,大意是说我的信收到了,国内部领导对此建议很重视,云云。果然,从1962年5月1日起,新华社在这方面的电讯中就把"宣称"改为"宣布"了。这时,我高兴地告诉丁先生:"新华社已经采纳我的意见了。"丁先生鼓励了我,又耐心地向我解释,词典释义与现实使用上有时是有差别的,用的是商量的口气。我听了以后,很受启发。

"思维"这个词,丁先生起初想定为"思惟",征求我的意见。我表示了不同意见。我说,现在99%的人都写"维","惟"虽然与"口而诵,心而惟"对得上,但群众不接受,又怎么行呢?后来丁先生接受了我的意见,把"思维"作为词典主条。

又有一次,因为我懂点中医,丁先生问我,中药方上的"巨麦"是什么意思。我说,巨麦就是瞿麦,因为有的方言里"巨、瞿"读音不分，医生写起来方便些。丁先生点点头。他又问，胎盘为什么又叫"紫河车"？我说，说起来有点不好意思。丁先生说没关系。我告诉丁先生，由于妇女产道状如河，色紫，胎儿产出时，胎盘如舟。古时舟车不分，以"车"代"舟"，隐晦一些。丁先生听后说，这个词他想了很久也没想明白。他还夸奖我知识丰富。

八　刚正不阿

丁先生热爱祖国、热爱社会主义。他光明磊落、刚正不阿，一身正气，绝无半点歪的邪的。

丁先生在1945年9月19日，在美国写给胡适先生的信说："得此千载一时的良机，我们的国家若仍旧爬不起来，站不住脚，那不止是民族的羞辱，简直是人类文明的大耻。"[15]信中慷慨激昂的话语，表现了丁先生对祖国的无限热爱。1948年，在中央研究院搬到台湾时，丁先生却留了下来，没有去台湾。每次国家号召捐献，他都积极响应，而且是自觉自愿的，数目也很大。1951年国家开展抗美援朝捐献飞机大炮运动时，丁先生把自己的全部储蓄都捐给了国家。由于丁先生不肯说出此事，而银行又有为储户保密的制度，所以大家都不知道丁先生捐款的具体数字。

丁先生拥护共产党，对党抱着忠诚老实的态度。当他的思想认识没有达到党员的标准时，尽管党组织准备发展他入党，他没有参加中国共产党，没有任何功利之心；而当他成为一名共产党员后，他对党的热爱又是十分真诚的，他严格按照党员的标准要求自己。1983年4月17日，《光明日报》曾发表长篇通讯《甘为沧海一滴水——记我国著名语言学家、共产党员丁声树》,称赞他是优秀共产党员,并且号召知识界向他学习。1956年春,社会稳定,政通人和,人民安居乐业,知识分子精神焕发。当时"向科学进军"的庄严口号响彻全国,知识分子,特别是科研系统的知识分子地位空前提高,大批高级知识分子被发展入党。当时,丁先生带着我们方言组的全体同志,正在教育部与语言所合办的普通话语音研究班工作。这个研究班设在北京西郊的中国人民大学附中里面。这时,语言所党组织负责人赵卓同志,几乎每个星期日上午都来看望丁先生,一谈就是一个半天。虽然我们几个年轻人不知道他们在谈些什么,但大家都猜想,丁先生快入党了。可是奇怪的是,赵卓同志来过那么多次,丁先生的入党问题却一直也没有动静。有一次,赵卓同志在语言所团组织会上讲话,无意中透露了一点他和丁先生当时的谈话内容。那次会上,赵卓同志鼓励青年同志努力学习,又红又专,既要有正确的世界观,又要学有专长。这时,他谈到了丁先生。他说:"丁先生是国内外知名的大专家,1948年没有跟史语所去台湾,这说明丁先生的政治觉悟是非常高的。可是我们想启发他在政治思想上再提高一步,作用却不大。我曾不止一次地问丁先生:'你现在的最大追求是什么,也可以说,你现在认为最大的乐趣是什么?'丁先生说:'我什么都不想,我就想一天到晚地读书,读我喜欢读的书,而且是无忧无虑地读,没有负担地读,不带任务地读。'"赵卓同志认为,丁先生的精神是了不起的,但是还不够。直到1962年7月1日,丁先生才加入了中国共产党。丁先生入党后,党费交得最多,他把每月150元的学部委员车马费全部交了党费。

丁先生在历次运动中,从不人云亦云,他有自己的看法。虽然他为人谨慎、性格内向,在运动中很少公开表态,但他的沉默其实也是一种表态。"文革"时,丁先生受到很大的冲击,受了很多苦,然而也就在此时,才显示了他性格中刚强的一面。

1957年春天是个不寻常的春天。丁先生在几个月的大鸣大放运动中,一言不发,一点意见也没提,一张大字报也没贴过。这在当时是不多见的。我注意到,丁先生一直表情严肃,没有什么笑脸。在大鸣大放的高潮中,普通话语音研究班经常有学员来找丁先生,希望他发表一点意见,可丁先生一直不开口。有时被学员逼急了,就蹦出一句:你们没见过军阀混战的局面啊!从此学员们就很少来找他了。

在"文革"中,丁先生当然在劫难逃,被打成反动学术权威,挨批斗,参加体力劳动。此时的丁先生,在一片噤若寒蝉的气氛中,对群众的一些过激的行动与上纲过高的言论,从没有软弱的表现。"文革"前,丁先生兼任《中国语文》杂志的主编。"文革"中,《中国语文》受到了激烈的冲击,在群众的大字报里和批判发言中被定为"黑店",丁先生自然就是"黑店"的老板了。有一次批判丁先生时,在《中国语文》的办公室外面贴了一副长联,说丁先生任主编的《中国语文》大黑店犯下了"滔天罪行"。丁先生内心为此深深地被刺痛了。大概是"文革"后期,有一次下班后我遇见丁先生,他问我:"你说'滔天'是什么意思?"我说:"'滔天'是一望无际的意思,比如站在海边,就可以看到'白浪滔天'的壮观。"丁先生说:"你说我在《中国语文》犯的错误够得上'滔天'吗?"接着丁先生还提到了1966年8月8日被强令参加"黑帮"大游街的事。

丁先生对这件事虽未多加评论，但是看得出来，他内心受的伤害是很深的。

　　1970年春，中国科学院哲学社会科学部全体下放到河南信阳地区息县的五七干校。这段时间虽然丁先生受了很多苦，但他做事依旧严肃认真，一丝不苟。开始，据说为了照顾丁先生，丁先生被安排搞后勤工作，具体任务是烧锅炉。息县位于河南、湖北、安徽交界处，雨水很多。开水锅炉露天放在院子里。1970年春我们到那里后，经常是阴雨连绵。晴天还好些，每逢雨天，烧锅炉的难度就更大。丁先生对烧锅炉没有任何经验，一开始，常常是从早上烧到中午，也没烧开一锅炉水。大家倒是都十分同情丁先生，谁也没有埋怨他，不过有的年轻人给丁先生起了一个绰号，叫"丁不开"。丁先生自己也十分着急。为了烧好开水，他就干脆穿着雨衣，一连几个小时在锅炉边站着。这样，水就能及时烧开了，可是丁先生又得了一个绰号，叫"丁老开"。由于丁先生身体不好，每天站好几个小时，腿脚肿得很厉害，让人看了无比心痛。过了一段时间，丁先生调换了工作，做别的事情去了，但丁先生烧开水时的严肃与认真，给大家留下了极为深刻的印象。杨绛先生的《干校六记》有这样一段话："他们也告诉我一个笑话，说钱锺书和丁××两位一级研究员，半天烧不开一锅炉水！我代他们辩护：锅炉设在露天，大风大雪中，烧开一锅炉水不是容易。可是笑话毕竟还是笑话。"[16]这段话说的就是这时的事情。

　　丁先生正义感极强，但对一些棘手问题的处理却很讲究策略。在"文革"后期，语言所词典室由陕西韩城煤矿和北京工厂的工宣队进驻，拉开了"开门编词典"的一幕。因为原来的《现代汉语词典》被认为是封建主义、资产阶级、修正主义的,必须推倒重来。当时由工宣队的领导和丁先生组成词典室领导小组,丁先生是名义上的第一把手,实际上由工人师傅说了算。词典室工作人员和工人师傅混合编队,一般是由一名工人、两名专业人员组成一个小组,工人任正组长,专业人员任副组长。大家先在所里分头审读、修改《现代汉语词典》原来的注释,约八九个月后,再下到基层厂矿征求工人师傅的意见。在工厂,一般是在车间大厅或大操场,一块大黑板贴着词条的注释,几十名乃至上百名工人师傅围坐成半月形。先由编辑小组的工人组长宣读每条注释,再由工人师傅们发表意见。比较简单的条目,大家大声说"同意",就算通过了;但有些条目,比如"爱情"、"人性"等,争论就比较大。有的工人坚决主张加上"爱情是小资产阶级情调"、"人性是资产阶级的腐朽没落的思想特点"之类批判性的话语,但更多的人不主张这样处理,争到最后也没结果。如此这般,修改意见最后集中到词典室领导小组那里,要由丁先生提出定稿意见,再由领导小组讨论通过。丁先生在这个岗位上也够难的,我们大家都替他担忧。可想不到丁先生有他一个以不变应万变的办法。他一再指出,词典的定稿工作必须慎之又慎,只能慢慢来。于是产生了"瓶颈"现象,定稿工作进展极慢。没过多久,"四人帮"被打倒了,"开门编词典"告一段落。这次修订虽有一些消极影响,但由于丁先生的远见卓识,他轻而易举地把那部分极左意见清理掉了。当然,工人师傅提出的一些好的意见,词典还是采纳了。

丁先生对人要求虽宽,但对他自己要求却很严。丁先生身为高级科研人员,本来不必每天坐班,但他不仅天天上班,而且每天早来晚走,星期天也不例外。这一点,我在参加《现代汉语词典》的编写时感受更深。语言所每天早上8点上班,8点15分到也不算迟到。可丁先生差不多每天7点半就端坐在办公桌前开始办公了。因为我是他的助手,也就每天提前上班。丁先生关切地对我说,你家里孩子小,事情多,不一定每天都提前上班。平时我们一般下午6点下班,可丁先生常常工作到7点左右才走。

然而,丁先生的宽厚却不是没有原则的。1957、1958年,语言所的人在中关村经济所的食堂就餐。当时经济所的一位负责人在食堂里设了一桌小灶,专供他和他的七八个朋友就餐。这显然侵占了两所普通就餐者的利益。在1957年下半年的整改运动中,两所群众纷纷贴出大字报,予以批评。可那位负责人就是置之不理。方言组同志对此也十分气愤,于是以全组名义贴了一张七绝大字报(系陈治文先生所作):"君问归期未有期,红烧猪肉满羹匙。管他大字三张报,我取精华尔吃皮。"作为方言组组长的丁先生不仅同意以方言组名义贴大字报,还积极参与。这第三句就是丁先生改的,原来是"管他群众大字报"。这张大字报贴出后,那几个人再也不敢来吃小灶了。

九 人格魅力

丁先生为人十分宽和、淡泊,他有十二字处世、养生箴言:"毋躁,毋恼,毋跑,毋饱,话少,睡早。"他乘公共汽车时,也从来不肯挤车。当乘车、等车的人多时,他就等下一班车。有一次,我在北京平安里的13路公共汽车站上,亲眼看到他等了六七辆公共汽车后,才乘上车。

丁先生对我们年轻人的业务虽然要求很严,但在生活上对我们却是无微不至地关怀。1955年秋,方言组全体住在中央团校调查方言。去的时候天气正热,可是不久突然变冷。当衣着单薄的人正为此发愁的时候,丁先生从他随身携带的皮箱里,拿出五六件毛衣分给大家穿。这样的事情不止一次。1958年七八月间,我们去张家口调查,又遇到同样情况,丁先生依旧拿出毛衣让大家御寒。真是慈父般的关怀啊!

丁先生还很能体谅我们年轻人没钱买书的苦衷。他每次碰到好书,一买就是十几本,分送给我们。他认为送书是最好的事情。他还曾买《新华字典》,送给语言所的每位工友和服务员,以帮助他们学习文化。

因为我家庭负担重,工资又低,生活一直比较困难。丁先生为此时常接济我家。在困难时期,我常常为孩子的奶费发愁。有一个月,14元的奶费我实在交不出来了,可一次不交,下个月就要被取消订奶的资格,这在当时是个很大的问题。无奈,我只好去找丁先生求助。丁先生爽快地把钱给了我。到下个月发工资时,我拿着14元去还给丁先生,他却说,你现在把奶费还给我,到订奶时该怎么办?这钱你先拿着,以后把开支计划好了再说吧。在70年代初,我随语言所在河南干校下放劳动,这时,我的岳母在北京去世了。军宣队不准我请假回家,而我每个月只有16元生活费,连寄点钱回家都办不到,心里痛苦极了。万般无奈,我又去找丁先生求助。丁先生问了情况,立即借给我50元。唉!丁先生对我的接济太多了!

丁先生虽然对别人很慷慨，但是，他自己却十分节俭。丁先生是一级研究员，丁师母关淑庄先生是经济所的副研究员，他们只有一个女儿，按说生活条件应该相当好了。然而丁先生一家的生活却极为俭朴。丁先生的衣着极为朴素，甚至有点过了头。在冬天，丁先生老是穿一身蓝棉袄，戴一个工人帽。1959年春，方言组正在昌黎编方言志。丁先生因当选为全国政协委员，返京开会。他看我的孩子小，决定返京后到我家去看望一下。当时我家住在东城区陆军总医院大院内，丁先生去我家时，门卫见丁先生这身装束，一开始竟不让他进去。

丁先生结婚很晚，对独生女丁炎很是疼爱，但对她要求却很严。丁先生从不让她穿时髦一些的衣服。丁炎出生在美国，1956年刚回国时不会说汉语。我们建议丁先生既教她汉语，又经常用英语和她对话，不要让她忘了英语。丁先生不同意，觉得这样太特殊了。丁炎长大后，在工厂当工人，那时英语几乎都忘光了。

丁先生不让女儿显得特殊，他自己就更怕显出特殊了。按丁先生的级别，他在语言所可以分到四居室甚至六居室的住房，但他一家却住在丁师母的单位——经济所分的两居室里。在困难时期，丁先生有一个特需供应证，可以到指定地点买一般人买不到的食品和日用品，但据语言所每年负责换发此证的同志讲，这个证丁先生一次也没有用过。丁先生还时常提醒大家：我们都是普通劳动者，不要脱离群众搞特殊。1959年，我们住在河北省昌黎一中调查方言时，在该校教师食堂就餐。当时正值国家困难时期，粮食供应十分紧张。食堂规定，体育教师和我们北京来的同志，早餐时可以买两个馒头，其余教师只能买一个。但丁先生要求我们不要享受这一特殊待遇。

丁先生在修养方面也很关心年轻人。丁先生与我们年轻人闲谈时,喜欢说一些语义精辟的对仗句。尽管上下两句一般并不是同时说出来,但想想就能品味出其中的奥妙。慢慢地,大家也受到了熏陶。有一次,丁先生告诉我要多读书,说"书有未曾经我眼",我回答"事无不可对人言"。丁先生当时没说什么。大概在几天之后,他专门找我谈这句话。他说,事无不可对人言嘛,要分场合和对象。如果不分场合和对象,那就不可取了。我想,丁先生有时守口如瓶,不随便发表意见,也是一种修养啊。

1955 年夏,我刚到方言组时,我跟丁先生说起过我童年时的情况:我的弟弟只比我小一岁,我从小是由祖母带大的,所以我对祖母的感情超过对母亲的感情。丁先生就让我好好读读李密的《陈情表》。1956 年初,我们方言组全体到普通话语音研究班工作后,丁先生有一次告诉我,应该适当背一点宋词。他让我去图书馆借了一本龙渝生编选的《唐宋名家词选》。他给我勾了几十首,让我重点读。1956 年春节,我的未婚妻从南京来看我,丁先生特意让我好好读读晏几道的《鹧鸪天》:"彩袖殷勤捧玉钟,当年拼却醉颜红。舞低杨柳楼心月,歌尽桃花扇底风。 从别后,忆相逢,几回魂梦与君同。今宵剩把银釭照,犹恐相逢是梦中。"我感到,丁先生真了解我的心情啊。丁先生还顺便告诉我,不要总是认为宋朝很弱,其实,北宋真宗、仁宗、英宗、神宗时,国家是比较繁荣的,也是比较富强的。正是在这四朝,产生了许多著名的政治家和文学家。我说北宋宗泽是我祖母的祖先,丁先生听了很高兴,说:"有什么文物吗?"我说,在抗战时期,在我舅公家还见过宋高宗赐给宗泽的绢质横幅,只记得末一句为"此赠忠臣宗泽之诗乎!"可惜土改时我舅公家被划为地主,这件宝贵文物被农会取走,现已不知去向。丁先生说,这种宝贝虽然一时失落,准是被人藏起来了,说不定若干年后又会出现的。丁先生又问我:"你们义乌有个朱一新,学问很大,你知道吗?"我说:"我只听说义乌南乡有个朱一新,清朝时做过大官,并不知道他有很大的学问。"丁先生说:"朱一新有部著作叫《无邪堂答问》,你应该读一读。"

1957年下半年,各机关都开展干部下放锻炼运动。我也报名申请,但未被批准。我作了一首《惜分飞》,写得不好,丁先生给我作了修改。丁先生修改的原件一时找不出来,只记得下阕的四句:"同学少年齐上路,遗我空怀景慕。今且留原处,来年奋勇争先去。"

丁先生虽然不苟言笑,但他态度的真诚,仍然让人感到亲切。1956年暮春,在普通话语音研究班,有一个星期天,丁先生对我说:"金有景,咱们出去走一走。"于是,我们朝中国人民大学校园走去。一边走,丁先生一边给我讲《昭明文选》里的几个佳句:"暮春三月,江南草长。杂花生树,群莺乱飞。"我说,多好的诗句啊。丁先生说,自然条件就是江南比北方好,江南出才子、出文人,也许和这种良好的自然环境不无关系。中午,丁先生请我在人大的食堂吃了顿便饭。他说,此事不必对人提起。那天,丁先生情绪很好,兴致也很高。

十 重病前后

我1954年刚来语言所时,丁先生就已患有高血压症。此后,他的病越来越严重。1976年冬,在语言所食堂里,丁先生对我们几个与他同桌吃饭的年轻人说:"你们要趁着年轻力壮,多下去做点野外调查。我是下不去了!"当时我们听了没有多想,现在看来,丁先生的身体已经快出问题了。

　　1979年秋的一个夜晚,丁先生半夜起来如厕,突然发生了脑溢血。丁先生当时小心地扶着门慢慢坐到地上。丁师母发觉后,赶紧去叫邻居,连夜找车把丁先生送到协和医院抢救。经过医务人员的数天努力,丁先生的生命保住了,但已经失去语言能力。而且医生说,丁先生的病情虽然初步控制住了,但修补好的血管随时都有破裂的可能,情况依旧很紧张。

　　我到医院去看望丁先生,见他病成这个样子,心里难过极了。我握着丁先生的手,望着他还有表情的眼神,轻轻地说:"丁先生,我来晚了……您好好养病。"丁先生已说不出话,只是望着我,不一会儿,他的眼睛湿润了。

　　丁先生的病情的确很危重,脑血管随时都可能重新破裂。那段时间,我几乎每天都到协和医院看望丁先生,并且尽可能在床边多守候一会儿。由于我懂点中医,就每天给丁先生号脉。一开始,脉是出奇的"弦"("弦"是紧而硬的意思。脉越弦,血管越容易破裂)。到丁先生住院的第十几天,弦脉开始有所缓和,一连几天都是如此。我对丁师母说,丁先生的脉象不断好转,看来危险期已经过去了,一时出不了问题了。丁师母惊喜地握着我的手说:"真的吗?老金!"过了两个多月,医院告诉丁师母,丁先生暂时不会有危险了。后来丁师母对我说,丁先生住院后,大家都很紧张,病情也的确很重。我是第一个看出丁先生病情好转的人。这个消息给了丁师母很大安慰。

丁先生从1979年住院到1989年逝世,在病床上躺了十年。这十年又可分为四个阶段。第一个阶段大约为1979年至1981年。这个阶段他醒时眼睛一般睁着,认识人,有感情反应,只是说话吃力。丁先生的病情曾好转,到后来则因再次发病,不能说话了。第二个阶段大约为1982年到1983年。这时,丁先生头脑还清醒,但眼睛一般是微闭着。这时去看他,得大声喊他。丁先生把眼睛睁一下,马上又闭上。特护的护士说,这说明丁先生听见了,听懂了。第三个阶段大约为1984年到1985年。这时,丁先生的病情进一步加重,对声音已无反应,对强光还有点反应。第四个阶段大约为1986年到1989年。这时,丁先生对强光也没有反应了。由于协和医院对丁先生的特别护理工作做得比较细致,营养也好,丁先生从住院一年以后,开始长胖了,而且满面红光,一点病容也不显,一直到他逝世都是这个样子。

1987年5月,我要到云南省西南部的澜沧县等地调查拉祜语,同时带山东大学中文系殷焕先教授的四位研究生孟子敏、孙剑艺、刘太杰、李立成去作野外调查实习。离京前,我们几人去看望丁先生,并与病榻上的丁先生合影,以为纪念。望着一代语言学巨人竟这样静静地躺在病床上,却无法在他能充分发挥才智的时候,再为语言学事业做贡献,心里难过极了。以往,每当我下去调查时,丁先生从业务到生活,都要仔细地嘱咐我;此时,我再也得不到丁先生的叮嘱和关怀了!

时间一下子过去了三四十年,丁先生离开我们也已快十年了。

光阴荏苒，往事如烟。我永远也忘不了恩师丁声树先生对我的恩情。

参考文献

①中国社会科学院近代史研究所中华民国史组编《胡适来往书信选》下册,中华书局,1980年,第39页。
②徐樱《方桂与我五十五年》,商务印书馆,1994年,第48—49页。
③赵新那、黄培云编《赵元任年谱》,商务印书馆,1998年,第377页。
④鲁国尧《"啊,门——"缅怀周祖谟师》,载中研院历史语言研究所《新学术之路》,1998年,第620页。
⑤赵新那、黄培云编《赵元任年谱》,商务印书馆,1998年,第206页。
⑥赵新那、黄培云编《赵元任年谱》,商务印书馆,1998年,第277页。
⑦徐樱《方桂与我五十五年》,商务印书馆,1994年,第47页。
⑧马学良《历史的足音》,载中研院历史语言研究所《新学术之路》,1998年,第864—865页。
⑨周定一《纪念俞敏兄》,南京师范大学《文教资料》1997年第1期。
⑩严学宭《八十自述》,《语言研究》1993年增刊。
⑪徐樱《方桂与我五十五年》,商务印书馆,1994年,第50页。
⑫徐樱《方桂与我五十五年》,商务印书馆,1994年,第51页。
⑬鲁国尧《"啊,门——"缅怀周祖谟师》,载中研院历史语言研究所《新学术之路》,1998年。
⑭王利器《李庄忆旧》,载中研院历史语言研究所《新学术之路》,1998年,第808—809页。
⑮中国社会科学院近代史研究所中华民国史组编《胡适来往书信选》下册,中华书局,1980年,第39页。
⑯杨绛《干校六记》,生活・读书・新知三联书店,1981年,第11页。

怀念恩师丁声树先生

——先生事例杂记

张盛裕

1954年夏天,记得七八月间有一天,我离开北京大学走出了西校门,来到王府大街翠花胡同中国科学院语言研究所(1977年后改属中国社会科学院)报到。说来也巧,我一走进语言所大门,要去所办公室办理报到手续,刚走到所里套院中的一个大四合院儿的走廊上,正好巧遇丁声树先生。

丁先生,方脸盘儿,戴眼镜,高高的个子,魁梧的身材,容貌慈和,举止文雅。先生在走廊上看见我迎面走去,就放慢了步子站住脚,冲着我笑了笑,然后一举手跟我打了个招呼,问我:"你是从北大毕业刚分配来所吗?"丁先生给我的第一印象是,形象高大,儒气十足,说话和气,平易近人。我一听问话的语音那么亲切,立刻止步站在先生跟前,点点头回答:"是的。"先生接着问我:"你是哪里人?"我立马回答说:"原籍广东潮阳,小时候在家乡待过,会说潮州话,少年时代在上海待过,也会说上海话,人家不知道底细,还以为我是土生土长的上海人呢。"先生仍然面带着微笑反问:"会说两种方言不是很好吗?"后来又和我随便聊了几句,先生就迈开脚步朝东走去,我估摸着是去屋里办公。我望着先生的背影渐渐远去,不一会儿,先生走到走廊东头儿,瞬间朝南一拐弯儿,拐进另一个院子,就不见了踪影。此情此景仿佛就在眼前,至今记忆犹新。

我们从北大分配来所以后,起初工作未做安排,约有半年多时间,以自学为主。那段时间,所阅览室和图书馆是我们进进出出常走动的处所,丁声树先生和吕叔湘先生则是我们爱请教的老师。过了一阵儿,所里专门为我们举办了一个短期语言学进修班,由吕先生教授语法,丁先生讲授古文范文精读和训诂,另外还开设藏语、苗语等其他几门课程,学习内容挺丰富的。

丁声树先生沉稳内向,温文尔雅,学问高深,气质非凡,颇有大家风范。丁先生授课条理清楚,资料丰富,旁征博引,论据充分,释义精确明了,分析语句清晰透彻,教程也合理,我们当学生的都受益匪浅。结业时,大家对古汉语、训诂学和相关知识,以及语法分析的水平,都有所长进和提高。

1955年到1960年丁先生是语言所第二组(通称方言组,1978年起改称方言研究室)的组长,我是这个组的一员。那几年,因工作关系,有幸和丁先生朝夕相处,频繁接触。守在先生身边,能经常聆听他的教导和当面向先生讨教,让我得以终生受益,受用不尽。丁先生是个心胸开阔、处世旷达的人。在我和先生相处的日子里,我从来没看到或听到他发过谁的脾气,训诂什么人,也不曾听到他发过什么牢骚,讲过谁的闲话。丁先生喜欢钻在古书堆里,对翻阅古籍感兴趣,看到一部好书爱不释手,读起古书来可没个够。丁先生对组里工作一向认真负责,就拿对所外来信而言,也十分重视,相关的信件先生都要过目,有的还亲自回信及时答复,如果有必要,就让组里抄写员将回信内容另抄一份,以留底备查。

丁先生人品高尚,治学勤奋,待人谦和,乐于助人,是个心灵真善美的人。先生常常教导我们,做学问要踏踏实实,刻苦学习,打好基础,搞科研要有长性,努力钻研,持之以恒。先生还鼓励我们,研究方言要实地调查,多到当地找方音纯正、工作态度好的发音合作人合作,准确记音,详细调查,要掌握丰富多彩的第一手资料,扎实工作,深入调查研究,要写出高质量的论文来。

语言所先后搬过几次家,早先在端王府的时候,我住在所里办公楼北边不远处的集体宿舍里,所食堂也并排紧挨着。集体宿舍和食堂都是平房。从所办公楼或者集体宿舍到所食堂,只需走几十步路往西拐个弯儿再走几步就到了。丁先生孜孜不倦,埋头工作,一心扑在事业上。星期天,我常能看见先生一手提溜着装有资料卡片的提兜,独自来到所里,走上二楼,照常进入屋子,挨着办公桌坐冷板凳,不是翻检资料,查考文献,就是钻研业务,思考问题,就跟平日上班似的,一坐就是一整天。饿了就点补点儿饼干,渴了就喝几口茶水。遇到饭点儿,就下楼走到所里的食堂随便吃点儿什么。主食馒头、米饭、面条、花卷、窝头,赶上哪样吃哪样,副食更甭说,有啥菜吃啥菜,每餐吃饱为止,从不挑剔。生活简单朴素。

闲空的时候,丁先生不爱上剧院,也很少去影院看电影。先生爱到住所附近的街心公园遛个弯儿,或者在家随便读点杂书看看报纸伍的。有时候也喜欢听侯宝林说相声。有一次先生跟我闲聊时,曾饶有兴趣地说:"侯先生北京话说得地道,相声段子编得真好,捧哏和逗哏之间的配合恰到好处,说得也很棒。听侯先生说相声特逗乐儿,很有意思。"还问我:"喜不喜欢听相声?"我说:"我也挺喜欢的。隔三岔五有空偶尔听个段子很乐意。"

1955年10月,中国科学院在北京召开了现代汉语规范问题学术会议,丁声树、李荣两位先生在会上联名做了题为"汉语方言调查"的专题发言,"建议教育部和语言所合办一个研究班,训练推行普通话和调查方言的专职干部"。1956年春季,由教育部和语言所合办的"普通话语音研究班"开班了,学员大多是各地高等院校和师范学校的语文教师。丁先生对语音班的工作做了精心的准备和安排。在先生的率领下,方言组全体人员都一起到语音班分别担任教学工作和辅导工作,一干就是三期(从1956年到1957年第一期至第三期)。丁先生卓见远识,勇挑重担,主课汉语音韵由他本人亲授。后来出版了《汉语音韵讲义》(上海教育出版社,1984。原登在1981年第4期《方言》季刊)。讲义除李荣先生制表外,所有文字说明,包括习题在内,全是丁先生倾注了心血,一边教学一边写的。这个讲义的内容简明扼要,深入浅出,文字说明言简意赅,出版后得到语言学界的一致好评。

语音班班风良好,生机勃勃,学习气氛浓厚,集体生活团结、紧张、严肃、活泼。丁先生是难得的名教授,知识渊博,学问精通,备课认真,授课得法,教学内容丰富实在,教学效果收效显著。结业时,学员普遍反映:"不虚此行,满载而归。"无怪乎丁先生得到语音班学员的高度评价,普遍受到学员的爱戴和敬重,口碑极佳。可以说,通过语音班,丁先生和李先生等名师,已培养出了一批又一批推广普通话和方言调查的人才,达到了办班的目的。事实证明,语音班学员毕业后,后来回到各自岗位上,对推广普通话和方言调查工作,都做出了应有的贡献,成绩辉煌。如果说"桃李满天下"

是个比喻的说法,"播下良种,普遍开花结果,硕果累累",则是真实的写照。

1956年至1957年丁先生编著《古今字音对照手册》(李荣参订,科学出版社,1958)。在丁先生的指导下,我们给先生打下手,在检音、注音、缮稿、校稿等方面做了一些辅助工作。初步学习《广韵》系统和北京音系的结构,基本掌握古今字音演变的一般规律,频繁查阅字书、韵书等文献资料。总之,在工作中学到不少专业知识,为提高业务能力打下了基础。

吴宗济先生1956年至1957年曾是方言组的成员,也在语音班教过语音课。吴先生1957年至1958年间公派赴前东德和捷克等国访问和进修。丁先生为人厚道,还爱关心人,平时常对我们关切地问寒问暖,问长问短。先生也是一个很讲情义,很有人情味的人。为了给吴先生出国远行饯行,丁先生特地在展览馆莫斯科餐厅举行宴会吃西餐,还请方言组全体人员一起陪同赴宴。组里人都知道,那时我年轻力壮,胃口好,饭量大,身体倍儿棒。当时有人曾给我起过一个戏称的绰号,叫"橡皮肚子"。当大家一起欢聚和美餐一顿后,服务员正在收走餐桌上的餐具时,丁先生即时满面笑容,一边儿冲大家笑了笑,一边儿看了看我,对着我亲切地问道:"盛裕,你吃饱了吗?要不要再来一份?"我听了这话,有点不好意思,笑着回答说:"好像没吃饱似的,好吧,就再来一份吧。但让你们都等着我,真不好意思。"丁先生一听乐了,二话没说,便爽快地让服务员再照样给我单独上了一份,让我高高兴兴吃双份儿,吃个痛快。后来,过了好长时间,丁先生及组里其他人,偶尔还会在某种寻开心的场合,说起这个开心有趣的事。通过这个生活插曲,使我深刻感到先生人情味十足,关心人和体贴人是那么周到,真是无微不至。

1959年丁声树先生率领方言组全体人员到河北昌黎县调查方言。这是我平生第一次,也是唯一一次随同丁先生下去调查。到了昌黎县城,我们都住在昌黎第一中学的教工宿舍。第二天,由县委宣传部、县政府教育局,帮着在一中教工宿舍旁一座二层楼房的二楼上,找了一间宽敞的大屋做办公室,同时介绍来两位发音合作人。丁先生当面了解发音合作人的情况后表示满意。当天,调查方言的记音工作便在那里开始进行。后来工作逐步展开,调查工作有分有合,在先生的指挥下,工作进行得都比较顺利。其间,丁先生主持召开过多次业务工作会,及时把调查中发现的问题,和有特点的方言现象,都拿到会上摆出来共同分析讨论。丁先生则予以总结,仔细讲解,以便大家能熟练驾驭语料,学会具体分析,实实在在学到深入调查方言和科学整理语料的方法。这次到昌黎调查,在恩师丁先生的具体指导下,大家不仅得到一次全面的锻炼,而且收获很多,独立调查方言的能力和业务水平都有所提高,并为以后的调查工作打下了一个良好的基础。

我们也在昌黎一中教工食堂吃饭。那两年国家经济困难,食堂里的主食都定量供应,细粮粗粮的供给,按个人定量并按一定比例搭配。丁先生是照顾对象,可以多吃细粮,但先生严于律己,并不乐于接受这种特殊待遇,三餐都和我们吃得一样,赶上粗粮棒渣粥、窝头伍的照吃不误。记得当时,离一中不远处,在一条车水马龙的繁华街上,有一家名曰"赵家馆"的小饭馆,在县城远近小有名气。尤其是赵家馆那热乎乎香喷喷的三鲜馅儿饺子,很有特色,是当地最有名和最好吃的。我们闻名先后都去品尝过,口味确实不错,吃一口,香一口,回味无穷。唯独丁先生一个人从来没去吃过。后来,我们曾分别几次诚请先生一块儿去尝尝,每次先生总回以笑脸,一概婉言谢绝。先生平素很有涵养,遇事泰然自若,处世涉足也是那么怡然自得。

丁先生,和蔼可亲,笑颜常开。当你有缘和先生当面说话时,先生常常用微笑的神情瞅着你,神闲气定,注意倾听。至今给我留下印象最深的是,先生言谈间那饱含个人音色的中嗓门的笑声。每当回忆起来,先生那独特的笑声,好像就在我耳边盘旋回荡。

1961年丁先生调离方言组,调到词典编辑室接任主任,并兼任《现代汉语词典》主编,主持《现代汉语词典》的编辑定稿工作。《现代汉语词典》1978年由商务印书馆正式出版以来,已经发行了几千万册,流传很广,深受社会各界和广大读者的欢迎和好评。1994年荣获中华人民共和国新闻出版署颁发的国家图书奖。丁先生对我国语文工作和科学事业的贡献,是杰出的和巨大的。

1979年10月间丁先生得了脑溢血。在先生病重住院治疗期间,我曾多次到医院看望。谁知道后来在医院病床上,先生又犯脑溢血,再一次发作,犯后竟昏迷不醒,卧床不起。我又多次来到先生身边守着先生通宿值班。我多想多在先生身边陪着,祈望有一天先生能出现奇迹。想不到1989年3月的一个忌日,先生竟然离别人世,一走了之。我伤透了心,非常难过。我真不愿接受这么一个让人极其悲痛的事实:这么难得的一位出类拔萃的语言学家,就那样默默地走了,实在太可惜了。

我深深怀念先生,回想往事,至今历历在目,使我心潮澎湃,久久不能平静。

丁声树先生，勤勤恳恳，踏踏实实，呕心沥血，鞠躬尽瘁，一步一个脚印，走完了一生光辉的历程，业绩显耀，光荣绽放，楷模长存，千古流芳。

丁声树先生，奋斗终生，为国家留下了丰富的学术财富，人们世世代代受用不尽。先生一心扑在语言学事业上的敬业奉献精神，永远活在我们心中。

2008年8月奥运会期间于北京崇文门住所

丁声树先生对"弗""曷"的考论揭示另一型合音

郑张尚芳

丁声树先生离开我们二十年了,但他的音容笑貌还是长久地留在我们心中。他对后学从来不摆架子,真正平易近人。像当年在食堂排队打饭时,排在前面的那么些学生后辈让他换个位置,他都不换。解答后学问难,则总是既睿智又严谨,考虑精详而要言不烦,举证显豁,目光敏锐,一语中的,让人心服。

他的系列考词释音文章,也无不是这样旁征博引、贯穿古今、深入浅出、独具慧眼之作。

先生的成名作是1935年在《历史语言研究所集刊·庆祝蔡元培先生六十五岁论文集》刊发的《释否定词"弗""不"》。这篇30页的长文详列《诗经》《易经》《礼记》《左传》《国语》《墨子》《论语》《孟子》等先秦典籍中"弗""不"二字的逾百用例,深入研究和分析异同,指出"不"是单纯的否定词,而"弗"是一个含有"代名词宾语"的否定词,正相当于"不之",大都可以换成"不之"二字。像文句中连用"弗""不"的,比如《墨子·非儒下》"君子若钟,击之则鸣,弗击不鸣。"《礼记·学记》"虽有嘉肴,弗食,不知其旨也;虽有至道,弗学,不知其善也。""鼓无当于五声,五声弗得,不和;水无当于五色,五色弗得,不章。"都对比显明(李荣先生还增补一例:《史记·辕固生传》"桀纣之民不为之使而归汤武",《汉书·辕固生传》作"弗为使而归汤武")。该文论证严密,见解新颖精辟,结论颠扑不破。从而破除了《公羊传》何休注"弗者,不之深也",《说文·弗》段注"凡经传言'不'者其文直,言'弗'者其文曲"等光从语气着眼而不易捉摸的,各种模糊不清之旧说。

其后,1948年先生又在《历史语言研究所集刊》第10本发表《论诗经中的"何""曷""胡"》,考论这三个疑问词在诗经中用法的区别。在对大量用例进行分析后,先生考定"曷"绝大多数表示"何时",而不同于"何"表何物、何事、何地,"胡"表何故等。把它们间的细微差别都揭示出来了,改正了古传注笼统都解为"何也"的弊病。

其中"曷"相当"何+时",如《邶风·雄雉》"道之云远,曷云能来",《邶风·绿衣》"心之忧矣,曷维其已",《唐风·有杕之杜》"中心好之,曷饮食之",等都是。先生指出,这跟《尚书·汤誓》"时日曷丧,予及女皆亡"也一样,而此句《史记·殷本纪》正是对译为"是日何时丧,予及女皆亡!"的。

这种情况,跟"弗"相当"不+之"的情况非常相似,正可类比,"之"、"时"都是上古"之部"舌齿音字,字音也很相近。

在后一篇文章里,先生曾直接指出,"胡"表何故,或者根本就是"何故"二字的缩短(并指出,《诗经》因有音节限制,所以多用缩短式):

何 g'(a - 故 k)o ——→ 胡 g'o

由上式音标所示可见,缩短式实即现在说的合音。那么为什么不同时讲明"何+时=曷"、"不+之=弗"也都是合音呢？

这应属时代原因，在当时，这样做有两种不方便：

甲、当时通行的上古拟音尚只有高本汉和李方桂的，丁先生1934年文所引"不"piuəɡ"弗"piuət就说明从李所拟。高、李两位都把阴声韵拟为浊塞尾，所以"不"字有-ɡ尾，而"之"、"时"的拟音是ȶiəɡ、ȡiəɡ，"曷"则是ɡ'ɑt。如果说是合音缩减，既要说明-ɡ怎么失落，又要说明ȶiəɡ、ȡiəɡ怎么缩成-t，就曲折太多了。

乙、当时通行的合音，一般多指的是"不可为叵，之乎为诸，之焉为旃，而已为耳，如是为尔，若何为那"（包括语源分析如"蒺藜为茨"，王念孙《广雅疏证·释诂四》"'佣'即'不肯'之合声"）一类的，前字取声，后字取韵，类似反切。罕指"何不为盍"这样的前字取声韵，而后字取声的类型。沈括《梦溪笔谈·艺文二》所举"二声合为一字"的例子里也多为后字取韵型，只有"盍"字一例是后字取声型。一般方言合音字像北京的"不用为甭"，苏州的"勿要为覅"，绩溪的"不要为别"，广州的"无有为冇"，太原的"自家为咱"，西安的"什么为啥"，山东"做啥为tsua"，也多是后字取韵型的。依此，"何故为胡"颇合常例，易于取信，而"不之为弗"、"何时为曷"就属另型了。因不常见，以丁先生的严谨，不轻易称为合音自在情理之中。

但是随着近年古音学、方言学、词汇史的迅猛发展，以上两种制约不便，都可以不必顾虑了。

首先，近年像郑张尚芳1981《汉语上古音系表解》、2003《上古音系》，美国白一平（W. H. Baxter）1992的《汉语上古音手册》、俄国斯塔罗斯金（S. A. Starostin）1989的《古代汉语音系的构拟》等新出各家都一致认为，汉语上古阴声韵是不带塞音尾的，高、李给阴声韵所设置的 -g、-d、-b 应该取消。而"之"、"时"的声母都应作一般的舌尖音，只是带垫介音 j 而已，如郑张的"之 tjɯ"、"时 djɯ"（李方桂新说也改为 tjəg、djəg，斯塔罗斯金系统则连 j 都没有，只是元音读短），其声母就跟"弗"、"曷"的韵尾部位正相同了。

其次，后字取声型的另型合音，发现方言中可成批出现。像厦门闽南话三身代词为"我"gua³、"汝"li³、"伊"i¹，其复数则说"阮"gun³、"恁"lin³、"因"in¹，就是在单身代词后加一 -n 尾来的。此 n 乃是由"侬"缩减来的，即原从"我侬"、"汝侬"、"伊侬"后字的早期声母缩减而来（厦门"侬"同潮州福州一样原读 naŋ，后 n、l 并混才读 laŋ）。厦门话"咱们"说 lan，则是由"侬家侬"缩减的，后期的 n、l 并混影响到声母变化，但不影响早期形成的 -n 韵尾。

这情况跟北方很多方言我们说"俺"、你们说"恁/您"、咱们说"偺"的情形一样。此等代词承自金代诸宫调、元曲，它们是由"我们""你们""咱们"合音而来（见吕叔湘《近代汉语指代词》85 页），"俺恁偺"原都是 -m 尾字，m 乃由"们/懑/每"声母缩减而来。元代周德清的《中原音韵》"俺偺"列在监咸，"您"在侵寻，都还读 -m 尾，北方话口语 -m 都并 -n 后，它们才读做 -n 尾了。这和"怎"来自"作摩/么"，"甚"来自"是物/什摩/拾没"相同，"怎"、"甚"也是列在侵寻的。类似的合音在亲属词汇上也有"'叔母'为'婶'、'舅母'为'妗'"，《集韵》寑韵式荏切："俗谓叔母曰婶"，沁韵巨禁切："俗谓舅母曰妗"。宋张耒《明道杂志》："经传中无婶与妗字，婶字乃世母二字合呼，妗字乃舅母二字合呼也"。"婶"字同样是在《中原音韵》侵寻列出的。

此类词汇史的研究说明，后字取声型并非罕见的例外，而是可以集群式地出现的，而且历史不短了。

那么在上古汉语时代，它是否除了"何不为盍"外，还比较稀罕呢？也不然，《诗经》还可提供另外的例子。

郑张2007《〈诗经〉的古音学价值》曾经指出，诗经"言"字虚化用法，如"言告师氏""言秣其马"的"言"，毛传皆解"我也"，虽然《尔雅·释诂》就有"卬、吾、台、予、朕、身、甫、余、言，我也"。这说明最早是解为代词的。但因诗经以外罕见代词用例，后世学者常疑而不从，王引之、杨树达、裴学海多解为无具体义的语词、助语词，较多的解为"乃""而""于是"等，并引起新一代学人的热议，胡适等学界名流也参与其中。其实两者说也不是绝对冲突的，还可合释为"我乃"合音。俞敏先生是较早提出合音说的，俞敏《诗"薄言"解平议》和另一篇并举"于焉为爰"的文章，都曾解"言"为"我焉"ŋal-jan合音，但古文中"我焉"也罕用，此二字合音就仍引人怀疑。其实既然闽南语三身代词的"guan、lin、in"来自"我侬、汝侬、伊侬"合音，其-n尾由后字"侬"naŋ音缩减而来，因此"言"[ŋan]也可视为"我乃"[ŋaal-nɯɯ]的合音，其-n尾由"乃"声母缩减而来。

"我乃"连用较多，如《左传·昭公十二年》"我乃知之矣"，《尚书》"我乃"连用即有六例：

《盘庚》："我乃劓，殄灭之。"

《微子》："刻子、王子不出，我乃颠跻。"

《金縢》："我乃屏璧与珪。"

《洛诰》："我乃卜涧水东、瀍水西。"

《多士》:"我乃明致天罚。"

《多方》:"我降尔命,我乃其大罚殛之"

大家知道,只有经常连用的词语才会合音。而《诗经》以四字句为主的音节限制,也容易促进合音词的使用。像《周南·葛覃》"言告师氏,言告言归",《周南·汉广》"翘翘错薪,言刈其楚;之子于归,言秣其马"等密集使用此等词语的诗句,如非使用合音,诗句就不易合律了。其中"言"字,用"我乃"置换,便皆可字通句顺。

俞敏先生在《经传释词札记》"云"字条赞同丁声树先生"曷/害＝何+时",而说"云"有的就是"爰"(于焉、于是)。"爰"字条则说"'曰'是'于是'压缩成的",引王引之说《斯干》"爰"即《公刘》的"于时",也即于是,则指出"于是＝越/曰"("越"条《夏小正》"曰有小旱","曰"条引诗"我东曰归""曰归曰归"),不等于"爰"。又指出《尚书·洪范》"水曰润下,火曰炎上,木曰曲直,金曰从革"的"曰",说"在这段经文里等于'谓之'。跟'爰'不相干"。

这是照丁先生的模式又提出两条合音缩短字例(为便理解,字后面郑张代加了上古拟音):

"于是＝曰/越"(ɦwa + dje ＝ ɦwad)

"谓之＝曰"(ɦwɯds + tjɯ ＝ ɯwad)

因此可见,后字取声的另型合音,在上古汉语、近代汉语、现代方言中皆非罕例,则丁先生所揭示的"不之为弗""何时为曷"完全可以归为后字取声型合音之例,依新的上古汉语拟音系统,其合音过程应是(注意郑张、俞敏都主张上古入声同藏文一样收浊塞尾,在韵尾位置上 t、d 及 p、b 不对立):

不 pɯ 之 tjɯ→弗 pɯd

何 gaal 时 djɯ→曷 gaad

这跟"何不为盍"的过程正好相同,可以类比:

何 gaal 不 pɯ→盍 gaab

丁先生所揭示的语言事实,给上古汉语后字取声型合音现象,增添了无可辩驳的力证,为上古音系变化、上古语法变化提供了重要事例,做出了人所不及的贡献。

参考文献

丁声树《释否定词"弗""不"》,《历史语言研究所集刊·庆祝蔡元培先生六十五岁论文集》,1935年。

丁声树《论诗经中的"何""曷""胡"》,《历史语言研究所集刊》第10本,1948年。

胡　适《〈诗经〉言字解》,《藏晖室札记》卷12,亚东图书馆1939版,1916年。

李　荣《丁声树》,《方言》1989年第2期。

吕叔湘《近代汉语指代词》(江蓝生增补),学林出版社,1985年。

俞　敏《〈诗〉"薄言"解平议》,载《中国语言学报》1982年第1期。

俞　敏《〈尚书·洪范〉"土爰稼穑"解》,《中国语文》1985年第1期。

俞　敏《经传释词札记》,湖南教育出版社,1987年。

郑张尚芳《汉语上古音系表解》,浙江语言学会首届年会论文,油印一册,1981年,曾在15届国际汉藏语会议分发。后载《语言》第4卷,首都师范大学出版社,2003年。

郑张尚芳《上古音系》,上海教育出版社,2003年。

郑张尚芳《〈诗经〉的古音学价值》,《第六届先秦两汉学术国际研讨会论文集》,台湾辅仁大学中文系,2007年。

铭记丁先生的教诲

黄雪贞

每当说起丁声树先生，崇敬之情油然而生。语言所有不少人说丁先生的为人堪称"圣人"。其实，这"圣人"二字，正包含着学界及后辈学人对丁先生治学精神与人格魅力的崇敬与景仰。我虽与丁先生的接触不是很多，但他的人格魅力以及对后学的教诲却让我永远铭记于心。

记得刚从干校返京不久，由于工作需要，我被调到词典室。当时我对词典工作一窍不通。丁先生一边叫我不要着急，一边给我安排工作。丁先生拿了一本小说，让我勾乙，并教我如何勾乙："勾乙是编词典的基础工作，也是基本功。把书里你认为有用的词用记号勾下来，将来编条儿或写例句时作为参考。"当时我也没多问，便开始读起了小说。我读得很投入，也勾了不少词，待读完后，我把小说上交丁先生。先生一边翻阅我勾下来的词，一边问我："这本小说好看吗？你能说出小说的大概吗？"我说："可以。"于是我介绍了该小说的内容梗概及一些细节，没等我说完，先生就说："让你勾乙是让你勾出书里的词，不是让你看小说写了什么。你这么关注小说的内容，又怎能把词勾好呢？"我当时虽还不太明白其中的道理，但我知道，先生对我的勾乙工作并不满意。先生又给了我两本书,让我好好勾乙。我不敢怠慢,认认真真地捧着书找可用的词勾乙。说起来也怪,当我把这本书的一些词勾好后,竟然对书中的内容不了然。当我把书和勾下来的词交给先生时,先生说:"这本书讲了什么呢?能不能介绍一下?"我不安地说:"对不起,我实在说不出来,因为我只顾找词儿了,顾不上书里的情节和人物。"没想到先生高兴地说:"这就对了,你这次勾的词肯定比上次的好。"

1978年冬,我在调查老家(福建永定)的客家话前,特意向丁先生请教与辞行。丁先生一听说我要去调查客家方言,非常高兴。问我会不会说客家话,我说我从小就说客家话,并告诉先生,我除了会说永定的客家话,还会说梅县客家话。先生听了,很感兴趣,问我这两处的客家话有什么不同?我说,虽然彼此都能听懂,但确实有较大的差异,用一般人的话说,梅县话比较软,永定话比较硬。先生听了以后,笑了。紧接着语重心长地对我说:"你有机会去调查客家话是很好的。客家人先后经过几百年、行程几千里的迁徙之后,还能在不同的地区坚持使用客家话,这是一个很值得探讨的问题。再加上客家话在语音、词汇、语法等方面都保留了一些中古汉语的成分,你去搞调查,可以加深对汉语音韵学的理解。在调查的时候,一定要注意实事求是。首先要找好发音人,记语音时是什么音就记什么音;问词汇时,是怎么说的就怎么记;开始去调查,就是要把发音人的语音认真地、实事求是地记录下来,至于这个语音是硬的还是软的,等回来整理资料的时候再分析。"一席话说得我心里暖洋洋的,"实事求是"四个字牢牢地印在脑子里。从那以后,不论到何处调查方言,不论调查的是粤语、客家话、西南官话还是湘南土话,我总是以"实事求是"作为自己的行动准则,认认真真记音,是什么音就记什么音,力求做到准确,反映当地的语音实际。通过多年的实践,我理解先生所说的"实事求是",就是让我们用一种科学的态度对待调查,唯有这样才能使调查的资料可信、可用,才能在分析与研究时有科学的依据,这是每个从事科学研究的人应该具备的基本态度与品格。

1979年的一天,丁先生在走廊上见到我,让我到他办公室,他告诉我:"你们编辑部的《方言》杂志办得不错,最近一期还有一篇美国学者罗杰瑞的文章,讨论闽语中表示宰杀的'治'的读音。你们客家话有这个说法吗?"我说:"有的,而且应用很广泛。但我们那里不写作'治',而写作'刏'。意思就是宰杀,可用于牲畜等动物,还可以用于人和其它。""你可以举些例子吗?""在我们老家,可以说刏牛、刏羊、刏狗、刏猪、刏兔、刏鸡、刏鸭、刏蛇哥、刏野猪等等,也可以说刏人,甚至还可以说刏柑子、刏柚子、刏香橼。这些例子都是调查时问出来的。丁先生,但在我们那里不写'治',而是写成'刏'。"丁先生停了片刻,说:"'刏'可能是当地写的俗字,本字应该是'治'。'刏'应该查一查《广韵》或《集韵》,也可以查一查《五方元音》。你刚才能举出这么多例子,挺好。以后在调查的时候,对有些问题最好能进行穷尽性的调查。你刚才说的那些例子,有些地方的说法可能与你们老家相同,有些地方可能就不那么说。"丁先生这一席话,让我眼前一亮。二十多年来,"有些问题最好能进行穷尽性的调查"的教导让我在调查工作中尝到了甜头。这里简单举个例子,在调查四川龙潭寺客家话时,发现当地客家话受西南官话的影响,几乎称所有的糕点为"粑粑"或"饼"。在许多客家话地区，糕点的称谓是"粄"，不说"粑粑"。那么龙潭寺客家话是否已经没有"粄"的称谓了呢？"粄"的字音在当地是否已经不存在了？于是我对当地的糕点名称进行了详尽调查，并根据其它客家地区在不同节令做不同的糕点的习俗询问发音人，终于调查到按客家人的习俗和制作方法，在过春节时吃的年糕，在当地也叫"甜粄"，与许多客家地区的称谓一致，而且这是当地唯一称为"粄"的糕点。

敬爱的丁先生离开我们二十多年了，先生的离去，是语言学界的巨大损失，但先生的学术成果、治学精神、人生境界，先生对后学之辈的谆谆教诲和循循善诱，都将让世代学人深深地铭记于心，成为永恒的财富。

丁先生是有远见的好领导人

刘庆隆

1956年2月6日,国务院发布关于推广普通话的指示,责成中国科学院语言研究所在1958年编好中型的《现代汉语词典》。语言所在下半年成立了词典编辑室,开始工作,收集资料,1958年开始编写。参加工作的人员认识到这是国务院给我们的光荣任务,大家工作热情很高,加班加点,不遗余力。1959年底完成了试印本稿,广泛送请审阅。1960年初又把收到的意见吸收到稿片里。修改稿又按本院哲学社会科学部下属的单位,每个单位审查一部分,到期收回,进行修改。商议再用半年的时间通读一遍,通读完了,交出版社付印。丁先生任词典室主任后,商定用三年时间修改定稿。语文组、科技组的条目,虽然有问题,但觉着好处理些。哲社组的条目有的感到难处理,把难处理的条目单抽出来,又铅印了两次,油印了两次,请专家学者审阅,上报领导。把这次稿子经过修改后,送出版社以试用本付印。书印出来后,又挖改了一部分条目,主要是政经条目。报上级,送出版社印行。在出版社压了下来。

20世纪60年代前半段,是有事业心的专家学者发挥才干的大好时光。丁先生是爱国爱民正直勤劳的有事业心的大学者,又是为人民做的极有用的工作，一定要为国家人民多出力。丁先生想的是：人民需要办的事，再难也要做好。国家交下来的事，要不遗余力地去办好。编一本词典算不得大事，但要编好，不下些工夫也难编好。

丁先生在工作方面，考虑问题很细致，讨论问题时留有余地。他做的多，说的少。调查多，独断少。勤勤恳恳，早上班晚下班，节假日也不休息。任劳任怨，事事为他人着想。

20世纪60年代后半段，是个不平常的时期。运动中许多知识分子，包括专家学者受到冲击，"反动学术权威"的帽子乱飞，丁先生也未能幸免。丁先生很镇定，逆来顺受，不多说话。但思考的是我们做的事有利于国家人民，是为人民服务的，就有了主心骨。

语言所词典室编写的《现代汉语词典》，1960年初到1960年底出过征求意见的《现代汉语词典（试印本）》，1965年又出过《现代汉语词典（试用本）》。很多人知道有这么一本书，不知道到哪里去买。到1970年以后，给出版部门来的信更多了。社会上实在太需要这样的书了。出版社和编者多次商量，出版后，内部发行。人们知道有了这本书，排队来买。后来"四人帮"知道了，加了几条驴唇不对马嘴的罪状，就勒令停止发行了。

1975年在广州，国家出版局召开了一个词典编辑规划会。语言所的丁先生和杜肖参加了大会。交给词典室的任务是修改《现代汉语词典》。

1970年4月，语言所的人员都去了息县干校，1972年7月又回到北京。从干校回来，词典室就准备修改《现代汉语词典》，先收集资料。这时语言所的办公楼已经拆了，临时向语委借了几间房子,恢复工作。行动早的单位,就已实行"三结合"了,工农兵,请进来,知识分子走出去。我们也要跟着走了。1975年底,词典室请了工人、解放军进来,组成"三结合"班子;时间不长,"四人帮"倒台了,"三结合"班子就结束了。

在丁先生的领导下,按原来宗旨,大家一心,努力地修改稿本,到1977年底,完成修改工作,把书稿交到出版社。1978年底,《现代汉语词典》与读者正式见面了。人民缺少工具书,紧接着丁先生又主持编写了《现代汉语小词典》。为读者着想,少收点不大重要的条目,降低书价,使更多的读者能用上这本书。丁先生一直计划着编写更多的词典,不料1979年10月突然发病住院。生病后丁先生还是乐观的,人不能不生病,生了病就要治病。听医生的安排,与医护人员合作。快治好病,还要做工作,心里有了光明的前途。患病虽是痛苦的,但有了正确的思想,也就减轻了痛苦。丁先生是非常守制度的人,在医院里更不例外。丁先生年事已高,1989年春祥和地离开了人间。晚年丁先生安排了自己的后事,火葬、骨灰撒在大地海洋。表明了自己光明磊落的一生。丁先生在世时从不麻烦人。

丁先生遵守制度,是非常严格的,自己是集体的一员,绝不特殊。60年代,各个单位进行民兵训练,语言所也组织本单位合乎条件的人员进行训练。丁先生可以不参加。丁先生说自己还没有超龄,每天早晨早早起来,到所里参加训练,是排头兵。人们对丁先生这种严格遵守制度的精神十分钦佩。

1958年秋天语言所搬到端王府办公。丁先生住在三里河经济所的宿舍,每天上班不是步行,就是坐一段13路公共汽车。13

路公共汽车站离端王府很远,还得走一大段路。但每天到端王府是很早的。下班是比较晚的,丁先生说,晚一会儿街上清静。

丁先生把自己多年养成的遵守规章、礼让、帮助人等的好习惯带到公共汽车上。排队上下车,让座,保持车辆的清洁,不随地吐痰,不乱扔烟卷头等,不在车上打闹、大声喧哗。车上人多拥挤、帮着疏导、传递车票等。下班时丁先生在终点站下车,看到司售人员在终点站还不能休息,还要打扫卫生什么的,很辛苦,就帮帮他们。丁先生在单位打扫卫生是经常的。

词典室的同志总是赶工作,比较忙。试用本的稿子杀青后,送到出版社付印,有一段总结学习的时间。丁先生抓住这个时机,给工作人员讲音韵课,不止讲,还留作业,改作业,抓得很紧。丁先生深知对编写词典的人,音韵的知识是多么重要。所以他不怕劳累,手把手地教给我们。他帮助后学是不遗余力的。

丁先生的生活非常艰苦朴素,从日常的衣食住行就可看出。一年四季的服装都和劳动大众的衣服一样。上班到食堂吃饭,总是最后到,买个馒头,一盘最普通的素菜。住的房子比较窄小,一直到丁先生发病住院后,才换了稍大一点儿的房子,丁先生没用上。出门就是步行,太远了就坐公共汽车。丁先生对自己很艰苦,但对有困难的人总是给以帮助,并不求报。

丁先生对人和蔼可亲,待人宽厚。与人往来,非常谦和。有人求教,耐心解答。

丁先生是德高望重的老师!

2008年8月8日

忆丁先生

单耀海

时光忽忽,先生辞世二十年了。二十年来,先生的音容笑貌不时闪现眼前,种种往事也随之浮现脑际……

称丁先生为师不是自列门墙,话要从我到语言研究所说起。1956年我从青岛山东大学中文系毕业,9月上旬,到语言研究所报到的第二天,即被所送到设在和平里的"普通话语音研究班"学习。这个学习班当时是由教育部和语言研究所合办的,主要培养方言调查人才。语言研究所方言研究室的人员承当教员和辅导员等教职。到研究班后即受到丁先生的召见:问从哪个学校毕业的?在学校学过什么课程?又嘱咐到班后要好好学习,要注意影响,因为你是语言所派来的,等等。说时神情和蔼,语气温和,毫无训诫之意。这是我第一次见到先生的第一次谈话。

丁先生除领导研究班的教学工作外,还亲自授课,开设《音韵学》课。印象深的是,先生常在课余向学员提问,问的都是先生授课的内容,如某字是哪一声母?几等?开口还是合口?问时总是笑眯眯的,被问的也不感到紧张。先生所以如此,是为了让学员巩固所学的课业。当时丁先生给我印象深的还有对年轻学员很关心,问的都是语言学方面的问题,问东问西,如你的家乡这个字怎么念啊,"单"字是哪个母(指音韵学上声母的代表字),哪个摄啊?教学上的认真、严格、诲人不倦,是初识先生时,先生留给我的极深印象。

在研究班学了两个多月,由于所里要我参加另一研究项目(当时吴晓铃先生负责的元曲词汇项目要上马,刘坚、李国炎和我都参加了这个项目),未及结业就离开了语音研究班。

这就是我初识先生的一些事儿,三十多年过去了,留下的记忆,至今还是那么真切,似在昨日。

1958年冬,我结束了一年的下放劳动锻炼回所,原来的元曲词汇组因吴晓铃先生的调离而解散,我被分配到词典编辑室。当时词典编辑室正在编写《现代汉语词典》。这本词典1958年夏天开编,由吕叔湘先生担任主编。1959年的10月初稿完成,算是向国庆十周年的献礼。初稿由商务印书馆排印成送审稿本,广为送审。当时词典编辑室分语文、哲社、科技3个大组,语文大组又分两个组,一组由孙德宣负责,一组由孙崇义负责。每个组下面再分几个小组,1个小组由3人组成,3人之间稿子需要互审,每人每周的工作量是编写100条,审读200条。工作量大,编者们在向国庆十周年献礼的号召鼓舞下,主动加班加点。编写、审读的进度,每周张榜公布,在完成工作量的人的名字后面插面小红旗,未完成工作量的人的名字后面插面小白旗。每周周三、周六还有两个半天的政治学习,当时的党委书记石明远先生考虑到词典编辑室的情况特殊,决定词典编辑室周三可以不学习(对词典编辑室的这点特殊化,后来在极左年月里成了石的一条"罪状")。《现汉》初稿完成后,由商务印书馆印出几百部,广为送审。

1961年3月,丁声树先生接任《现代汉语词典》主编和词典编辑室主任。由此开始在先生领导下从事《现汉》试印本送审稿的修改工作。

由1961年开始,丁先生在李荣先生的协助下,审读、修改《现汉》试印本全稿,修改的宗旨是明确的,如前言所说:"是为推广普通话、促进汉语规范化服务",但在收词、释义、举例诸方面改动的面和量还是较多的,如删去了"试印本"的人名、地名部分;如为实用考虑,在增加不多篇幅的前提下,适当增加一些有时还能遇到的单字。删去人名、地名条目,更凸显了《现汉》作为语文词典的语文特点,适量增收一些单字,给读者提供了查考的方便。在语文词条的增删、改动方面幅度也不小。

在修改送审稿的4至5年间,先生几乎每个星期天都像平常一样到办公室看稿,仅此一点就可知先生所付出的心血!1965年,修改稿仍由商务印书馆排印成"试用本"审读稿,进一步送有关方面审阅。在审阅的基础上又作修改,计挖改有300多处。1966年正拟付印,十年动乱起,付印出版随之停顿。

先生治学严谨,遇到问题,和人商讨,有不一致的意见时,从无急躁或不耐烦,更无疾言厉色之处。和先生谈话,如沐春风。

有人以为丁先生学问大,脾气古怪。其实深入了解后,觉得其为人可用"狷介"来描述。先生是典型的中国知识分子,不为名利、地位所动。如解放前夕,先生在南京,傅斯年曾多次促其离开大陆去台湾,甚至要先生的夫人来动员先生去台湾。先生的态度是坚决不去,理由是"自己是研究语言的,离开本土,自己还研究什么?"又如,先生是全国人大代表,逢人大开会,不要单位派车接送,而是坐公共汽车来去。再如,先生由南京到北京工作,所长罗常培先生两次设宴,先生不出席。再比如,先生爱女随母在美国时,给先生写信用英文表述,先生回信说自己也可用英文来回信,但是自己是中国人,要女儿记住自己是中国人,学英文的同时向妈妈学汉语。这几个例子可见先生为人的耿介、正直。

我一直庆幸自己在编写和修改《现汉》的过程中,遇到两位好老师,一位是吕叔湘先生,另一位是丁声树先生。他们对我的关心、爱护深深记在心中。遗憾的是自己为资质所限,有负他们的教育和关爱。先生不仅在工作中关心我的成长,而且在生活上也像父辈那样关心。有一年我因病住院两个月。在两个月里,丁先生每个星期日的下午都来医院探望,并带着养病需要的营养品,对一个只身居京的人来说,无异于受到父爱一般。几十年前的往事,今天想来,犹历历在目,思及自身,且感且愧。值先生百年之际,勉为小文,以作纪念。

细针密缕惠人间

——缅怀丁梧梓先生

舒宝璋

"风声永树,卜世长久。"我第一次见到丁声树梧梓先生,是在1961年9月。

9月21日上午,沐着清秋的熏风,我揣着北京市人事局签发的191号报到证,从北京大学32斋乘出租车直达西城区端王府夹道7号语言研究所报到。办完手续,人事科长告诉我:你现在到二楼去,丁声树先生找你谈话。

我进入二楼距楼梯最近的一间屋子,天门特高的一位老者,笑呵呵地招呼我坐到邻近的一张沙发上。随后才知道,他就是丁声树先生,这儿是吕叔湘所长办公室,临时借作谈话之用的。

丁先生和蔼地问:"府上是哪里?"我答:"舍下在江西南昌,原籍是安徽黟县。""你那个县怎么读?跟什么字同音?"我说:"读yī,跟衣服的衣同音。"丁声树先生拊掌称许:"嚄,这就对了,果然如此。"

丁先生又问:"你知道理初先生吗?"我微倾着上身回答:"俞正燮先生是黟县人,道光年间的一位学者。"丁先生给我指点:"唔,准确地说,是嘉道年间。"

丁先生接着问："你读过他的书吗？"我实话实答："不敢说读过，只是翻阅了一下他著的《癸巳类稿》和《癸巳存稿》，知道他是反对女子缠足的。"丁声树先生亲切叮咛："蔡子民先生当年很敬佩理初先生的，他的书值得好好读读，他有一整套治学方法。"

结果我被分配在词典编辑室（我的同班同学何乐士被分配在古汉语组）。词典编辑室二十多人，在四间屋子上班：语文组和哲社组合用一大间，科技组、资料室和主编室各占一小间。我先在语文组学习，后来到主编室工作。

主编室里坐着丁先生、李荣先生、刘庆隆同志和我共四人。主编室东壁下有一张旧藤躺椅，供丁先生午间小憩之用。丁先生在这里主持着《新华字典》的修订，《现代汉语词典》的编写和修订及其他有关工作。为了错开乘车高峰和用膳高峰，丁先生常年都提前上班、推晚进中餐和推晚下班。故而他的工作时间比谁都长，仿佛办公室就是他的家。

《新华字典》

从上世纪50年代中期，到2004年，商务印书馆出版的《新华字典》先后修订过十次。下面所说的是第4次修订，这次修订的工作对象是1962年7月的修订重排本，其成果则全部凝聚于1965年的修订重排本中。

有天晚上我看书，见到清人潘荣陛《帝京岁时纪胜·岁时杂戏》中有一首儿歌：

杨柳青,放空钟;

杨柳活,抽陀罗;

杨柳发,打尜尜;

杨柳死,踢毽子。

其中"尜"字没见过,不认识。第二天,我问丁先生。他让我查查《康熙字典》看。我没有查着。丁先生说:再查一下后面的"备考"或"补遗"看看。结果在"补遗"中查到了,释文为"《字汇补》音未详,小儿戏物。"丁先生对此倍感兴趣,将儿歌念了又念,随即命我将"嘎嘎"条改为"尜尜",并拟出修订初稿来。

有一段时间,丁先生让我将《新华字典》1962年7月版和旧版《辞源》相对勘,看看有什么问题没有。当我发现《新华》"沮洳"(jùrú)条的"洳",在旧《辞源》里有平声去声两读时,丁先生就近查了《说文》《玉篇》,查了《广韵》《集韵》和《佩文韵府》等书,同坐在对面的李荣先生商量了片刻,然后才一锤定音,敲定其调为 jùrù。

有一次,在修订到"硇"字时,丁先生指定了几个书名,让我到图书室去查对一下,看看到底是"硇洲"还是"碙洲"。丁先生还让科技组提供了资料,然后作了修改。

后来才知道,"硇"字条乃是这次修订中改动最大的一处,形音义都有改动。该条原来的释文比较简单:

硇 gāng 硇洲,地名,在广东省湛(zhàn)江市附近海中。

修改后的释文为:

硇 náo［硇砂］一种矿物,黄白色粉末或块状,味辛咸,是氯化铵的天然产物。工业上用来制干电池。医药上可做祛痰剂。［硇洲］岛名,在广东省湛江市附近海中(硇字旧或误作碙,误读 gāng)。

今按:后出之《辞源》修订本仍以［碙洲］立目,《辞海》1999年本有"䃩(gāng)洲",复有"硇(xiōng)洲",均未以"硇(náo)洲"出条,容或另有所据,亦未可知。

1962年冬,丁先生命我不参照任何资料,仅凭自己的感觉,将《新华》1962年7月版通读一遍,看能否发现新的问题。丁先生讲究通读,认为通读才可能有所发现。

当我通读到"垓"字条时,果然问题出现了。该条第①义项云:

"垓下,在现在安徽省,项羽死在这个地方。"

丁先生闻知,顿时严词正色道:"楚霸王垓下被围,乌江自刎,怎么会死在垓下! 错了好几年了,这可是个大错误,大事故!"随即斜身挪椅而起,快步走到资料室去打电话给商务印书馆,颤抖着声音说:"《新华字典》62年修订重排本还在继续重印吗? 暂时不要印了。立即停机,立即停机! 怎么改? 请等五分钟,听我的电话。"大约仅一两分钟,丁先生已将"项羽死在这个地方"修改为

"项羽被围困的地方",维持八个字篇幅不变。丁先生又打电话过去,说明改法,并斩钉截铁地说:"挖改后才能继续印!已经印好的,贴补后才能发行。"在我的记忆中,丁先生还从来不曾这么激动过。

《现代汉语词典》

吕叔湘先生是《现代汉语词典》第一任主编,其成果凝固为 1960 年的"试印本";丁声树先生为第二任主编,其成果结晶为 1965 年的"试用本"。丁先生的指导思想有三条:一是惜墨如金,二是保证质量,三是方便读者。这三条宗旨始终贯串于编写和修改工作的全过程。

"试印本"检字表中,掺和着两部分字:一部分是正文中所收的字,皆标明音读和所在页码;一部分是正文中未收的字,则附以音读和简单解释。后者实际上是一些地名、人名、姓氏字和若干不常用的字,共约三千字左右。例如:

兖 yǎn 兖州,古代州名,州治在今山东曲阜县。
佺 quán 沈佺期,唐朝诗人。
谭 tán 姓。
丕 pī 大。
冇 mǎo〈方〉没有。

丁先生设想:这一类字是否可全部安插到正文中去?由词典

室人员加以讨论。结果赞成者有之,持异议者亦有之。后者的理由为:(1)吕先生定下的体例,不宜轻易变更;(2)这些字不属于现代汉语词汇,也不宜掺入正文;(3)这些字的音义,既已在"检字表"中解决了,可免却读者翻检正文之劳。

赞成者的理由为:(1)将这些字移入正文出条,实行"一条龙"排序,符合于词典通例;(2)这些字在正文出条,可含有较多信息量,能使按音查检的读者感到方便;(3)汉字是《现代汉语词典》之第一要素,正文中少了一部分现代还在用的字,从理论和实践上都说不过去;(4)吕先生是为了方便读者,丁先生也是一样,其目的并无二致。

丁先生最后表态:大家的意见都言之成理,我倾向于"一条龙"。对于某些字能否发出音来,常因人而异,有人认得这些字,有人认得那些字,并没有一定界限。实现了"一条龙",认得某些字的人,如果他懂得音序,可以直接查正文;不认得某些字或未能掌握音序者,当然得查检字表,这也是常规。实行"一条龙",某些字在正文中,可加上一定标志,以示区别。实行了"一条龙",检字表中的音义,全部可以删除,还能省出一些篇幅来。"一条龙"好啵?就这样定了。

丁先生甘为沧海一滴水,尽心尽力地追求完美,此其一端。试再举数例以明之:

"〇"字进入词典,是一个重大突破。丁先生常极力鼓励大家,在"试印本"基础上,放开眼光,关注当代,实事求是,尽量把当代实际使用着的字、词吸收到词典中来。我注意到《毛泽东选集》和"九评"系列文章中,都有着当"零"使用的"〇"字(既用于页码,也见于正文),是过去任何字词典都没有收过的,因此写了一张"意见卡",建议在《现汉》中增收此字。丁先生征求了几位同志的意见,因看法不一而暂时未果。经召集专门会议深入探讨,分析至当,然后乃确定将"〇"字补入。又有人提出:"〇"字补入后,部首笔画难以归属,四角号码更无法厘定。丁先生说:这个问题可另行研究。

将"癌(yán)"字音改为 ái 音,乃丁公一大贡献。念兹在兹,丁公平日里走路、乘车、吃饭、会客、上医院,想的无往而非形音义。在医院中,他注意到医生口中的"胃 ái"和"胃 yán"是有区别的,便联想到词典里的"胃癌(yán)"和"胃炎(yán)"一直是一对难解难分的同音词,能否设法区分一下呢?可是,"癌"从"嵒(yán)"得声,历来如此,理固宜然,怎么好骤然而改呢?为此,他特意走访了多家医院,才知道并非偶然,大夫们异口同声,早都约定俗成了。一切从语言实际出发,于是他立马毅然决然地将"癌(yán)"音改标为 ái,从而将"胃癌(ái)""胃炎(yán)"二者在词典中严格区别开。这一变更,肯定了医生的创造,极便于一般人口头表达,很快即为全社会广泛接受。

惜墨如金,立目、释义、举例简而明。丁先生主张:词目应力求简短,以提高词典的检索性;词义解释当从简,特别是专科性条目;举例宜尽量简洁,能说明问题就行。"试用本"在立目上有所调整,如"东"字下添了[东床][东道]等六条,省了[东北抗日联军][东风压倒西风]等五条。释义要言不繁,如[按摩]条省却了"两千年前我国民医扁鹊就采用了"一句;[保甲]条删除了"保甲原是宋代王安石建议创建的一种乡兵组织,企图用来加强国防,历代沿用于民政。国民党反动统治时期曾利用它来强征壮丁,搜刮民财,镇压人民革命活动"凡六十余字。举例务求简洁,如[间隙]条之原例作"战士们利用训练～帮助人民生产",丁公径改为"利用工作～学习";[跋扈]原例句有"唐朝末年,藩镇～,民不聊生"等语,则径予删除,不枝不蔓。宋人曾公亮谓欧阳修、宋祁之《新唐书》"其事则增于前,其文则省于旧";窃以为丁公之"试用本"亦然。

临深履薄,山雨欲来肃而惕。1962年9月,党的八届十中全会在北京召开,提出了阶级斗争要"年年讲,月月讲,天天讲","要抓意识形态领域里的阶级斗争"。由此陆续展开了对"合二而一"的批判,对小说《刘志丹》的批判,对鬼戏《李慧娘》的批判,对电影《北国江南》和《早春二月》的批判等。山雨欲来风满楼,丁先生肃然而惕,及时将有关条目重新审视了一番,并时而自言自语。我记得的例子有:(1)[社会主义]条,他特地加了一句:"在社会主义的整个历史时期,还存在着阶级斗争,必须实行无产阶级专政。"(2)[工具]条例句:"我们的报纸是推动社会前进的有力～。"丁先生念了两遍,悠悠地说:"没有把握,删!"(3)有一次,他仰首细声琢磨着:"阿毛——,阿毛——,这可得改呀!"他是指"阿"字的例词。我说:"阿毛是祥林嫂的儿子,是有根据的。"丁先生说:"那更得改了。"随即喜不自胜地说:"有了有了,可以改成'阿宝',你看好啵?"我说:好。今按:丁先生改得及时。1962年,丰子恺有一幅漫画,题为《猫伯伯坐在贵客的后颈上》,后来即被打成"反社会主义的毒草",可证。(4)丁公在把[仁义]条的例子"～之师"改为"～道德"后,跟我说:"'仁义之师'有歧义,'仁义道德'四字,是《毛选》第四卷《别了，司徒雷登》一文中用过的字眼，更经典一些。"我也认为改得好。殊不知，后来在批林批孔运动中，这言之有据的"仁义道德"四个字，竟仍然不由分说地成了大批特批的焦点之一。

丁先生周密务实之风，随处都体现出来。修订前，"试印本"全部词条都按条分贴在64开卡片上；修订中，卡片空白处色彩斑斓，红蓝绿笔迹都有；当全部稿片修改完毕后，要不要誊清一遍然后付排？丁先生反复思索，始决定不予重抄。因为，一则可免于耗工费时；二则可免于衍生笔误；三则将来看校样之际，有原稿片上的修订轨迹可循，不至于心中无底。于是，丁先生捧来些八开大纸，率先动手，将全部稿片按编号顺序，用胶水粘贴在大纸上，每张大纸贴八片，以为示范，然后由专人照式继续操作。这样做的结果，既节约了时间，方便于排字，也保证了词典质量。

《辞源》

1979年4月，我从南昌市湾里一中被借调到北京商务印书馆，参加《辞源》修订本的审订定稿工作。抵京后的第三天，我即赴三里河计委宿舍69门三号（不记得是几楼了）去看望丁先生。上世纪60年代，我曾经来过几次。十几年过去了，门牌号码没有变，家具陈设没有变，客厅里挂着的沈尹默楷书《朱柏庐治家格言》的中堂也没有变；丁先生依然穿着那套旧的灰色中山装，依然是蔼然长者之风，如高山清涧一般；唯一变了的是书房里多出了一张大床，这床上没有被褥，却堆满着新书，一摞一摞的，有两尺多高。丁先生含笑言道:"这是我近两年来,陆陆续续买来的;把失去的时间补回来,没有它们不行啊!"其时他正在筹划《现代汉语大词典》事宜,工作很忙,时间很紧。然而当我告辞后,丁先生仍坚持送我下楼,送我出小区,送我过马路候车于三里河东口,望着我上车,等车子启动,这才依依挥手过马路回家。

我到商务时,《辞源》修订本已进入审定阶段。在定稿过程中,凡涉及民族、宗教、外交诸条目,皆分送各有关部委审处而后定;凡语文史哲诸条目,则广泛征求和吸纳学术教育界专家的看法以集思广益。六月底,商务辞源组印发了多位专家的意见供组内人员参考。记得其中有北大魏建功、周祖谟教授的,也有语言所丁声树、孙德宣、邵荣芬诸先生的。孙德宣先生对部分条目的修改意见是用铅笔写的,并声明"如认为不妥,可擦掉"。邵荣芬先生所提,主要集中在读音反切上。丁先生所提意见,多从个别到一般,以小见大,高屋建瓴,最具有普遍意义。

丁先生除对部分条目用红铅笔标示当改之处外,并对字形、字音、书证诸方面提出了富于指导意义的概括性意见。他一共提了五条,大意是:(1)注意所注的音应与资料一致。如"毹"字在"氍毹"中应读 shū,不读 yú。(2)字形需要审订。如"骲(bào)"字应作"骲",从"包",不从"句"。(3)引书证需校对版本。[毫锥]条引《白香山诗集》注"相顾辙笑","辙"应作"辄"。《白香山诗集》刻本不误,《白氏长庆集》影宋本也作"辄",不误。(4)引书证注意断句之误。[毛段]条引俞琰《席上腐谈》,断句大误,必须更正(所引《万有文库》本断句已误,草稿未正)。(5)有较早书证可引的,不引后起的书证。例如[氍毹]已早见于《集韵·东韵》,即不必以《音韵阐微》为证。

丁先生最后说:"以上所言,未必悉当,仅供修改参考。由于语言所图书资料有限,个人工作忙乱,未能逐条细校,还请纠正所提之误。"

1979年9月27日,商务印书馆假建国门外国际俱乐部召开《辞源》修订本第一册出版座谈会。座谈会由商务印书馆总编辑兼总经理陈原主持。出席座谈的有学术教育界人士三十多位,发言的有叶圣陶、王力、吕叔湘等十多位先生。这次盛会,魏建功先生因故未能出席,丁声树先生身体欠适,未能到会发言,大家都感到十分惋惜。

大匠不示人以璞

君子赠人以书,丁先生在语言所,即不时以书赠人。当时他送给我的有《现代汉语语法讲话》《汉语方言调查简表》《昌黎方言志》等书。回想起来,有的书我通读过,有的仅查过几次,有的迄今尚未开卷,真愧对先生了。

1971年5月,我从下放的南昌县农村"上调"到南昌市湾里西湖中学任教。1973年4月,我获悉丁先生早已从河南息县的五七干校应召返京,当即去了封长信,汇报我这八年来的曲折历程。只过了十来天,便收到丁先生从三里河宿舍寄来的一个小包,内有1971年修订重排"以应急需"的蓝塑面《新华字典》两册。此时无声胜有声,这书如雪中之炭,真正及时解救了我的燃眉之急。

细针密缕惠人间 | 169

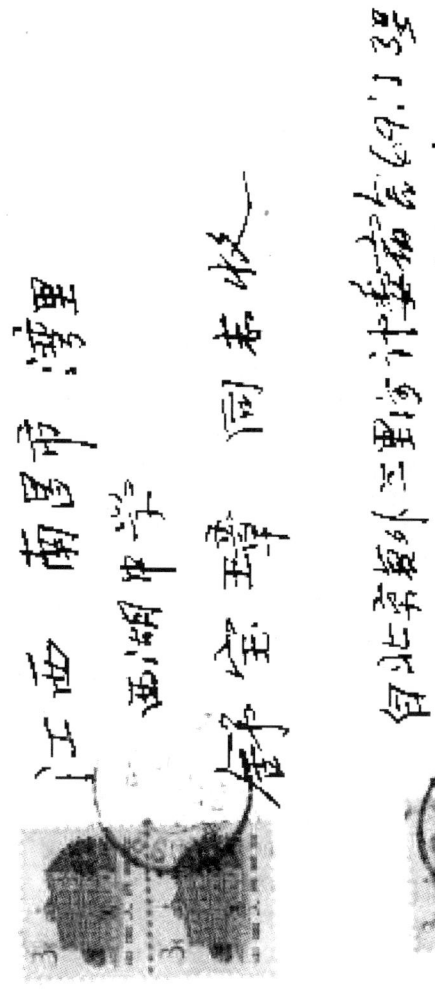

（一）丁先生寄书用的封皮

宝琛同志：

手书奉到。《古今字音对照手册》早经绝版。如头字无书可以奉赠，歉甚。且此册误植实在多，今天已无参考价值。我近来也无余暇作修补之作。承贶谨致谢荷。

敬礼

丁声树
1979—5—14

(二)丁先生百忙中的回信

1979年5月12日,我借调来商务业已三个星期了,顺理成章地想起要参考丁先生的《古今字音对照手册》一书,遂去信恳求丁先生帮助。不日即获其复书,云:

《古今字音对照手册》早经绝版。手头实无书可以奉赠,歉甚。且此册误漏实太多,今天已无参考价值。我近来也无余暇作修补工作。

承关注,至感荷。

丁先生是太忙了,任重而途遥,有许多工作要做。他60年代就有修订《康熙字典》的宏愿,一直未能上马。绸缪《现代汉语大词典》诸多事宜,须投入大量心思。而《古今字音对照手册》,也总要抽空修补。该《手册》在修补前不予重印,不以问世,此之谓大匠不示人以璞。

不重复别人,不遗留罅隙,是丁公治学之本。他常说:"别人做得正确的,我不要再去重复劳动;我做的工作,不要别人再去重复劳动。"洵可谓大师之器似天衣,完美而无缝;先生之德如云水,云高而水长。

2008年7月于江西科技师院

献身于词典事业的丁声树[*]

闵家骥

一

丁声树同志是我国著名的语言学家,号梧梓,河南邓县人,生于1909年3月9日。1932年在北京大学中国文学系毕业后,进中央研究院历史语言研究所工作,先后任助理员、编辑员、副研究员、专任研究员。1944年至1948年在美国考察,参加过美国语言学会,并兼任哈佛大学远东语言部研究员、耶鲁大学研究院语言学部研究员。解放后,一直在中国科学院语言研究所(1977年5月改称中国社会科学院语言研究所)工作,曾任方言研究组组长、《中国语文》杂志主编、词典编辑室主任等职,是原中国科学院哲学社会科学部学部委员,第三届全国政协委员,第六届全国政协委员、常委,第三届、第五届全国人大代表。

丁声树同志一贯勤奋好学。他在二十多岁时,在进历史语言研究所不久就已崭露头角,显示了在语言学方面的才能。1935年

---

[*] 此文曾发表于《辞书研究》1983年第5期。

发表了他的成名之作《释否定词"弗""不"》,引起了当时语言学界的注意。1936年接着又发表了《诗经"式"字说》,提出了精辟的见解,有人称赞他"从此入手,真是巨眼"。此后,又陆续发表了几篇有较高学术价值的论文。如1940年的《诗卷耳苯苢"采采"说》、1943年的《"何当"解》《"碴"字音读答问》、1948年的《论诗经中的"何""曷""胡"》、1949年的《"早晚"与"何当"》等。这些文章都以论证翔实、见解独到而受到了学术界的好评。有人称赞他写文章"有如雄狮搏兔",写出来的文章是"天衣无缝"。

丁声树同志研究语言学总是从解决某个实际问题作为出发点,力求写出来的文章对读者有所裨益。解放后,他更自觉地把自己所从事的语言研究事业看作是党的事业的一部分。他更致力于现代汉语的研究,努力为我国文字改革、推广普通话和促进汉语规范化服务,写了不少为语言学界称道的论文和专著。1952年以后发表的论文、专著,主要的有:《谈谈语音构造和语音演变的规律》《说"匞"字音》《汉语方言调查简表》(与李荣合编)《古今字音对照手册》《昌黎方言志》(与李荣等合作)《现代汉语语法讲话》(与吕叔湘、李荣等合著)《汉语音韵讲义》(文字部分)。

丁声树同志对语言文字的研究有浓厚的兴趣,在古代汉语、汉语音韵、汉语方言、汉语语法等方面造诣很深,但他没有想到过要编词典。不过,他的兴趣是服从于党的需要,事业的需要,工作的需要。1961年组织上决定调他去词典编辑室主持《现代汉语词典》的编辑定稿工作,他欣然同意,毫不迟疑地走上新的岗位。从此,他就投身于词典事业,一直到1979年10月生病住院不能工作止。在这将近二十年的时间里,他一直在为改变我国词典事业的落后面貌、为培养新中国年轻一代的词典编纂队伍而默默无闻、孜孜不倦地工作着。他无私地把全部身心献给了我国的词典事业。

二

《现代汉语词典》的编辑工作最初是在吕叔湘先生主持下进行的，1961年丁声树同志调词典编辑室后，《现代汉语词典》的编辑定稿工作就由他主持。十年动乱期间，他被当作"反动学术权威"受到冲击。1974年"四人帮"把《现代汉语词典（试用本）》诬蔑为封资修的大杂烩，进行了全国范围的批判，丁声树同志并不因此而气馁，相反决心更大了。他利用一切可以利用的时间，搜集资料，对于需要修改的条目，随时把意见记在词典试用本上，以便修订时作为参考。1975年实行所谓"开门编词典"，由工人、解放军和专业人员组成"三结合"班子修订《现代汉语词典》。他看到"三结合"修订中问题不少，心里非常着急。他常为纠正一个字的注音、一个词的释义，不惜花上半天时间耐心地向参加"三结合"的工人讲解字音的来源以及词的科学涵义。尽管他精神上受到压抑，但他总相信《现代汉语词典》正式出版的这一天终究会到来的，他决心用更多的精力花在这部词典上。粉碎"四人帮"以后，他大为振奋，积极领导词典编辑室全体人员努力消除极"左"思潮的影响，终于在1978年年底正式出版了《现代汉语词典》。接着又主持编写了《现代汉语小词典》，供小学教师及初中文化程度的读者使用，所收条目包括单字、词语等共约三万条，基本上可以满足这部分读者查词的需要。前些年，院负责同志曾提议编写《现代汉语大词典》，设想在《现代汉语词典》收词基础上扩大十倍。丁声树同志觉得这个任务很重，但信心十足。他积极筹划编写《现代汉语大词典》，倡议成立编委会，决定先把《现代汉语词典》收词扩大到十五万条左右，以后再逐步扩充。他对《现代汉语大词典》的编写是那样的有信心，有干劲，可是病魔却摧残了他的健康，使他失去了继续工作的条件。在病床上，他时刻想着的是，希望早日出院，为编写《现代汉语大词典》出一点力。

三

任何一部词典，都不是完美无缺的，哪怕是一部好词典，也需要不断修订完善。《现代汉语词典》中还存在着一些问题，有些条目甚至有严重错误，但总起来说，无论在编写的体例上、词汇的收录上以及条目的注释上，都比过去的语文词典有显著的进步。这里有参加编写这部词典的全体编辑人员的辛勤劳动。至于丁声树同志在这部词典上所花的心血、所作出的贡献更是尽人皆知的。"这部词典所达到的成就，是与丁声树的学识渊博、治学严谨以及高度责任心和艰苦细致的工作作风分不开的。"(《中国现代语言学家》第36页)丁声树同志在编写词典上有许多地方是值得我们很好学习的。

第一，不拘泥于旧辞书上的成说，而是充分占有资料，实事求是，推陈出新，纠正前人在字的音、形、义等方面的疏失。由于丁声树同志学识渊博，再加上治学严谨，辞书上的错误他屡有发现。例如"皮里阳秋"的"阳秋"，即"春秋"。东晋时避郑后阿春讳，"春"

字改称"阳","春秋"变成了"阳秋"。但过去辞书都把郑后阿春说成是简文帝(司马昱)的皇后,丁声树同志经过核对,认为郑后阿春是简文帝的母亲,现在很多辞书这个错误也都已改正。又如"匼",过去《康熙字典》等书多只有"邬感切"(ǎn)一个读法,但丁声树同志根据历史上的反切注音、古书上的异文和现代方言地名读音等,经过多方推求论证,认为应该读 kē,纠正了过去辞书对这个字的错误注音。

第二,非常重视人们口语里的语言材料,不单凭书本上的资料。拿注音来说,《现代汉语词典》有一些字的音和现在某些辞书上的读法不一致,这大都是丁声树同志亲手改定的。丁声树同志改动注音,有根据古代的语音资料,如肯綮(筋骨结合的地方,比喻最重要的关键),一般词典注为 kěnqìng,《现代汉语词典》1978 年本注为 kěnqǐng。睥睨(眼睛斜着看,形容高傲的样子),一般词典注为 bìnì,1978 年本注为 pìnì。但改动注音更多的是根据现在口语里的实际读法。例如"霰弹",《现代汉语词典》试用本注为 xiàndàn,1978 年本据现在部队一般读法改注为 sǎndàn。"汲汲"一般词典注为 jíjí,1978 年本根据口语里的实际读法注为 jījī。"解铃系铃"的"系"字,一般词典音 jì,试用本、1978 年本也根据口语里的实际读法注成 xì。这些字音上的改动,并不是大家都能接受的,有些是作为学术问题可以讨论的。我们这里只是想说明丁声树同志十分重视口语里的语言材料。这种认真的精神,在处理其他方面,也都有所表现。例如"夜来②"(夜间),1978 年本标〈书〉,认为是书面上的文言词语,实际上"夜来"(夜间),在吴方言区很多地方是一个很常用的词,丁声树同志后来在主持编写《现代汉语小词典》时就改标〈方〉(表示方言)。又如"翟",试用本、1978年本都只有 Zhái 的姓氏义,没有 Dí 的姓氏义,但浙江嘉兴等地有姓 Dí 的,丁声树同志再根据历史上有姓 Dí 的,编写小词典时在 Dí 下补上了姓氏义。

第三,十分注意调查研究,没有把握的条目,丁声树同志总是反复查对,决不让它含糊过去,一直到自己认为满意为止。他不耻下问,周围的研究人员、行政管理人员,甚至门房传达员、通讯员等都是他请教的对象。调查完后,他把所得结果记下来,并注明某人提供,以便日后在修订时进一步核实。他也常采用通信的方式进行调查研究。他常请词典室同志向有关单位或个人发信,请他们协助搞清某个字的音义。在工作之余,他也从不放过一切可以进行调查的机会。例如有的亲戚朋友去他家做客,他和客人并不多寒暄,却总是赶紧拿出一些字来,问他们这些字在方言里怎么读,有时家里人也感到这样有失待客之礼,但他毫不在意,总要问清楚为止。

第四,治学严谨,工作上一丝不苟。凡经过丁声树同志最后审定的条目,一般都是经得起推敲的。他常说,他词典越编胆子越小,唯恐在什么地方又会出现错误。这话并不完全出于谦虚,而是一种强烈责任感的流露,责任心驱使他在工作上更加小心谨慎,而决不道听途说,或轻信旧辞书。例如"塅",这是一个山西方言字,他问了很多会说山西话的人,但他仍不放心。后来有同志去山西昔阳,经过实地了解后告诉他,他才放心地把音和义定下来,注为:塅 chūn〈方〉地边上用石块垒起来的挡土的墙。又如"辿",也是山西的一个地名用字,他问了一些同志,说念 chān,1978 年本收了这个字,注为:辿(𨖧)chān 地名用字,如龙王辿,在山西。后经调查,"辿"有念 zhàn,他就不放心,在编小词典时就删去了这个字。他为了更多地发现词典中的错误,常自己勾乙资料,抄写卡片,亲自参加校稿。他总怕词典出错,所以也总不肯放过一切可以使词典减少错误的机会。

第五,工作全心全意,不为名,不为利。1978 年丁声树同志主持编辑修订的《现代汉语词典》正式出版了,他没有要稿费,同时根据他的意见没有署上主编和编辑的名字。后来他主持编写的《现代汉语小词典》也同样没有署上主编和编辑的名字。他工作勤勤恳恳,任劳任怨,在古稀之年,仍天天乘公共汽车上班,甚至连节假日也不休息,一心扑在词典工作上,乐此不疲。

四

我国的词典事业在六七十年代还处在一个年轻的时期。丁声树同志深知培养和造就一支又红又专的词典编纂专业队伍对于我国词典事业的发展具有多么重要的意义。他感到仅仅自己编好词典是远远不够的,需要大力培养青年人才能后继有人,我国的词典事业才能兴旺发达。1962 年 6 月入党以后,他更感到作为一个共产党员有这方面的责任。他曾说:"我要向一些老科学家学习,发扬做人梯的精神。"十多年来,我大部分时间是和丁声树同志在一间办公室办公,因此有更多的机会聆听他的亲切教诲,同时也深深感到他捧给青年人的是一颗火热的心。他总是从各方面关心着我们青年人的进步和成长,我想这就是人梯精神。

在学习上,他总是尽一切努力帮助青年人,为青年人创造一些学习上的条件。他认为,编词典必须具备一定的汉语音韵学方面的知识,而刚分配来的大学生往往在这方面有所欠缺,基础不好。1964年他就为青年人开设音韵课,结合工作需要着重讲了反切。他讲课很耐心,我们不懂的地方他反复讲,一直到大家明白为止。每次课后还布置作业,并一本一本地认真批改。后来讲课结束,他还常对一些同志进行个别辅导,甚至在十年浩劫期间,他还关心着这些同志的学习。我在回家探亲时就曾收到过他写来的关于谈音韵学方面的信。信写于1973年12月18日,他就《广韵》反切谈了他的看法,见解精辟,对于我以后学习音韵学有很大帮助,所以此信我至今还珍藏着。我们青年人当时工资低,买书有困难。他就经常买些书送给大家。书店里一时买不到的,他就把自己手头用的书拿出来送人。他为了鼓励大家多读书,他给词典室每个同志送《辞海·语词分册》《四角号码新词典》《列宁与词典》《反切释要》《辞书研究》等。他还把一笔钱存放在词典室给大家买书用。

在工作上,他总是放手让青年人干,在编写实践中增长才干。他亲自看这些同志编写的稿片,发现问题,及时指出,然后让他们去查书,自己来改正自己的错误。他对青年人和蔼可亲,大家都非常愿意和他接近,常亲热地叫他"老丁"。但在工作上则要求很严格,如果限于水平而出现的错误,他不过分责备,也不拿来当话柄作为对这个人的评价。但是,由于工作上马虎、不负责任而造成的错误,他决不原谅,总是当面给予严肃的批评。他很注意在实际工作中发现人才,培养人才。他用人不是看人的资历,而是看这个人学习是否努力,工作是否认真负责,是否有培养发展前途,是否热爱词典事业。例如有一位高中生来词典室做临时资料抄写工作,他发现这个青年对词典工作十分喜爱,工作又十分认真,并有一定工作能力,就多次建议人事部门给他转正,并直接让他参加词典的编写工作。

在政治上,他非常关心青年人的进步。他认为一个称职的词典编辑人员应该又红又专,要热爱自己的专业,把它看作是党的事业的一部分,也只有这样,才有可能编好词典。他首先以自己的模范行动影响青年,把全部精力花在词典编纂上。他曾对人说:"我现在想的就是编词典。"但有的同志却认为,在词典室搞不出什么名堂,不能很好发挥自己的专长。因此,不安心工作,总打算到大学教书。丁声树同志知道后,就分别与这些同志谈心,用自己的切身体验谈了编词典的甘苦和编词典的意义,言辞恳切,感情真挚。这些同志听了深为感动,一再表示决心要为词典事业奋斗一辈子。

丁声树同志除了在学习上、工作上、政治上关心青年人的进步和成长,在生活上也是无微不至的关怀。他自己非常艰苦朴素,但青年人生活上有什么困难,他总是主动予以资助,而且不要人对他表示感谢。他认为应该这样做,为了词典事业他必须这样做。他曾在信上对我说:"这都不是为的个人,是为了我们的词典事业。"这是多么感人至深的话啊!它充满了对祖国词典事业的无限关切,真正是把词典事业和他的心联系在一起了。他是多么值得我们尊敬!

五

丁声树同志在语言文字研究的领域里作出的贡献,党是不会忘记的,人民也是不会忘记的。今年4月16日,中国社会科学院召开党员大会号召全体共产党员向他学习。院党组书记梅益同志在会上给予了他高度的评价:"丁声树同志是从爱国主义走向共产主义的知识分子的优秀代表,是在国内外语言学界享有很高声誉的学者。他学深识广,治学严谨,工作勤奋,德高而不显,望重而不骄,不为名不为利,严于律己,始终把自己看作一名普通党员,一名人民的公仆。"(见1983年4月17日《光明日报》)这是多么公正的评价。丁声树同志这种"甘为沧海一滴水"的献身精神,正激励着人们刻苦地学习、奋发地工作。作为词典工作者,我们以我们队伍里有这样一位受人尊敬的同志、老师而自豪。我们要学习他那崇高的共产主义精神,为发展我国的词典事业而努力奋斗!

青年人的良师益友
——怀念丁声树先生

韩敬体

丁声树先生是上世纪30年代中期成名的著名语言学家,在学界德高望重,很有影响。解放后,他去过湖南参加土地改革。回来后一直在中国科学院语言研究所工作。他是一级研究员,中国科学院哲学社会科学部委员,当过人大代表、政协委员、政协常务委员。他深知在科研单位培养青年人是多么重要而迫切的任务,常用"甘为人梯"要求自己,以身教和言教热情地提携青年人。

一

还是上世纪60年代初期在北京大学中文系读书的时候,就知道了丁声树先生的名字。朱德熙先生讲授《现代汉语》语法部分和《现代汉语语法研究》课程,曾多次引用中国科学院语言研究所语法小组的《现代汉语语法讲话》的有关论述,把它作为极为前沿的研究成果加以介绍,并将这一著作列为学习的重点参考资料。这部文稿,最初在《中国语文》上连载,后来出书。在阅读这部语法著作时,听说语法小组的负责人是丁声树先生。后来,读《中国语文》杂志的一些报道,知道他是《中国语文》杂志的主编。学习方言学课程,使用《方言调查字表》,又从老师那里知道语言研究所领导方言研究工作的是丁声树先生。那时真想什么时候能见到这位丁先生。1962年,听说系里派人去邀请丁声树先生来讲课,我为能很快见到丁先生而感到高兴。然而,丁先生却没有来学校讲课。再后,林焘先生讲授《现代汉语语音研究》课程,借鉴结构主义方法研究现代汉语北京话的语音问题。课下他介绍国内研究结构主义语言学的学者中,丁声树先生应是最具权威的,因为他40年代后期在美国考察期间曾同结构主义学派的一些代表人物讨论过语言学问题。于是想见丁先生的愿望更为强烈了。在北大学习时期,我当过班上古代汉语、汉语史、中国语言学史等课程的课代表,与教我们这些课的王力先生、唐作藩先生接触较多。公布毕业分配方案时我有幸分到语言研究所,王力、唐作藩两位老师都嘱咐过我,语言研究所从事古汉语研究的丁声树、陆志韦等先生很有权威性,以后有机会要多向他们请教。1964年秋毕业以后来到时在西城端王府夹道的语言研究所,来到了丁先生所在的单位,想见丁先生的夙愿终于得偿了。那一届分到所里的大学毕业生特别多,有十三四个。人事科负责同志给我们新分来的同志开会,介绍所里情况,说丁声树先生是国内一流学者,是语言学界又红又专的楷模,正在词典编辑室主持《现代汉语词典》(以下简称《现汉》)看稿、定稿工作。他还宣布所里对新来同志分到各组、室的决定,我和另外两位同志分到词典编辑室。会后,我们三人一同来到位于二楼中段的词典编辑室语文组办公室,室里临时召开会议,欢迎我们三位新同事。这时我才第一次见到了久久盼望见到的丁声树先生。他个头高,身材魁梧,戴着一副镜架土黄色的普通眼镜,宽宽的脑门,上面有点歇顶。他一脸和气,平易近人。会上,主要是编辑室副主任陈润斋先生讲话,他介绍词典室的工作并对我们新来的人提出希望。丁先生带着微笑勉励我们几句。全室同事都出席了会,给我印象较为深刻的还有年资较深的孙德宣先生、何梅岑先生。室里给我们安排了办公座位,每人发给《新华字典》和《现汉》(试印本)两本书,要我们坐下来认真读这两本辞书。工休时,丁先生还到楼前院子里跟很多同事一起打太极拳。中午,同事们大都到所里的食堂吃饭。食堂规模很小,饭厅搭盖得简朴矮小,摆有几张桌子、凳子,有几个桌位上还贴上了几位年长资深的专家的名字,那是他们的专座。其他的人则座位不固定,可以随便找位置。吃饭时,大家在一起有说有笑,很有家庭情趣。但不久我们新来的同志先后到山东省海阳县和江西省丰城县参加社教运动(四清运动)、劳动实习去了,与丁先生在一起的时候并不多。后来,文化大革命起来了。我们从外地赶回来参加运动,此后与丁声树先生交往就多了起来。

"文化大革命"实在是一场文化浩劫,简直是大革了文化的命。丁先生和许多文教和科技界的知名人物,运动中遭到极大的屈辱、摧残和迫害。早在"文革"前夕,作为《中国语文》杂志的主编,丁先生就受到一次不小的冲击。1965年,报上发表了某大学的几位大学生批判《中国语文》杂志的一篇文章。文章说这种杂志搞什么"大洋古"、"封资修",犯有方向性的错误。当时正当批判《海瑞罢官》文章发表不久,文化领域批判之风越刮越紧,人们不知道火将烧到哪里。《中国语文》杂志被迫作出公开检讨,给了丁声树先生不小的压力。文革开始不久,丁声树先生就给加上"资产阶级反动学术权威"的帽子被扫进了黑帮和牛鬼蛇神的队伍。他曾经挨过批斗,也曾经给戴上纸糊的高帽子敲着小锣游街,被勒令进入"牛棚",劳动改造、斗私批修,交代问题。他还差一点被打成现行反革命,他过去曾对《毛泽东选集》中的一些词句提出过修改意见,这可成了篡改毛主席著作的大逆不道的罪行,批斗会上被人揭发出来狠批,若不是有毛泽东选集出版委员会给当时的语言研究所来过一封信,证明他们吸收了丁声树的修改意见,丁声树对毛选提意见有功无过,他就会被打成现行反革命,从而被打入十八层地狱,受到更为严重的迫害。1968年12月,工人解放军毛泽东思想宣传队进驻哲学社会科学部和语言研究所,把大家集中在沙滩办学习班,搞清理阶级队伍和清查"五·一六"反革命集团运动。他又被当作有潜藏下来的国民党反动派特务的嫌疑受到审理,原因是解放前夕历史语言研究所搬迁到台湾时,他没有跟着搬走。他多年患有高血压症,他根据医嘱总结出"毋躁,毋恼,毋跑,毋饱,话少,睡早,这十二字记好"的养病之道。他不愧是位语言学家,这六个词组,每一个的后一个字都是 ao 韵母,而且前一个字是去声。上口易记,简练明确。想不到这十二字箴言竟被人解读为韬晦潜伏的黑话。工军宣队审查结果证明,他并没有任何历史问题。1974年"四人帮"搞批林批孔,还把《现汉》搞成尊儒反法的封资修大杂烩,遭到公开批判和查封。丁先生作为词典主编再次受到极大压力,逼得他在1975年5月的广州词典规划会议上作出检讨。运动中他受到一次次的打击,经受了那么多磨难,受了那么多委屈,而且参与运动使他备受折磨的积极分子一般都是青年人，但他却依然赤心不改，他那热爱祖国、忠于党，寄希望于青年、关爱青年人的信念始终没有动摇，没有丝毫减退。有人说他对党、对国家是"愚忠"，是"奴隶主义"，但他却不以为然。1970年初，他跟哲学社会科学部的全体人员一起下放到河南息县"五七"干校从事劳动。在北京沙滩学习班期间，我跟丁先生床铺紧挨着睡觉；干校初期在息县东岳公社大棉花库里住宿时，我的睡铺又与丁声树先生的紧挨着。由于当时进行清理阶级队伍、清查"五·一六"、斗私批修一系列运动，职工中竟有三分之一的人成为运动的疑似对象，又有工军宣队的严密监督，政治气氛显得特别的严肃、紧张而凝重，人际间不可能有多少开诚布公的思想交流。开初，他成为清理对象，后来，我又成了清查对象。虽然我与先生同吃、同住、同劳动、同运动，但互相谈心的时候并不多。在干校，他开始时被分配与文学研究所的钱锺书先生一起烧开水。刚到干校，没有水房，锅炉就设在露天里。时值3月，天气乍暖还寒，一早一晚更是寒气袭人。让两位年过六旬的身体还不是太好的老人烧开水，实在有些残忍。两位先生都是一级研究员，都是学界的泰斗，安排他们烧水，也是对学问的糟蹋。由于从没有烧过锅炉，又连着几天刮风下雨，他们真是栉风沐雨起早贪黑地不停地烧呀烧的，可老是半天也烧不开一锅炉水。有的同事戏称丁先生为"丁不开"。后来，他们经过不断摸索、研究、总结、改进，逐渐掌握了操作技巧，水就比较容易烧开了，人们去那里打开水时发现水总是开着，于是一些人又改叫丁先生为"丁老开"。那时我先在基建队劳动，搭盖厨房、猪圈，后又去大田劳动，播种、除草，一天下来，感到十分疲倦。丁先生对我极为关心，每天晚上临睡时总是叫我去茶房打些热水洗脚，好较快地解除疲劳。由于过于困倦，倒下便入睡。尽管丁先生打鼾声响是出了名的，但却从没有影响过我的睡眠。后来丁先生又换工种去养鸡。殊不知百十只半大的小鸡并不好管理，放养、聚拢既费精力，又费体力。从早到晚很不轻松。他常年患高血压，吃饭也不合适，腿浮肿得厉害。但他严格要求自己，从无怨言。1971年初，丁先生和其他年老体弱的专家提前结束了干校生涯，回到北京。1972年秋天全学部的人员也都回到了北京。当时，语言研究所没有办公场所，暂时在南小街51号院文字改革委员会办公楼下的大厅和过道里栖身。那时国务院科教组指示，为应社会急需，《现汉》要快些出版，于是词典编辑室就借文改会办公楼南边三四间低矮平房，开展词典业务工作。我与丁先生在一个办公室里，而且办公桌紧挨着。就像约定好了似的，每天都是我们两个最早来到办公室，我负责扫地、拖地板，他擦桌椅、打开水。然后，坐下来进行书报资料的勾乙、抄写工作。大概由于丁先生和我都生于同一个省（河南省），又先后在同一个学校（北京大学）学习过，是大同乡，老校友，所以尽管丁先生比我大三十多岁，还是和我很谈得来。比如，他跟我谈家乡唤鸡的"㗗㗗"声，谈家乡的亲属称谓，谈他家乡邓县一些逸闻轶事，谈河南解放前蒋冯阎战争中因地名（沁阳与泌阳）讹误导致一方战败的趣事，谈外国学者对中国地名"热河"音义感到莫名其妙，谈《现汉》在"铸错、皮里阳秋"等条的释义刻意对以往词典进行纠错，等等。有一次，商务印书馆汉语编辑室主任郭良夫、副主任阮敬英来所里见丁先生，正好我也在场。在谈话中丁声树先生一直称我为"老韩"，郭、阮二位感到有点奇怪，问丁先生："我们都是叫他'小韩'，您怎么叫他'老韩'?"丁先生笑着说:"汉语中'老'就是'小',老儿子就是小儿子,老闺女就是小闺女。"丁先生风趣的解释逗得他们都笑了起来。丁声树先生业余活动除参加打太极拳外,还下五子棋,而且棋艺相当不错,与年轻人对弈,鲜有败北的时候。丁先生还有个爱好,就是喜爱对对子。他曾讲过当年清华大学招生试题有要求考生对对子的故事,出的题目是"孙行者",答案可有"王引之、韩退之、胡适之、祖冲之"多种,有人认为胡适之较好,他认为祖冲之可能好些。他还讲到有人出对子的上联"南通州北通州南北通州通南北"、"和尚手持荷花盒过河"求对下联的故事。对对子很有趣,对人学习语文知识有启发作用,他常以对联"书山有路勤为径,学海无边苦作舟"勉励青年人刻苦学习。在日常工作中,丁先生身教、言教,对青年人业务学习和工作满腔热忱地关怀、帮助,催人奋进,叫人感动,令人难忘。

二

丁声树先生将关爱、培养青年人当成自己义不容辞的责任。他曾说:"我要向一些老科学家学习,发扬做人梯的精神。"他尽力实践自己的诺言,大力扶植青年人,提高青年人的业务工作能力。

丁声树先生重视学习,勤于学习,也善于学习。他曾说:"我们要强调学习,语文性的书,四面八方,不管是从哪里弄来的都可以学习。"他把读书看成最大的乐趣,他"焚膏油以继晷,恒兀兀以穷年"地读书、钻研,其读书之刻苦、认真,读书之多、之广、之深,是人所共知的。他多次教导青年,要爱惜时间,抓紧时间,踏踏实实练好基本功;要刻苦学习,要钻进去,不要急于求成。他介绍经验说,学习一定要循序渐进,日就月将。上世纪50年代,丁先生曾在所内开班连续讲授"小学常识"系列专课。1964年在所内作过"汉语词典注音问题"和"汉语音韵学问题"的学术报告,1965年又开过音韵学讲座,在治学上对所里的年轻人言传身教,尽心尽力。他在业务上主管过所里的方言研究室、《中国语文》杂志社和词典编辑室,几个单位的青年人在受其教诲方面感触更深。

在方言研究室,他要青年人抓紧时间按部就班地学习,要打好基础,从最基本的书读起。他开列出古汉语、音韵、方言的一些经典书籍,要大家有针对性地学习。又列出《广韵》《集韵》《切韵考》《四声韵谱》《说文解字》《康熙字典》等几种工具书,要求大家会查检,会使用。他还根据青年人的特点,将他们分成小组,请资深的专家李荣、吴宗济、周殿福等先生担任导师,辅导他们学习。丁先生常让青年人结合实际进行记音练习或就方言中的一些问题举行讨论会。讨论会上,丁先生总是作好准备进行精辟发言,还专门给大家讲解《广韵》序《切韵考》《颜氏家训·音辞篇》等典籍名篇。为了给调查、研究方言打基础,他时常围绕《方言调查字表》给青年人开音韵学讲座。他还要大家练习方言调查基本功,认真记录自己的方言。并带领青年人多次去外地进行实地方言调查,言传身教地训练青年人方言调查、研究的能力。丁先生让侯精一调查自己家乡山西平遥的方言,提示他山西话中的入声问题对厘清古入声字在北京话的读音很有帮助。侯精一调查平遥话有五六次,每次有三个月之久。在对该方言的研究方面很有建树。他在丁先生指导下,对"纠"字在山西的读音、字形进行调查研究,写出了《释"纠首"》一文,既说明"纠"的读音在山西许多地方仍读合乎古音声调的上声(在北京话中成为特殊字音读为阴平),也为辽金史中有争议的"纠军"的"纠"字的音、形、义的确定提供了佐证。

在《中国语文》杂志社,他1961年3月至"文化大革命"前兼任主编,热情、和蔼地指导青年编辑精心审读稿件,查阅有关的文献资料,讲解较为艰深的工具书,并指导他们读书、写作,帮助他们修改文章。审读稿件中,如果没有全部查对文章中引文、例句,如果审阅不准,读稿意见写得草率,资料查对不确,稿件加工粗疏,文字校对不细,标点用得不当,他都会提出诚恳、善意的批评,面带微笑、说话和气,甚至都带有商量的口气。当当事人把不妥之处改过后,他会热情地给予鼓励。他常教导说:读书不能不求甚解,工作不能粗枝大叶,要多动脑勤动手,读书、查书、思考,这是最基本的。陈治文审读稿件就曾得到丁先生耳提面命般的教导,那时的情景使他永难忘记。他还教导陈章太要联系方言学习音韵学,要好好研究母语方言闽南话,说"这是你研究语言学的坚实基础和有效方法"。这对陈章太后来的音韵、方言的研究工作大有助益。他常向编辑部里的青年人传授经验说:"做学问主要是认真和勤快","写文章靠的是思想和材料"。他那博大精深的学识,谦虚的态度,严谨的学风,给大家树立起治学为人的楷模。

在词典编辑室,他总是鼓励青年人努力学习,并为他们的学习创造条件。首先,青年人工资收入较低,生活不富裕,买很多书有困难。他就自己出钱给青年人买书。一些人学习外语,他就送给他们《英汉词典》《英华词典》《英和汉词典》等。一些人学习音韵,他就到琉璃厂古旧书店买来《集韵》《广韵》《五方元音》等送给他们。他曾给词典编辑室青年人每人送一本《辞海·语词分册》《四角号码新词典》《辞书研究》等,还买来《反切释要》《列宁与词典》等书给一些人。他还把一笔钱存在词典室,叫专门用来给大家买书用。其次,他鼓励青年研究人员要多读书,并对读书中遇到的问题给予辅导。舒宝璋读《帝京岁时纪胜》遇到一个不认识的"籴"字,问丁先生,他就叫他去查《康熙字典》,正文查不到,又叫他查后面的"备考"或"补遗"。结果在"补遗"中查到。丁先生对其释文感到兴趣,从而在编写的词典中将原写作"嘎嘎"的词条改为"籴籴",并拟出修订初稿。看到词典编辑室单耀海同志读《明史纪事本末》,他加以称赞,认为会大有益处。看到我读先秦的《国语》,他给予鼓励,并介绍说要选择较好的版本,对我提出的"稻蟹不遗种"之类问题,给予解答。还让我为弄清"读破、破读"出处、用法问题去查阅有关书籍。看到闵家骥同志读《广韵》,提出一些问题请教,他极为高兴,称赞老闵钻进去了。在河南干校后期,丁先生已提前回到北京,还给闵家骥同志写信,指导他深入学习《广韵》。后来,闵家骥写出一本《怎样学习广韵》的专著,这是与丁先生的指教分不开的。看到在词典编辑室协助工作的商务印书馆的柳凤运同志查用英语词典,他加以鼓励,并送她一本英语词典。再次,他挤出时间给青年人讲课。他认为从事词典编写的青年人应该掌握汉语音韵知识。1964年他在所里为大家开音韵课。他认真备课,结合工作的需要着重讲反切知识及其使用,对不易弄明白的地方,讲得特别仔细。每次课后,还布置作业,并对学员的作业认真批改。课下,还对一些人进行个别辅导。

在工作上他放手让青年人去做,并进行热情指导,甚至手把手地进行教练,让青年人在干中学习,总结经验,增长本领。在开始勾乙报刊资料、抄写卡片的时候,我勾乙《解放军报》,他勾乙《四川日报》。由于有办公桌紧挨着的便利条件,他不断询问我勾乙情况,指导我要勾什么样的字、词,例句勾到哪里合适,抄写的格式,抄写时要注明资料中某些字、词的特别含义,等等。后来,我曾花一些时间比对《现代汉语词典》和《辞海》两书附录的中国历代纪元表,只对比了前面的一小部分,就发现不少参差之处。比如周幽王的名字《现汉》作宫湦,《辞海》作宫涅;秦代纪年表《现汉》从昭襄王始至秦二世,《辞海》从秦始皇始至嬴子婴;汉代纪年表刘邦《现汉》称高帝,《辞海》称高祖等等。向丁声树先生反映,他对一些问题给以回答,认为这一工作值得做。但是还是要我放下这一工作,叫一位哲社组专门学过历史的同志去接着核查。让我跟他一起去补编新的语词。他认为青年人有朝气,接受新事物快,对新词语了解较多,所以与青年人一起编辑新词语条目会便利一些。于是,我们两个为了可以随时提取资料卡片,就坐在资料室里补编新条,整整做了两三个星期。每编一条,都是先看资料,让我拟出释义,然后再讨论、修改、定稿。这一工作对我这个刚开始从事词典编写的人来说,是一种切实的基础训练,使我能在这方面学到一些编写、修改词语释义的知识和技术。后来,又让我编写词典附录中的《汉字偏旁名称表》,再跟我一同讨论、修改定稿。1977年揭批四人帮扼杀《现代汉语词典》的罪行,由我起草一篇文章,经全室同志讨论,又经丁声树先生认真修改才在《中国语文》上发表出来。那时,《现代汉语词典》第一版定稿后交给了出版社,丁先生组织全室人员跟着商务印书馆的排版校对工作一遍一遍地校改。他在所里坐镇,决定改正的内容,让我带领一组人到出版社改校样、过录,整整忙碌了好几个月。他放手让青年人去做,去闯,然而,要求却相当严格。青年人工作中可以有想不到的地方,但不能有不认真、不谨慎从事的毛病。他曾对一个青年寄以厚望,让他带几个同事去过录词典校样。由于责任心不强,留下几处错误。他很不满意,以后就不让他做此事了。《现汉》的注音,由于采取每个词目都加注音,贯彻按词注音、词音连写,又表现出词语结构的原则,要处理好殊非易事。丁先生先是让闵家骥去研究处理,后来又由曲翰章进行处理。丁先生放手让他们去做,最后跟他们一起研究、讨论,解决疑难问题,制定方案,确定注音。1977年,恢复业务工作时,一些原先工作分配不对口的人员纷纷归队,调回符合自己所学专业或单位。那时,我们词典室也从外单位调来一位曾在大学学习汉语专业的人员。但这位新来的同事好高骛远,整天想着要构建什么理论体系,而不是脚踏实地地做实际工作。丁先生对他极为失望,曾问过推荐他来的人怎么事先没有了解清楚,甚至提出把他退回原单位的建议。

三

在工作中,丁声树先生对青年人不仅大胆使用,而且对他们虚怀若谷,从善如流。1977年我在看《现汉》词条时,看到"烧灼"的释义为"火烧;火燎",向丁先生反映,"烧灼"不常见,注文中的"火烧"词典只收名词义,《现汉》收有"火烧火燎",没有拆开收。"火烧火燎"义与"烧灼"义不同,是否换个说法好一些。丁先生说可以改一下,于是"烧灼"的注文改作"烧、烫,使受伤"。有一次,我在《北京晚报》看到一篇报道山西娘子关巨大变化的文章,谈到该地名的来历时,说唐代"平阳公主率兵百万,皆由妇女组成。……"而那时出版的新《辞海》在"娘子军"一条的释义中也有"唐高祖的女儿平阳公主曾组织妇女成军"的话。我查阅《新唐书》《旧唐书》《唐会要》《资治通鉴》《隋唐嘉话》等书的有关记载,都找不到组织女兵的根据。而且隋末各地起义军有很多支,如果其中能有一支上百万女兵,那全国该有多少军队?而那时全国又能有多少人口?再说从历史记载看,平阳公主带领的军队发展到鼎盛时只有七万人,也没有是由妇女组成的说法,所谓"娘子军"可能是娘子率领的军队的意思,当时还称作娘子兵。此外,那时还没有建立唐朝,也还没有唐高祖和平阳公主的称号。《现汉》试用本"娘子军"注为"唐高祖李渊的女儿平阳公主统率的军队号称娘子军,……"也有不明确的地方,让人易于误会为唐朝建立以后的事情。我把意见告诉丁先生,丁先生认为有些道理,于是《现汉》第一版释义改为"隋末李渊的女儿统率的军队号称娘子军,……"。1979年初,我看到《文言虚词例释》一书引有一段"望洋兴叹"出处的文字,把"望洋兴叹"翻译为"望着海洋发出叹息"。其出处"始旋其面目,望洋向若而叹"与前面原文中的黄河之神河伯顺流行至北海,向东一看,看不到水的边际,方向相矛盾。查阅有关资料,古人对"望洋"的解释虽不很一致,但唐代以前"洋"尚无海洋义,"望洋"没有解释为"望着海洋"的。《现汉》也没有注出原义。我向丁先生反映,丁先生同意我对《文言虚词例释》翻译的意见,为防读者对原义误解,《现汉》应对"望洋"有所注释。但那时《现汉》已经出版,只好在《现代汉语小词典》的"望洋兴叹"释义后加上对"望洋"的注释。《现汉》1980年重排时,也参照了小词典的处理方式。从这里,足见丁先生对青年人意见的重视。1977年,一位回城不久在词典编辑室帮助抄写词条的知青,向丁先生反映,《现汉》"豹"字头注释只举"金钱豹"为例,应该再加我国的云豹的例子。丁先生十分赞同,还即时增加了"云豹"词条。不久,这位知青又反映"够"的注释概括不了"够得着、够不着"的用法,丁先生认为很有道理。他立即表扬那位小青年的钻研精神。后来,丁先生还建议所里破格招收那位知青作为正式职工来词典室工作。这位当年的知青就是李志江,他按照丁先生的教导,坚持自强不息地学习、钻研,后来成为辞书编写、研究的专家。1962年冬,丁先生让舒宝璋通读《新华字典》,舒宝璋发现"垓"字头后注"垓下,在现在安徽省,项羽死在这个地方"。出现了重大错误,报告给丁先生。丁先生立刻打电话给出版社,让赶快停下《新华字典》1962年修订重排本的印刷,把"死在这个"四个字改为"被围困的",挖改好了再印,已印好的也要贴补后才可发行。《现汉》试印本也照抄原《新华字典》致误,试用本也改注为"项羽在这里被围失败。"

满腔热情地奖掖后学,全心全意地指导青年学者进行学术研究和论文写作是丁声树先生一贯的作风。他跟青年人一起商定研究选题,给他们提供资料,提供思路,极为认真地审看、修改他们的文章。丁先生早在30年代中期就对比他年资稍低的同事热情相助。后来成为考古学大家、甲骨文研究权威的胡厚宣先生就说过,在前中央研究院历史语言研究所,"我每写一篇文章,都向他请教,他耐心指导,并提出批评。"1956年,在他的鼓励下,金有景写了一篇《怎样利用偏旁记忆普通话的字音》,写好后丁先生逐字进行修改,并推荐给《语文学习》发表。金有景还结合对自己家乡义乌方言的调查,在《中国语文》上先后发表过《义乌话里咸山两摄三四等字的分别》、《苏州、义乌数词的语音特点》两篇文章,文章写作中都经过丁先生的指导和仔细修改。文章发表后,受到音韵、方言学界的好评。在丁先生悉心指导下,侯精一写出了《孔子"反对汉字革新说"辨析》一文,从对《论语》的两段话的正确诠释上反驳了文革"批林批孔"中对孔子反对汉字革新的荒谬责难。在写作过程中,他在丁先生指点下查阅了许多资料。何乐士同志写作的几篇学术文章,也得到了丁先生的悉心指导,有的文章题目也是丁先生最后确定的。丁先生跟青年人有个约定:他为他们的文章确定选题、提供资料、提供论点、提出意见,帮助审看、修改,这些文章发表时,绝对不可以在任何地方以任何方式提到他的名字。他常说,他过去曾经做过多年的助理员、编辑员,专门为别人搜集资料、提供资料和修改文章,他说这是他乐意做的,已经养成了习惯。

四

在日常生活中,丁声树先生对自己要求极为严格,克勤克俭。但对身边的青年人却给予极度的关爱和热情的帮助。

丁声树先生对青年人的生活十分关心。有的人患病,他知道后总要前去探望；有的人生活遇到困难，他知道后会及时给予帮助。有一位同志接到家里打来的加急电报，说是"父病危"，催他"急归"，在下班后办公室其他人都走了的时候，他马上去找到那位同志，给予安慰，并送给他 100 元帮他以应急需。要知道，上世纪五六十年代，生活水平低，一般人的工资也低，青年人每月收入五六十元已经不错了，要积攒下 100 元可不容易了。有一位青年要结婚了，丁先生给买个圆桌送去，并关切地询问他还需要什么，有什么困难。他常接济生活上有困难的同志。60 年代初的经济困难时期，有位同志交不起给小孩儿订奶的奶费，他知道后立即给那位同志送钱。当下月发工资的时候那位同志向他还钱，他不肯要，说"下个月订奶你又会不够用了，还是等开支计划好了再说吧"。70 年代初在干校，有位同志岳母去世，军宣队不准请假回去，也没有钱寄回家去。他无奈何向丁先生开口借钱，丁先生马上给他 50 元钱。1955 年秋天，丁声树先生带领方言组在外调查方言，不久一股冷空气袭来，天气突然变冷，有几个人没有多带衣服，丁先生早有准备，从他随身携带的箱子里拿出五六件毛衣给大家穿。1958 年 8 月，在河北张家口调查方言，天气又重演了三年前的情况，他仍旧拿出衣服来让穿得单薄的同志穿上御寒。他得知一位同志家里十分困难，就让一位同志送钱给他，并嘱咐不要让那位同志知道是他送的。

  他是一位著名专家，但同时也是一位共产党员，从不忘自己的政治责任。一些同志不安心做词典编辑工作，他总是耐心做思想工作；一些同志要求调走，他总是动情地加以挽留，并多方做劝说工作。他对所里做勤杂工的人员也常接近，送给他们《新华字典》,鼓励他们好好学习文化。他对要求加入共产党的青年,做思想教育和业务督促工作。他曾专门跟我谈申请入党如何严格要求自己,大胆工作,起到模范作用。词典编辑室党小组长于庆芝是一位女资料员,年纪又轻,丁先生是知名老专家,入党又比她早得多。丁先生找她汇报工作、思想,她感到很拘谨。丁先生恳切地跟她说,我们都是普通党员,都在为党工作,完全平等。你是小组长,要大胆负起责任,我听你的。这一番话使那位党小组长十分感动。

1979年10月8日夜,丁先生患脑溢血住进协和医院。开始的几个月,词典室和所里其他室的年轻人轮流去护理他。我去过三次,每次我都向丁先生报告近来所内和室里工作。但丁先生一贯追求的是助人为乐而决不愿意麻烦别人,所以他很不欢迎同事去护理他。他说,大家工作都很忙,他自己因病不能工作已感到不安,再让别人为他耽误工作,心里就更是过不去了。他总是一次次地催我快回所里工作,我不走,他就显得很动气,怪我不听话。看着他偏瘫的身体,听着他发出的催促和斥责,我心里实在是疼痛难忍。为工作着想,为他人着想,从不计较个人得失,这就是丁先生的非凡的精神境界。

丁先生是学术界著名专家,是语言学一代学术大师,他对待青年人,谦虚谨慎,平易近人,关怀备至,爱护有加。凡是与丁先生有过交往的青年人,没有不敬重和亲近他的;凡是在他身边工作过的青年人,没有没亲身受过他的帮助和教诲的。尽管丁先生一生中正式做研究生导师的时间并不长,但是他学问博大精深,堪为人师,道德纯洁高尚,足为人范。其治学和为人,其身教、言教,其甘为人梯的精神,影响了周围许许多多的青年人。他确实是年轻人的良师益友。"高山仰止,景行行止",敬爱的丁声树先生,受过您的许多教益的青年人,永远永远地怀念您!

2008年10月起草于太阳宫寓所,2009年1月改定。

平凡的故事,非凡的境界[*]

——丁声树先生为人和治学往事琐记

韩敬体

丁声树先生,河南省邓县(今邓州市)人。诞生于1909年3月9日,逝世于1989年3月1日。今年是他诞辰100周年。他是一位德高望重的著名语言学家,也是一名优秀的共产党员。他一生不为名、不为利,严于律己,刻苦敬业。1983年4月中共中国社会科学院党委召开全院党员大会,表彰了他的先进事迹,赞扬他"德高而不显,望重而不骄",无论是学问上还是道德上,都无愧是老一代中国知识分子的最优秀的代表人物。我有幸在丁声树先生身边工作多年,对他那为人、治学的一件件平凡的往事更是难以忘怀。

付出患少,所得嫌多

一曲《祝你平安》使歌手孙悦一夜之间蹿红神州大地。所以

---

[*] 此文的部分内容曾发表于《学问人生——中国社会科学院名家谈》(中国社会科学院老专家协会编,高等教育出版社2007年5月出版)。由于是记述性文章,文中引文没有注明出处。

会如此，除了歌星激越昂扬的嗓音、不俗的演技和曲调动听的旋律以外，歌词的直白、亲切也功不可没。"你的所得还那样少吗，你的付出还那样多吗？生活的路总有一些不平事，请你不必太在意，洒脱一些过得好。"歌者一唱三叹的劝慰、语重心长的叮咛实在令人动容，被祝愿人长期付出多、所得少的奉献精神更是难能可贵。然而，这种精神比起丁声树先生的付出和所得的观念来，还不能不说是相形见绌。丁声树先生对待付出，不仅宁愿付出得多，而且还唯恐付出得太少；对待所得，不唯不嫌其少，而总是嫌其过多，这又是一种何其崇高的精神境界！

丁声树先生，作为一位著名学者，个人生活极为简朴，对自己要求严格得近乎苛刻。他身为一级研究员，学部委员，人大代表，在中国科学院语言研究所（1977年5月起改称中国社会科学院语言研究所）身兼数职，既是词典编辑室主任、词典主编，又是方言组组长（相当于后来的方言研究室主任）、《中国语文》杂志主编，而其办公室的设备却简陋得超乎想象：一张旧写字台，一把木板椅。他家的住房是他让单位按其夫人的副研究员职务分给的，是位于三里河的一个两室一套的房子，住得很紧。后来又给他加了一间，却与原先的一套不在一个楼层，主要用于放书。由于他的书籍太多，家里放不下的只好借单位办公室的一间房子存放。单位曾经两次提出给他调换宽绰一些的住房，但都被他谢绝了。他说，所内不少同志比他家住得还要拥挤，还是先给别人调换吧。1960年到1962年，我国处于经济困难时期，市场上供应物品较为匮乏。为了照顾有卓越贡献的专家的生活，国家特地发给他们副食品供应证，凭它可以买到市场上短缺的鸡蛋、白糖之类的食品，丁声树先生却坚决不用供应证。他说:"感谢组织上的关心,但我一家三口要同全国人民同甘共苦,渡过难关。"1951年11月,他去湖南常德参加了半年的土改运动,在农村与广大贫苦农民同吃同住同劳动,对劳动人民疾苦有较深的了解。回到单位,正赶上国家调工资,单位给他上调了工资。他知道后找时任所长的罗常培先生反映,嫌自己的工资太多,应该下调,不该上调。事后还极动感情地给罗常培所长写了一封信,说自己"近年深感过去所学无一事可以献给人民","我时时感到所受太多(他在'太多'二字旁边还特意加上两个醒目的着重号)而能做的事简直微乎其微,故自湖南回所知工资反增七十斤(按:当时实行的是折实工资,以小米的重量计算),即甚不安。"他说,"我的问题不是工资少,而是工资过多,变成我的沉重包袱。事实上我也无甚经济负担……这是事实。再就资望、学力而论,我决不敢也不能比郑(奠)先生。这一点务请先生考虑,绝对客气不得。年辈上我和(吴)晓铃、(傅)懋勣是同辈,论成就,我实在比他俩也差得很多。这不是谦虚,有事实为证也。我的工资顶多只能和吴、傅一样,再多就不是实事求是了。"[见本书正文前插页"丁声树先生手迹(三)"和"丁声树先生手迹(四)"]信中提到的几位先生都是当时语言研究所的高级研究人员,他们在学术研究上各有专长,在学界都有一定地位。其中郑奠先生,年资最高,但在学术水平和在学界的地位、声望方面跟丁声树先生尚有差距;而吴晓铃、傅懋勣二位先生都比他年资稍低(傅懋勣先生曾就读于北京大学文科研究所,丁先生时为研究所的导师),当时在学术界地位上也都不能跟他相等同。丁声树先生的说法确实有些过于谦虚。但从这里不难看出,丁声树先生在工资待遇上,总是嫌给予他的太多,而在工作、贡献上又总怕做得太少,这竟然成了他沉重的精神负担。待遇上向比自己年资浅、工资少的人看齐,贡献上向比自己做得多的人攀比,这正是丁声树先生平凡中的非凡之处。上级发给的学部委员的津贴费,他不愿要,1957年5月他给院长郭沫若写信,建议取消学部委员津贴。他信上说:"我觉得每个学部委员都有自己的工作岗位,都是有工资收入的,不需要这个'津贴'。我每次收到这一百元的时候,心里总觉不安。"他还说:"学部委员工作也在他自己工作范围之内,也不应该受额外的'津贴'"。人大代表的车马费,他不领;发表文章和出版词典的稿费,他也不要。他总是说:"国家和人民给予我的已经太多了。"总嫌所得的过多,而自己对国家和人民贡献太少,这就是丁声树先生的一贯思想。这种唯恐付出少所得多的精神,比起一些总怕工作做得多,报酬获得少的人来,实在大相径庭,至于比起那些讲究按酬付劳,甚至想少劳多得以至不劳而获的人,更是不可同日而语了。

不愿为官、不愿应酬,只愿多做工作

丁声树先生总想着用全部的时间和心力为国家、为人民多做工作,就形成了他为人处世的一个突出特点,就是不愿做官,不愿参与交际应酬活动。

不愿为官,确切些说,是他不愿做行政领导工作。他认为这不是他的所长,做行政领导工作远不如多做些实际的业务工作为好。1951年,请他出任语言研究所副所长,他予以拒绝;1953年,中国科学院领导又当面请他任副所长,他又谢绝。上世纪50年代后期,语言研究所所长罗常培先生病逝,上级再次想让他出任所里的领导,他予以推辞,提出了人选建议。1977年,中国社会科学院建立,原哲学社会科学部只有十多个研究所,胡乔木院长根据国家需要大刀阔斧地增建、扩建研究所。他提出的增建新研究所的方针是先搬出菩萨(著名学术权威),再盖庙(建立研究所),再招集小鬼(一般工作人员),于是各个新的研究所雨后春笋般地纷纷挂牌成立。胡乔木院长曾亲自去到丁声树先生那里,动员他出任所长,建立一个词典编辑研究所,但是丁先生没有答应。事后我曾问过他为什么不愿意建立词典研究所。他说,要新建一个研究所,得组建一个行政班子,还要有一套后勤机构,又要置备图书资料。对词典编辑工作来说,图书资料尤其重要,而且越多越好。要白手起家置备起大批的图书资料,谈何容易。他已年近七十,身体也不是太好,不如在语言所老老实实做几年研究员,多做些词典编辑工作。也是在那个时候,时任国家出版局局长的陈翰伯同志专程到语言研究所(当时已从城区搬到远离城区的郊区)找丁声树先生,请他出任国家重点项目《汉语大词典》的主编。这部大词典早在1975年由华东五省一市组织起庞大队伍开始了编写工作,陈翰伯同志正是这部大型词典的工作委员会主任。丁声树先生50年代后期曾筹划编写汉语大词典工作,所以想到请他出来主持编写《汉语大词典》。那时丁声树先生正集中精力修改《现汉》,对此问题根本不予考虑。1977年,语言研究所全面恢复业务工作,所领导重组下属各研究机构,原来的研究组改为研究室,任命各研究室的负责人员。文化大革命前,丁先生曾兼任方言研究组组长、《中国语文》杂志主编、词典编辑室主任,负责这三个单位全面的行政和业务领导工作。这时,他坚辞了几个单位的行政职务,不再担任方言研究室主任和《中国语文》杂志主编,也不再担任词典编辑室主任,只做词典编辑室的词典主编,词典编辑室的行政工作另设主任(实际上只设了一位副主任)负责。他不愿做行政领导,而要腾出较多的时间做业务工作,搞好词典编辑定稿。有一次,有人问他在工作上有什么打算,他说:我现在想的就是编词典,别人对词条提出的每一个问题都在我脑子里盘旋,直到解决为止。

丁先生没有太多的生活嗜好,他一不抽烟,二不喝酒,也不饮茶,而跟外单位交际,搞吃请应酬,是他最不愿意做的。他当过全国人大代表,也做过全国政协委员,人大、政协开会期间的宴会他是不得不出席的,除此之外,一般宴请他都不愿意参加,陪外宾吃饭他也不愿出席,甚至连所里宴请他自己的宴会他也不愿出席。为了赶工作,他尽可能少地参与外事活动:要他去苏联讲学,他推辞了;要他去日本访问,他也推辞了。他就是要加班加点地做业务工作,一心一意埋头审订词典,应酬的事情他能不做就坚决不做。他每天很早到所,很晚才离开,节假日也不休息,仍然到所里审看词典。五冬六夏,严寒酷暑,他顶住各种压力,不怕各种艰苦,十几年如一日地从事词典编辑工作。正如李荣先生所说的,春秋时代晋国公子重耳,出亡在外十九年,"险阻艰难,备尝之矣"。丁先生从方言研究组出来到词典编辑室主持词典工作十九年(1961—1979),同样是"险阻艰难,备尝之矣"。即使在史无前例的"文化大革命"中,白天在单位挨批挨斗,晚上回到家里,仍然抓紧一切时间做他的词典审看工作。他说,他乐此不疲。

匪夷所思的公交情结

有的人一旦有了一定权位或者一点成就，就会忘乎所以，不知道自己是干什么的了。他们或者不能严格自律，骄纵腐化，或者脾气见长，颐指气使地大搞特殊化，有的甚至堕落成为腐败分子。丁声树先生却总是严于律己，最怕麻烦单位和别人，最讨厌待遇上与众不同，最反对特殊化。这从他上下班总爱坐公交车上也能充分地表现出来。

丁先生在主编《现代汉语词典》期间，工作极忙，每天总是早来晚走地在所里办公，节假日也要到所里加班加点。他无论是办公、办事，都是坐公共汽车，从来不要单位给他派公车。他那时家住西城三里河地区，上下班都是乘坐13路公共汽车，久而久之，使他与公交车结下了不解之缘。他坐公共汽车常常帮助维持乘车秩序，看到病人、残疾人或孕妇上车，他这位五六十岁的人总是带头让座。一次，有个乘客在车上吐了口痰，他马上从口袋里掏出卫生纸把痰擦去，并很和气地劝告那个乘客以后要注意卫生。他还写信表扬车上出现的好人好事，给车组提一些合理化建议。他多次受到13路公共汽车车队的表扬，被誉为"模范乘客"，车队年终开座谈会还特地邀请他去参加。1957年，丁先生和方言组（后来改称方言研究室）的同事在和平里举办普通话语音研究班，一次所里通知他们回去参加全所会议。一位同事按所里的通知意见租来了面包车，他知道后却坚持退掉出租车，要大家跟他一起去坐公共汽车回所。有一次，在学部参加学部委员会议，散会较晚，学部派公车送他回家,他坚决不坐,出大门径直向公交车站走去。派的公车跟着他开到车站,他却上了公共汽车走了,跟着的公车只好再开回去。1976年后,语言研究所搬到北京城区西北郊的四道口原北京地质学院校址办公,丁先生家离所里更远了,要转两次公交车才能到所。他那时已年届古稀,却天天坚持上班。有一段时间所里开了一辆班车,他下班时可以坐一段班车到平安里再转乘13路公交车回家,比转两次公交车要方便一些。但是他没有坐两天就不坐了,因为所里坐班车的人较多,而他下班走出办公室比别人都会晚一些,上车时已经坐下的人就会有人起来给他让座,他感到很不习惯。于是他下班就更晚一些,不再坐班车,仍然去坐公共汽车。坐公交车的人很多,车上很拥挤,而且在车上也还会遇到有人给他让座的事儿,于是他就先搭乘车上人较少的快到终点站的车去终点站,再从那里坐始发的回头车。有时天气不好或者身体不好,所里要派车接送他,他坚决拒绝。有人建议他不要来所里,就在家里办公吧,他却大发脾气地说:"我现在还活蹦乱跳的,能挤车到所里!"

有些人坐公交车好像热衷于"饭馆效应",就是食客在街上看哪个饭馆吃饭的人多,准是那里的饭菜做得好,于是就去那个饭馆吃饭,他们爱凑热闹,哪个车人越拥挤越去挤,哪个车上的人越多越要上。丁声树先生却大异其趣。他爱坐公共汽车,常坐公共汽车,还总结出一套乘车经验:"车上的人多不上,上车的人多不上。"就是说车上人已经很多,就不再去增加车上的拥挤程度;上车的人很多,也不去增加上车的拥挤程度。丁先生上下班总是趁乘车人少的时候坐车,很早去上班,很晚才下班。所以,他常常是到所里最早,离开所里最晚。

在出行方面,丁声树先生坚决跟广大群众同甘共苦,坚决反对特殊化,与公交结下不解情缘。同样的,去远处出差办事,总是同一般人一样,坐火车硬座。1975年5月,国家出版局在广州召开全国中外语文词典编写出版规划座谈会,他作为著名专家应邀出席会议。作为人大代表、学部委员、一级研究员,他是可以坐软卧的,但是他硬是买了张硬座车票,在车上坐了两昼夜多的时间。当火车到站时,会务组的同志接站,想当然地到软卧车厢停靠处接他,但是车厢里的人都下来了还见不到他,到车上去也找不到他。他们正感到奇怪时,他却自己提着行李从远处的硬座车厢出来了。那时他已经六十六七岁,又常年患有高血压病,竟坐了五十多个小时的硬座。看着他十分疲惫的样子,接站的同志无不为之感动。

丁声树先生认为自己永远是劳动人民的普通一员,他以做人民公仆为己任,从不要组织和别人照顾,坚决反对特殊化。所里组织的各种群众活动,他都积极参加,支援麦收、卫生大扫除、体育锻炼、民兵训练、集体到郊野春游,等等。年至古稀,他总是很早地来到办公室,自己打扫房间,打开水。有一次来晚了,闵家骥同志给他打扫了办公室,他表示谢意后,告诉闵家骥同志以后还是等他自己来所打扫吧。他就每天来得更早,一定要自己打扫。所里要给他办公室安部电话,他坚决不要;给他办公室放张沙发,他生气地让总务科同志马上搬走。食堂离办公地点较远,他不管是严冬酷暑,刮风下雨,都是自己去食堂排队买饭,从不要别人给捎带回来。1959年,他带领方言组在河北省昌黎县调查方言,住在昌黎一中,也在昌黎一中教工食堂就餐。学校为照顾他们,规定在食堂就早餐时他们可以买两个馒头,而其他人只能买一个馒头。丁先生知道后,要求调查方言的人不能享有特殊待遇,只能跟学校老师一样。

一位有成就、有名气的年届古稀的学者,在乘车上班方面如此近乎苛刻地要求自己,在各个方面坚决不要照顾,拒绝特殊化,正表现出一个正直的高级知识分子,一个共产党员决心跟群众同甘共苦的高风亮节。那些稍有地位或成就就居功自傲、大搞特殊化的人,与丁先生相比,会不会有种羞愧之心?

治学上的过人胆识

在科学研究的道路上,要使学术不断发展,不断前进,必须破除迷信,大胆创新。在丁先生的科学研究中,就充满了思想解放,不迷信古代经典和权威的追求真理的创新精神。他能突破前人和权威著作的窠臼,以求真务实的科学精神对语言现象探讨出正确的解释。他发表的第一篇论文《释否定词"弗""不"》就破除了东汉何休、清人段玉裁等的解释,以丰富的资料和严密的论证,得出了与传统的训诂大家不同的新颖的结论,使学界为之震动。他写的《诗卷耳苤苢"采采"说》就"采采"的解释否定了古代毛亨、孔颖达、朱熹、陈奂的说法,不仅对《诗经》中的"采采"做出准确解说,并进而对当时重叠式语用规律作出新的阐释。《诗经"式"字说》,推翻了清代学者的解释,得出全新结论,当时的学术界权威人士胡适先生赞叹其"真是巨眼,真是读书得间,佩服佩服"。"匼"的读音,古代权威字书《韵会举要》《洪武正韵》《康熙字典》

注成"邬感切"，后来的现代有影响的辞书《中华大字典》《辞源》《辞海》《国语辞典》都袭用了这一读音。丁声树先生的《说"匼"字音》，引证大量资料，推翻了《康熙字典》的传统注音。黎锦熙先生赞叹其"渊博"。上世纪60年代初，他主持《新华字典》的修订工作，深感"癌"字旧时一直读yán，与"发炎"的"炎"同音，于是"肺癌、胃癌、肠癌、肝癌"之类就会与"肺炎、胃炎、肠炎、肝炎"之类读音混同，于社会生活，于医疗卫生领域多有不便，丁先生听取了有关意见，决定把"癌"字音改读为ái，这一读音得到社会上的广泛认同。还有"○"字，人们在书面上经常使用，但以往的字典中却不收录。丁先生主持修订《新华字典》和主编《现代汉语词典》，都把它收录进去。根据一些人提供语言事实，他经过查证、研究，考虑读者的查考需要，在《现代汉语词典》修订中将"拎"的读音líng改为līn，增加了"瓿、鞔、潢"等字。这些都是他尊重事实，立意创新，不囿于以往典籍的绝好证明。

吕叔湘先生在《丁声树同志的学风》一文中，高度赞扬了丁声树先生治学上的才、学、识。丁先生在学术研究上不仅才、学过人，而且有着非凡的胆识。他不仅不迷信古时的权威，而且也不盲从现代的权威。他目光敏锐，善于发现问题，也敢于坚持正确的理念。解放后，他曾对范文澜先生《中国通史简编》中的错误提出批评，并对该书因有毛泽东主席推许而无人批评的状况不以为然。文化大革命后期的批林批孔中，他对受毛泽东主席肯定的杨荣国的《简明中国哲学史》提出批评，指出该书引证的一些资料出于伪古文《尚书》，以一千多年后出的伪书材料论证殷商时的哲学思想是不科学的。

1961年丁先生接手主编《中国语文》杂志,按上级指示将办刊方针改变为以提高为主,发表文章注重学术性,所以早在文化大革命前夕《中国语文》就受到批判,《光明日报》发表一篇批判《中国语文》杂志的文章,说刊物搞什么"大洋古"、"封资修",他作为杂志主编承受了极大压力,但开始时他却旗帜鲜明地断然否定文章的指摘,严厉地批评那篇文章"空洞"、"文风很坏"。文化大革命一起来,丁声树先生在语言研究所里首当其冲,以"反动学术权威"的恶名被揪出来,挨批挨斗、戴高帽、敲小锣游街。他还差一点没被打成现行反革命,罪状是篡改毛主席著作!篡改"毛著",当时可是极为严重的现行反革命罪行。我有一位同学刚分到文化部工作,文革初期就是因为批改毛选被揪出打成现行反革命而跳楼自杀的。丁先生所谓篡改"毛著",实际上是他指出过《毛泽东选集》使用的某些词语不太妥当,并提出修改意见。他把修改意见寄给了中共中央毛泽东选集出版委员会,《毛泽东选集》对他的意见多所吸收。正是因为有毛泽东选集出版委员会给当时的语言研究所来过一封信函,证明丁声树对毛选提修改意见有功无过,他才免遭被打入十八层地狱的厄运。丁声树先生还跟我说过毛泽东诗词中用韵问题。由于受湖南方言语音影响,毛泽东的语音中－n韵尾和－ng韵尾不分,有的词不能严格遵照诗韵押韵。指出毛著中用得不够妥帖的字词,议论毛泽东诗词的用韵,在那个时期都是很不寻常的事情。他主持《现代汉语词典》的编辑和修订工作,一开始就十分明确,为了保证词典语言的规范性,不收从外文翻译过来的作品中的词语,也不从翻译作品中选取例句,甚至根本不收集翻译作品的语文资料。文革后期,全国掀起大学"马列"经典著作的热潮,有人提出勾乙这些著作中的词语的建议,丁先生仍然不同意这样做。1976年,他看到《汉语大字典》编的初稿中用了一些马克思、恩格斯、列宁、斯大林的话,就让人给大字典编写组的主编捎话,说这些革命领袖的话语是我们的人翻译的,用在汉语字典里面不妥当。当时文革还未结束,"四人帮"还在肆虐。一个曾被批斗的对象,在那种高压环境下竟敢于明确表达这种观点,需要何等的胆魄!

能表现出丁声树先生治学见识的,还有他对待异体字表和第二次简化字表的态度。

1955年12月文化部和文字改革委员会发布了《第一批异体字整理表》,淘汰异体字1053个。由于此表中异体字较为庞杂,有的并非严格的异体字。丁声树先生主编的《现代汉语词典》也着力整理了异体字,但并没有完全遵照异体字整理表处理,表中不少字词典没有列为异体字。事实证明,《现代汉语词典》的处理大多数是正确的,上世纪80年代调整异体字时吸收它的处理意见,使26个字成为规范字,不再作为被淘汰的异体字。据曹先擢老师说,第二批异体字表问题更多,正是由于丁声树先生持坚决反对的态度才未能推出,不然,会给汉字的使用带来更多的麻烦。丁先生的做法对我国社会语文生活是功德无量的。

1977和1978年,文革结束前后,正是丁声树先生主持的《现代汉语词典》排印之时,词典如何对待《第二次汉字简化方案(草案)》(简称"二简")成了极为棘手的问题。众所周知,"二简"是"文化大革命"结束后中国文字改革委员会发布的,虽然发布时间在"文革"后,但其指导思想和做法都是深受文化大革命影响的。

1977年5月"二简"报上级审阅通过,1977年12月20日在《人民日报》《光明日报》《解放军报》以及省、直辖市、自治区一级的报纸上发布。发布后的第二天,即1977年12月21日的《人民日报》即率先试用,其他媒体和出版单位也先后跟着试用。1978年3月2日,教育部发布《关于学校试用简化字的通知》,要求学校教学试用。于是,中小学课本都遵照指示使用了"二简"的字。那时正是《现代汉语词典》定稿、交稿、排校的关键时期,"二简"已经正式发布,并且学校、媒体、出版物都在雷厉风行地广泛推行,《现代汉语词典》该怎么办?在"文革"前期,因丁先生是"反动学术权威",他所主编的《现代汉语词典》也受到过批判;在"文革"后期的批林批孔中,又因尊儒尊孔、搞客观主义等问题受到更为严厉的批判,以至被有关主管部门下令查封,给丁先生带来十分沉重的精神压力。作为《现代汉语词典》的主编,如何对待新公布的"二简",新修订的词典要不要紧跟国内形势贯彻"二简",按照"二简"规定重新改排字头和词目以及正文的有关用字?这确实对他是个很严峻的考验。当时修订组中也有人提出要重视"二简"的问题。但是,基于过人的远见卓识,丁声树先生坚决否定贯彻"二简"全面改动词典的意见,他认为不必干扰词典的排印出版计划,最多可在词典附录中列个附表。1978年初,他曾布置我设计"二简"附表,我还没有做好"二简"附表,他很快就决定不附列"二简"了。"二简"就像没有过一样,在词典中没有丝毫反映。1978年4月底,中国人民政治协商会议在北京政协礼堂召开大型会议,对"二简"进行研讨。会议一连开了三天,会上,文化界、学术界人士发言极其踊跃,我所李荣先生多次举手都没能得到发言机会。大家在发言中,对

"二简"的制定、发布提出质疑和尖锐批评,建议停止使用"二简"的字。丁声树先生派我去参加了会议。我每天都及时回所向丁声树先生汇报会议情况。这时,丁先生才感到释然。原先提出词典中要不要贯彻"二简"问题的同事,无不佩服丁先生在这一问题上英明决断。而就在词典出版前,媒体也停止了使用"二简"。但是,直到8年后的1986年6月,有关部门,才正式通知废止"二简"。

勤奋博学,作风实在

丁先生读书之勤、读书之多是出了名的。他从17岁到北京大学读书至48岁时的生命力最为旺盛的30年里,除了去美国考察的4年时间,他都是过着单身生活(夫人和女儿1957年才从美国回到他的身边),其间他抓紧时间拼命读书,凡是与自己专业有关的书都想方设法找来读。真可以说"贪多务得,细大不捐"。在他70岁时,还在词典编辑室全体人员会议上夫子自道地说"要强调学习,语文性的书,四面八方,不管从哪里弄来的都可以学习。"吕叔湘先生就曾经号召大家"在勤读书这件事情上,我们都要向声树同志学习"。由于读书多,涉及面广,所以,丁先生学问极为广博。早在上世纪三四十年代,他从训诂入手,对古代汉语的典型词语进行研究。写出过《诗经"式"字说》《诗卷耳苯苢"采采"说》《"早晚"与"何当"》《论诗经中的"曷""何""胡"》等十来篇论文,材料丰富、论证严密,结论新颖又令人信服,为学界所称道。他对文字学也有深入的研究,《说文解字》他读过六七遍,在书上写了很多批注。还曾同古文字学家胡厚宣先生讨论过古文字考释问题。50年代初期，他研究汉语语法，跟吕叔湘、李荣等合著的《现代汉语语法讲话》，在我国语法学史上占有重要地位。后来他从事音韵和方言研究，担任语言研究所方言研究组组长，参加和主持过多个地方的方言调查，成为我国音韵学和方言学领域中的权威。六七十年代，转而主持修订《新华字典》，主编《现代汉语词典》《现代汉语小词典》，使这些辞书成为精品辞书。丁先生在训诂、音韵、语法、方言、词典编纂各个领域都表现出深厚功力，并做出了突出成绩。在语言学理论研究上，虽无专门著述，但他在美国4年的考察、研究时期，常与那里的结构主义学派代表人物对语言学问题进行过研讨，其理论素养为业界敬仰。人们称赞他是全才的语言学家，是一点也没有过誉的。朱德熙先生说"他古书熟，对于传统的音韵、训诂之学有极深的造诣，同时对现代活的方言有广博的知识和高超的调查分析能力。这两种训练集中在一个人身上是十分罕见的。"他赞叹道："丁先生的学问真可以当得起博古通今四个字。"正因其学识广博，朱先生才又说丁先生"大概是主持、领导大型词典编纂的最理想的人选"。

丁先生善于读书，长于参校、思辨。"二十四史"他读得很熟，大部分都能背诵，《说文解字》他也读过六七遍。他读过的很多书的天头、地脚、文字空白处都写下一些批语或札记。他的记忆力特别强，早年在中央研究院历史语言研究所工作时，就有"活字典"之美誉，同事们说他记的英语单词比所里任何人都多。在语言研究所工作时期，上级单位打电话问一些词语的出处，如"玉汝于成"、"取法乎上，仅得其中；取法乎中，不免为下"之类，他都能不假思索地随口说出其所在典籍及其上下语句。上世纪80年代初，他已年过古稀，又因患过脑溢血缠绵病榻，还能够背诵《古文观止》文章。对他勤奋读书、博闻强记这一点，凡是跟他有过接触的人没有不佩服的。

丁先生治学上的一个突出特点是实在。朱德熙先生认为丁先生学风实在包括两个方面，一是学问根底扎实，二是著述切实具体，不尚空谈。如前所述，他知识广博，记忆力强，语言学科的各个方面都有很深的造诣，学问功底极其扎实。在研究问题，写作论著上又特别注重实际。首先，他写文章出发点就是结合实际，解决实际问题。他写《"碚"字音读答问》，就是因为我国重庆、湖北有些地名有这个"碚"字，人们往往读错，以往各种字书字典又不收这个字。他写《说"叵"字音》，就是因为《康熙字典》和当时各种辞书对"叵"字注音与现代山西的一个地名中的读音不同，人们不知道到底哪个音正确。他写《谈谈语音结构和语音演变规律》，就是要把人们认为十分艰深难懂的音韵学知识深入浅出地向一般人普及，为语音规范化服务。其次，写文章他总是强调从实际出发，尊重事实，反对空谈和教条主义。1956年他在一个高层次的语法研究座谈会上发言指出："要把事实真相弄清楚，先知道语言事实'是'怎么样，然后才能说'应该'怎么样"，"不可从现成的定义出发，不要简单地拿另外一种语言的语法系统硬套在汉语上"。他的文章切实具体，多就事实说话。《说"叵"字音》一文，虽然只有三千多字，而引证材料的来源就有字书、韵书、训诂书12种、诗文13家、其它书2种，穷尽式地发掘了历史上所能见到的材料，加以分析综合，雄辩地得出令人信服的结论。他主持编写的《现代汉语语法讲话》，是一部借鉴结构主义方法描写现代汉语语法现象的重要语法著作。其宗旨正如该书"内容提要"中说的："尽量通过语言事实阐明现代汉语书面语和口语的重要语法现象。"这本书特别注重语言实际，对实际存在的语言现象进行描写、分析，材料丰富，引例精当，分析细微，很受学界的重视。特别是由他执笔撰写的"主语、宾语"和"修饰语"部分，朱德熙先生评价为"写得十分精彩"，"就当时汉语语法研究的水平说，他走在了时代的前头。"

谦虚谨慎，从善如流

丁声树先生学识广博，记忆力超群。他是人们敬仰的学术大家，但他从来不显示自己，总是极为谦虚谨慎。他是音韵学、训诂学方面的权威，汉语方言研究的学科带头人，但从不以精通这些学问自居。他在《干部履历表》的"专长"一栏中填写"粗知汉语音韵训诂，略有方言调查经验"。"粗知"、"略有"充分显示出虚怀若谷的精神。

上世纪50年代中期时任北京大学中文系汉语教研室主任的王力先生曾写信邀请丁先生去北大讲课，任他讲音韵、方言或语法都行。而他却以"没什么可讲的"婉言推辞。1962年秋，时任中文系副主任的王力先生再次提出邀请丁声树先生到北大中文系讲课，还派唐作藩先生专程去语言研究所见丁声树先生，很恳切地对他说："丁先生，请您到北大去给我们讲课！"他还是那句话："我没什么好讲的。"唐作藩先生说："您讲什么都行。"丁先生很严肃地说:"那会误人子弟!"记得有一次商务印书馆汉语编辑室主任郭良夫、阮敬英二位先生专程来语言研究所请他审看《同源字典》的稿子,说涉及古汉语音韵、训诂的问题请他审看最为合适,而他却恳切地说自己对同源字问题没有研究,提不出什么有价值的意见。

丁先生博闻强记,见多识广。但他在做学问或编写词典中,从不自恃才学而自以为是。他说自己是词典越编越胆小,老会出错。遇到一些拿不准的问题他总是虚心地向人求教,向一些接触实际而知识、地位远不如自己的人求教,在语言所就常向勤杂工人安仲威(看守大门)、张克钧(食堂采购)、资料人员、刚分配来所的大学毕业生请教一些字词和某些方言地区的一些说法。比如向人打问北京人常说的"qi乎在一起"的"qi"写哪个字更好一些等。河北、天津叫"鄑"的地名不止一处,对于"鄑"的读音,他多次向来自天津的同事请教。一次一位家住天津的亲戚来看他,刚进房门还没有坐下,他就向人家问起那个地名字的读音来了,惹得在旁边的丁夫人(关淑庄先生)直埋怨他。再如山西大寨附近有个村子叫南垴,他多次向人问"垴"字的读音,并特意让所里去大寨参观的闵家骥同志向当地问清楚。还有山西、陕西一带有几个地名带有"芯"字,1976年5月我去陕西韩城征求修订词典的意见,就这一地名用字的读音问过当地的学校老师,回来向丁先生报告;丁先生又问过家在山西的人,才把这个字定下来收入词典。"爷儿"的解释,《现汉》释义不够准确,刚刚从外单位调来的北京人晁继周同志向他提起这一问题,他表示赞同,并同他一起拟定释义,改正词典的注文。为了注释好"车皮"一词,他曾经多次去向北京铁道学院的老师请教。他写的一篇《谈谈语音结构和语音演变规律》的文章,为了以最浅显的文字说明难以弄懂的道理,他就找来我所勤杂工张克钧同志,把文章读给他听,凡是对方听不懂的地方就想法改换为他能够听懂的词语。丁先生就是这样的人,凡是有疑问的问题,见到合适的人就求教,而且是诚心诚意地请教;凡是对词典提出疑义的,他会十分高兴而诚恳地倾听、接受,并以感谢的心情问清修改的意见,根本没有自己是知名学者的架子。

一个学识渊博的学术大师,能够不骄不躁地学而不厌,能够虚怀若谷地不耻下问,能够想方设法地将所学知识向大众普及,这种治学的精神境界又是何等的高超?

求真务实,匡谬正俗

丁先生认为,词典是供人们识文断字、释疑解惑的工具,被人们尊崇为"无言的老师",一定要求真务实,避免错误。他说,词典他越编胆子越小,就怕弄错,贻误读者。他就是以这种"临事而惧"、战战兢兢的心理特别认真地编写词典。对前人辞书中弄错的地方,一定要及时改正过来,防止以讹传讹地误导读者。比如"铸错"一词出典的年代,"皮里阳秋"一语的典源的人物关系,以往的《辞源》《辞海》等有影响的辞书都弄错了,《现代汉语词典》刻意加以纠正。再如,"翟"作为姓氏,过去只注 Zhái 音,但浙江嘉义等地有作为姓读 Dí 的,他经过考证,在 dí 音后补收了姓氏义。"叶公好龙""大乘、小乘"这类较为常用的词语,以往的一些工具书的注音和有些老师教的读音,往往把其中的"叶""乘"要读成特别的音,"叶"不读 yè 而读 shè,"乘"不读 chéng 而读 shèng。丁先生详细考证词语的本源,认为这种改变常用字读音的办法,并无充分的根据,徒滋混乱,对于人们的运用有害无益。于是《现代汉语词典》就屏除了这种特殊读音,匡正了流传中的讹误。由于文化大革命的影响,耽误了一代人的文化学习,社会上读半边字、错别字成风,比如"发酵"的"酵"读成 xiào,"龋齿"的"龋"读成 yǔ,"阐明"的"阐"读成 shàn 之类。学界也有人想以约定俗成为由承认一些字的误读。丁声树先生认为此风决不可长,不能迁就一些人的错误读法,词典的注音一定要推行正确的读音。丁先生对自己主持编写的《现代汉语词典》要求严格,强调要为读者负责。1978 年底《现代汉语词典》第一版出版后,发现"仓鼠"一条误排在了"苍"字头下,他为此坐立不安,食不甘味,说这会贻误读者。为此他难过、自责了很长时间。他十分欢迎别人对所编写的词典提出意见,他很坚决地说:"我们的态度是'有错必改'"。1978 年春天,北师大陆宗达教授对《现代汉语词典》"试用本"中"不毛之地"和"圭臬"两条的注释提出批评,丁先生在语言所词典室全体人员会议上说陆先生提得很好,要按陆先生的意见修改释义。

丁先生求真务实的精神,从下面几条成语释义的修改中也可体现出来。

"望洋兴叹"。这条成语中的"望洋"二字,现在一般人会像对"望文生义"、"望子成龙"中的"望文"、"望子"一样,看成动宾结构,理解为"望着海洋",而且根据这个成语又仿造出"望天兴叹"、"望江兴叹"、"望书兴叹"、"望楼兴叹"之类的四字格。其实"望洋兴叹"语出于《庄子·秋水篇》,其中的"望洋"只是个联绵词,不是动宾词组,它还可以写成"望阳"、"望羊"等形式;"洋"字在那个时代还没有"海洋"的意思。《现汉》尽管没有引证出处,还是在这条成语的释义后加上了一个括注,注明"望洋:抬头向上看的样子",这对于纠正一些人的误解,防止对这个成语的字面意义望文生义应该是有益的。

"鞭长莫及"。这个成语出自《左传》,原文为"虽鞭之长,不及马腹"。过去人们对原文的理解就有不同,从前出版的成语词典有的把原文理解为"虽然鞭子很长,也打不到马的肚子上"。这种理解不合情理,鞭子长了为什么就打不到马肚子上了呢?又为什么要用鞭子去抽打马肚子呢?晋代杜预注"言非所击",还比较有道理。所以,《现代汉语词典》把原义解释为"虽然鞭子长,但是不应该打到马肚子上"。

"重足而立"。此语见于《史记》的《秦始皇本纪》和《汲郑列传》。《汉书》也有此语,颜师古注:"重累其足,言惧甚也。"其中的"重累其足"各家辞书理解不同。旧时的《辞海》《辞源》都收"重足"条,释义大致相同,前者注为"迭足而立,不敢前进"、后者注为"叠足而立,言惧甚不敢稍移动";《汉语成语小词典》(北大中文系编)注为"一只脚踩着另一只脚,不敢迈步";《汉语成语词典》(甘肃师大中文系编)注为"双脚并拢,不敢移动"。《诗·小雅·正月》:"不敢不蹐。"《毛传》:"蹐,小步也。"《说文解字》:"蹐,小步也。"段玉裁说"累足者,小步之至也。"把"重足""累足""小步之至"联系起来,《现汉》注为"后脚紧挨着前脚,不敢迈步",应该更合乎实际一些。不然,人非常恐惧的时候,一只脚踩在另一只脚上,大概是不容易站立的。

从这些词语注释的推敲修改中,不难看出,为求得正确的解释,丁先生反复考证,改正了前人的一些习惯说法,起到匡谬正俗的作用。这些修改得到了学界的认可,一些后出的辞书大都采用了《现代汉语词典》的释义。丁先生给词典选配的许多例句都很精辟、经典,如"今儿是几儿""小心没过逾"等,他主持修改的试用本,"己所不欲,勿施于人"的名句曾在几个字头下用为例句,"文革"批林批孔中,这还成了词典尊儒尊孔、大搞封资修的罪证。科学研究,就要认真,就得求真务实。要求给社会提供的研究成果精益求精,追求给读者编写的工具书消灭错误,这正是一个学者对社会、对人民具有高度的责任感的表现。

厚积薄发,严谨慎重

丁先生学识渊博,用功极勤,写作学术论文,一是极为认真,反复推敲、修改;二是厚积薄发,小题大做。他发表的论著不算多,但以治学严谨慎重,著作少而精为学界所称道。

毛泽东同志在《反对党八股》中说过,"文章是客观事物的反映,而事物是曲折复杂的,必须反复研究,才能反映恰当;在这里粗心大意,就是不懂得做文章的起码知识。"还说,"我看重要的文章不妨看它十多遍,认真地加以删改,然后发表。"丁先生写起文章来极为认真、辛苦。有人说他写起文章来犹如雄狮搏兔,用尽全部力量。他的文章写成后,总是一遍又一遍地修改,一遍又一遍抄写清楚。他曾对人说,他要发表的文章都要抄写六遍。有人就在他家里看到他的著名论文《论诗经中的"何""曷""胡"》前后用毛笔工工整整抄写的几份稿子。李荣先生说:"丁先生不轻易作文。

别看丁先生博闻强记，他写作时总要查对原始材料。丁先生思想敏锐，反应迅速，可是下笔不苟，反复推敲，写一遍，改一遍，再抄一遍。《说"匼"字音》一篇，我亲眼看他抄了三四遍。"

罗常培先生曾经教导学生说："教书要深入浅出，研究要小题大做。"李荣先生形象地对我说，丁先生写东西总是全面占有资料，考虑到问题的方方面面。他研究一个问题，掌握的材料像房间一样大，而拟定题目不过像房间中的火柴盒一样小，实在是"小题大做"，但内容充实，考虑周到，无懈可击。比如，1938年他发表的《诗卷耳芣苢"采采"说》一文，从题目上看，只是考察《诗经》两首诗中"采采"的用法，实则考证了《诗经》和先秦群经诸子中的叠字的用法，得出结论：先秦时代只有形容词、不及物动词的重叠用法，还没有出现及物动词的重叠用法。丁先生在文章最后一段自负地说："夫外动词之用叠字，……而稽之三百篇乃无其例。且以声树之寡学，仰屋而思，三百篇外先秦群经诸子中似亦乏叠字外动词之确例：是诚至可骇怪之事。""然古今语言迁变之迹，借此犹得略窥其一二。此亦中国语言史上语例演化之一端，考文者所宜深究也。"字里行间，对论文写作的自得之意溢于言表。这的确是篇资料丰富翔实，论证严密，令人信服的优秀论文。前面说过，1962年他发表的学术生涯最后一篇论文《说"匼"字音》文章虽短，而引证的字书、韵书、训诂书和诗文的材料之多、之广令人惊叹。丁声树先生勤于读书，也善于读书，勤于思考，善于发现问题，总是在读的书上写下许多批注、札记之类，积累多了，就能形成一些研究课题。但是，他极其认真、严谨，研究问题不到日就月将、全面考察、无懈可击的程度不会写成文章，不会拿出来发表。我在他病逝前见到他三十多年前写的名为《有闻录》的书稿,那是读书有所得而写的札记,在小序中还说取名为《有闻录》就是"有闻必录"之意[《有闻录》的小序见本书正文前插页"丁声树先生手迹(一)"]。这些札记有对词语的考释,有对典故的探源,有对语言中一些有趣现象的说解。但还只是草稿,他不到多方积累材料,认真钻研,成为确定不移的结论是决不会拿出来的。但从这些草稿里,可以看出丁声树先生收集材料、掌握材料,积累问题、思考问题的一些情况。朱德熙先生极力赞赏丁先生的写作态度。说丁先生"从来不随便写文章,他对自己的要求很高","他写文章要求根据穷尽的材料得出确凿的结论","丁先生发表的文章不算多,但都在学术上产生了重要影响"。周祖谟先生称赞说丁先生写文章"由于平时蓄积者厚,体悟者深,所以水到渠成,有伦有序,自成佳作。"吕叔湘先生说:他写起文章"悬格太高,要能颠扑不破才肯拿出来",季羡林先生说:"他的每一篇文章都是千锤百炼的产品,达到很高的水平。"学术界的大师们,无不对丁先生治学为文的严谨作风给以赞赏。

近年来,我国学术界滋生了一种浮躁、虚夸的学风,写文章以速度、数量制胜,以成果"量化"为名,在学术论著的写作中大量"注水",堆砌文字、重复内容、炒作浮夸。正像李荣批评的,他们与丁先生正相反,研究某个问题掌握的材料像火柴盒一样小,而题目却拟得像房间一样大。更有甚者,一些人公然进行抄袭剽窃,搞论文造假,学术腐败。一些人还动辄搞什么"规模效应",宣传什么自己能在多么短的时间内发表多少部专著、多少篇论文,多少万字,以"著名""大家""大师"的头衔相标榜。殊不知学术论著的价值,绝不是只由其本数的多少、部头的大小、用字数量如何决定的。如果没有什么"含金量",没有真知灼见,下笔万言,不知所云,只能是浪费纸张,浪费读者的时间,骗取人们的钱财,正像有人说的,这跟"图财害命"没有什么两样。这种腐败的学风与丁先生"小题大做"般地收集资料,以雄狮搏兔一样倾注全力地写作论文的风格相比,岂止有天壤之别?

参考文献

吕叔湘《丁声树同志的学风》,《中国语文》1989年第4期。
李　荣《丁声树先生》,《中国语文》1989年第4期。
季羡林《怀念丁声树同志》,《中国语文》1989年第4期。
周祖谟《纪念丁声树先生》,《中国语文》1989年第4期。
朱德熙《怀念丁声树先生》,《中国语文》1989年第4期。
戴　煌、林玉树、李光茹《华夏沧海一滴水》《光明日报》,1983年4月17日。
金有景《一代语言学巨人——怀念丁声树先生》,中研究院历史语言研究所七十周年纪念文集《新学术之路》,1998年。
韩敬体《丁声树》,中国社会科学院科研局编《中国社会科学院学术大师治学录》。

丁声树先生二三事

晁继周

我 1978 年 10 月从北京大学调到社科院语言所词典室，成为丁声树先生手下一名普通的科研人员。到丁先生 1979 年 10 月患病不能视事，我在丁先生手下工作整整一个年头。时间虽然不长，但先生给我留下了终生难忘的印象。

我到词典室的时候，正值《现代汉语词典》正式出版。《现汉》的规律是，一个版次出版之日，就是下一个版次修订的开始。我很快就参加了下一版《现汉》的修订工作。一天上午，我带着自己读《现汉》时发现的几个问题去找丁先生。这是我第一次跟这位学术大师请教词典方面的问题，心中不免有些惴惴不安。先生谦和的态度使我的敬畏感一下子打消了大半。我提出的问题有两个，一个是关于"七一"的释义，一个是关于"爷儿""娘儿"的释义。"七一"的释义中原来有"1921 年 7 月 1 日中国共产党召开第一次全国代表大会"的话，而我读到的党史资料说党的第一次全国代表大会是在 1921 年 7 月下旬召开的，把 7 月 1 日定为党的生日是党中央 1941 年作出的决定。"爷儿"的注释，原来是"男性长辈和男性晚辈的合称"，"娘儿"的注释，原来是"女性长辈和男性晚辈的合称"，而北京话里的"爷儿"和"娘儿"，晚辈中都既包括男性，也包括女性。我把这些意见向丁先生谈了,他一边记录,一边点头。看到先生肯定了我的意见,我便站起来告辞。丁先生拦住我说:"你坐下,就在这里改出来。"我又重新坐下,一边和丁先生切磋,一边在意见片上把自己认为正确的注释写了下来。丁先生仔细看过后,在上面画了对钩。这是我第一次动笔修改《现汉》,先生教给我编写条目的方法,也给了我做好词典工作的信心。丁先生作为著名的语言学家,非常重视对实际语言的调查,人们常常看到他向周围的同志了解一些语言现象。他曾经向我询问北京话里"大伯子"的"伯"怎么读,"跟前"儿化不儿化。

丁先生对同志非常关心。1979年4月,我母亲得了脑血栓。丁先生知道后很为我着急。他告诉我金有景同志懂中医,让我去向他讨教。后来金有景从丁先生那里知道了我母亲生病的事,主动来找我介绍一些治疗的方法。丁先生还通过吕天琛同志问我经济上有没有困难,说如果有困难他可以帮助。先生的关心使我非常感动。

缅怀丁声树先生

——浅谈丁声树先生治学态度对后学的影响

刘洁修

盛唐时期有位名家诗人岑参(据明初高棅《唐诗品汇》),他有一首五言古诗,题为《杨雄草玄台》,见《全唐诗》卷一九八,中华书局1960年4月据康熙扬州诗局刻本排印,上海古籍出版社于1986年10月亦据其刻本剪贴缩印。其诗前四句云:"吾悲子云居,寂寞人已去。娟娟西江月,犹照草《玄》处。"可知岑参笔下的杨雄,即《汉书·扬雄传》的"扬雄"。显而易见,撰写《汉书》的是(东)汉兰台令史班固,而为书作注的又是唐秘书少监颜师古,其权威性是不言而喻的,而且班固距杨雄约近90年,尚不足一个世纪,按说对杨雄的家族、身世等的了解应比后人清楚、确切,但是偏偏在姓氏上出现了歧异。1979年10月因劳累过度出现脑溢血住进医院的丁声树先生,在语言学界享有盛誉。他在汉语音韵、汉语方言、汉语语法、汉语词汇学等等均有博大精深的造诣。正是这样一位语言学界的泰斗,在其生前曾对词典编辑室的编辑人员公开说过,写《太玄经》《法言》《方言》的杨雄,他的姓是木字旁的"杨",班固《汉书》写成提手旁的"扬",可能未经考察,一时疏忽弄错了。我相信这番言论是有充分而确凿根据的,虽深信不疑,但很长时间未能找到这方面的考证材料。近三十年来,在搜集资料、编写词条而查书时,经常遇到或作"杨雄"或作"扬雄",甚至作木字旁的更多些。比如:《文选》(中华书局1977年11月据清胡克家重刻宋淳熙本缩小影印,下同)收录子云的《甘泉赋》《羽猎赋》《长杨赋》《解嘲》《赵充国颂》《剧秦美新》等六篇,在目录中子云前均作"杨",甚至在卷六零选录南朝宋·王僧达《祭颜光禄文》一文中有"义穷机象,文蔽班杨"之句,李善注:"机象,谓周易。班,班固;杨,杨雄也。"从中可见,六朝时人虽将班固与杨雄并列,却又不以班固的笔误为准,仍书写作木旁的"杨";而唐人李善为之作注即确指杨为杨雄而非扬雄。特别值得一提的是《赵充国颂》一文,在《汉书·赵充国传》卷六九2994页中(中华书局1962年6月版)谓"成帝时,西羌尝有警,上思将帅之臣,追美充国,乃召黄门郎杨雄即充国图画而颂之",与《文选》卷四七所载之题解文字一致,其姓均作"杨"。

又,在《汉书·王吉等传序》卷七二3056—3057页中亦有:"杨雄少时从(严君平)游学,以而仕京师显名……杜陵李彊素善雄……乃叹曰:'杨子云诚知人!'"从这段话里可知:在"雄"之前和字"子云"之前的姓均作"杨"。由此可见,在一百卷的《汉书》中,除卷八七上下两卷书作"扬外,竟然别有两卷作"杨"。班固一人笔下出现如此的自相矛盾,后人否定《扬雄传》中的"扬"的确凿性就更有充分的理由了。

在《文选》中也有例外,如第四十八卷《剧秦美新》题解和其下的作者均为"扬",估计可能是出自本下半页手民之误。残书《修文御览》(中国书店1991年6月影印的《龙溪精舍丛书》据潮阳郑氏用上虞罗氏唐人写本刊)仅收《法言》一句,作者写作"杨子";同样为唐人所编的《古文苑》(同上,用岱南阁本参守山阁本校刊)所收《太玄赋》《逐贫赋》《蜀都赋》三篇、《元后诔》一篇以及《箴》二十八篇均署作"扬雄",不知有无影宋本或其它善本可资核对;另外,唐宋人编的几本类书,案头常备的有隋末唐初虞世南的《北堂书钞》(中国书店1989年7月以南海孔氏三十有三万卷堂校注重刊影宋本为底本影印),屡屡见到的是杨雄或杨子云,例如:卷九九"著述"中就有刘歆《与杨雄书》、杨子云《答刘歆书》、杨雄草《太玄》、杨雄《解嘲序》;在卷一零一"刊校谬误"之"校书麟阁"下引作《汉书·杨雄(传)》,考证文字亦作"杨",可是相接的下一行"校书天禄"之下却引作《扬雄集序》。这可能多半又是出自手民之误;在《书钞》之后,跟着有欧阳询的《艺文类聚》问世(上海古籍出版社1965年11月据宋绍兴刻本校勘排印),共收子云的著作计40篇,全部为木字旁的"杨";可是到唐玄宗时徐坚等编的《初学记》(中华书局1962年1月以清朝古香斋本作底本排印;此书现存最早的版本是明嘉靖十年桂坡馆刻本),全书收录子云文约60余条,一律作"扬子云"或"扬雄",未见一处作木字旁之"杨"者。可见所据之版本不同才有这样的歧异。宋初,《太平御览》(中华书局1960年2月据1935年商务印书馆影宋本缩印)问世。这是一千卷的大部头类书,经过数日翻检,子云的姓,连引《汉书》两卷的本传也一律刻作"杨",未见有一处刻作"扬"者。在卷五六"堆"下引《汉书》杨雄上书仅两行文字,本传不载,却见于卷九四下《匈奴传》,其文较长,不录。在卷一之"元气"和"太初"下均引杨雄《橄灵赋》，但在《文选》李善注中却三处引作杨雄《覈灵赋》（见卷二八398上右、卷三九555上左、卷五六773下右），严可均辑校《全上古三代秦汉三国六朝文》在《全汉文》卷五二首引以上两文，题均作《覈灵赋》，末出校记，不知其所据之《御览》为何种版本；在卷五九五"论"下引《范乔传》，与《晋书》卷九四2432一致，均作"杨雄"，可见《晋书》也未承袭《汉书》之讹；在卷三八五"幼智下"引刘向《别传》曰："杨信，字子乌，雄第二子，幼而明慧。雄笔《玄经》，不会，子乌令作九数而得之。雄又疑《易》羝羊触藩，弥日不就。子乌曰：'大人何不云荷戟入榛？'"在严氏《全汉文》卷三五至三九所辑刘向文，未收此《别传》，一时真伪难辨，可参看清·汪荣宝《法言义疏·卷八·问神》："育而不苗者，吾家之乌童乎！九龄而与我《玄》文。"其下之注疏。总之，子从父姓，杨雄之子名杨信也好，叫杨乌也好，其姓均作木字旁"杨"，未见有作提手旁"扬"者；在卷六一八"正谬误"下引颖容《春秋（释）例》曰："汉兴，博物洽闻、著述之士，前有司马迁、扬雄、刘歆……扬雄著《法言》，不识六十四卦"，两处均刻作"扬"，仅见此一处，或者是颖容原文如此，或者出自版心刻工署名田祖七所为。

清朝乾嘉时期，诸儒治学严谨精湛，达到鼎盛。例如孙星衍辑《续古文苑》（《丛书集成初编》本），在卷二十收有《难盖天八事》一文，作者署"汉·杨雄"，而此文是从《隋书·天文志》中辑出，而《隋书》卷一九506页文作"汉末，扬子云难盖天八事，以通浑天。"所辑之书明明是"扬子云"，却摒弃不从，径以正确的姓为"杨"而刊之。直至近现代造诣极高的语言文字学家和史学家杨树达先生在其《汉书窥管》卷九"杨雄传第五十七上、下"，其姓均径作木旁之"杨",根本不涉及误字扌之"扬"。即此两例可见资深望重的学者是从不屑于承讹袭谬的。

前面提到的《法言义疏》,撰者汪荣宝在开篇就对子云的姓氏作了疏解考证,其后又加按语云:"同声通用,古书常例。托名幖帜,尤无正假可言。谓雄姓,从手与杨不同,斯为妄论,必以作扬为谬,亦乖通义。今所引用,悉依原书,杨扬并施,无取胶执也。"但在正文前之《序》《后序》《自序》中均写作"杨子",同声通假之说亦不尽然,比如谭与谈,同音同义,又都是姓氏,可是姓谈的,如谈迁,姓谭的,如谭嗣同,他们二人的姓能交互使用吗?即便谭注为谈,但《菜根谭》《古今谭概》或人名桓谭等,谭字能改成"谈"吗?恐怕文字改革也不可能把"谭"字取消,只留下一个"谈"字吧!

为了纪念先贤丁声树先生诞辰一百周年,请特许我恭录一篇关于子云姓氏的考据疏证,以献于先师在天之灵,并企望此文能为有识之士所认同而成为定评定谳:

杨子云之姓,俗多从手作"扬"。吴仁杰《两汉刊误补遗》卷十四:"《杨震传》:八世祖喜,封赤泉侯。刊误曰:杨氏有两族,赤泉氏从木,子云从扌。而杨修称曰修家子云,又似震族亦是'扬'。今书中华阴之族,从木从扌相半,未知所从。仁杰按:子云《自序》,其先食采于晋之杨,号曰杨侯。颜注引《汉名臣奏》曰:晋大夫食采于杨,为杨氏食我,有罪而灭。按:晋有两杨氏。《左传》霍、杨、韩、魏,皆姬姓也。此杨侯之国,出自有周。支庶为晋所灭者也。《晋语》:杨食我生。此则所谓晋大夫食采于杨,至食我而灭者也。食我灭而杨侯之后独存,故子云以为裔出。晋灭食我,以其邑为县。《传》云以僚安为杨氏大夫是也。杜征南注:霍、杨及杨氏，皆云在平阳。以《晋志》考之，平阳郡杨县，故杨侯国。然则食我之邑，即杨侯之国也。'杨'、'扬'字画易相乱耳。今于《千姓编》有从木之'杨'，而无从扌之'扬'。《集韵》亦云：'杨，木也。又，姓。全扬则云：飞举也。又州名。'陆法言字书从木之'杨'注云：本自周宣王子，幽王邑诸杨，号曰杨侯。后并于晋，因为氏。与子云《自序》同。然则子云、伯起，皆氏木名之'杨'明矣。段玉裁《经韵楼集》卷五曰：'刘贡父《汉书注》云：杨氏两族，赤泉氏从木，子云自叙其受氏从扌，而杨修书称修家子云，又似震族'"。贡父所见雄《自序》，必是唐以后伪作。雄果自序其受氏从扌不从木，《汉书音义》及师古注必载其说，何唐以前并无此论，至宋而后有之？且班氏用序为传，何以不载，但曰其先食采于杨，因氏焉。杨，在河汾之间。考《左氏传》霍、杨、韩、魏，皆姬姓国，而灭于晋。羊舌肸食采于杨，故亦称杨肸。其子食我，亦称杨石。《汉书·地理志》河东郡杨县，应仲远谓即杨侯国。说《左传》、《汉书》家未有谓其字从手者。修与雄姓果不同字，断不曰修家子云，以启临淄侯之欤笑。修语正可为辨伪之一证矣。案：吴氏引刘敞《两汉刊误》，未引子云《自序》。仁杰按语始引之，正指《汉书·扬雄传》，是无所谓唐以后伪序也。段似误记。然其证子云为杨氏，则得之。王念孙《读书杂志》四之三曰：《汉郎中郑固碑》云：君子之有杨乌之才。乌即雄之子也。而其字从木，则雄姓之不从手益明矣。（录自高步瀛[1873—1940]《文选李注义疏》卷七 1486—1487；中华书局 1985 年 11 月，共四册）《文选》共六十卷，《义疏》仅完成八卷，已是百万字以上的巨著。解放前曾由北平文化学社排印出版，印数很少。估计丁声树先生可能看到的就是这个本子，距今已七十多年了；也有可能他较高氏有更深一层的了解，故敢于断言班固用扌的"扬"错了。可是在词典中，有的在"扬"的最后一义项下或注为：姓；或注为：姓。汉代有扬雄；或注为：姓。……一说"扬"为"杨"姓之误。不知单注姓者，在全国作过普查否？查臧励龢等所编之《中国人名大辞典》，在十二画扬下共收六人：杨雄及其子杨乌（在古书中尚未见到刻作"扬乌"者）除外，剩下四人，其中扬古利为清满洲正黄旗人，姓舒穆禄氏，另一人扬善，为满洲镶白旗人，姓瓜尔佳氏。除此以外的两人一为扬无咎，南宋人，字补之，号逃禅老人，其从子名扬季衡。在明·赵琦美编《赵氏铁网珊瑚》卷十一中有《扬补之四梅卷》，诗后有跋，其后署曰："乾道元年七夕前一日癸丑丁丑人扬无咎补之书于豫章武宁僧舍"；《四梅卷》后又有《追和前韵》四首、《扬补之墨梅图》十首及诸人题跋；但在明·汪砢玉《汪氏珊瑚网法书题跋·卷六·宋名公翰墨》（1936年商务印书馆国学基本丛书本，下同）有一首署名为"逃禅老人杨无咎"，姓却作木的杨；再翻翻《汪氏珊瑚网名画题跋》，其中多处提及补之，姓一律作杨，未见一处为扌扬者。例如：卷三"杨补之画墨梅"、卷二三"杨补之自书咏梅《柳梢青》十首"、又"杨补之墨竹"、卷二四"杨补之墨梅甚清绝，水仙亦奇，自号逃禅老人"。按：经查此卷二四之文是从元人汤垕《画鉴·宋画》中迻录的，除姓作扬不作杨，其它十七字全同。又按：在元·夏文彦《图绘宝鉴·卷四·宋（南渡后）》谓"杨补之字无咎（原文如此，名和字弄颠倒了），号逃禅老人，南昌人也。祖汉子云，其书从扌不从木……"其后又谓"杨季衡，洪都人，补之侄。画墨杨（当是'梅'之讹）得家法，又能作水墨翎毛"。以上二书均引自《四库艺术丛书》本；后一本书姓一律刻作"杨"。由此可知,杨补之、杨季衡是杨雄的后代,杨雄既不姓扌之扬,其后代又岂能背祖离宗将姓改杨为扬呢?难怪收藏珍贵书画艺术品极富的汪砢玉在他的《珊瑚网》中我行我素,根本对元人所说的"从扌不从木"置之不顾,一律在自己的著作中写作木的"杨"。汪氏当是有确凿根据的。

除以上所述,还可以看到清道光年间的俞樾,在其所撰笔记《九九销夏录》卷一三中有一篇《杨补之画梅》,在援引明·李日华《六砚斋二笔》与《洞天清录(原讹作"禄")》一律作"杨补之"或"杨无咎"。须要指出,后引之书似非宋·赵希鹄的原本,因赵希鹄距杨补之仅十余年。赵书中有"古翰墨真迹辨"和"古画辨",杨之书也好,画也好,赵希鹄根本不可能视之为"古";俞樾所看到的《洞天清录》泰半为明·锺人杰辑《唐宋丛书》所载之本,其书有明代人和明代年号,可以断定为伪书。俞樾在文尾作出结论:旧传杨补之为扬子云之后……然扬子云之姓,实不从手。《日知录》辨之详矣。(见顾炎武《日知录·卷二三·氏族相传之讹》)

如此看来,从汉代迄今,还没有确切姓扌扬的证据见于书面,如果经过全国人口普查,找不到有姓扌扬的人,那么是否在字典中扬字之下作姓的义项就可以取消了?

德高望重的丁声树先生所说的杨雄姓氏的一番话,对我大半生从事词典工作有点"锲而不舍"的精神颇有影响。撰写一百卷《汉书》的班固如此杰出的历史学家和文学家,尚且在大名人的姓上出了差错,何况我辈在"雕虫小技"方面掉弄笔杆子的人,稍一不慎,必然会出差错,这已是三十多年来实践中切身经历和体验到的。丁先生此番话的深切用心就是希望从事编辑工作的人一生都要兢兢业业、翼翼小心，精益求精，实事求是，少出差错和不出差错。

去年有位在出版社当总编辑的朋友来电话，告诉我一本近年出版的词典在"箪食壶浆"下将"食"注音为"shí"，理由是 sì 音的食字没有名词意。我当即查了国内版的两部大字、词典，的确在 sì 音下没收名词的义项；又翻了一下近年出版的颇有影响的成语词典，竟然"食"字也改注为 shí。又查《现代汉语词典》，虽多次修订，食字均依旧注不改；在试用本中"箪"字下引了一例：一箪食（sì），一瓢饮。食字之后特以括号加了注音，提示读者食在这里应读 sì，而不读 shí。为了弄清真相，查了一下手头常备书《康熙字典》《中华大字典》等，均有名词读 sì 的音。《康熙》引《礼记·曲礼上》（见《十三经注疏》本 1241 下）："（凡进食之礼，左殽右胾。）食，居人之左；（羹，居人之右）"（其引文为括号之外的文字，下同）；郑玄注："食，音嗣，饭也。"《中华》引《周礼·（天官冢宰）膳夫》："（膳夫）掌王之食、饮、膳、羞。"（郑玄注："食，饭也；饮，酒浆也；膳，牲肉也；羞，有滋味者……食，音嗣……"）又按段玉裁引《仪礼·少牢馈食之礼》（《十三经注疏》本 1202 上）：尸又食（"尸"为祭祀时替代死者受祭的人）。（郑玄）注："或言食，或言饭。食，大名，小数曰饭。"其说可参看注后的贾公彦疏。由此可见，"箪食壶浆"的食应读 sì，不宜改为 shí，其 sì 音不可废，其名词性饭意也不当弃置不顾。丁声树先生生前，如遇到此类问题，相信他会发表一篇独具匠心的论文，就像他于 1936 年所发表《诗经"式"字说》以及之后发表《诗经卷耳苤苢"采采"说》《论诗经中的"何""曷""胡"》之类论证科学严谨、见解卓越精辟一样，定会赢得学术界知名人士的广泛赞誉和支持,这对于继承和发扬祖国悠久而灿烂、博大而精邃的文化和学术传统,无疑会起到巨大的推动作用。

丁声树先生对我这样一个没有学历、长期滞后而得不到升格的人,往往使我感到有一种特殊的感情。大约在1977年或1978年,我提出由词典编辑室调到《中国语文》杂志社的要求。他知道后曾两次找我谈话,动员我继续留在词典室工作。令我记忆犹新而且回想起来内心有一种难以言表的隐痛,就是第二次在他的办公室里,他忍着剧烈的头痛,又说服我继续留在词典室工作。我违背了他对我的深切期望,留下了终生遗憾。他连我的初作《汉语成语考释词典》都没有见到,更不要说近年内就要问世的《汉语成语源流大辞典》了。如果人真有灵魂,"身骑箕尾归上天"的丁声树先生也会含笑于九泉罢!恕我冒昧地猜测,丁声树先生内心拟以自己的言传身教栽培几个得意门生,我如能勉强充数,也可算作对丁声树先生关怀期望我的一种微薄补偿罢!

丁先生教我编词典

李志江

时间过得真快，转眼之间丁先生已经离开我们二十年了，我常常想起他老人家。

一

说起来，我能够来到语言所词典室，在丁先生身边从事《现代汉语词典》的资料和编写工作，是一个非常偶然的机会。

那是1975年的年末，我刚刚从黑龙江生产建设兵团返回北京不久，就辗转听说语言所在修订词典，临时需要几个会刻写蜡纸的人帮忙。我正为没有工作可干发愁呢，于是赶快揣着写给"三结合修订组"工人师傅的介绍信找到了朝阳门内南小街51号。接待我的是资料组的宋惠德老师，她让我真刀真枪地刻写了一段文字，然后拿着蜡纸出了屋，大概是让领导检验一下吧，一会儿宋老师回来了，对我说："他们几个看了，丁先生也看了，都说行，那你就来吧。"她接着问："你知道丁先生吗？丁声树先生？"我摇摇头，"丁先生是大语言学家，他说等会儿过来看看你。"我心想，在当今这个年代里，大家还尊敬地称之为"先生"，那一定很了不起。不过后来丁先生因为事情多没能过来，我就拿着钱上街置办各种文具去了。

过了几天，刻写蜡纸的几个人陆陆续续到齐了，丁先生来看我们。我站在一旁细细打量，丁先生个子很高，背稍有点儿驼，头发已然灰白，前额特别宽，眼睛大而微凹，戴着一副眼镜，塑料框，说不好是黄色还是白色，身穿蓝制服棉袄、蓝裤子，脚下是黑灯芯绒的五眼棉鞋。丁先生说话声音不大，语速不快，话也不多，很客气。因为我们几个多是待业青年，他除了表示感谢外，还特意嘱咐我们要边干边学习，不懂就问。

时间长了，我对刻写的任务和要求有了基本的了解。原来，语言所修订《现代汉语词典》是按照1975年全国辞书工作规划会议的精神进行的，修订组由语言所的编辑、研究人员和工人师傅、解放军指战员三结合组成。他们修订好的稿子，我们负责刻写印刷，装订成册，以便通读或送审。

修订稿是一个词条一张卡片，改动的文字用蓝、红、绿三种颜色书写。蓝的是初稿，红的是复审稿，绿的是定稿，丁先生是主编，所以他一直用绿墨水。改稿自有改稿的规矩，据说都是丁先生要求的，比如，后面改前面的文字，只能圈掉，不能涂实，这是因为后面改的也许反而不如前面，还得改回去，最起码别人再看的时候可以作为参考（也即"这种意见已经被否定过了"）；又比如，当改动文字较多，"卷面"较乱时，可以将最后一稿的文字重抄一遍，但原稿不能丢弃，而要贴在后面备查；至于写字，则上上下下、老老少少都要求一笔一画，工工整整，还不能写得太大，得给下一步改动预留地方；等等。我天天刻写蜡纸，天天读丁先生审过的稿子，仿佛又重新回到了久违的课堂，心里说不出的高兴。尤其当稿片上不同颜色的笔迹交织，先看一看审稿的全过程，再体会体会丁先生的最后处理，常常有豁然开朗、妙不可言的感觉。

改稿子难免会有疏漏。刻写时发现了问题，我就随手记下来，然后集中送给宋老师看，宋老师再请丁先生定夺。丁先生对能够提出问题这一点是比较满意的，见到面就鼓励我："好啊，好，还得仔细，还得仔细。"开始我的注意力仅仅在标点符号的使用是否得当、句子是否通顺和错别字上，后来也逐渐关心起内容的正误来。有一次，我们看到"豹"这个条目的注释中有"也叫金钱豹"的字样，几个人议论了一下，觉得可能不太妥当，原因在于金钱豹只是豹的一种，二者并不是一个层次上的概念。本着"主人翁"的态度，我斗着胆子说出了我们的看法，没想到丁先生对此非常重视，他很快安排其他老师查证资料，把注释改正过来，他还专门来到资料组，问我们还发现什么没有，一再嘱咐刻写时要动动脑子，留点儿心。打那以后，见到了丁先生，汇报刻写稿子中的新发现几乎就成了我们之间的主要话题。不管我说的问题是大是小，是对是错，丁先生都听得很耐心，然后一点一点地给我讲。我说得对的，他就点头，有时还笑笑，说："是这样。"说得不对，他也不生气，只是慢悠悠地告诉我："你还不懂，以后就知道了。"如果丁先生高兴，并且有空儿，或者所问的事情恰恰也是他所关注的，就会掰开揉碎地讲上许许多多，可惜我的学识远远不够，有时听得云里雾里，丁先生一旦从我的答话中感觉到，便立即刹车："就说到这儿吧，不再说了，再说你就不懂了。"这个时候，我紧绷着的神经才松弛下来，由衷地感谢丁先生对我的宽容。

刻写《现代汉语词典》全部的修订稿,前前后后共用了一年的时间,成果是厚厚的一摞油印本。1977年初,我们刻写蜡纸的几个人就各奔东西了。由于我一时还找不到工作,待着也是待着,就主动要求在家里帮助抄写资料卡片,还试着自己动手勾乙资料。勾好、抄好以后,就到词典室资料组交任务,然后再领新任务回家,一个月里一般要跑上一两次。有一次到了所里(当时在地质学院的主楼),正赶上学部在和平里第五工人俱乐部召开大会,楼上楼下没有几个人。丁先生在走廊里见到了我,特地带着我到他的办公室坐下,仔细地翻看了我勾乙的资料,还问我勾乙的小说讲的是哪里的事,情节是什么。我有点儿紧张,惴惴不安地如实回答:"我一边看书,一边翻《现汉》,光注意词儿了,故事的细节没记清楚。"原来以为丁先生会不高兴呢,不料他却说:"这就对了,就该这样,一注意情节就勾不出词儿了。"啊,原来如此!短短的一句话让我顿开茅塞,至今记忆犹新。从此以后,每当勾完了一部书,我总要反躬自问:你记住了里面的故事了吗? 如果自己觉得大概记清楚了,就要重新翻查一遍,生怕遗漏了些什么。后来,在资料勾乙问题上,丁先生在不同场合又陆陆续续有所嘱咐,比如,勾资料别老勾一个作家或一张报纸的,因为他们的语言风格和词汇大体上是固定的,得换换;勾的作家多了,报纸多了,资料的价值就高了。再比如,不但要注意勾新词,还要注意发现老词的新用法;新词比较容易发现,一查《现汉》没收,就能确定了,新的用法最容易漏,对《现汉》得特别熟才行。由于有了丁先生的指点,我逐渐地做到了勾乙的资料基本有用,而不仅仅是抄写比较工整的水平了。

没有正式工作的日子毕竟是令人沮丧的。1977年10月,经街道办事处介绍,我进入水电印刷厂试工,厂里对我的工作能力表示认可,不出意外,年底就留在激光照排车间做校对了。大概是当月的21日或22日吧,李国炎老师下班后来到我家,说语言所就要招收正式职工了,但什么时间招还不知道,也不一定保险,丁先生问你愿不愿意回所里,如果愿意,可以马上回去上班。得知这个消息,我高兴得什么似的,第二天向厂里说明了情况,第三天就又坐在资料组的办公桌前了。丁先生见我回来,也没说什么,只交代我"好好干",就忙他的去了。

二

当时,粉碎"四人帮"已有一年时间,在"三结合修订组"解散之后,词典室的老师们对修订稿重新加工,许多条目都是推倒重来,尽可能地清除了"左"的思想的影响。修订稿已然过录誊清,交付商务印书馆,进入了出版流程。

年底年初,资料组的任务主要是做检字表。宋老师安排我抄写字头卡片。《现汉》共收了1万多个字,一个字头一张卡片。字头写在卡片中间,后附用括弧括起的繁体字、异体字,每个繁体字、异体字再另抄一张卡片。卡片上面注明这个字的部首,笔画数,四角号码等信息。先把所有的字头按汉语拼音音序排列,在卡片的一个角上打上序列号;再分别按部首顺序和四角号码顺序排列,在卡片的另两个角上打上序列号。有了这套卡片,排版之后再填上各个字的所在页码,检字表就不难编成了。抄写字头的那些日子,丁先生常到资料组来转转、看看,开始我没有在意,因为我抄得很清楚,心里挺踏实,后来才知道,丁先生一直在关注我写的字形对不对呢。有一次,屋里人少,他讲得比较多,时间也长,主要告诉我笔画该分的不要连,该连的不要分,错了就笔画数不对了,四角号码也不一样;笔画是横是撇要分清,竖和竖勾要分清,错了同样影响字的排序;毛笔字帖上的字并不都是规范的,得查查,小心点儿。最后,丁先生严肃地说:"资料工作很重要,是有学问的,千万不能小瞧,我最早就是资料员。"这番话有如重锤,句句敲在我的心上。从那一天起,我对汉字的字形规范才有了明确的认识,干起工作也增添了一种神圣的感觉。

抄写音节卡片时,我发现 sōng 之后就是 sǒng、sòng 了,心里有点儿疑惑:我从小长在北京,会说 sóng 字,就是"软弱、胆怯"的意思(东北话里说"熊",有的书上写"松"),该不是漏掉了一个音节吧?赶紧去问丁先生,原来丁先生知道这件事,那不是漏掉了音节,只是因为本音节只有这一个字("尿"),这个字似有不雅之嫌,没有收而已。不过丁先生还是肯定了我提出的问题,跟几位老师商量了一下,最终补上了这个字,也就补上了这个在现代汉语普通话中存在着的音节。丁先生对我说,再查查,看还有没有其他问题?于是我又从头查到尾,没有新的发现,向丁先生汇报后,他才放心了。

《现汉》排出来了就开始校对。每一次校样都是商务印书馆的校对科与词典室同时看,校对科以"死校"为主,词典室以"活校"为主,然后合校样。"死校"中发现的问题由词典室处理,"活校"中改动的内容要过录在商务印书馆的底稿上。由于我家住在王府井大街附近,所以取校样、送校样的任务就常常落在我的头上,过录校样也做得比较多。过录校样是个不认真不行,没水平也不行的琐细活儿,丁先生要求得颇为严格:凡是改动的,本次校样上一定要改清楚,同时过录到商务印书馆的底稿和词典室的底稿上;下次校对,仍以底稿为依据,而不以上一次校样为依据。事实证明,这个决定是非常正确的。因为每一校次都以原稿为准,上一校没校出来的下一校有可能校出来;而每一校次都以上校样为准,上一校没校出来的下一校就很难校出来。听说有的老师过录时出现了疏漏,丁先生就马上找到室里的其他领导,希望多派人,多复核。这是我许多年后才知道的。

词典室校对《现汉》,全体编辑参加,资料员也参加,二十几人的队伍很是壮观。虽然说稿子已经"齐清定"了,但总还有提高、完善的空间,所谓"校到底,改到底"的说法就是那段时间流行开来的。大家在校对中有了改动意见,一律写成意见片送到丁先生那里,丁先生坐在11平方米的办公室里一一批示。意见片是专门印制好的,上面要写明词目和阅读人,左侧写阅读意见,右侧写审批意见。大家都知道,丁先生欢迎我们对稿子提出意见,但不赞成只提出问题而不解决问题,"请酌""再酌"之类的字眼是他很不喜欢的,谁也不愿自讨没趣。拿着意见片去见丁先生总让我感到很兴奋,可惜人多,常常要排队,排到了也不敢多耽搁时间。那时我的年纪最小,无知无畏,提的意见多,丁先生从来没有不耐烦过,只要我提的有点儿道理,他就说:"是,是,改了好。"当场批下"照改"二字。有的时候,问题牵涉的方面比较多,他就把意见片留下来,查过了问过了再做决定。

三

  大概是3月份的样子，宋老师通知我，室里让我到科技组去当资料员，是丁先生同意的。我想也没想，背起书包就换了办公室，后来的十几年，科技组的李伯纯、陆卓元和吕天琛三位老师一直带着我。进了科技组，与丁先生当面说起科技条的机会自然多了起来，我发现这位语言学大师，其实对科技事业的新成果、新产品、新概念一点儿也不陌生，对收录科技条一点儿也不排斥。就在《现汉》校对的过程中，他还拿着报纸过来，说有了科技新词，希望能够补上。有时赶上几位老师不在，丁先生就把资料交给我，让我先做准备。科技条的注释一是一，二是二，语感帮不上多少忙，基础在于资料，所以条目释文后面附列的备注往往要很详细。我编好了请李老师看，李老师看了再送丁先生看。那时候复印机还没问世呢，什么都靠手抄，麻烦是麻烦，甚至电话咨询也认真记录，但这就是规矩，现在看起来仍然很有必要。丁先生对此非常满意，他说："当时费点儿事，以后不费事，谁能记住那么多呢，好记性不如烂笔头嘛！"

  下面，我把当时编写的一条原稿抄录于后，以作为历史的纪念。

  【罗汉果】luóhànguǒ❶多年生藤本植物，叶卵形或长卵形，花淡黄色。果实近圆形，烘干后中医入药，有清热、止咳等作用。❷这种植物的果实。

参考文献

（Momordica grosvenori Swingle）

《广西中药志》p195、p196

《中国药学大辞典》p1854

注：现存其他书中未收。

植物所审阅后，提议加科名，根据《现汉》体例，决定不加。

资料

1.

罗汉果

别名：汉果。

来源：本品系葫芦科……植物罗汉果……的干燥成熟果实。

产地：以临桂、永福、龙胜为主……

植物形态：多年生攀援藤本……茎暗紫色，具数条纵棱，棱暗绿色。单叶互生，卵形或长卵形，先端急尖或渐尖……卷须侧生……花雌雄异株，雄花成总状花序……花瓣五枚，淡黄色，微带红色……瓠果圆形、长圆形或倒卵形，果实幼时深棕红色，长大后变成嫩绿色，成熟时老青色。

药材形状：果实近圆形、倒卵形或长圆形。

效用：止咳，清热，凉血润肠。治咳嗽、血燥、胃热、便秘等症。

《广西中药志》p195、p196

2.

罗汉果

〔罗汉果〕luóhànguǒ ①〔葫芦科〕多年生藤本植物。叶卵形或长卵形,花淡黄色。果实近圆形,烘干后中医入药,有清热、止咳等作用。②这种植物的果实。

(一)李志江编写的"罗汉果"词条

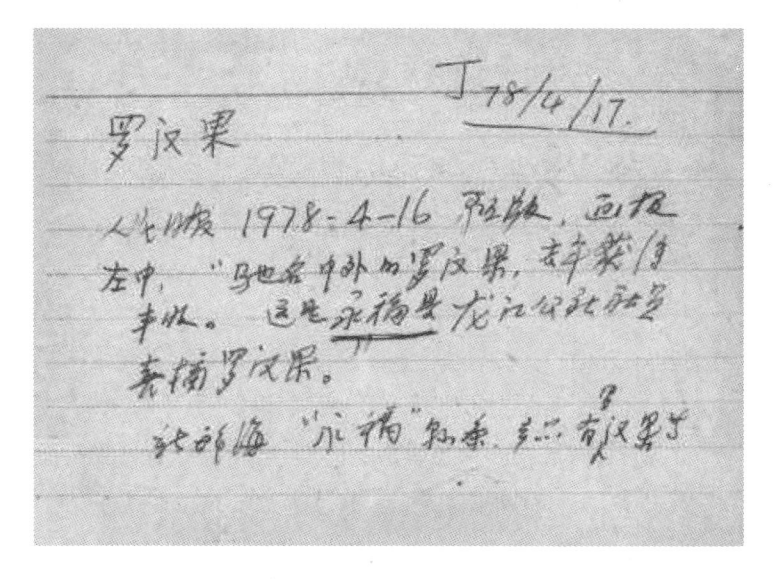

(二)丁声树先生的资料卡片

目前在我区栽培的有冬瓜汉、茶山子、长单果、拉江子、红毛果、马铃子、地藕子等品种。

商品中分长果和圆果两类，每类又分大、中、小等外四个等级，出口以长果为优（俗称冬瓜果）。

《广西中药志》p195

3.

罗汉果

产地：广西桂林。

主治：止咳，清热。

《中国药学大辞典》p1854

这一条是丁先生送来了他勾乙的资料片，根据他的要求编写的。

丁先生的资料片如下：

罗汉果

人民日报1978-4-16第五版，画报左中，"驰名中外的罗汉果，去年获得丰收。这是永福县龙江公社社员喜摘罗汉果。"

新辞海"永福"县条，产品有罗汉果等。

丁 78/4/17

直至今天，当我翻出这保存了三十几年的原稿，丁先生的身影立刻就清晰地浮现在我的面前，心生无限感慨。

9月份，社科院招收正式职工的消息逐渐有了眉目，我反而有些不安了。因为，这次招工带有各单位解决本单位职工子弟工作安排的性质，我与社科院的任何人都非亲非故，能给我解决吗？那些日子我尽量回避着这个话题，唯有埋头工作，默默地等待着命运的宣判。时间一天一天地过去了，10月份，所里负责人事工作的伍均仁老师从街道办事处调来了我的档案，我终于正式成为了语言所的一员。这是天大的喜事啊！后来其他老师告诉我，关于我的去留问题，所里做过研究，丁先生作为党总支副书记出席了会议，并且表了态："这个孩子留下吧。"听到这些，我心里暖烘烘的，从心底里感谢语言所，感谢丁先生，感谢所有爱护我、帮助我的老师们。很想找个机会当面向丁先生表示谢意，可丁先生见到我只说工作，不谈家常，我几次提起转正的事，他都给岔开了。于是我暗下决心：今后一定好好努力，决不辜负丁先生的希望，不辜负大家的希望！

四

1978年年底，历经四年修订的《现汉》正式出版了。全书共有270万字，当时的书价是5.4元。考虑到一些老师、学生可能买不起，室里决定再出一本《现代汉语小词典》，读者对象定为小学教师和初中学生。丁先生赞成这个安排，但又表示自己不再主持这项工作，由大家来做吧，当然，编写中有了问题，他还会帮助解决。开始分组时没有我，我就回家勾乙资料去了。不想第二天上午，闵家骥老师打来电话，说丁先生问起我，让我赶回去也参加编写。我一听，心里又高兴又有点儿慌，放下电话就上了公共汽车。

编写《小现汉》，我和闵家骥、吴昌恒老师一个组，语文条、科技条、哲社条都管，以《现汉》为底本，边删边改。自从做了编辑工作以后，向丁先生请教就增加了编写语文词条的内容。

由于我的起点低，又刚刚上手，提出的问题多是鸡毛蒜皮，就事论事，但只要提出来了，丁先生总耐心解答，遇到一时不能立刻处理的时候，他常常说三句话，说是口头禅也不为过。头一句是"看看别人的，看看人家怎么弄的。"再一句是"查一查，再查一查。"还有一句是"还得问问，问清楚。"丁先生不仅自己这样做，也要求我一定这样做。

"看看别人的"，是说看看别的辞书是怎么注的，参考一下。当时可用的辞书很少，中文辞书，丁先生似乎对1965年版的《辞海》未定稿（上下两册）比较看重，我们也翻得多，1977年年末《辞海》的语词分册（上下两册）一出来，丁先生马上拿出自己的几百元钱为全室的同志每人买了一套。外文辞书，室里有旧版的《牛津词典》《韦氏大词典》和新版的《拉鲁斯词典》，都放在科技组的书柜里，丁先生常过来查。科技组的三位老师外语都好，尤其是李伯纯老师英语、法语兼通，丁先生查过了书一般都要就所查的内容跟大家聊上一会儿，看得出来，那时候他是非常放松、非常快乐的。有一天，丁先生捧着一本辞书进屋来，说这是一位专家送给他的，因为是科技书，就留给科技组用吧。这部辞书的名字叫《宇宙航行学辞典》，是中、英、俄、德、法、意、西、捷八种文字的术语对照，1976年2月由国防工业出版社出版。我深深地为丁先生对我们的关心所感动，这以后的三十多年，科技组先后搬过四次家，淘汰过一批又一批的陈旧资料书，尽管这本书十分专业，几乎用不上了，但我一直将它保存在身边，不忍放弃，看到它就想起了丁先生。

丁先生看稿子，条条都负责，但并非条条都看。他身边一直有个三四个老师组成的"看稿组"。丁先生说过："你们商量着改吧,解决不了的给我立起来(指编写卡片),我再看看。"看稿组老师的水平就很高了,他们解决不了的肯定都是难题,丁先生处理这些条目,特别是涉及字音、字义的少不了要查古书。他手边的书架上、书柜里摆满了各种字书、韵书,线装本为多,丁先生常常是翻了这本又翻那本,反复查证之后才放心。正因为如此,他老被后面的稿子催着,天天上班天天忙,还是赶不上。丁先生也着急,早来晚走是家常便饭,甚至于星期天还来所里加班。那时我们就有"瓶口细"的说法,他听了嘿嘿一笑,表示赞成,而手底下还是"查一查,再查一查",从来没有放松过。丁先生自己重视查书,也鼓励大家多学习一些训诂、音韵、方言的知识。记得1978年的春天,他从琉璃厂买回好几部线装的《五方元音》,其中一部送给了我,为方便我学习,丁先生特意把韵部折合成汉语拼音,分别写在各册的封面上,殷切的希望从他的笔头流入我的心头,让我终身难忘。

丁先生看稿子的"问",那是出了名的,在他身边工作的许多老师都有切身体会。见了面,你不问他,他就问你,不谈家长里短,不说社会新闻,就问稿子里的事。丁先生的"问"很有特点,简单说来一是"深",二是"广"。

所谓"深",就是问题一个接着一个,一直问到底,或者对你的回答满意了,或者问到你答不上来了,他才作罢。举个例子,因为我曾在东北生活了七年半,丁先生就常问那里农村的事,有一次说起拖拉机,我们俩的对话是这样的:"你见过拖拉机吗?""见过,东北农场是机械化生产。""拖拉机分几种?""两种,履带式的和胶轮式的。""都做什么用呢?""主要是牵引农具和跑运输。""牵引什么农具?""五铧犁、播种机、中耕机、康拜因。""那跑运输呢?"

"胶轮拖拉机挂上拖斗能当汽车使,履带式拖拉机冬天在雪地里拉爬犁。""你会开吗?""不会。""噢……"一开始我总有点儿紧张,生怕答不上来,后来才发现其实丁先生心里有数,他问的一般都是你经过的或者是熟悉的,不会难为你。

所谓"广",就是问的方面广和问的人广。《现汉》收录一万多个单字,四万多个多字条,什么问题都可能遇到,涉及面之广自不必细说。至于问的人广,我亲眼见得太多了,老的,少的,男的,女的,学问大的,学问不大的,以至没学问的,丁先生都张口问,有时同样一个问题问好几个人,非弄清楚不可。有的问题比较专业,丁先生就嘱咐打电话问相关的单位或个人,谁打完了电话都要做好记录,这也是规矩。

五

从编《现汉》到编《小现汉》,我们一直在所里坐班,几乎天天能见到丁先生。几年下来,除了他的白头发逐渐多起来了以外,好像没有什么变化,我听说过他有血压高,一直吃药,却没留意他是否因此而请过病假。在我的潜意识里,丁先生年纪还不算老,精神健旺,编写《现代汉语大词典》正在准备之中,以后的日子长着呢。万万没有想到1979年国庆节放假一上班,就得到他突发脑溢血的消息。

丁先生住进了北京协和医院,需要有人昼夜陪床。开始的时候全所的人排班,不久就成立了专门的值班小组,有许长江、孔晓、吴杰、丁燕生、杨晨、邵颖瓛和我,都是小伙子,后来又特地调来了安明玉，主要是值夜班。其中我的年纪稍长，所里让我负责安排。这样，我又能经常见到丁先生了。应该说医院对丁先生的抢救是及时的，也比较有效。最初他的意识没有完全丧失，只是不能说话，经过一段时间的治疗，又可以含糊不清地说出个别的词儿，许多事情也记起来了。我每星期要值一两次班，晚上丁先生休息得早，我去了不说什么，早晨醒来洗漱完毕之后，才帮助他练习说话。我说一遍，他学一遍，非常认真。练了一会儿，我担心他累了，说就到这儿吧，丁先生有时候还不愿意，示意我再说一说，我当然高兴了，打心眼儿里盼望他能够早日康复啊。有相当长的一个时期，丁先生的病情是稳定的，恢复得很不错，说话渐渐流利了，见了我总要问问词典室和所里的情况。我一五一十从头道来，他静静地听着，不表示什么具体意见。他要休息了，就让我也靠在沙发上睡一会儿，我知道，他不愿麻烦我们，不愿让我们受累。趁丁先生精神好的时候，我也跟他聊一点儿词典的事，一说词典他的兴致就很高，后来甚至考虑该把哪些书搬到病房里来，准备继续工作了。不想就在这个当口，又一次脑溢血突然袭来，原来的设想最终未能如愿。第二次抢救之后，丁先生虽然还有神志，但情况已经大不如前，我们之间的交流越来越少，到医院里值班基本上只是单纯的照顾了。以后丁先生又经历了第三次脑溢血，从此成为了植物人，他再也不能思考，再也不能带领我们编写《现汉》了。从我们开始值班到医院改为全天专业特护，前后大约有三年，那段时间里，我单独跟丁先生在一起的时间多一些，他对我的关爱和希望，我体会得很深，一言一语，一举一动，点点滴滴铭记在心。

丁先生在病床上度过了生命的最后十年，于 1989 年的春天逝世。自他逝世以后,每当静下心来,我总是情不自禁地想起他。取得进步的时候想起丁先生,感谢他带我走上了词典编辑的路,也深知离他对我的要求差得还远,不敢有丝毫懈怠;遇到挫折的时候想起丁先生,他甘于奉献、不计个人得失的坦荡胸怀难道不值得我们学习一辈子吗?如今三十多年过去了,我已悄然到了退休的年龄。这些年来,我始终在努力,在进步,要说动力,那除了对工作负责、对读者负责,也有对丁先生负责的因素在内。只是自己做得还不够好,进步还不够快,这是我深自惭愧的。

六

年纪大了,经历多了,回首以往,对丁先生生前的一些说法、做法有了更多的感悟。

丁先生常把"我不懂""我不会"挂在嘴边,开始我就以为那是谦虚,不止一个人当面跟他说过:"您要是还不懂,还不会,我们该怎么办呢?"后来我又觉得那是大学问家的谦虚,只有大学问家才敢于批评自己、否定自己呢!直到听丁先生亲口说出"编词典太容易出错,我越编越胆小"之后,我才认识到那是他的肺腑之言。有人认为编词典没有什么学术含量,是因为他只看到了"词典不为人先"的一方面,而没有看到"词典处处有学问"的另一方面。编词典需要的知识积累太多了,需要学习的东西太多了。谁要是认为自己博大精深,只要一编词典就可以检验出他在哪些方面还有欠缺。如果自以为是,缺乏敬畏之心,不了解、不掌握编写词典的规律和方法,那不碰壁才怪呢。

丁先生学问高深，在学术界有口皆碑，但文章不多，那也是事实。以前我也以为是丁先生对文章的要求太高，绝不轻易出手。后来明白了，除去丁先生的学术风格不说，他一旦沉浸在词典里，碰到任何棘手的问题也不能回避，煞费苦心，时间哪里够用呢？丁先生天天乘坐公共汽车上下班，来得早，走得晚，不参加社交活动，一般的会议也不出席，倾注了全部的心血，才带领着大家保证了《现汉》编写的高质量、高水平。我相信，他在审稿中一定有不少心得，不少题目，只不过没有来得及整理，没有写出来罢了。从这一点上说，丁先生是为了大我，牺牲了小我。把编写《现汉》视为职业是一个层次，视为事业是一个层次，视为生命是另一个层次。丁先生是把编写《现汉》视为生命的人，他也真为《现汉》付出了自己的生命。

在我的印象里，丁先生从来不议论别人，也不轻易批评别人。对词典室的各位老师，谁强一点儿，谁弱一点儿，哪方面强，哪方面弱，他一清二楚，所以总能从积极的方面给予鼓励，用人所长，不拘一格，让谁都感觉到很舒服。在丁先生面前，大家可以展开讨论，畅所欲言，甚至争论，面红耳赤也无妨，只要是为了把词典编得更好，说的是真话，他都不介意，都大度包容。大家说完了，丁先生才说，话一般不多，大家很服气，事情往往就定下来了。在语言所里，词典编辑不在主流队伍之列，地位不高，有的老师也免不了发些牢骚。可是有了丁先生的理解和鞭策，有了他甘为人梯做出榜样，大家在工作上朝气蓬勃，互相鼓励，尽职尽责，表现出了很不错的水平。丁先生对词典室这支队伍是很看重、很爱护的。

商务印书馆门厅"我们的作者"栏里贴着许多老先生的照片，

其中也有丁先生。我到那里办事的时候，经常停下脚步看看他。丁先生的神情凝重，目光深邃，总像是在思考着什么，难道还在琢磨怎么编《现汉》吗？我望着丁先生，往事历历如在眼前，有一次恍惚间竟觉得他在跟我说话："你们做什么呢？""还勾资料吗？""你有问题没有？"顿时，我的眼眶湿润了，喉头哽咽，丁先生，我有多少话想对您说啊！您听得到吗？

时间过得真快，转眼之间丁先生已经离开我们二十年了，我常常想起他老人家。

品格学问俱佳的"丁圣人"
——追怀丁声树先生

陈章太

一

俗话说,金无足赤,人无完人,这是至理名言。然而,世上确有人品和学问都十分优秀,二者近乎完美的人。在我们中国,自古至今就有不少这样优秀的知识分子,丁声树先生就是其中的一位。他高风亮节、学富五车,德、才、学、识兼优,是一位平凡而伟大的大好人大学者,是中国优秀知识分子的代表;尽管他一生都很谦虚、谨慎、低调,但他的品格和学问一直为国内外学界,以及了解他的人们所钦佩和敬仰,所以有些人尊称他为"丁圣人"。语言研究所同志认为他是"德高而不显,望重而不骄",我觉得可以加上"才大功高而不傲,高尚谦逊孺子牛"。先生的先进模范事迹被新华社、《人民日报》《光明日报》《文汇报》和《中国社会科学院报》等主流媒体广泛报导以后,教育、影响了更多的人,尤其是广大的年轻学子;人们热爱他、敬重他、学习他、怀念他,直至永远!

时光飞逝,丁先生离我们远去已经20年了。今年是先生逝世

20周年,又是诞辰100周年,这是值得我们隆重纪念的日子!20年前丁先生谢世以后,我曾写一篇悼文,发表在《语文建设》1989年第3期上,以表达我深沉的悼念和痛惜之情。因为写得比较匆促,那篇悼文里讲得比较简单,有些往事遗漏了,对此我常感遗憾。20年来,先生那慈祥的笑容和高大的身影一直深深地留在我的脑海和心中,终生难以忘却。现在写这篇纪念文章的时候,先生的音容笑貌更清晰地浮现在我眼前,引起我无限的回忆与怀念!最让我感到难过和愧疚的是,1999年10月20日先生的骨灰在上海长江吴淞口海葬时,我因在北京参加一个会议而没能最后送先生一程,这使我内心久久不能平静,深感对不起先生,对不起师母和他们的亲人!现在借纪念丁先生诞辰100周年之机,再写此文,按时间的顺序,追忆与先生有关的一些往事,并将1989年的悼文附后,以表达我对先生的痛惜与思念。

二

1957年2月,教育部和语言研究所合办的"普通话语音研究班"(以下简称"语音班")第三期开学,那时我和龚千炎正跟着王力先生学习研究《论语》词汇,并在北大进修,语言所副所长吕叔湘先生在同丁先生研究,并征得王力先生同意后,将我和龚千炎调回所里,同其他几位刚来所不久的年轻人一起派到语音班学习,丁先生像慈父般关心、爱护、教育我们。他那时在语音班分管教学,同时讲授音韵学。他讲课深入浅出,并联系各地方言举出许多实例,碰到难懂的问题,总要多加解释,把深奥难懂的音韵学讲活讲透,教学效果很好。教学工作也管得井井有条,安排得紧张有序,使我们的学习生活十分丰富、活泼。他生活极其简朴,粗茶淡饭,布衣布鞋,除爱好读书外没有任何嗜好,而对工作却十分负责,认真细致地做好每项工作,凡事力求完美。他在办公室里安一张床,吃住都在语音班,每天早起晚睡,一天工作十几小时,全身心扑在教学工作上,并同教育部派来的语音班领导同志和一般干部,工作和关系协调极好,同全体老师、辅导员、事务服务人员以及学生,相处十分和睦。全班师生员工近二百人,大家团结友爱,气氛积极热烈,工作、学习都很出色,让人无限留念!丁先生非常关心学生的学习与生活,经常同学生谈心,有时讨论教学工作和专业问题,询问学生有什么困难和意见,鼓励学生多提意见和建议,送给学生书籍和文具,他关爱学生、诲人不倦的精神温暖了同学们的心。语音班开学不久的一个星期天上午,我到了丁先生办公室,想请教闽南话的入声与中古入声的关系问题,进门后看到先生正同一位学生在谈话,那位同学一边擦着眼泪,一边诉说她不是学语言学的,现在学习跟不上,感到很大压力,先生和蔼地劝导她鼓励她。我坐了一小会儿就先离开了。后来听说丁先生同那位同学的那次谈话谈了近两小时,给了她很多鼓励,并教她具体的学习方法,稳定了她的情绪,增强了她的学习信心。丁先生对学生总是面带笑容,循循善诱、耐心教导,并以自己的言行为我们树立了楷模,因此受到年轻学子们的尊敬与爱戴!在我们班的同学中,一说到丁先生,无不深情地称赞他、敬重他,说他是我们最好的老师!对我们几个语言所的学生,丁先生花费的心思更多,多次找我们谈话,询问我们的学习、生活,了解我们的困难和要求,鼓励、督促我们进步,特别强调我们要做到团结好、学习好、作用好,这是对我们的最大关心和爱护。丁先生同我们的谈话,有时集体交谈,有时单独谈。记得同我单独谈就有四五次,有批评,有鼓励,有指导,最长的一次谈话有两个多小时,主要讲怎样联系方言学习音韵学,消除我的音韵学难学的顾虑。还嘱咐我要好好研究我的母语方言闽南话,他说"这是你研究语言学的坚实基础和有效方法"。这次谈话对我启发很大。在语音班短短的几个月,我们学到了知识,增强了技能,学会了做人,我们感谢、怀念丁先生,怀念语音班的领导、老师和同学!

三

我在语音班学习结业以后,丁先生和李荣先生考虑到方言研究组里没有闽语区的人,就同语言所领导商量,把我要到方言组工作。不久,全国性干部下放劳动锻炼开始,我与所里30多位青年随同中国科学院大批年轻干部下放到河北藁城县劳动锻炼一年,1958年底回所。1959年春,方言组的年轻学子在丁先生的带领下,到河北昌黎县调查方言,我因随同李先生到南方几个省市了解方言普查情况,稍晚才去昌黎参加工作。在昌黎工作期间,丁先生的身体不太好,但他的积极工作精神和艰苦朴素作风,以及各方面的楷模作用,教育了全组人员,并给当地领导、群众留下了深刻印象和良好影响,当地同丁先生有过接触的人,众口称赞他是好专家好同志。关于丁先生在昌黎期间的先进感人事迹,已有多篇文章叙述,我这里只讲一件事。大约是1959年4月左右,李先生和我接到丁先生要我们早点儿去昌黎工作的信以后,我们从南方匆忙赶回北京，接着就去了昌黎。那时昌黎方言的调查工作已经基本结束，初稿也大多写出来了，正在核对资料，修改初稿，并且调查绘制方言地图所需的资料，全组人员集中住在昌黎师范学校的一个小院。我去了昌黎后，先看些资料，并同高玉振一起到一些调查点调查方言地图的资料，很快又回到县城住地，讨论、编制方言地图。"五一"前后，天气暖和了。有一天的夜里，丁先生睡不着觉，一个人坐在操场边上树下的草堆上。那时我的睡眠也不好，那夜正在操场上散步，看到丁先生，我走过去跟他聊天。那晚天气格外清新，月白风轻，周围一片寂静，先生心情不错，讲话比平常也多了。我们谈话的内容很杂，没有中心话题，有时政，有生活，有工作，有读书写文章等，我印象最深的有这样的内容。当我谈到1958年"大跃进"时在藁城农村看到的一些问题，如干部的粗暴作风和强制做法，工作弄虚作假，虚报成绩、产量，生产违反科学，群众生活困难；以及在福建老家看到的农民生产怠工，出工不干活，生活极苦，不少人浮肿、死亡，农村陷入萧条、困境等，先生有点儿激动，但很冷静地说，这很让人担心啊，这会有什么结果，会产生什么影响，一时还不清楚，慢慢看吧，我想会慢慢好起来的，并嘱咐我不要随便说这些。我跟丁先生说，在福建时李先生已提醒我了，先生说李先生做得对，说话、做事都要谨慎。先生还告诉我，现在大家的生活都比较苦，我们的生活已经不错了，但你们看到，县里领导对我们特别关心、照顾，这让我们不安，我们不能特殊，你们在这方面要多注意，不要留下不好的影响。当谈到读书治学时，先生说："多读书重要，把书读懂读活更重要"；"做学问不容易，做好学问更难"；"做学问主要是认真和勤快"；"写文章靠的是思想和材料"。

当我说，人家说丁先生是大学问家，为什么写文章那么谨慎，文章不太多。先生笑笑说："我有什么学问啊，只是多读一点儿书而已。"说到写文章，先生感慨地说："章太啊，写文章难啊，写好文章更难"，"写文章要负责啊，对己负责对人负责。"先生说的这些话不多，但句句是至理名言，其含意十分丰富、深刻，值得我们深入感悟与思考，对我的教育和启发很大，所以我永记不忘，受用一辈子！

四

1960年底，《中国语文》杂志社人员作了调整，中国科学院哲学社会科学学部领导决定，语言所行政副所长石明远兼任主编，丁先生兼任副主编。1961年3月，改为丁先生兼任主编，石明远为副主编。他们让我担任秘书和编辑，具体负责编辑部工作。丁先生对编辑工作极其认真、细致，从杂志的办刊方针、刊物内容，到编辑工作以及选题、审稿、改稿、定稿、稿件加工、文字校对等，每一环的工作他都要了解、过问，还十分关心我们的工作和生活，编辑部有谁碰到困难，他都热情给予帮助、指导，同时对我们的要求也很严格，他经常告诫我们说："编辑工作的特点就是严谨、细致"，"做好编辑工作就要认真"，"当编辑要有奉献精神"。当他发现有的文稿的引文、例句有误、漏时，即严肃地对我们说："我们的工作就是对作者读者负责，不管谁的文章，从观点、内容到文字，如有不妥的地方，我们都要向作者提出，或作必要的修改，一点儿也不能马虎。"丁先生对《中国语文》的重要贡献，主要还体现在对《中国语文》性质和编辑方针的调整，使《中国语文》从宣传、贯彻国家文字改革方针政策和普及语言文字知识的语文期刊，逐渐变为贯彻国家语言政策，加强语言科学研究的学术性刊物，对中国语言学发展和语言学科建设，发挥龙头作用，并作出重大贡献。丁先生主编《中国语文》虽然不算太长，但他在《中国语文》的功绩受到学界的普遍赞誉。

五

1966年，"文化大革命"风暴席卷中国大地，全国陷入一片紧张、争斗、恐怖之中。丁先生也被作为反动学术权威揪出来，遭受批斗、斥责、游街、劳动等虐待，身心受到极大的冲击和摧残，使他陷入了迷惘、痛苦和抗争之中；尽管他表现得很平静，但脸上的笑容消失了，显得十分严肃与忧虑。在一次"牛鬼蛇神"被押着在语言所所在的端王府大院内游街示众，丁先生头戴高帽，胸挂黑牌，手敲小锣，被排在"囚徒"队伍的第一个，一边游街一边敲小锣，受尽了污辱与打击，让人看了心痛。第三天早晨，丁先生在院内扫地，我看到周围没有人，就走到他身旁，小声对他说："不要难过，会过去的。"先生也偷偷说："批斗会开了，高帽戴了，黑牌挂了，小锣敲了，街也游了，还有什么？"其实他的内心是多么的沉重与痛苦啊！

1974年，"文革"进入后期，"四人帮"已是穷途末路，但仍不甘心退出历史舞台，在他们的煽动下，在全国开展所谓大批判，社会上有些人也搞起了批判"黑词典"活动，称《现代汉语词典》为"封资修大杂烩"，其中有牵强附会，有似是而非，有无限上纲，也有可以讨论的。那时社会总的气氛稍微缓和了一些,没有"文革"初期那么紧张、恐怖,我同《中国语文》杂志编辑部的几位青年同志,想写大字报反驳、辩论,我告诉了丁先生,先生不同意,认为工人批《现汉》也有好处,他们至少要看看《现汉》,批判错的我们明白,听着就是。我认为他们是在瞎批,坚持要贴大字报。先生很生气,严厉批评我,责问:"你编过多少词典?"还告诫我:"你们不要添乱!"当时我不太服气,以为先生胆小怕事,但过后想想,先生是怕跟他们辩论不清楚,反而会引起更大麻烦,也是在保护我们。与此同时,社会上又有一些人大批《现汉》,把它说成是"大毒草","四人帮"及其爪牙还下令封存《现汉》试用本。但此时语言所对《现汉》的修订工作还在奉命进行,在精神压力很大,条件极差,工作极其艰苦的情况下,丁先生仍怀着一颗赤诚之心,日以继夜地紧张工作,为《现汉》的成就和出彩打下坚实的基础。而对此时对《现汉》的所谓大批判,丁先生则气愤地说:"那是胡说!你说它是大毒草,为什么还要我们修订啊?"丁先生向来给人的印象是一位谦谦君子,我在同他的交往中,没有听到过他说这样重的话,这次他真的是生气了,再也忍不住了!

六

1970年,中科院社会科学学部(1977年改为中国社会科学院)在河南息县创办干校,学部大部分人员及部分家属迁至干校,我们语言所的人组建成一个连。丁先生那时已六十多岁,患有较重的高血压和心脏病,身体很不好,常常失眠,有时整夜或大半夜睡不着觉。下到干校后,我们连的一百多男人,不论老少一起住在老乡的一个大棉花库里,搭双架统铺。丁先生睡时会打呼噜,声音还顶大,他怕打呼噜会影响大家休息和睡眠,睡觉时他不躺下,而是靠着睡。这样的姿势怎么睡得好呢,大家劝他躺下睡,他总不肯,说他这样睡已经习惯了,能睡好。有时他干脆在房外坐到夜深,等大家都睡了才进房上铺。丁先生就是这样一位严以律己、善以待人的好人!几个月以后,我们搬进了自己修建的新房,大家的住房条件有所改善,但还睡集体宿舍,只是人少一些,这对岁数大身体不好的老人来说,还有诸多不便。连里为陆志韦先生单独修建住房的时候,也想为丁先生和吕先生盖两间房子,我同两位先生说了这件事,两位先生都谢绝了,丁先生特别强调自己身体还可以,同大家住在一起热闹,过集体生活有意思。丁先生那时负责烧锅炉,供应全连开水和热水,工作时间比较长,每天需要早起晚睡,他为了不影响同房间人们的休息,进屋出屋、上床下床动作都很轻,同房室友很受感动。丁先生在做好他分内的工作,充分保证开水供应以外,还常常抽空做些分外的事儿,如打扫宿舍和室外场地,拾捡地上垃圾,为出工的人打开水,下雨时为大家收下晾在屋外的衣物,丁先生都是默默无闻地做这些事情,但大家对他的行动都看在眼里,热在心头,在亲切称他为"丁老开"之外,有人又送他"好管家"的美称。两年后,我们干校全部人员搬到河南明港军营,在工军宣队的领导下,开展清查所谓"五一六"运动,整天学习、开会,追查、批斗所谓"五一六"分子及嫌疑人,伤害了许多好人。后来运动实在搞不下去,大家无所事事,白天干些杂事,晚上集合在大操场看电影,消磨时光,但大家心有余悸,仍三缄其口,不敢公开多说什么。有一天晚上看电影时,我同丁先生坐在一起,先生小声对我说:"吃饱饭无事干,实在是浪费生命,这还要耗多久啊?"我知道他一直惦记着修订《现代汉语词典》的事,此时心里实在着急才会说出这些话。1972年,我们结束干校生活,全体人员回到了北京,语言所奉命继续修订《现汉》,丁先生又重操正业,全力修订《现汉》,但无端的攻击和干扰太多,先生仍要忍辱负重,在极为困难的条件下,超负荷地工作,为祖国为事业鞠躬尽瘁!

七

1979年10月,丁先生终于支撑不住而病倒了,他突患脑溢血住进了协和医院,这一病就是10年,再也没有出来。丁先生刚住院的时候,我们几个年轻人轮流帮着守护,他神志还清楚,躺在病床上仍时刻惦记着《现汉》修订工作,还让我转达吕先生,希望《现代汉语大词典》能够上马。后来病情逐渐加重,但还关心所里的事,关心语文工作,关心大家。有一次我去医院看丁先生,他很平静地询问所里的情况,当谈到《中国语文》的工作时,丁先生语重心长地对我说:《中国语文》复刊很重要,也很不容易,复刊后的《中国语文》办得很有生气。他说吕先生很辛苦,嘱咐我要好好协助吕先生工作,将《中国语文》办得更好。先生不多的几句话,表现了他对《中国语文》的关切之情。我听后很受感动,背过脸去偷偷地抹去了泪水。后来先生的病情继续恶化,并逐渐处于昏迷状态,乃至最后成为植物人,我去看他的次数少了,最后两三年只在中秋节和春节去看他,但每次去医院,只能面对丁先生静静地坐在他的病榻前,眼看着先生酣睡、喘息、痛苦,再也没有什么知觉,我内心是多么沉重、痛苦,急切幻想有哪位神医能够唤醒他。然而这一切都不可能,期望终没能实现!

1989年3月9日,一颗傲然挺立的青松倒下了,一生热爱祖国,热爱人民,热爱亲人,热爱他人,热爱事业的丁声树先生与世长辞了! 他给我们留下了无比珍贵的精神财富,也留下了他为之不懈奋斗的未竟事业! 俗话说,好人有好报,丁声树先生就是一位品格高尚学问精深的大好人,人民怀念他,亲人怀念他,同事怀念他,朋友怀念他,学生怀念他,所有了解他的人都怀念他,并在内心深处为丁先生矗立起永垂不朽的无形丰碑,这是对丁先生的最大最好的报答!

一位品格高尚、学问精深的杰出语言学家[*]
——哀悼丁声树先生

陈章太

丁声树先生于1979年10月患脑溢血,从那时到逝世,他在病榻上躺了近10年。由于对先生的崇敬和感激,我常常到医院去看望他。后来先生完全失去了知觉,我去看望的次数减少了,但每次去,总是怀着沉重的心情,在先生的床边静静地坐上一会儿,默默地看着他虽然变了样但还是那样慈祥、亲切的脸庞,那时,我的内心会感到一些慰藉,觉得先生还活着。现在先生远去了,我们再也见不到他了,这给我们留下了深深的痛惜和无限的思念!

凡是认识并了解丁先生的人,对先生的为人正派,严以律己,助人为乐,关心后学,学识渊博,治学严谨等,无不留下深刻的印象。大家都称赞先生是一位品格高尚、学问精深的人。在我跟丁先生的20多年相处当中,他给了我许多宝贵的教益,我对先生的为人和治学,和其他认识先生的同志一样,也有比较深切的认识和感受。

---

[*] 此文曾发表于《语文建设》1989年第3期。

大公无私，严以律己，助人为乐，这是丁先生高尚品格的具体表现，所以他成为一名优秀的共产党员。丁先生是全国为数不多的一级研究员，又是中国科学院哲学社会科学部的学部委员，收入不少，但他的生活一贯极其简朴，从不随便多用一分钱。而当国家碰到困难或是有其他需要时，他却尽力作出贡献。60年代河北发大水，邢台闹地震，他捐献了大量的钱财和衣物。每次买公债，他不仅在研究所里买，自己还到银行去买，而且买的数额比在所里买的还多。他还多次要求把个人节约下来的存款交给国家，当银行表示不能接受时，有一次他无意中对我说，他存的一些钱以后不取了，听说后来他把存款单据全部销毁。他入党以后，交党费最多，往往超过规定许多倍。平时，每当知道所里有谁经济困难，他总要主动，热情地给予帮助，我和周围的一些同事都得到过他的帮助。更可贵的是，丁先生做这些好事的时候，总不让别人知道，往往是悄悄地去办，这就使人们更加敬佩和感激他。

三年困难时期，丁先生和大家同甘共苦，有时比有的同志生活还苦，但他坚决不接受特殊照顾，不使用全国政协委员供应证。1959年，我们方言组的同志随同丁先生和李荣先生到河北昌黎调查方言，工作相当紧张，生活比较艰苦，县委领导为了照顾我们，让我们少吃一些高粱米，多吃一点儿细粮，丁先生多次找县委领导同志，婉言谢绝了。有一次我陪丁先生去找县委宣传部长，先生对他诚恳地说："全国人民和昌黎人民都在过艰苦的日子，你们（指县委领导）也和大家一样生活，我们有什么理由特殊呢？"那位部长和在场的同志听了很感动，称赞丁先生是好专家、好同志。"文化大革命"中我们下放河南农村劳动，丁先生岁数较大，身体不好，但他总是和大家一样劳动一样生活,风里来雨里去,一身水一身泥。后来他管烧开水锅炉,因大家劳动量大,开水用得多,他每天都是早起晚睡,开水烧了一炉又一炉,绝对保证大家的需要,而且每炉开水都烧得大开才挂牌供应,所以同志们都亲切地叫他"丁老开"。

有时他身体不舒服,还顶着烧开水,其他同志知道后要帮助他,他都不让。他说:"各人都有自己的事儿,一个萝卜顶一个坑,我怎么能给别人增加负担呢?"

关心后学,热情培养扶植年轻学子,这是丁先生的突出特点。因此我们崇敬他,热爱他,把他看成是自己的良师益友,而他也把我们看作自己的朋友,关心我们的生活和工作,教我们读书做学问,教我们为人,也跟我们谈心。1957年,第三期普通话语音研究班开办,语言研究所的领导派我们几名刚到所不久的年轻人去学习。那时丁先生负责研究班的教学工作,并亲自讲授汉语音韵学课程。我们报到以后,先生即找我们谈话,告诉我们说:"这个研究班是我们所同教育部合办的,你们从所里来,更应当严格要求自己,更要努力学习,起带头作用。在学习上有什么困难,可以随时来找我和其他同志。"

在几个月的学习期间,先生非常关心我们的学习和生活,送给我们一些参考书和文具,在课堂上经常叫我们站起来回答问题,有时我们回答不出来或回答不好,课后他即诚恳地批评和鼓励我们,并把有关的问题再为我们讲解一遍。先生曾告诉我们,学习音韵学,既要理解,又要死记,特别是要同普通话和方言联系起来学,这样才能学活学好。实践证明,先生所说的这种学习音韵学的方法,是很重要而有效的。

1961年3月，丁先生兼任《中国语文》杂志主编，我也从方言研究组调到《中国语文》编辑部当编辑，并协助先生做些行政组织工作。从那以后，我和先生的接触更多了，了解也就更深一些。平时他对编辑部的同志很客气、很热情，指导我们审读稿件，指点我们查阅文献资料，讲解比较复杂的工具书，指导我们读书写作，帮助我们修改文章。然而在工作上丁先生对我们的要求却是很严格的，一点儿也马虎不得。有一次我们加工一篇古汉语方面的稿件，文中的引文和例句很多，我们只抽查了十几条。文章送给丁先生审阅时，先生看过之后问我们，这篇文章的引文和例句全都查对没有？当知道只抽查十几条时，他很不高兴，严肃地说："这样工作怎么行？必须全都查对准确！"我们在工作中，如果稿件审阅不准，读稿意见写得草率，语料资料查对不确，稿件加工粗疏，文字校对不细，乃至标点使用不当等，丁先生都要提出诚恳的批评。尽管先生对我们的批评往往是面带笑容、轻声细气的，有时甚至用商量的口气说："这个问题不一定对吧"，"这处引文恐怕不准确"，"这个字可能错了"，但是我们都知道先生所提意见的分量，都会认真去对待。等到我们把不妥或错误的地方改过来以后，他又会热情地鼓励我们说："这就对了"，"做工作只要认真就行"。

先生常对我们说：读书不能不求甚解，做工作不能粗枝大叶，要多动脑筋，多动手，读书、查书、思考，这是最基本的。经过几年工作实践以后，我们更加感到先生的这些话是至理名言，从而把它们深深地印在心坎上。

有一次我向丁先生请教怎样读书写文章的问题，先生说的话不多,但都十分精辟,其中有两句是我一生不忘的。先生说:"重要的书一定要下工夫读懂。""写文章实在不容易。"这两句话乍听起来是平平常常的经验之谈,但细细思量,再看看先生写的文章之后,就会感到它是多么深刻,多么富有哲理啊!

丁先生一生勤奋好学,治学极为严谨,这是学术界共同称赞的。先生常对我们说,获取知识,途径很多,而读书和调查是最重要的。他自己喜爱读书,读书成癖;工作中读书,空闲时读书,家中读书,办公室里读书,真是无时不读书。他曾对我说过:"读书真是一种乐趣和享受,我有时读起书来可以摇头摆尾,可以半天一天不动地方,真是痛快。"我们看看先生读过的并在书页上批得密密麻麻的书,就可以想象他是怎样读书的。再从他发表的文章所占有的丰富资料,也可以看出他读书的勤奋和做学问所下的工夫。1935年发表的《释否定词"弗""不"》一文,使用了170多条例句,1947年发表的《"何当"解》一文,也列举了100多条例句。1962年发表的《说"匜"字音》一文,只有4000字左右,引用的资料例句也是极为丰富的,涉及的古今著作几十种。其他的论著,也都以占有资料丰富而著称。

丁先生做学问非常认真,学风十分严谨,受到学术界很高的评价,对我们后学有很大的影响。读过丁先生的论著之后,深深感到先生治学熔古今中外于一炉,见解精辟,旁征博引,方法科学,论证严密,真是把学问做活了!我总感到,先生的论著,篇幅虽然都不大,但内容完全是浓缩的,极为丰富深刻,让人百读不厌。对待学术问题,先生一贯谨慎认真,从不马虎从事。《说"匜"字音》发排以后,他仍继续查阅有关资料,并在二校时更换了两条材料,又补充了一条材料。对有些简化字他有意见,如"象"代替"像","迭"代替"叠"等,他认为不妥,除积极提出意见,还规定《中国语文》杂志和《现代汉语词典》不这样处理,"象"与"像"、"迭"与"叠"仍分开使用。后来的事实证明,先生的意见和做法是正确的。

丁先生是一位大学问家,但他十分重视理论联系实际,自觉地将自己的学术研究同语文实际工作紧密结合起来,努力为我国的文字改革、推广普通话和汉语规范化服务。他编制各种方言调查表格,培训专门人才,积极参与组织和领导全国方言普查和推广普通话,编写《古今字音对照手册》《汉语音韵讲义》,与吕叔湘先生等合著《现代汉语语法讲话》,主编《现代汉语词典》,还做了其他许多实际工作。

丁先生不幸逝世了,学术界失去了一位成就卓著的杰出学者,我们失去了一位良师益友,大家都感到无比的悲痛!我们在悼念丁先生的时候,要学习他高尚的品格,继承他的遗志,把语言科学和语文工作继续推向前进。

记忆深处的丁声树先生[*]

侯精一

今年是丁声树先生诞辰100周年。丁先生的道德文章,高山仰止,景行行止。丁先生留给后人的是永远不能忘却的记忆!

一　初识丁先生

1954年我从北京大学毕业,分配到中国科学院语言研究所,见到了丁先生。丁先生问我:"你的名字是谁给你取的?"我说:"是我爷爷。"丁先生又问:"你知道你的名字是什么意思吗?"我说:"不知道。"丁先生告诉我,《尚书·大禹谟》有"人心惟危,道心惟微,惟精惟一,允执厥中",你回去查查看。这之后我方知道"精一"两个字的来历。第一次见面,丁先生就给我留下了非常深刻的印象。

我们到所的头两年是集中读书学习,不分配工作。北大同班同学一块儿分来的有十几个人,所里为我们开设了一个读书班,在丁先生的指导下读音韵、训诂、文字方面的名篇、名著,我

---

[*] 此文曾发表于《方言》2009年第1期。

则被指定为先生与学生之间的联系人。这之间发生了一件至今难忘的事。

那是在1955年的五一劳动节之前,中国科学院要举行全院的文艺汇演。我们班出一个名为"打盅盘"的少数民族舞蹈节目,有七八个同学参加。因为赶着排练节目,原说好星期五要交给丁先生的作业就没有做。下班的时候我跟丁先生说,同学们都到中关村排练节目去了,作业收不上来。丁先生很生气地说不管多晚都要把作业收齐交给他。先生态度之严厉,可以说是前所未有(以后我也没有再见过)。当时我不敢说话。那时语言所在靠近美术馆的翠花胡同里头,可那些同学都在中关村排练,回来很晚,作业看来是交不出来了。我找大师哥陈治文求救。晚饭后,大师哥带我到史家胡同丁先生家,为我们讲了一些好话,但丁先生始终板着脸。后来对我说:告诉他们,不管多晚回来,都要把作业写好,交给你,明天上午交给我。丁先生还说,以后有事到办公室说,不要到家里来。口气非常严厉。语言研究所1952年建所,我们到所时,所里的人很少,年轻人更少。先生的严格要求是对年轻后学的期待。

那时北京东四的隆福寺有好几家旧书店,丁先生要我们经常去看看。并告诉我们该买些什么书。如《广韵》有好几个版本,要我们知道几个版本不同之处在哪里。我的古逸丛书本《广韵》,还有《集韵》等书,就是在隆福寺旧书店买的。我们是在学习过后才分配到不同研究组室,开始正式工作的。我有幸分在丁先生当组长的方言组(当时所里习惯叫作"二组")。从此,开始了我汉语方言调查研究的路——一条至今还都没有走完的路!

二　山西方言研究的启蒙之路

我调查研究山西方言也是得益于丁先生的指导。1959年《昌黎方言志》的调查编写结束，方言组全组集中搞项目的阶段也随之结束了。我需要确定自己今后的研究方向。

1959年上半年，组里让我去广东省中山县了解方言注音扫盲的问题，住了一个月。粤语的复杂加上广东的美食，这对于一个刚出校门的年轻人来说还是很有吸引力的，我因此产生了调查研究粤语的想法，并且跟丁先生说了。丁先生说，粤语很复杂，你现在还搞不了，但可以先调查研究你自己的家乡话——山西平遥话。他告诉我，调查研究山西话的入声问题对于厘清古入声字在北京话的演变很有帮助。于是我就安下心来，走上了组里给我安排的调查研究山西话的漫长之路。

我1959年下半年开始平遥话的调查。第一次去平遥时已是新年前，天气已经冷了。我背着行李，带上重40斤的钢丝录音机，独自一人去山西平遥调查方言。丁先生要求调查时间是三个月，没有特殊情况不能回北京。就这样，连续几年我都去平遥调查，每次三个月，总共有五六次吧。

"文革"之后，丁先生让我对"纠"字在山西的读音、字形作些调查，意在为辽金史上有争议的"纠军"的"纠"的音形义提供一些佐证。他还说民族所的王静如先生也有类似的想法。在丁先生的指导下，我完成了《释"纠首"》一文（侯精一1982）。文章调查了山西方言"纠首"一词的音义及山西多处庙宇碑刻"纠首"的字形。

文章不长，五六千字，却断断续续用了几年时间。我跑了不少庙宇，把有"纠首"的碑文都拓下来。丁先生1979年4月10日在一次会上讲到北京话的特殊字音，其中举出一些原本不是阴平的字，北京现在读做阴平了，其中就提及"纠"字，并举"纠（上声）合诸侯"为例，说明原本读上声的"纠"现今在北京读阴平。《广韵》"纠纠合"居黝切，上声，黝韵。山西话许多地方"纠"字仍读上声。

没有丁先生出题，我不会想到去研究"纠首"这个题目，更没有机会去接触石刻文献，还学会了拓片。

三 丁先生教我读书作文

在"文革"中，有所谓的"评法批儒"运动。当时的批判者说，"孔老二"极端仇视和反对文字的进步发展，是反对汉字革新的祖师爷，是汉字繁难化的罪魁祸首。批判者的主要依据有两条：

1.《论语·卫灵公》："吾犹及史之阙文也，有马者借人乘之，今亡夫矣。"批判者把孔子的这段话解作：人们写字只能用已有的古字，如果古字里没有宁可空着不写。

2.《论语·八佾》："子曰：周监於二代，郁郁乎文哉，吾从周。"批判者把这段话解作：要文字也合乎周时的样子。

我觉得这样的解释有点强词夺理。我告诉丁先生，想写篇文章谈谈这个问题。丁先生要我写出来以后给他看看。他说，这些人引用孔子的话是断章取义，问题不少。

在丁先生指导下，我写了《孔子"反对汉字革新说"辨析》（侯精一1978），先投给《光明日报·文字改革》双周刊，没有刊用（理由是文章称了"孔子",没有直呼"孔丘"),后发表在《天津师范学院学报》。三千多字的短文,写了好几稿。几次修改的文稿丁先生都看过并亲手用红铅笔改动多处。

为写好此文,丁先生让我读何晏的《论语集解》,皇侃的《论语义疏》,刘台拱的《论语骈枝》以及《汉书·艺文志》《说文解字·叙》等书。前贤的论述说明,除去"宁可空着不写"外,批判者对《论语·卫灵公》所作的"解释"完全是根据他们的政治需要演绎出来的。记得文中有几段话是丁先生用粗的红铅笔改过的。

丁先生说,类似"吾犹及史之阙文也"的意思,孔子还讲过:"君子於其所不知,盖阙如也。"(《论语·子路》)许慎在《说文解字·叙》也说了这样的话:"其于所不知,盖阙如也",并且把"阙如"作为《说文解字》的体例之一。段玉裁在该句下注:"许全书中多著阙字,有形音义全阙者,有三者中阙其二、阙其一者,分别观之。"《说文解字》的"阙如"体例是对孔子"阙文说"的很好的注解。

批判者对《论语·八佾》一段话的引用完全是断章取义,批判者掐掉"周监于二代"五个字不引。何晏《论语集解》引伪孔注:"监,视也,言周文章备於二代,当从周也。"班固在《汉书·礼乐志》里也用了孔子这番话并加以发挥:"周监于二代,礼文尤具,事为之制,曲为之防,故称礼经三百,威仪三千。于是教化浃洽,民用和睦,灾害不生,祸乱不作,囹圄空虚,四十余年。孔子美之曰:郁郁乎文哉!吾从周。"颜师古注:"监,观也。二代,夏、殷也。言周观夏、殷之礼而增损之也。","郁郁,文章貌。""郁郁乎文哉"是孔子对周代制度的赞美,"文"指礼乐制度,并非文字。批判者所说的"要文字也合乎周时的样子"真可谓文不对题。孔子的"阙文"和"雅言"(《论语·述而》),一关乎文字,一关乎语言,是一种进步的语言文字观。丁先生说,孔子的语言观在刘台拱的《论语骈枝》中有很好的阐发。

在写《孔子"反对汉字革新说"辨析》的时候,丁先生跟我说,《孔丘教育思想批判》(人民出版社1975年出版)引用文献错漏之处较多,查对后可写一意见寄给出版社。这本小册子,在当时我们几乎都是人手一册的学习材料。当时丁先生曾举例,该书引《三字经》"若梁灏,八十二",有误。据宋人洪迈《容斋随笔》,梁颢(非"灏")只活到四十二岁,根本没有活到八十二。《中国人名大辞典》已说及,可参看。(查《中国人名大辞典》:梁颢,公元963—1004,大宋雍熙二年中状元,时年二十三岁。世传颢八十二岁及第,说本陈正敏《遯斋闲览》。)丁先生还说:《三字经》的说法虽误,却很流行。世间流传的"皓首穷经,少伏生八岁;青云得路,长太公两年"就是说梁颢的。(伏生九十岁传《尚书》,姜太公八十岁为相。)丁先生还说:伏生,济南人,故为秦博士,秦时焚书,伏生壁藏之。可以看《史记·儒林传》。又说,《论语·卫灵公》:"卫灵公问陈于孔子。孔子对曰:俎豆之事,则尝闻之矣。军旅之事,未之学也。"该书65页注,末句讹为"未尝学也"。《论语译注》《论语批注》均误作"尝"。《论语骈枝》(刘台拱)、《论语正义》(刘宝楠)及《马氏文通》不误,均作"未之学也"。"学"是动词,"之"是宾语,前置。否定句宾语为代词,宾语常前置。可以比较:"俎豆之事,则尝闻之"与"军旅之事,未之学也"。根据我的笔记,1976年4月4日上午,丁先生说:《论语·阳货》"子曰:色厉而内荏,譬诸小人,其犹穿窬之盗也与"。"穿窬"《孔丘教育思想批判》《论语译注》《论语批注》皆作"挖洞"解,不对。"穿窬"是并列结构,不是动宾结构。"窬"即"踰","翻墙头"的意思。"穿窬"是"穿洞、翻墙头"。丁先生说《说文》段注"窬"条讲得很清楚,可看。(《说文》段注:"若《论语》本作'穿踰',释为'穿壁、踰墙'。")之后,我集《孔丘教育思想批判》引用文献失误若干条,整理成文,寄人民出版社,惜未见回音。

1978年8月12日晚,丁先生来到我家。这是丁先生第二次到我家来。那时正是"文革"结束不久,百废待兴的时候。这次丁先生来家说起我写的那篇文章的第二稿的一些问题。事后我做了简单的追记,笔记本在几次搬家中奇迹般地被保存下来。丁先生的意见共有7条:

1. 殿本不错。引文不要用标点本。之前丁先生也说过二十四史标点本错的地方,如"砍"字是后起字,不可能有。"砍"以前作"斫"。再有,标点本把"雎"(jū)写作"睢"(suī)。

2. 《大汉和》错误很多。不知为什么《大汉和》要在每一个词条前加阿拉伯数字。

3. 广播电台读错音的像"兴奋"的"兴"读成去声了(应该是阴平)。"张劲夫"的"劲"读成-ŋ尾,错了。(手迹一)

4. 《说文解字·叙》"其于所不知,盖阙如也"。段注:"书凡言阙者,十有四。"丁先生说,段说不确,不止"四",疑是"七"。段氏在书的正文已改正过来了,书的正文与"叙"不一致。

5. 《朝代名人手鑑》有王念孙与刘瑞临等人的书札往来,很好,有时间看看。

6. "上""下"《广韵》都有两读,一动一名。

7. 致＝至于。不要写"致于",写"至于"就好。

丁先生让我背《尚书》的篇名,让我记住哪些篇是伪篇,并让我读王先谦的《尚书孔传参正》、阎若璩的《尚书古文疏证》,也好知道一些伪篇的来路。我至今还保留丁先生亲笔给我写的书名卡片。当时我就边看边抄录《尚书孔传参正》。这是 1977 年 4 月的事,丁先生看过我抄录的文字,用粗的红铅笔划出重要的地方。在我抄的以下几处文字都有丁先生画的粗红铅笔道儿,(引文用黑体表示)让我注意:"侮慢自贤反道败德。……**程云'道德'二字'德'字最古唐虞即有之。……'道'字后起,……惟周礼中始有以道得民以为道本语。至道德并称尤属后起。**"丁先生还改正我断句失误处及抄写错误的字。

1976 年 7 月我整理《书经》篇目两页笔记。先生看后,在每一篇名后逐一亲笔注出"古""今古",并注出伪造的时代。如"泰誓""係东晋时伪造"。还在"舜典"条注:今文合於尧典无篇首 28 字。(手迹二)在我的笔记本上还有丁先生写的"伪古文尚书篇名"。每个篇名之前先生都用红笔编上①②③……,一共 25 篇。并用铅笔在当页注出《尚书孔传参正》的文字,以资注意:"舜典先谦案:尧典割分舜典,后姚方兴因之加二十八字以贯其首。"下半篇宾四门以下之事也今文二典合为一。"(手迹三)这些都是先生信手写来,只有个别处涂改。

有人告我,《说文》段注丁先生能背出许多。从丁先生在我的笔记本上随手写出《尚书孔传参正》中的文字来看,他确能熟诵古书。丁先生对古典之稔熟,还有一证:1976 年 3 月 10 日下午,丁先生在我的笔记本上信手写下《昭明文选》文体 37 类。转录如下：

1 赋, 2 诗, 3 骚, 4 七, 5 诏, 6 册, 7 令, 8 教, 9 文, 10 表, 11 上书, 12 启, 13 弹事, 14 牋, 15 奏记, 16 书, 17 檄, 18 对问, 19 设论, 20 辞, 21 序, 22 颂, 23 赞, 24 符命, 25 史论, 26 史述赞, 27 论, 28 连珠, 29 箴, 30 铭, 31 诔, 32 哀, 33 碑文, 34 墓志, 35 行状, 36 吊文, 37 祭文。

1976 年 4 月 18 日, 丁先生告我: 可以读康有为《新学伪经考》。"新"是指"新莽"。该书对王莽的国师刘歆予以尖锐的批评, 指刘歆一派（古文经派）抱残守缺, "托古改制"。《说文·叙》对此也讲到。丁先生赞许阎若璩对伪古文尚书的考证。今古文之争, 很激烈, 犹如"文革"中的两派（指对立情绪而言）。今古分歧, 从内容到分合都不同。今文家以《诗经》起头, 讲三家诗, 不讲毛诗。古文家以《易经》起头（指十三经排序）。古文派认为《左传》比《公羊传》《穀梁传》好, 毛诗比三家诗好。《周礼》也是好的, 说《周礼》是周公所制定。今文派专门攻击古文派这一点, 说周的三百六十官与《周礼》相合的很少。今文派还指古文派推尚的毛诗是假的。古文派斥今文派"微言大义"。《史记》的太史公从文字上看是今文, 双方皆争为己派。在清代, 今古文之争与政治连在一起。章太炎是古文派, 为有名的《革命书》作序, 驳康有为的改良主张。章太炎名炳麟, 因佩服顾炎武反清思想, 更名为"绛", 号"太炎"。康有为自比孔丘, 孔丘为素王。"有为"即对比而言。

（康有为在《孔子改制考》说过"古谓有明天下之德而不居天下之位的人为素王"。）丁先生说：过去认为，今文学派是革新的，古文学派是保守的。现在看来，古文学派是革新的，今文学派是守旧的。要从《诗经》读起，《国风》要背，难的可暂搁。读《诗经》时把《经义述闻》中关于《诗》的条目看一下。走捷径——搞清楚小学家人名、事迹及主要图书目录，读江氏的《音学十书·序》。

丁先生对古代语言文字及其所包孕的古代文化非常之熟悉。1976年3月24日《人民日报》载，中国代表团王炳南团长在东京送锦旗给日本朋友，锦旗上的对联是"廿年不负精禽石，万事常辉棠棣花"。（手迹五）有一次在等公共汽车时，丁先生把写有这两句题词的卡片给我，解释说，"棠棣"常用来表示"兄弟"。来自《诗经·小雅·鹿鸣之什》《常棣》："常棣之华，鄂不韡韡，凡今之人，莫如兄弟。"所以旧时"老弟"还可以写作"老棣"。（"常棣"后来作"棠棣"，就是郁李。）丁先生说"精禽石"的故事出自《山海经》，精卫（鸟名）衔西山之木石填东海。

丁先生还给我讲过一些古人精巧的拆字对联："**香**草千头**萬**头，**冻**荡两点三点"，"**冻**雨**洒**窗，东两点西三点；**切**瓜**分**片，上七刀下八刀"，"**張 長**弓**騎**奇马，**單**戈合**戰**；**種**禾重**犁**利牛，四口为**田**"等。

四　丁先生教我做学问

丁先生说：学习要由浅及深，由近及远。可以读《章氏丛书·菿汉微言》"古音娘日二纽归泥说"。读《章氏丛书》重点放在段氏、王氏父子一派。《章氏丛书·检论》中的《訄书》有清儒一篇要看。还有章太炎给刘师培的信,给黄侃的信以及为他的老师孙诒让、俞樾做的传都要看。章书文字难懂,但能启发人的思想。《章氏丛书·检论》中的《方言》有《正明杂议》,这是一篇正式讲语言理论的,可惜以前提及的人很少。章太炎《国故论衡》文辞之部的《论式》,论及持论礼仪,尊魏晋之笔的问题,很应该看。《转注假借说》固胜于段氏等,而张政烺的六书说更有道理。张文见于《史语集刊》第十卷(指张正烺《六书古义》)。

丁先生说,做学问不能凭臆测。章太炎博学多才,但有的说法实际是臆测,经不起推敲。王氏父子的结论是根据上下文分析得到的,所以不容易被驳倒。

丁先生说,段氏《诗经小学》要看。《说文》可先不看名物制度,先看一般词义的词。《说文》段注中的"享、響、窕"等几个字要看。"水"部要仔细看。看看段氏自述家世及作《说文》注的情况。龚定庵(自珍)关于段氏作注的总则也都要看。许慎对民间俗字、别字都予以收录,如《说文》"澴"字,注用四川南谿(溪)县的古文碑"扬澴滩",正好解释"江水大波谓之澴"。这说明许慎的文字观是进步的。1978年3月24日在北京虎坊桥召开的北京地区语言学科规划会议上,丁先生也说过这个意思:《说文》对文字的演变,对简体字、俗体字、别字的态度是正确的。段氏《经韵楼集》与人的来往书信必须看看。卷九与外孙龚自珍札,有两句话很好:"勿读无益之书,勿做无用之文。"

丁先生说,顾炎武写《日知录》很不容易,不是空想出来的,是从实际材料中分析出来的,他的每一条解释都是融会贯通的。惠栋吴派经学对古人毫无批判,徽派对古人有批判。《三国志·晋书》应该看,此所谓魏晋之笔,议论逻辑性强,启发人的思想。俞樾《群经评议》《诸子评议》两部书,《群经评议》仿《经义述闻》,《诸子评议》仿《读书杂志》,成就当然不及王氏父子,但也有自己的见解。孙诒让的《札迻》要看,《札迻》是把书上的札记移录而成。从俞樾、孙诒让再到章太炎,一条线索,比较清楚。

丁先生说,24史加上《新元史》为25史,加《清史稿》为26史。《书目答问》说"此类各书(指《四库全书总目提要》二百卷及《四库未收书目提要》)为读一切经史子集之途径"。《列子》是伪书,但故事皆有所本。讲《春秋》不能以25篇古文《尚书》为依据,顾炎武的《日知录》尚不明此点(指古文《尚书》是伪书),阎若璩时才知道,那是时代的关系。又说,读《书目答问》先读经学、小学两类。又说宋初邵氏的《姓解》是从日本传进来的。

丁先生说:上古无匣母,都是群母。吴语"环"读[g]就是遗迹。"群"与"匣",犹如"帮"与"非"。高本汉分析方言的部分可以看看。记字音的历史音韵地位,一直是方言工作者的基本功,丁先生讲过许多方法。丁先生的那篇登在《中国语文》创刊号上的《谈谈语音构造和语音演变的规律》对学好普通话、熟悉中古音韵非常有用,使很多人受益。

丁先生告诉我们,分辨章组的"船禅"两母的一个办法是看是否一字多音:平声为塞擦音,仄声为擦音的,或者平声为塞擦音,轻声为擦音的就是禅母。如:禅、盛、垂/睡、裳、匙。知庄组浊音不分平仄,都是塞擦音。

丁先生说:提高现代语文修养,可多看《现代汉语词典》,特别是虚词部分。要注意《昌黎方言志》的调类分析法。注意《现代汉语语法讲话》中的主宾语及副词部分。

五 一代学者"丁圣人"

文革结束后,旅美知名学者杨联陞先生和语言研究所联系,希望拜访"丁圣人"。大家一开始都不知道"丁圣人"是谁,后来经解释才知道"丁圣人"就是丁声树先生。这是我第一次听说丁先生有这样一个"雅号"。

丁先生似乎还有一个外号。他曾被赵元任先生誉为"新鲜的脑子"。赵元任先生在1936年9月1日写的《中国音韵学研究》译者序中有这样一段话:"最后由赵君把全稿从文字的可读化,体例的一致化,跟内容的确当化三方面,跟原书对校了一遍,自己看'腻'了过后,又找了一个'新鲜的脑子'的丁君声树也从这三方面把全书反复细校,并且把所有查得着的引证都核了,遇必要时或加以改正,然后才算放手"。"新鲜的脑子"大概是指丁先生博闻强记且常有独到见解。

从年轻时,丁先生就有极好的脑力。手不释卷,勤于学习,又巧于学习,再加上这副强大的"新鲜的脑子",成就了一代学术大师。

李荣先生在1989年写文章悼念丁先生,其中引用丁先生的关于乘坐公共汽车的文字游戏:车上的人多不上,上车的人多不上。李先生说,上车的"上"古音上声,车上的"上"古音去声。(李荣1989)这就是前面说的一动一名两读。这件事我可以补充一些细节。那时我们在中关村地院上班,我和丁先生家住西城三里河,每天挤公共汽车上班。由于丁先生是"车上的人多不上,上车的人多不上",我们经常是长时间等车。不论车早到晚到,丁先生一点都不急,神态始终是那样的自然、平和。

杨联陞先生和丁先生是同辈的人,我不知道他们何以把丁先生称为"丁圣人"。撇开学问不说,就是在诸如乘车、出行等日常生活小事中,我也能时时感受到丁先生那种超越凡人的境界。

凡认识丁先生的人都知道,他生活俭朴,淡泊名利,学识渊博,谦和友善。这也许就是他被同龄人誉为"圣人"的缘由吧!

六　远去的笑声

丁先生是河南省南阳地区邓县人。

2007年3月底,我来到南阳,主要的目的就是想看看丁先生的故乡,听听南阳人的乡音。

曾听丁先生说过,河南南阳邓县一带把牵牛的绳子叫作"[tsən']子",音如"阵子"。这个字本作"纼"。《说文解字》"纼,牛系也"。(丁声树、李荣1956)

我在南阳问了几个当地人,切实感受了这个词的读音。那感觉甚为亲切。

在南阳我看到了汉代艺术宝库——南阳汉画馆,这是我国建馆最早的石刻艺术馆。其展品之多,之珍,令人叹为观止。南阳出了好多名人,其中有《伤寒论》的著者医圣张仲景,浑天仪的发明者张衡。现代著名古文字学家董作宾也是南阳人。

南阳之行让人深深地感悟到,一个地方的地域文化对人有多么深刻的影响。

丁先生曾经就读的南阳第五中学至今仍然是南阳地区最好的中学之一。

丁先生的笑声非常爽朗,语言所的老人都知道。记得在河北昌黎调查方言时,一次全组的讨论例会上,忘了为什么事儿了,丁先生竟大笑不止。那是在冷天,丁先生戴一顶两边有护耳的大棉帽子,他开心地仰头大笑,把帽子都笑得掉到地上了,还笑个不停。

难忘啊,那远去的笑声!

附记:文中提及丁先生讲的一些话,系根据当时或事后本人随手写的笔记,成文时未能全部查对,有失误处,皆为笔者不慎所致。

参考文献

丁声树、吕叔湘、李荣等《现代汉语语法讲话》,商务印书馆,1961年。
丁声树、李荣《汉语方言调查》、《现代汉语规范问题学术会议文件汇编》,科学出版社,1956年。
李荣、丁声树《方言》1989年第4期。
侯精一 孔子"反对汉字革新"说辨析,《天津师范学院学报》1978年第4期。
侯精一 释"纠首",《中国语文》1982年第3期。

丁声树先生 手迹一

标点本把"朡(jū)"写成"朡(sūn)"
不对，标点本有错。

"大汉和"错误很多。不知为什么要
在每一个词条前加阿拉伯数字。（《大汉和》）

广播电台读错音的像"芬奋"
(fèn)读成去声了，（应该是阴平）
"张劲夫"的"劲"读成"jǐn"错了。

丁声树先生 手迹二

丁声树先生
手迹三

丁声树先生
手迹四

丁声树先生
手迹五

润物细无声

——先师丁夫子梧梓百岁冥寿纪念

陈治文

在天津读书时买到《湖北方言调查报告》而得知丁先生的大名。第一次见到先生是在1951年8月到语言所之后,最后一次见先生则在1979年10月先生住进协和医院之后。在这28年里,先生对我的教诲多多,获益匪浅,铭感至深,终生不忘。

最早得益于先生的是读到所里发给的先生的几篇论文抽印本。1952年岁末我由《中国语文》杂志社奉调回所(当时杂志社设于教育部内),旋即分派到现代汉语组,其时丁先生正主持编写《语法讲话》,因而我就忝为语法小组之一员了。虽然我是个到所不久的后进晚生,先生却给我锻炼的机会,让我撰写"否定"和"问句"这两章。初稿经吕叔湘、李荣二位先生提过意见之后一再修改为定稿,再请丁先生审阅,交付《中国语文》刊出。

在语法小组工作期间,有一次先生听到我把"您"说成 níng,便即时予以纠正,不厌其烦教我发 nín 的音。这是得到先生直接对我教导的第一次。因为是第一次,所以记得真切。

1954年成立了以丁先生为组长的方言组,我也就由语法小组转入方言组。为了给将在1955年召开的"现代汉语规范问题学术会议"做准备,先生率领全组人员先后去北京市团校和中央民族学院,调查"尖团字"当时在诸多地点的语音分布状况。我们几个实习员先看先生们如何记录,逐渐在一旁见习。回所之后再学着把先生们所记的大批材料进行分类整理。

1956年先生又带领方言组全班人马在与教育部合办的普通话语音研究班进行教学工作。作为辅导员,我随大班听丁先生讲授汉语音韵学,而后在小班给学员们辅导。用当时通行的话说这叫"边学边干"、"干中学",教学相长,确实学到了不少。

1958年夏,先生带队到张家口调查该地区的方言,丁先生直接领导贺巍和我随他工作。这次调查的是一个一个地点声韵调的语音结构和若干词语的全貌。我们只是学习,看先生如何记音、怎样启发询问发音合作人。至此,对"学然后知不足"一语我能进一步有所理解。

1959年方言组去河北省昌黎县调查方言。因为语音研究班还要继续办,所里派我去任教(与以往的要求不同,课程简化,水平降低),因而也就未能前往昌黎,不料从此便被列于方言组之外了!丁先生从昌黎给我寄来一封亲笔信,让我在方言组挑出几种他需要的资料寄往昌黎。因为随语言所的几度搬迁,此信与个人的一些其他东西早已不知去向,把先生给我唯一的一件手迹弄丢了,是无可弥补的损失,不禁扼腕长叹,遗憾之至。

1960年我在语音班的工作告一段落,回所之后派到《中国语文》做编辑工作。以为难得再和丁先生近距离接触了,哪晓得在1963年先生兼任《中国语文》的总编辑,这样我就又有机会接近先生而能得到教益了。先生到编辑部后随即宣布一条规定:凡是编辑部同仁投给本刊的文章，必须先送给他审阅以决定去取。我曾先后送审过三篇，其中两篇得到先生耳提面命般的教导。它们是：

其一，《近指指示词"這"的来源》（见于1964年第6期）的篇末有如下几句："据此可以设想，作为近指指示词，用'遮'字比'這'字要晚得多，近指指示词'遮'字可能在晚唐五代才开始出现。'這'字如果比'遮'字（近指指示词）出现得早，就不会是由'遮'字变来的。"这里的最后一句是先生口授给我让改原稿的。事隔40多年，原稿文句现在已经记不起来了，不外类似"'這'不可能出自'遮'字"这样的说法。相比之下，我说得过于直白，太直截了当了；先生改得言辞婉转，读者容易接受。出言委婉，非但动听，同时也给自己留有余地。

其二，《〈刘知远诸宫调〉校读》（见于1966年第3期），对曲文中三见的"瓦懺"之"懺"字，引用《集韵》说明它是"甒"的同音替代字，应当以此为正校改，又引用《说文解字》和《尔雅》及其郭注邢疏释为"盆"。"瓦甒"也就是"瓦盆"，这么解释有书为证当无疑问，对曲文中的"一片瓦甒"解释为"就是碎瓦盆的大碎片而可以盛东西的"。此言或许不差，然而是推测之辞。自知言而无据，却找证据不得，也只好到此结束。丁先生审读之后，把我叫去，指着此处让我查阅《昌黎方言志》，找出与此相关材料补充到文中去。补充到正文中的是："现今河北昌黎方言有'碗甒儿'［uan˧ tsʻarˀ］一词，其义为'碗打碎后，剩下的部分，还可以盛东西。'"此外另有引文作为脚注收入文中，以其文繁，于此不录。得此补充，有了现今方言的支持，可证我的推测之辞所言不谬，文章也就充实可信了。不学诗，无以言，书一定要多读。

在上述两篇之间，1965年发表的一篇，先生审阅后没提意见，同意刊登。

以上所说的都是业务范围之内的事，下面说一件业务范围之外的，或可称之为业余活动。1957年秋天我写了一首打油诗，诗曰："君问归期未有期，红烧猪肉满羹匙。管他几张大字报，我取精华你吃皮。"写成了向同办公室的金有景讨教，他觉得有意思，竟自送请丁先生过目去了。丁先生是我们方言组组长，是规定要送的呢，还是金兄自作主张的呢？如今已无从查考了。我本不会吟诗，但是何以要写这么一首呢，谨此交代一番。

1957年秋，正当反右运动方兴未艾之时，搞运动要造声势，张贴大字报是造声势的重要手段，所里鼓励大家写、多写。我那诗实为大字报，以诗代报。既是大字报，是对谁而发的呢？请容我慢慢道来。1957年语言所在中关村科学院大院内与经济所合爨共办员工食堂，在此食堂就餐有大灶小灶之分。一堂两制：两所所一级领导和高研吃小灶，其余人员吃大灶，泾渭分明。灶既分大小，供应的品种和质量与收费自然也就不一样。有一个非此两所的冠冕人物之所以能够公然来吃小灶，是因为经济所的一名大员将其招引。此事造成两种负面影响：一是把食堂所订的规章制度破坏了，二是使得大灶菜肴质量频频下降。因而引起了多数就餐者的不满，意见纷纷。大字报不止一张逐客，但客不动。我那张诗体大字报正是冲着这事儿写的，是针对那两位厚颜人士而发的。

金有景回到办公室跟我说，丁先生看过之后说写得还不错，不过第三句要改一下才好。随手拿起笔就在"几张"和"大字"之间一勾，原来的"管他几张大字报"就改成了"管他大字几张报"。先生的生花妙笔有点石成金之妙，虽说移动了两个词组的位置，全句原意却未变，但这么一改就合乎格律了，读来朗朗上口，语气也透着俏皮，因而带动全篇增添了气势。大匠运斤，身手自然不凡。先生非但不鄙弃后生的歪诗，而且还予以斧正，确实感激不尽！

为了对语言专修科1954年毕业后新到所的青年学子的培养提高，丁先生当年在所内开班连续讲授"小学常识"系列专课。罗常培所长指令1951年到所的我们六名实习员随班听课。先生细大不捐，不仅关心年轻一辈的学习成长，对全所同仁也同样度以金针。1964年的"汉语词典注音问题"和"汉语音韵学问题"的学术报告以及1965年的音韵学讲座，都全无限制面向全体人员。我用心听，用笔记，收获极大。可惜得很的是，那些笔记和所发的"小学常识"讲义油印本都寻觅不得了，真是一大恨事。

说到听先生讲"小学常识"，不能不提在课堂上先生名我为语专同学的大师兄一事。这是对我的奖励，受宠若惊，久久激奋。大概是习惯使然，当年的和来所稍晚的一些同事到现在往往以此雅号呼我，愧不敢当。有不知此名称之本来者而为之妄排序列，欲辩已忘言，只得付之一笑，姑妄听之。

1969年去河南息县走五七道路之初始，语言所和文学所两所合作开伙，同锅吃饭，一炉喝水。丁先生和文学所的钱锺书先生并为司炉，负责供应开水。这个从未干过的活计一上手可确实难为这二位了，何况丁先生已是耳顺之年，钱先生再一年便与丁先生同庚，如按现时来论，年满六十理应告退了。当时，分配我去伙房（实为搭的大棚），具体活儿是挑水（好在参加山东农村"四清"时学会了）。每天给伙房挑足之后，行有余力挑上两担注入炉中，以助两位司炉先生一臂之力。为此丁先生向我表示认为此举不妥。我说："在五七干校呢,有事,弟子服其劳。没事儿!"先生莞尔一笑。因有这一段机缘而能结识闻名已久的钱先生,深感庆幸。

1972年大队人马由五七干校返京,在干校锻炼时,位于西城端王府夹道语言所的房舍被国家征用了,此时已无所可归,便被有关部门安顿到朝阳门南小街文字改革委员会大院内,在大楼南侧的两间平房里驻足。回京之后,只有词典工作奉命接着上马,其他各项依然停摆。编词典而有陕西韩城煤矿工人小组来掺沙子,开会争论,慷慨激昂,好不热闹。丁先生的词典室主任头衔此时仍在,那些数以千计改写了的条目自然要有人把关,审读、修改、润色、定稿总其成。在其位,谋其政,先生是室主任,当仁不让。平房靠东的一间是长方形的大间,作为词典室的工作场所。先生坐在由多张办公桌拼成的长桌东端工作,先生对工作一贯认真负责,一丝不苟。除了开会,成天就跟那些词条打交道。先生家住复兴门外三里河,挤公交车来朝内南小街天天往返,早来晚走,风雨无阻。星期日也不休息,自带的面包当午饭。在此屋之西南一角有床一张,是给我栖身的(其余单身同事住在那间小的)。我寄居于斯室,有幸很长一段时间天天和先生见面,因而能略述当时我得见先生工作活动之一斑。某日午后,忽降大雨,傍晚先生临回府之前,我拿我的夹袄请他加上,他却推辞不受。我说:"一场秋雨一场凉,现在室外肯定不暖和,请先生保重身体。"如此才终于肯穿上身。总而言之,先生厌烦交际往来的俗套,所以不愿接受外来的帮助,哪怕只是顺手之劳的小事或是借予暂用的物品,更别说微不足道的馈赠了。乐于多多授予人,受他则非所愿,先生一生如此,这一点其实就是今日所提倡的献爱心的意思,也正是今人应该真学应该实干的。

去协和医院探望丁先生,进了他住的房间,见他静静地躺着,我轻步到病床旁,他有所觉察,头向外稍稍歪了一下,我先自报姓名而后说:"先生,我来看您了,我父亲也问您好!"稍停,先生说:"这么远的路,你还来看我。替我谢谢你父亲。"接下来问先生有没有什么要我帮他做的,需要不需要什么东西,他都给以否定的回答。怕打搅他,也不知说什么好,沉默着。片刻之后,先生又对我说:"不早了,路也远,你回去吧。"先生说话的声音不大,语速也较慢,但字字清晰,句句完整连贯。看得出他疲乏无力,看不出病势多么严重。

我和家人住在海淀区学院路地质学院里,协和医院住院部在东城区王府井附近的帅府园,这两处相距实不算近,尤其车不顺路难行时更觉其远,先生说的"这么远的路"和"路也远"一点儿也不错;同时也说明我住在何处他还记得。我是搭下班班车进的城,再到协和住院部找病房查病床,这一路下来是得花些时间的,先生催促我离去时所说的"不早了",也合乎事实。由此可知先生的神志清醒、意识正常。上述的情况是先生住院几十个小时后的表现,因此我们可以推断10月3日夜间发生的状况可能是脑供血一时不足而引发了昏迷,这昏迷是短暂性的,否则我见到先生时他的神志会那么清醒吗?

电视台曾播放过一个节目:有位先生严重脑外伤而昏迷不醒,住院期间除了医药方面的治疗,他太太终日陪伴,不断同他说话,经过若干时日,奇迹出现,病人苏醒了。看过这节目之后,感动之余不由得想到丁先生住院后的前阶段里他的思辨力、记忆力诸多方面的表现都很正常。当初如果有人成天不断向他讲谈，大概也就不会发生后来真的脑出血而无法救治，终于成为植物人，一直困卧病榻，在寂寞中撒手人寰！呜呼哀哉！往者不可谏，不禁感慨系之！

初到所时，得到所里发的先生的论文抽印本数篇，其中有一篇是讲孙愐与《唐韵》的，未见于《中国现代语言学家传略》丁先生条目后所列的著作目录中，此文的篇名已经说不出来了，所幸还记得收在哪本书里。为求得确切的篇名，便向才多识广、乐于助人的北大白化文教授求援。多承他很快就寄来该文的复印件。文章的篇名是《魏鹤山与孙愐唐韵》，副标题为"读王国维记魏鹤山唐韵后序质疑"。此文是《周叔弢先生六十生日纪念论文集》的开山第一篇，篇末"后记"的日期是"1950年8月16日"。这是一篇讲考据的宏文，相关的教材读本应作为范文收入。这一类文章已不多见，像丁先生写得这样高水平的恐怕难以再见。

先生惜墨如金，公开发表的文章不多。可喜的是《中国语文》2009年第1期里登载有一篇先生的遗作《有闻录》中的十一条。此十一条是韩敬体和张惠英二位高手选录整理的，这是大好事。读之恍若聆听先生讲演，增广见闻，惠我良多。二位劳作艰辛、感佩无尽。祈望续选早出，再飨读者。多年前听说有人编辑丁先生文集，是否完成？何时出书？

丁先生的道德文章素来为人们崇敬仰慕。"确实是一个才、学、识兼备的研究工作者。"这是吕叔湘先生对丁先生的称赞之辞，是在1989年说的。在20年后的今天，"大师"的称号是颇有人觊觎的时尚桂冠。假若推崇丁声树先生是语言学大师,语言学界大概不会有多少人不同意。丁先生生平视名利如浮云如粪土。先生离开我们已经二十年了,何必还搞什么头衔的追授呢。先生您安息吧!

将军一去,大树飘零。

后记:在下列两张照片中可见丁先生的形容。虽是五十多年前的旧照,但有幸保存至今而且整个画面均尚清晰如新。此两帧当属语言所所级资料,今已难得,或可视为海内孤本。今特刊布于此(图文并重,避免掺杂纪念文字,故置于篇后),一来作为一项珍重的纪念,二来可使没有见过丁先生者一睹先生体貌之伟岸慈和。

1957年语言所方言组全体人员在中关村办公楼前合影。一排左起:丁声树、金有景、张盛裕、翁雪灵、张杏清、侯精一、庄惠珍;二排左起:邢继禄、贺巍、白宛如、陈慧英;三排左起:王立达、陈治文、李荣、高玉振

1958年在张家口方言调查时丁声树先生(左三)、陈治文(左一)、贺巍(右一)和两位发音合作人合影

回忆丁先生的教导[*]

张惠英

上个世纪70年代中,当时"文化大革命"的余波未尽,丁先生如"文化大革命"前一样,每天早出晚归,在办公室里看书。因为当时没有工作或研究任务,我这个1964年最晚一拨分配到语言所的小字辈,才敢以学习中的一些问题不时打搅他,请他开导启蒙。从1974至1979年他病倒,几年间,先生给我很多教诲,尽管有时是片言只语,几句闲聊,但对我来说,都是宝贵之至,足以开启愚顽,发聋振聩。现在我把追记下来他有关方言、音韵、词典编撰方面的一些教导,发表于此,以飨同仁友好,一起来回忆、纪念我们汉语研究中的这位杰出的导师。

一 由浅及深,由近及远,古今融会

搞方言,首先当然从母语方言入手。丁先生听了我的崇明话

---

[*] 本文原稿写于1989年3月8日,此次修订得到韩敬体先生的很多帮助,特此致谢。
此文曾发表于《方言》2009年第2期,文字稍有删节。

声韵调，并布置我读一个月时间的《方言调查字表》。

我发现阳韵合口字"王、旺"在崇明话书面音有 u 介音，口语则分别读[ɦiã²⁴]和[ɦiã³¹³]，不读合口。先生说，可是"王、旺"在崇明话中和"阳"[ɦiã²⁴]的读音不同，说明"王、旺"和开口韵的"阳"还是不同。先生教我不要孤立地看问题，而要进行综合的分析。

我又发现吴语"铜钿"的"钿"在语流中已经变 d 声母为 l 声母了。先生说，这现象不罕见，如"棠棣"说成"棠lì"，"奴隶"说成"奴dì"。不只浊音 d、l 混，有的方言清音 t、l 也有混的。

先生又让我认真读段玉裁的《六书音均表》，强调韵类的分别。他说构拟古音，也是标识不同类别。先生多次跟我说，江有诰音韵好，他的古音二十一部之分是很大的进步，但他读书不多。段玉裁在《经韵楼集》卷五《与江晋三说说文牙字》就批评江氏："足下音韵功深，古学疏浅，当以多读书为务。"先生的深意是批评我只是懂一点方言音韵常识，但读书太少，认字太少。他要求我花三年时间读段氏《说文解字注》，认为段氏不只古学深厚，而且很注重用活的方言、俗字俗语来佐证。如段注《说文》十一上水部"㴉，江水大波谓之㴉"下谓："专谓江水也。玉裁昔署理四川南溪县，考故碑，大江在县，有扬㴉滩。"我 2002 年所写《从段注〈说文〉"单呼猴，累呼母猴"说起》收入《语言现象的观察与思考》49—56 页，就算是交给先生的一篇作业。

先生一次考我："特此公布"的"此"作何解，我说作"此地"解。先生说我是撞对了，又问作"综上所述"意讲行吗？我说不行。问我为什么，我说不知道。先生就跟我说，"特此公布"的

"此"，和"此致敬礼"的"此"，"不许在此吐痰"的"此"属于一类，作"此地"讲。先生进一步说，科学性就在于归类是否合适，归类合适，这一类特征自然就显示得明确；归类不合适，就看不出来。当时我感到又新奇，又实在。先生在教我研究方法。

二 注重活的语言

先生说，他从赵元任那里学到了对活的语言的重视。他曾跟赵先生调查了湖北方言，在《湖北方言调查报告》的总说明以及其他部分，都有他的心血凝聚在里面。他说，那书太繁琐，太拘泥于《广韵》。

先生说，赵元任不爱读古书，但他从活的语言出发，常有很好的想法。例如"书页"的"页"，广州话是-p尾的"葉"，赵因此认为古书中会有"书葉"的写法。事实证明就是这样，例如唐裴说《喜友人再面》诗："静坐将茶试，闲书把葉翻。"

先生谈到重纽问题，说使他明确这点的是调查湖北方言时，重纽三等字"笔"与重纽四等字"蜜"不同韵。再从北京话看，"笔"上声，"必"去声；"乙"上声，"一"阴平。

先生说，"荨麻"的"麻"是带出来的一个音，云南方言"荨麻"只说"荨"。（笔者按，《方言》1981年第3期162页，语言研究所方言组《方言调查词汇表·代序》中说到："'荨麻'的'荨'，古书里写作'蕿'。唐代大诗人杜甫在成都作过一首《除草》诗，自注云：'去蕿草也'，'蕿草'就是'荨麻'。杜诗旧注，'蕿'字音'潜'。"这篇《代序》为李荣先生所作，可用来证明丁说。）犹如朝鲜语"金日成"中"金"的-m尾,连在"日"的前面,读起来像是"日"的声母了。

先生说,都说北京话无闭口韵,但已产生了新的闭口韵。如"我们"、"什么"、"怎么"。

我问先生,《诗·大雅·民劳》中"戎虽小子,而式弘大"的"戎",为何作汝解。先生说,这"戎"就是上海话的"侬"。

我问先生,吴语一些方言第三人称读同阳平的"夷",而不是阴平的"伊"。先生说,"夷"本意也是指别人,也指外族,所以第三人称可以写作"夷"。

有一次先生问我"脱骱"的"骱"音,我说是阳去调。先生说折合成普通话 jiè 行吗?我说行。先生说上海有一位陈先生写信来说是阳平,我说上海话这个字和"茄"同音。先生又说,此"骱"与脱臼义不合,且是入声,音亦不合。(笔者按,《广韵》入声黠韵古黠切:"骱,髂骱,小骨。"又曷韵胡葛切"骨坚"。《集韵》有去声怪韵下介切、入声曷韵何葛切、入声黠韵讫黠切、入声鎋韵下瞎切四读,都是"小骨、坚骨"义。音义都不切合。)先生说,吴方言"脱骱(脱臼)"的"骱"可能是《广韵》上声蟹韵求蟹切的"拐",注谓"手脚之物枝也"。我很赞同。先生又说那是阳上调,崇明话则是阳去调。我说崇明话有些古浊上字已经并入阳去调了,如"道、社、语、户"等。先生于是说也许书本记载有误或缺载。先生还说他还想找"箇"韵字,作为"茄"的去声就可对应,可是没找到。我后来在《崇明方言词典》中就用求蟹切的"拐"来表示骨节连接处。罗竹风主编《汉语大词典》和夏征农主编《辞海》都在"骱"字下注吴方言"骱"音 gá。这是受上海话阳平阳上阳去合并为一的影响而致,未及深究。

先生说,不要以为方言中的词,在《广韵》中都能找到。活的语言丰富得多,书中记载的毕竟少得多。如北京话"吃饭"的 chī,不知是哪个字。北京语音"妈"、"打"也没搞清。(按,笔者记着先生所说,在《说"给"和"乞"》载《中国语文》1989 年第 5 期,已收入拙著《语言现象的观察与思考》99—105 页文中,说了北京话"吃"的不规则读音是回避"乞"而致。)

先生说,车站"起点站"和"终点站"不别。南方话如吴语崇明话说车到终点站是"到底",北京话说"到头"。"到了儿"是未了的意思,和车到终点站的"到底、到头"不同。

先生说,有些方言研究,硬找古书中的冷僻字作为某些方言字,其实音根本对不上。还不如用同音字来写这些方言词。他说他过去给水开了 pū 出来的 pū 找了个入声字,赵元任还在《钟祥方言记》中采用了,但这个办法不好,不科学,宁可写成同音字"铺",或新造的"潽"。

先生对少见的姓氏、地名用字很注意,我说到有个老同学姓"祕",他就让我和她联系,问她老家的读音。我们老同学平常就叫她"Mì 老",后来看《现代汉语词典》把姓氏"祕"定为 Bì。一次去福建出差,他说他交代我了解地名"漈、礤"的音义,我完全忘了,回到所里因此挨了他一顿批评。后来我对姓氏、地名用字的关注和探讨,大概是挨批得到的教训而致。

先生说,周法高先生看了他《论诗经中的"何""曷""胡"》一文后,认为先生把《诗经》的语言当活的语言来研究了。

关于本字、借字,先生说,一个字通行的写法与本来的写法不同,本来的写法就叫本字,借用的写法就叫借字。如银圆铜圆的"圆",多写作"元","圆"是本字,"元"是借字。现在的简化字,以"干"代"幹",以"斗"代"鬥","幹、鬥"也可看作本字,"干、斗"也可看作借字。清人有以《说文》中字为本字,那是个偏见,不必拘泥。

先生认为,我们这一代人没有机会多读古书,但接触活的语言的机会还是不少,所以可以用分析活的语言来弥补读书少的短处。

三　重视实际应用

先生说,学习音韵不是最终目的。他的音韵学是实验音韵学或实用音韵学。

先生说,崔颢的七律《黄鹤楼》"昔人已乘黄鹤去,此地空余黄鹤楼。黄鹤一去不复返,白云千载空悠悠。晴川历历汉阳树,芳草萋萋鹦鹉洲。日暮乡关何处是,烟波江上使人愁"谁都说好,但不能解释"复返"和"悠悠"相对,总觉不严整。他想,这是双声与叠韵相对,"复返"是双声词。并问我"复"的清浊读法,我说崇明方言"复"有浊去、浊入、清入三读。他说清浊不同没关系,正如叠韵有时也较宽,同摄就行。如"三顾频烦天下计,两朝开济老臣心","频烦"双声,"开济"叠韵,一等和四等相叠。

先生说,白居易《琵琶行》头两句"浔阳江头夜送客,枫叶荻花秋瑟瑟","瑟"为-t尾,有的本子作"飒",-p尾,都不能和"客"-k尾相押,而白居易诗押韵对-p、-t、-k尾分得很清。现在知道,宋本白氏集就作"索"(-k尾)，唐宋时引此诗都作"索"。

先生说，"雎"jū和"睢"suī不同音，新出的《史记》"范雎"仍作"范雎"，不作改动，似乎是稳妥的办法，不轻易改动，其实是错的。"范雎"也作"范且"，都读jū。《金石萃编》的汉《武梁祠堂画像题字》中，"范雎"就作"范且"，这就有个应用(实用)音韵学的问题。王念孙他们搞的是应用(实用)音韵学。又如孔穎達字冲遠，被讹成仲達，这看《金石萃编》中孔穎達碑能明白。学问只靠一个方面还不行，如训诂只从音韵入手还不够。孔冲遠问题音韵上无能为力，还需要旁的有关知识。

先生说，有的人认为音韵问题好像没什么可搞了，其实不是这样。从书本到书本，从古到古，这样会觉得没路可走。要联系活的方言，古为今用，这就是路子。

针对上海话"背书"说成浊音"倍书"，先生说，"背书"的"背"其实就是"倍"，是再一遍的意思。《广雅疏证》卷五下"谙，讽也"下："郑注大司乐云，倍文曰讽。"

先生说，"温吞"有平入两读，四川方言和他的方言(河南邓县)都如此。还有和"丢"相对应的是入声"丟"(普通话音dū)。我说《水浒》等白话小说中"一个月日(一个月)"的"月日"，崇明话说成"原日"。先生说，"原"的入声是"月"，正如"迎"的入声是"逆"，这是平入对转。从中可以看出，古声调的归类确实和现在的不同，值得研究。

针对早期白话小说中，表示复数的人称代词词尾有作"每"作"们"的不同，先生说，"每、们"在河南一些方言中同音。(笔者1995年《复数人称代词词尾"家、们、俚"》载《中国语言学报》第5期，已收入《汉语方言代词研究》65—72页文中说到"每、们"在河南、山东一些方言中同音,利用贺巍、钱曾怡先生提供的材料,算是对丁先生教导的回应。)

我问先生,北方话的"恁"作"这么"讲时,和崇明话的"能"相应。先生问我"能"是哪个调,我说是阳平调,先生说这不太合,也可能是虚词的调类不确定。

先生说,崇明方言"机凳"的"凳"说成阳平"藤",这与北京话口语"板凳"的"凳"为送气音(轻声)相一致。又北京话"耳朵"的"朵"也是送气(轻声)。这说明另有来源。

先生说,"宁馨儿"就是能亨的孩子(这样的孩子),"宁"通"能",犹如有的地方把"泥泞"说成"泥恁"。

先生说,章太炎的文章是综合性的,但方法老,他的《新方言》没有用现代的科学方法。李方桂先生的文章方法新,吸引人。章氏的文章能启发人思考,娘日归泥说是他的发明,还有一字重音问题,如今天的上"次"下"及"重合为"资产阶级"四个音节等。丁先生非常敬仰章太炎的学术和文章,说章氏复古是出于民族自尊心,让我阅读及背诵黄侃为他老师写的《国故论衡赞》和吴承仕所录《菿汉微言》末尾章氏治学过程自述,但先生对章氏的方法有所保留。

四 虚心接受意见,勇于自我批评

1982年圣诞假期,我利用在哈佛燕京学社访问的机会,特意去夏威夷拜访李方桂先生,一边听李先生讲他的古音,一边听李先生和夫人徐樱女士讲他们和丁先生相处时的情形。当时史语所同事都称丁先生为"丁圣人",可见大家都很尊敬他。语言所内我们这辈人都很崇拜他,有问题就说问丁先生。可他《释否定词"弗""不"》一文受到黄景欣批评后,就很服气。他常跟我说到,当时少年气盛,持论不坚实,疏忽了《尚书》和金文甲骨文。甚至说以后编他的论文集时,这篇文章也不要与其他论著收在一起。他还说,自此以后,他写文章就大有改变,务必论有确据。(我当时说,先生此文,论据虽有不坚实处,但整篇的思路、行文,新颖奇特,引人入胜。——后来丁先生去世后,李荣先生所写纪念文章《丁声树》载《方言》1989年第2期文中,还为丁先生此文补充例句:"桀纣之民不为之使而归汤武"《史记》一二一《辕固生传》,"桀纣之民弗为使而归汤武"《汉书》八十八《辕固生传》。李荣先生指出:"《汉书·辕固生传》根据《史记》,《史记》的'不为之使'《汉书》作'弗为使',证实丁先生'弗'字略与'不之'二字相当的说法。")尽管先生对自己严格要求,对年轻人还是宽容为怀。一次我拿《吴语刻记》载1980年《中国语文》第6期的校样向他求教时(当时正好他病中有一段清醒时期),就说可以发表,并嘱咐别人有不同意见也没有关系。他这是鼓励年轻人,因为磕碰摔跌是学步的必经阶段。

1978年《中国语文》复刊,第一期就有杨伯峻先生的文章,先生一看校对有误,连忙把侯精一和我叫去,非常严肃地批评我们工作马虎,我们一边觉得很害怕,一边庆幸有这样的严师在旁管教。先生后来说到,要出他的论文集时,首先要做好校对。

一次我说到,先生的考据很像李善注《文选》那样,先生说:李善博学无不知,我不如李。人称李是书橱,但我倒不愿只作书橱。

还说，即使李善注，也有"未详"。

先生一次说，段氏注《说文》很不容易，如"滠"是从四川扬滠滩得到注释。我说先生编《现汉》也不容易。先生说《现汉》上发挥不了力量。我说，那先生想做什么呢？先生说，想把《康熙字典》删繁就简一下，现在也不存在触犯清朝皇帝问题，不像王引之那时没法干。还说，现在引用常出问题的，一是《康熙字典》，一是《佩文韵府》。《康熙字典》把"丢"注为出杨雄《方言》，其实，《广韵》还没有收"丢"字呢。《佩文韵府》引文的出处常不知在哪里，找不到。《大汉和》字抄《康熙字典》，词抄《佩文韵府》。对《康熙字典》删繁就简，张菊生过去提过。编《汉语大词典》的应该做这工作，否则，这大词典的基础就建在沙滩上。韩敬体所编《〈现代汉语词典〉编纂学术论文集》（商务印书馆2004年）就收有丁先生的一篇文章，《关于编纂〈汉语大词典〉的若干意见》，编者题注说明是丁先生1959年12月写成，"当时，语言研究所筹备编一部历史性的《汉语大词典》，由丁声树先生主编。"一年之后，丁先生接替吕叔湘先生主编《现代汉语词典》，这部《汉语大词典》未上马。壮志未酬，惜哉！

先生说到，《现汉》曾抄《康熙字典》，修订时增了阳平调"论"作姓氏一项。这是抄错了。阳平调"论"作官名有，《无和姓纂》无阳平调"论"。据韩敬体先生介绍，《现汉》试印本未收"论"的阳平调和姓氏一项，试用本收有阳平调，都未列"论"的姓氏一项，今修订本《现汉》"论"的姓氏一项音为去声。所以丁先生所讲是修订过程中的一段故事。

最后，我把当时所写几句感怀敬呈先生：

先生诚可敬，学问世所闻。

处处律己严，每思利于人。

谆谆劝我学，循循导我心。

讲述振聋聩，云开天地新。

愿言平生志，读书报师恩。（写于1975年8月31日）

附：丁先生给李方桂先生的一封信

方桂先生吾师左右：昨奉教言，即复寸札，请师母转呈，意犹未尽，敢再陈一二，乞师垂照。声树事师座，及今已逾十年，受益之深，楮墨难尽。感激之切，毕生不忘。此均不待声树之启禀，谅先生久已体察之矣。平日侍教，唯觉吾师学风之精纯博大，足以开发头角而警喻顽钝，故完全为吾师学风所笼罩，问难之外，不及他事。十年中略知语言研究之粗浅门径者，无一非由吾师之陶冶。所以出入师门，不敢自外。亦深幸吾师亦未尝以外人遇之。唯以赋性拙鲁，于吾师之起居生活盲乎未察，故前者一闻师语，惊愕失措，愧与悚俱，恃爱掬诚，乃有前议，期以绵薄之力，微尽弟子事师之义。非敢以此琐些烦渎师座，更非聊以口头套语为应酬话。声树素不惯此，想先生亦决不作如此观。今诵来教，似尚于声树之愚诚未尽察及，遂客气而婉拒之。声树为之疚心不已。是以昨函重申前议，务祈俯从鄙意，稍舒声树之积怀。且此为事实可行之办法，目前之米贴，声树实用不了，先生姑视声树为师家庭中之一员何如？来书婉谓"受之有愧"，又谓"万不敢当"，似声树之奉教尚有……

注：此信是丁邦新先生在台湾中研院历史语言研究所中发现，只剩半封。李方桂先生及李师母徐樱女士多次和笔者谈及此事此

信。说到抗战时期,所发给的米贴不敷家用,丁先生得知后,即把自己的送给李先生家。李先生、李师母都说,当时应该接受他一些,实在是情深感人。去年(1988年)春,李师母把她手录的这半封信的复印件交我。谨在此向李师母徐樱女士表示感谢。

又李师母徐樱女士在让我校读《方桂与我五十五年》手稿时,有"八六年七月於奥克兰"记述他们夫妇去协和探望丁先生的一段话,也附录于下(据手稿复印件):

前年我们回国到医院探病,我拉着他的手,抚着他的脸,叫他:"梧梓!梧梓!我们来看望你了。李方桂、徐樱来探你的病了。你快些好起来呀!你听见了么?你知道么?"他安卧在床上,不言不动。但是一颗珠泪顺腮而下!斯人也,而有斯疾也!斯人也,而有斯疾也!这时才理会到孔夫子这两句话的沉痛!

按:丁先生这封信和李方桂夫妇探望丁先生病的记述,也见于徐樱《方桂与我五十五年》49—50页(商务印书馆1994年),文字稍有增删。

仰之弥高，风范永存

——纪念丁声树先生百年诞辰

蔡文兰

今年是丁声树先生诞辰一百周年。丁先生作为众望所归的学术大师，开中国语言学一代风气之先，为推进我国语言学事业的发展作出了突出的贡献。丁先生离开我们整整20年了，但他为人为学的大家风范将永远留在我们的记忆里，给人以激励，给人以启迪。

丁先生是仰之弥高的大学问家，他的学问融合中西，学贯古今，可谓博大精深。对先生的学问，我只有敬佩而不敢妄加评论，但出于对先生由衷的景仰，在纪念先生百年诞辰之际，很想把自己点滴的所闻、所见和所感记录下来，以表达对先生的崇高敬意和深深的怀念。

我第一次读丁先生的书是进北大学习的第二年。那年秋天，有幸听朱德熙先生的现代汉语语法课，当时朱先生推荐的必读书目中就有丁声树与吕叔湘等合著的《现代汉语语法讲话》（商务印书馆，1961）。这是一部在我国语法学史上占有重要地位的学术专著，书中第五章"主语、宾语"是由丁先生执笔写的。主宾语问题是语法学界长期争论不休的问题，丁先生坚持从汉语的实际出发，借鉴结构主义的理论和方法，对主宾语问题从语法形式和意义两方面进行了十分透彻的分析。相关的理论探讨和描写方法不仅深刻揭示了汉语主宾语的特点,甚至从中可以体会到先生对整个汉语语法问题的深刻认识和独到的见解。可以肯定地说,就当时现代汉语语法研究的现状和水平来说,丁先生以他深厚的理论修养和求真务实的精神,毫无疑问地走在了学术研究的前沿和现代语言学的前列,对推动汉语的语法研究产生了极为重要的影响。

我第一次得知深受广大读者欢迎的《现代汉语词典》是由前辈学术大师吕叔湘和丁声树先后任主编的时候,放在自己案头的那本《现代汉语词典》已经翻用很久了。那是因为当初两位大师付出心力最多,贡献最大的《现代汉语词典》是一部主编没有署名的传世之作。众所周知,丁先生在音韵、训诂、方言、语法和辞书编纂等诸多领域都有极深的造诣,可以想见,如果他不是多年全身心地投入词典编纂工作,那丁先生在其他诸多学术领域的著述无疑会丰厚得多!丁先生把自己各方面深厚的学养都无私地倾注给了这部自己没有署名的《现代汉语词典》。不计名利,不求获取,只有付出!相比之下,这是当今某些所谓的"大学者"所远远不及的。丁先生在主持编写《现代汉语词典》的过程中,始终以他渊博的学识和严谨的学风,鞠躬尽力,精益求精,为高质量推出我国第一部现代汉语规范型语文辞书发挥了不可替代的重要作用,作出了不可估量的永远惠及后人的重要贡献。饮水当思源,丁先生和吕先生两位先哲虽然已经离开我们多年了,但他们为人治学的大家风范和卓越的功绩必将在《现代汉语词典》的赞誉中永存,必将在学者和读者的心中永存。"德高而不显,望重而不骄",这是对丁先生等前辈大师高尚的学术人生和思想境界最真实、恰当的写照。

我第一次听说丁先生受人尊称的雅号是初到语言所工作不久。一天，经人事部门工作人员引见，我得以见到时任语言所老书记兼副所长的石明远同志。石老当年的音容笑貌和谆谆教诲至今记忆犹新。他先是简要地向我介绍了研究所的概况，同时更多的是强调年轻人一定要下工夫学习前辈学者的道德文章。说到丁先生令人仰视的学问和人品，石老还非常风趣而且认真地告诉我："丁先生的道德文章在同行学者中间也是出了名的。'丁圣人'和'丁老夫子'都是他的雅号，有这样的尊称可见他在学术界受人推崇的程度之高。"石老这番介绍给我留下很深的印象。做"圣人"那是要一辈子修炼的，做"老夫子"那一定是博闻强记、满腹经纶。可见丁先生的品格、才智都已经达到了极高的境界。石老当年对丁先生以及所里其他几位学术前辈的赞誉，对我后来的工作和学习影响至深，令人难忘，获益匪浅。

我第一次见到仰慕已久的丁先生，已经是上班数日之后。那是一个夏末初秋的早上，几位同事都在平安里等研究所的班车。只见丁先生慢慢走了过来，他高高的个子、宽宽的前额、温和儒雅的神态，不禁令人肃然起敬。当时语言所的办公地点是在学院路的地质大学主楼，丁先生家住西城三里河，到平安里乘班车还要先乘好几站公共汽车。那年，他已是年近古稀的老人。当时我很纳闷儿，依他的资历和身份怎么还和我们一起坐大班车呢？后来去食堂吃饭，也常常见到他和我们一样自己排队打饭，丁先生似乎吃得很简单，那时的伙食标准也是比较低的。当时我也感到不解，组织上对他这样的大学者怎么没有特殊照顾呢？后来才听说，不是组织上没有关照，而是丁先生一贯严于律己，执著地坚守不能比别人特殊。再后来,甚至在班车上也见不到丁先生了,听说他是为了避免别人给他让座而改乘公共汽车了。那时,丁先生作为一级研究员和学部委员,工资待遇等要比一般科研人员好一些,但他在生活上极为简朴,从不肯在享受上多费心思和时间。听研究所的老同志说,三年困难时期,为了照顾他们这些老专家,国务院给他发了一张优待证,可以买些鱼、肉、蛋等,可丁先生从来就没有用过。但是每当遇到社会捐助或身边有人需要帮助时,他总是慷慨解囊且低调自处,从不声张。一辈子潜心学问,淡泊名利,甘于奉献,是丁先生有口皆碑的美德。俗话说,一个人做好事并不难,难的是一辈子做好事。丁先生无愧是中国老一辈知识分子中最优秀的代表。我虽然与丁先生仅有很少的几面之缘,但从众人的赞叹中,从他的著述中,从他的精神世界中,学习体悟到许多宝贵的东西。再次学习,再次体悟,每每策励自己,每每感动不已。

策励和感动总是伴随着思考,思考更多的是先生这一辈学者为人为学的崇高境界。讲道德文章,首先是道德,这是中国文化的优良传统和精华。人们常说,一个人若不被世人所遗忘,要么写出值得人读的书,要么做出值得人写的事。两者,先生都是我们一辈子要学习的典范。丁先生治学严谨是众所周知的,以至于他一生发表的著述并不像人们所期待的那么多。但每篇论著都是厚积薄发、周密论证、反复推敲的新解,这也是学界公认的。正如吕叔湘先生所说"丁先生是悬格太高,总要能够颠扑不破才肯拿出来";正如周祖谟先生所说"他发表的文章并不多,可是每篇文章都引证精确,迭出新解,学者无不啧啧称赞。由于他平时蓄积者厚,体悟者深,所以水到渠成,有伦有序,自成佳作";正如季羡林先生所说"他的每一篇文章都是千锤百炼的产品,达到很高的水平";正如朱德熙先生所说"可惜他一生从事研究的时间太短,'文化大革命'中他被折腾了十年,接着是缠绵病榻十年,要是把这二十年都还给他,可以想见他在研究上和培养人才上将会作出多么大的贡献"。对丁先生的赞誉还有很多很多,而几位前贤的评价更准确精到,更具有代表性。再次重温并抄录在这里,再次表达对先生的追思和崇尚。

缅怀丁先生的一生,他不仅是一位杰出的语言学家,同时还是一位优秀的共产党员。1983年4月,中国社会科学院党委专门召开党员大会,表彰丁先生的模范事迹,号召广大党员和学者向他学习。对此,我们由衷地感慨,像他这样的大学者,能够这样自觉、笃诚地以学术为社会服务,能够这样谦和、谨严地为学做人,这是怎样一种崇高的境界啊!今天,我们隆重纪念丁先生百年诞辰,就是要以丁先生等老一辈学术大师为楷模,使他们的治学理念和道德文章永远成为启迪和滋养后人的宝贵的精神财富,并以此进一步净化今天的学术空气,滋润学术大地,推动学术发展。只有这样才是对先生最好的纪念。

参考文献

石明远《深切缅怀丁声树先生》,《方言》1999年第3期。
韩敬体《丁声树》,《学术大师治学录》,中国社会科学出版社,1999年。
韩敬体《杰出的学术成就,高尚的道德风范——丁声树先生学术活动追思会侧记》,《中国语文》1989年第4期。

永远的偶像与丰碑

董 琨

1988年下半年我曾经面临工作调动,还没来到语言所工作的时候,读到《光明日报》连续登载的记述丁声树先生卓越的学术成就和崇高的人品风范的报道文章,当时对丁先生产生极为崇敬的心情,我想如果能到拥有丁先生这样的前辈学者的单位工作,那将是何等的幸运啊!

一

我刚来到语言所的时候,被分配在词典室工作。这正是原先丁先生担任《现代汉语词典》(后来一直习惯简称为《现汉》)主编并兼任室主任的单位,真是幸莫大焉。但是最大的遗憾是丁先生已然病倒了好几年,成为失去知觉的植物人了。我一到室里,就表示了想见丁先生的强烈愿望,哪怕他已不能说话,因为丁先生已是我心中崇拜的偶像了。

两位年轻的同志陪同我去协和医院看望了丁先生。丁先生诚然一直在昏睡,但看上去神情安详,脸色红润。语言所对丁先生的照顾无微不至,雇用专门人员护理丁先生,所室同事也时常有人前去探望以及办理一应手续。

尽管只是这样默默的探视,已是我当时极大的满足:自己总算见到丁先生了。植物人就是大脑基本死亡,我出门时还想过:要是给丁先生能换一个鲜活的大脑,让丁先生得以"复活",该有多好!转念一想:慢说现在还没有这样的医学水平,即使能够移植,又哪能找到如此充满仁爱与聪慧的大脑呢?

不久,就听到丁先生溘然长逝的不幸消息,随后是参加遗体告别仪式,以及对丁先生的追思会。会上聆听吕叔湘、杨伯峻、朱德熙诸多前辈师长的追思回忆,更使我增添了对丁先生的钦仰。

在语言所经常能听到同志们缅怀丁先生的话语,或者说是不少的遗事佚闻,譬如说同样是语言学大家的李荣先生,在丁先生的人前人后,从来总是称呼他"先生",连姓都不加。又譬如说胡乔木担任社科院院长时,曾经向丁先生建议成立词典研究所,就当时的词典室的人员力量以及图书资料储备等条件,是有其可行性的,但是丁先生为了避免担任理所当然的首任所长,就加以婉辞了。还有,以丁先生那样的学术水平,在他填写干部履历表相关栏目的时候,却只是写上:"粗知汉语音韵训诂,略有方言调查经验。"丁先生住在三里河,因为老有人给他让座而不愿坐院里的班车,于是每天坐13路公交车,几年下来,成了这条路线上的"模范乘客"。平时丁先生的生活起居极为简朴将就,冬季的午餐经常只是吃点烤馒头片。……

一位老同志告诉我:由于《现汉》曾在"文革"中遭到"四人帮"及其爪牙诬蔑、批判,编辑人员也受过不公正的待遇,"文革"

之后,他曾经一度想调离语言所而到高校工作。丁先生为了挽留他,做了很多思想工作,直至动容说出"人民需要词典,我们应该编好词典!"一席话使他觉得坚持己见就未免对不起丁先生,从此就安心留在词典室了。

就我个人而言,让我最大限度感受到丁先生遗泽的,则是一部已然声誉日隆的《现汉》。历年来我有幸参加《现汉》的保养和修订,在浸润其中之际,深深感到它的两任主编——吕先生与丁先生为之付出的大量心力与辛勤的劳动,以及渗透其间的深湛学养与严谨学风。我曾经时常去翻阅词典室的档案柜即条目稿片柜,总觉得能在每张稿片的字里行间,领受到两位大师的学术智慧。听老同志说,在排列资料卡片和稿片时,由于过去没有空调,无论夏天多么炎热,也不敢用电风扇,怕给吹乱了。于是我仿佛看到前辈大师身着背心,大汗淋漓却依然坚持工作的身影,仿佛看到稿片上还有他们洒落的汗水的印迹。尤其是丁先生在接任之后,完全不暇他顾,全力以赴《现汉》的编纂工作。我曾经斗胆写下一篇习作:《试谈〈现代汉语词典〉成功的历史经验》(收入《〈现代汉语词典〉学术研讨会论文集》,商务印书馆,1996,10。),写到丁先生"以狮子搏兔的精神,全副身心投入"——有时为求一字注音之安,不惜翻箱倒柜,查找资料,精心考证。一个著名的例子是"圪"字。这个字的读音,在古今字典辞书中,除辽代的《龙龛手鉴》注为"苦合反"(今当读 kē)外,从《康熙字典》到《国语词典》统统只注为"邬感反"(今当读 ǎn)。丁先生通过查证古代史部、集部和小学类书籍中的大量反切和叠韵联语的异文,尤其是调查了现有山西地名"圪河镇"在晋南方言中的实际读音,最后确定为 kē。丁先生为此还撰写了一篇文章《说"匼"字音》发表在《中国语文》1962年4月号上。实在可谓"一名之立,旬月踟蹰"。

即便如此,丁先生还是曾经发出这样的感慨:"我总觉得词典越编胆子越小,常会出错。"(《1978年4月6日在词典室全体人员会议上的讲话》,载《〈现代汉语词典〉五十年》,商务印书馆,2004,8。)词典室的同志们都知道并且记住了丁先生的这句名言。

二

我平日读书,除了专业论著,也喜好翻阅学问家学术以外的文章,如散文、随笔、回忆录等等。出于对丁先生的感情,我特别注意同时代的师友涉及有关丁先生言行的叙事文字,虽然有的仅仅吉光片羽,雪泥鸿爪,却也仿佛速写或剪影,可以让我们领略到丁先生的风采和音容笑貌,感受到师友们对他学问人品的评骘,体会到丁先生的学问和人品,来自年轻时的艰辛和历练。

我们知道丁先生自1932年北京大学中文系毕业后,即到当时的中央研究院历史语言研究所(一般简称"史语所")从事语言研究工作。这个研究所的创办人及兼任23年所长的傅斯年,对于入所研究人员的选择是非常严格甚至苛刻的,因傅氏本人曾经在欧洲留学7年,所以重视"海归派",如早期史语所的核心人物陈寅恪、赵元任、李方桂等,都是他亲自延聘的,而像马衡、郭绍虞这样学有所成的"本土派"则被拒之门外。(参见岳南:《陈寅恪与傅斯年》第十三章,295页,陕西师范大学出版社,2008,6。)大学刚刚毕业的丁先生并无留学背景,当时能进入史语所,是相当不容易的,只是靠自己品学兼优的实力罢了。

一本关于胡适的传记介绍:"(1934年)8月7日,胡适读郭沫若《谥法之起源》,感到郭沫若胆子太大了,用不认得的金文来做考证的证据,自己是不敢的。……当天,胡适给中央研究院历史语言研究所丁声树去信,谈了自己对郭沫若的《谥法之起源》的意见。"(朱洪:《胡适:努力人生》第六章,225页,广西师范大学出版社,2007,8。)丁先生曾是胡适执教北大时的学生,当时只不过是刚刚"出道"的年轻人,胡适则早已是天下闻名的大学者,能与他如此讨论学术问题,可见丁先生由于自身的业务实力所受到学界的推重了。

抗战期间,神州板荡,史语所曾经屡次播迁,最后迁往四川泸州、宜宾附近的李庄镇,住居、办公均在离镇还有4公里的板栗坳(栗峰山庄)。这里地处偏僻,缺医少药,生活艰苦异常。研究人员及其家属,不但生病无法及时治疗,甚至经常食不果腹。有一次傅斯年外出公干期间,就曾一连收到好几封函电,如史语所人类学组主任吴定良致电:"弟目前经济处于绝境,……恳请吾兄予以惠助。"语言组董同龢上书:"同龢之子及妻先后患痢,……恳请设法予以救济。"在所内主持工作的董作宾也急电:"夏作民(按:即夏鼐)先生病,陈文水君之小孩已夭折。"(《陈寅恪与傅斯年》第九章,214—215页)一贯为人高傲的傅斯年,也只好亲笔给驻宜宾的四川第六区行政督察专员王梦熊写去求助的长信,信中有这样的话:"请您不要忘记我们在山坳里尚有一些以研究为职业的朋友们,期待着食米……"(同上,213页)以至在1946年10月史语所搬迁回南京的庆宴席间,"最令人难忘的是傅斯年在演说中对史语所历次搬迁的追忆,在讲到抗战岁月八年颠沛流离、艰苦卓绝的生活时,说到动情处,几次哽咽泪下,在场的人无不为之深深感染而同声悲泣。"(同上,第十三章,303页)

年轻的丁先生对这样的日子则安之若素,在如此艰苦的环境中依然坚持语言学研究。语言学大师赵元任,那时也一度在史语所工作。他的夫人杨步伟,曾在所撰回忆录《杂记赵家》(中国文联出版社,1999,2。)中记述过这一段的经历,其中似乎很不经意地数次提及丁先生。如在广西途中,众人有所口角,"丁声树笑笑不响"。(第十一章,311页)到昆明后有一次考古学家李济为办公地点大发脾气,"丁声树和元任一句话没说。在那时元任对这种事总是不响的生气而已"。(同上,314页)又说到:"那些时元任倒是每天编些几部合唱的歌,和些小孩子们唱,丁声树就和大、二两女他们在院子里打球。"(同上,314页)这些文字虽然不多,凸显的丁先生形象则都是正面的。杨步伟应该算是丁先生的"师母"了,在她的眼中,年轻的丁声树,性情和为人是那样的沉稳、随和、乐观,面对艰苦的环境、复杂的人际关系,是那样的应付裕如。

1941年6月,当时是西南联大教授但还兼任史语所通信研究员的罗常培先生,曾经和西南联大校长梅贻琦等人,从云南昆明到四川旅行,并专程来到李庄板栗坳看望史语所的同事们。罗先生曾在事后出版的游记《蜀道难》(收入《苍洱之间》,辽宁教育出版社重印,1996,9。)中写道:

北京大学文科研究所的学生留在李庄的有任继愈、马学良刘念和李孝定四个人。马刘两君受李方桂、丁梧梓两先生指导,李君受董彦堂先生指导。李董丁三位先生对于他们都很恳切热心。

"梧梓"是丁先生的号,当时他刚交"而立"之年,就已经是研究所的研究生导师了,而且罗先生对他指导研究生的工作是充分肯定的。

1936年,瑞典著名汉学家高本汉的巨著《中国音韵学研究》被翻译成中文。这是一部影响到中国语言学界几代人的重要著作,由当时学界的三位巨擘赵元任、罗常培、李方桂共同译述,工程的规模和难度都相当的大。根据李方桂先生晚年的回忆:

> 当时,赵元任没在中国,而在美国,所以,我和罗常培,我们俩完成了这项翻译工程。……我们译完了高著初稿,赵也从美国回来了。因为赵已经译了一部分,罗常培的几位朋友译了另一部分,我和罗常培译了第三部分,全书译文的名称术语(terminology)并不十分统一。因此,必须将三部分贯穿起来,使之前后一致。当然,使整部译著成为一个完整、可读作品的,就是丁声树的功劳。他是最终给整部译著统一润色的人。后来此书的出版,主要归功于他的辛劳。(王启龙、邓小咏译:《李方桂先生口述历史》第三章,49—50页,清华大学出版社,2003,9。)

李方桂认为《中国音韵学》能"成为一个完整、可读作品的,就是丁声树的功劳。……此书的出版,主要归功于他的辛劳"。这是实事求是之言,也体现了他不掠人之美的长者风度。

确实,李方桂先生对丁先生是非常尊重的。他于1929年底留学欧美回国以后,被任命为中央研究院史语所研究员。丁先生刚毕业分配来所时,曾被安排担任李先生的助手。丁先生对李先生执弟子礼,但李先生谦虚而真诚地认为:丁先生"懂得比我多"。他曾在晚年的《口述历史》中设立专节回顾自己与丁先生的交往并作出评价:

> 我在1931年或1932年认识的另一个人就是丁声树。他刚从北京大学毕业,被派到历史语言研究所任助理研究员。在中国语文学、文学及语言学方面,他大概要算训练最有素的学者之一。
>
> 当时我是研究员,他是我的助手。他聪明过人,理解能力很强,刻苦钻研现代汉语、语言学等学科的全部知识。……他在汉语和西方语言学方面都受过非常良好的训练。例如,他在耶鲁大学学过拉丁语等等。为此,到他1949年回中国时,他来到上海,回到了研究所——他在西方语言学和中国语文学方面是训练最好的人。我认为即使到现在,他仍然是受过最佳训练的学者,只是他现在总是病魔缠身。
>
> 所以,我把他算作"最……之一";然而,他是个十分奇特的人,他从不愿写文章。从不愿意,而他却总是在帮助他人,

竭尽全力的帮助他人。我想,在北京他(参加)写过有关汉语语法的书,他在北京以及其他地方声望都非常高。

《拿出一书本》这是我关于上古汉语方面的几篇文章,就是丁声树把文章搜集起来拿到北京商务印书馆出版的。他还出版了我的其他东西,我同丁声树的关系很好,他总是把自己当作我的学生,而实际上他懂得比我多。

李方桂先生以上的评述,实在可以展开而写成一篇关于丁先生的大文章。只是他说丁先生"从不愿写文章",这一点恐怕还是李荣先生说得更恰切:"丁先生不轻易作文。"(李荣:《丁声树》,载《方言》杂志1989年第2期)但丁先生由于全力以赴编《现汉》而少写文章则是事实,这应该说是一位大学者为国家的词典编纂事业所作的个人在学术方面的牺牲。至于李方桂先生所说的"最……之一",除了"训练最有素的学者之一",应该还可以填上"最杰出的语言学家之一",或者也可以是"最好的朋友之一"。总之,像李方桂先生这样的学术大家,而如此评价后进者的学问和人品,是非常难得而罕见的。对于这种评价的施者与受者,都足以成为学林的佳话了。

三

虽然我无缘得与丁先生共事,没能亲炙过他的教诲,似乎没有资格写纪念丁先生的文章;但是《现汉》收有一词叫"私淑",释文是:"未能亲自受业但敬仰其学术并尊之为师。"我想这个词对我之于丁先生,庶几可以使用吧,虽然我觉得自己也许并不配。丁先生是中国语言学界永远的丰碑;在我的心目中,是永远的偶像。所以值此《丁声树先生百年诞辰纪念文集》征稿出版之际,不揣谫陋,写下这篇小文,略表自己对丁先生的无上景仰之情。

2008 年 12 月 21 日

一位极有学问、十分谦虚的大学者

伍铁平

一

我是1962年调进社会科学院(当时称"哲学社会科学部")语言研究所的。调来以前,对丁声树先生(下文简作"丁先生")的学术声誉早有耳闻,因此丁先生1965年在语言所讲反切时,我从头到尾仔细听课和做丁先生布置的反切练习。从1965年至今,历时43年,我遭遇了所谓"文化大革命"和家庭悲剧[①],几次搬迁,一度卖掉了大部分书籍以贴补家用,唯独这个笔记和练习本我珍藏至今。从丁先生的授课中我不仅学到了很多知识,更重要的是他的谦虚过人的品质深深感动了我,令我终生铭记在心。众所周知,丁先生是我国卓越的音韵学家,数次校读过高本汉著,赵元任、罗常培、李方桂合译的《中国音韵学研究》[②]。他开的所谓反切课,事实上是音韵学基础启蒙,但是丁先生授课时,出自过分的谦虚,从来不提这一点,甚至回避使用"音韵学"这个名称[③]。他编的《古今字音对照手册》(李荣参订)充分说明他在音韵学方面的深厚功底,是我国进行方言调查的重要指导手册。课堂上丁先生也从未提到这本书及其科学价值。这种极其谦虚的精神同丁先生填写履历表的"专长"一栏中所写的"粗知汉语音韵训诂,略有方言调查经验"④,是一脉相承的。

丁先生开反切课,是响应当时语言所党组织贯彻党中央提出的"向科学进军"的号召的一项措施。根据丁先生的人品和性格,他不会主动提出开设这样一门面向全所(自愿参加)的课程,因为他当时继吕叔湘先生之后,肩负主编《现代汉语词典》的重任。当然,为了帮助语言所"词典编辑室"的中青年科学地注释这部词典中的每个汉字的注音,让他们熟知反切这一注音的基本功,丁先生很可能主动提出给他们开课,但其性质同面向全所开课是有所不同的。

当时听丁先生课的大约有40人左右。我不知是否每个人都做了笔记和反切练习并上交给丁先生。那时丁先生已56岁,肩负着《现代汉语词典》主编的重任,还要不惜花费大量宝贵的时间为我们这些音韵学方面的小学生修改作业,这是何等可钦可佩的舍己为人的精神啊!

二

丁先生为了主编好《现代汉语词典》,一丝不苟,全力以赴,真可说耗尽了他的全部心血。他几乎天天提前上班,在全所是最早的;下班后他继续工作,在全所是回家最晚的。星期日他也几乎整天在所里工作。他的这种奉献精神语言所的每位同志都看在眼里,记在心上。我1962年调进语言所时才34岁,时已53岁的丁先生的这种拼搏精神，令我十分感动，是鞭策我努力工作的生动榜样。当时编词典没有任何稿费，不似其他研究人员发表文章能获得微薄的稿费以贴补当时很低的工资收入。那时还普遍流行一种错误的观点，认为编词典不是科研，影响著书立说；以丁先生在现代汉语、古代汉语、音韵学、方言学等方面研究的深湛造诣，编词典有点大材小用。但是丁先生从来不认同这种观点，从来不计较编词典对个人有什么损失。丁先生"常说，词典他越编越胆小，唯恐什么地方出现错误，那样就会贻误读者"⑤。因此，《现代汉语词典》广泛征求意见，从1960年印出"试印本"到1978年正式出版（第一版），历时长达18年之久。

丁先生的这种不计较个人利益的精神同现在有些人以编词典作为个人求名牟利的工具，越编越胆大，为此不惜剽窃、仿制、粗制滥造，不断克隆，拉政要当招牌，数年之内编十数本词典、字典，刚刚出版还没有征求读者意见，就大肆炒作，自吹自擂，两相比较，真有天壤之别。我们不妨举一个例子，说明《现代汉语规范词典》（下文简作《现规》，外语教学与研究出版社、语文出版社，2004年）如何照搬《现代汉语词典》（下文简作《现汉》）的一个错误。我手头有的《现汉》试用本（1973年）、第1版（1979年）、修订本（1996年）、2002年增订本（2004年）和第5版（2005年）都将"平仄"解释为"平声和仄声，泛指由平仄构成的诗文的韵律"。这儿的"韵"字显然欠妥，因为平仄表示的是一种节奏（rhythm），同韵（rhyme）是两种不同的现象。有平仄交替的诗文不一定押韵，反之亦然。上引多种版本的《现汉》对"韵律"的解释是"指诗词中的平仄格式和押韵规则"，将节奏和押韵明确分开，这就对了（尽管同它对"平仄"的解释发生了矛盾⑥);然而该解释仍有欠缺,因为现代汉语中谈到"韵律"时,当然不仅限于汉语,而外语和我国少数民族语言中有些节奏还可以用轻重音或长短音交替等多种方式表达。对上述条目,《现规》只是改动了《现汉》的个别无关紧要的字眼,完全重复了《现汉》的上述错误和矛盾。我们还可以指出《现规》中的一个错误:将"慰安妇"解释成"……(为日本侵略军提供)性服务的妇女"。这显然不妥,因为将性虐待说成是"性服务",没有对这种行为严加谴责的内容。由此可见,有人将《现规》吹捧为"填补了我国辞书的空白"、"建立了辞书界的里程碑"等等⑦,多么不妥。

上引《中国现代语言学家传略》所收"丁声树"条目第194页指出:"《现代汉语词典》的试印本是1960年印出来的,其中有三分之一是丁先生看过油印稿才发排的。"我没有上述1960年印的试印本,不知那时是否就出现了上面说的错误和矛盾。如果出现了,而且在丁先生1979年10月病倒住院以前的《现汉》多种版本仍未改正上述错误和矛盾,对此丁先生是有部分责任的⑧。朱德熙先生说过:丁先生"大概是主持、领导大型词典编纂的最理想的人选"⑨。朱先生还说过:"像丁梧梓先生那样样样拿得起的学者可以说是全才了,但理论似亦非其长。"⑩朱先生这话见于1991年他写给鲁国尧教授的私人信件。朱先生"次年辞世"⑪,他在世时并未见到该信的出版。我相信,以朱先生的严谨,他如公开发表文章,绝不会说丁先生"理论似亦非其所长",因为"理论"二字涵盖的面太宽。在现代汉语、古代汉语,尤其是音韵学、方言学、词典学等方面,绝不能说丁先生"理论似亦非其所长"。不过朱先生在私人信件中无意中写出的这句话透露了一个真理："人非圣贤，孰能无过"（当然我上面所说的《现汉》的疏漏只能算小过）。我遍读有关丁先生的论述，发现丁先生的确从未研究过外语诗律学及其同汉语诗律学的比较，尽管丁先生的英文很好，当然也精通古代汉语的诗词格律。这件事情再次说明，尽管是编现代汉语词典，编者也应有较高水平的外语理论修养。我在前面所引拙文《解放区的天是明朗的天》曾说过类似的话，但人微言轻，似乎没有引起人们应有的重视。

我写了上面这段话，用意在希望我们今后在编写故去学者的纪念文集时，不要受古人"为逝者讳"、"为贤者讳"的旧传统，只说好话，不敢进行学术批评，包括批评那些违背了逝者和贤者良好学风的那些人，不管其中的人官位曾经多高。只有将学术批评的精神贯彻于各种类型的著述之中，才能端正学风，使学术得到更好的发展。

三

"文化大革命"前，除开陆志韦教授外，丁先生是语言所唯一的一级研究员，他自然成了语言所所"横扫"的学术权威。丁先生一生献身学术，谨言慎行，解放前在国民党区的中央研究院历史语言研究所工作。时任该所所长的傅斯年紧跟国民党，在南京解放前逃往台湾前夕曾动员丁先生同行，遭到丁先生的拒绝。从这件事情可以清楚看出丁先生进步的政治立场。文革中的造反派找不出丁先生的任何反动言行，只好在一件事情上做文章，把丁先生打入"反动学术权威"行列,进行批斗。这件事情是:蒋介石为了拉拢知识分子,要求每个赴美国留学和(或)考察⑫的学者事先进入国民党主办的"中央训练团"受训。蒋介石给训练团"毕业"的每个学员发了一张他签名的毕业证书。在"文革"中这自然成了丁先生的一大"罪状"。因此,在批斗语言所的所谓牛鬼蛇神,要他们在语言所当时的所在地"端王府"院内挂着黑牌"游'街'示众"时,丁先生往往走在最前面,挂着黑牌、敲着小锣⑬,高呼"横扫一切牛鬼蛇神!""文化大革命万岁!""毛主席万岁!"等口号。这是对知识分子,特别是像丁先生那样的高级知识分子极大的羞辱。后来,我们这些所谓的"牛鬼蛇神"被关在语言所主楼对面的一间很小的平房里⑭学《毛主席语录》,丁先生的座位靠窗户,端王府大院的儿童往我们的小屋扔砂土,丁先生首当其冲,背上落了不少尘土。丁先生性格内向,寡言谈,只能把苦水往肚里吞,积冤积劳成疾,最后导致丁先生1979年10月病倒,在病床上"脑溢血发作"⑮,后来完全失去知觉,成了植物人,长达十年之久(1989年3月1日逝世)。语言所的同志轮流去看望他,他毫无反应,令我们内心痛楚万分。丁先生的妻子和他十分疼爱的唯一女儿丁炎伺候他多年以后,见已无治愈的可能,加之不能再因已毫无知觉的丁先生的病耽误丁炎上学⑯,才不得不强忍着巨大的悲痛,离他赴美。

我写下这段悲惨的历史,只是希望后人从中吸取教训,而不是指责任何人,因为丁玲同志从1957年起遭遇的痛楚比丁先生更多,时间更长,但是她在"文革"后痛定思痛,毫无怨言,只是说,当时我们党也在受难啊⑰。这种将个人与党融为一体的崇高精神,定会得到九泉之下的共产党员丁先生的赞同。

我理解，出书纪念丁先生百年诞辰，目的之一是弘扬丁先生的优良学风，学习他的崇高品德。这一精神也应贯穿《现汉》全书。美中不足的是该书2002年增补本和第5版的扉页上都称呼丁先生和吕叔湘先生为"先哲"。《现汉》多种版本对"先哲"的解释是"已经去世的有才德的思想家"。丁先生和吕先生当然是有才德的大学者，但我相信，他们如在世，绝不会赞同对他们冠以"思想家"的称号。本文前面批评了某政要赞同别人称他为"思想家"。要树立良好的学风，人人有责。希望再版《现汉》时用其他的称呼代替"先哲"的提法。

2008年3月1日至7日于医院初稿，
出院后补充、修改，定稿于2009年8月20日

附 注

①关于后者详见拙文《一位站着死的诗人、教育家李广田教授》，首刊美国出版的华文周报《美中时报》2007年5月4日第8版，正式发表的订正稿刊《云梦学刊》2008年第2期。

②详见高本汉著《中国音韵学研究》（商务印书馆，1995年）傅斯年序。傅序称赞该译本是"近年我国译学上未有之巨业"。丁先生做事特别认真，一丝不苟，但从不张扬；我们完全可以想见，丁先生为该译本肯定付出过辛勤的劳动。

③我在上述笔记和练习本封面上写着"丁梧梓先生主讲音韵学"。丁先生改我的练习本时删去了这10个字，改为"反切练习"。从1965年3月23日的第一次练习到1965年7月14日的第16次练习的题目依次是：1)"声调古今变化";2)"送气音与非送气音的古今变化";3)"上颚化问题";4)"关于

摄的问题";5)"等韵(一四等韵问题)";6)"二等韵问题";7)"三等韵问题";8)"帮组与非组分化的条件";9)"韵母古今变化之一(果摄)";10)"韵母古今变化之二(假摄)";11)"韵母古今变化之三(遇、蟹摄)";12)"韵母古今变化之四(止、效、流摄)";13)"韵母古今变化之五(咸、深、山、臻摄)";14)"韵母古今变化之六(宕、江、曾、梗、通摄)";15)"制定古入声的方法及韵母总结";16)"今四呼与古开合口"。从这16次练习完全可以看出丁先生开的课实际上就是音韵学基础课。我每次交上练习后,丁先生必亲笔修改,对我提的问题,丁先生每次都必在我的笔记和练习本上作书面答复。丁先生还在每次审批我的作业后注上他审批的年月日。这一切都说明丁先生诲人不倦、极其认真的态度。只可惜第16次课后"四清",接着"文革",致使我未能向丁先生学下去,至今引为终生憾事。

④见《中国现代语言学家传略》(河北教育出版社,2004年)第1卷"丁声树"条目,第194—195页。只可惜丁先生的这种谦虚过人的高尚品德在当今社会似乎已经少见。2008年春下台的一名政要,当官不久,就让人吹捧他为"思想家、政治家、教育家"(详见拙文《解放区的天是明朗的天》,刊《科学中国人》,2005年第11期)。两种学风,真有天渊之别。

⑤见上《中国现代语言学家传略》所引"丁声树"条目,第192页。

⑥《现汉》对"韵文"的解释是"有节奏韵律的文学体裁,也指用这种体裁写成的文章……(区别于'散文')",这时又将节奏和韵律(已包括节奏)并列了,等于两次重复节奏的因素。《现规》为了避免抄袭《现汉》(简作"避现"),将"韵文"的解释改作"押韵的文体或作品",毫无道理地删去了韵文中经常出现的节奏现象。

⑦详见上所引拙文《解放区的天是明朗的天》和邢东田主编的《拯救辞书》,学林出版社,2004年;该书详列了《现规》的许多错误,批评它变相照搬《现汉》(这也是一种"伪引"[false citation])。《拯救辞书》这样一本好书,竟遭封杀,真不可思议。丁声树、吕叔湘等《现汉》的许多故去的编者在天之灵如知该事,定会从地下发出愤怒的抗议和谴责的声音。

⑧我之所以说"部分",是因为《现汉》2002年增补本扉页上说明从1956到1960年,《现汉》的主编是吕叔湘先生。

⑨见上引《中国现代语言学家传略》所引"丁声树"条目,第192页。

⑩见《鲁国尧语言学论文集》，第 703 页，江苏教育出版社，2003 年。

⑪同上注，第 705 页。

⑫丁先生 1944—1948 年曾赴美考察，见上引《中国现代语言学家传略》所收"丁声树"条目，第 188 页。

⑬丁先生自述此事的话见上引《中国现代语言学家传略》所收"丁声树"条目，第 201 页。

⑭当时同被"日托"在"牛棚"里的有吕叔湘、陆志韦、吴宗济、周殿福等著名语言学家，《现汉》的主要编纂者之一李伯纯和文革前后的语言所党委书记石明远（抗战时期参加革命的老干部）等 10 余人。当时语言所的群众不像大学生，比较文明，从来没有对我们体罚。最重的劳动不过是装卸蜂窝煤。丁先生同做科研一样十分认真和细心，一块煤也没有搬碎过。丁先生人缘好，从来没有被派去扫厕所。

⑮见上引《中国现代语言学家传略》所收"丁声树"条目，第 200、202 页。

⑯同上注，第 203 页。

⑰出处见注①所引拙文。

著名的语言学家丁声树[*]

何乐士

一

丁声树先生是在国内外享有盛誉的我国著名的语言学家。他是河南省邓县人，生于1909年3月9日。1926年考进北京大学预科，1932年从北京大学中文系毕业后，到中央研究院历史语言研究所做研究工作，先后任助理员、编辑员、副研究员（1940年初至1940年底）、专任研究员（1941年至1949年），1944年至1948年赴美国考察，曾兼任哈佛大学远东语言部研究员和耶鲁大学语言学部研究员，并加入了美国语言学会。1948年9月回国。解放后一直在中国科学院语言研究所（1977年5月改称中国社会科学院语言研究所）任研究员。曾担任过语言所方言研究组组长、《中国语文》杂志主编、词典编辑室主任等职，还兼任过中央推广普通话工作委员会委员、中国科学院普通话审音委员会委员。他是原中

---

[*] 此文曾发表于河南大学出版社《古汉语研究》1987年7月号，收入本文集略有修改。

国科学院哲学社会科学部委员，第三届政协全国委员会委员，第六届政协全国委员会委员、常委，第三届、第五届全国人民代表大会代表。

丁声树先生从事语言学的研究工作近五十年，在汉语音韵、训诂、语法、方言以及词典编纂等方面都有很深的造诣，他以自己精心研究的成果为我国语言科学事业的发展作出了重大贡献。

二

在三四十年代，丁声树先生致力于古代汉语的研究，发表了一些很有价值的学术论文。他的文章，从分析具体问题入手，在论证时古今结合，旁征博引，把音韵、训诂、语法、方言各方面的知识融会贯通，运用自如。他又善于以治活语言的方法来研究古代语言。他勤于探求，刻苦钻研，以其渊博的学识、科学的方法、新颖的思路、精辟的见解达到前人所未达到的新水平，"开创了当代科学地研究古代汉语的一代新风"[①]。

1935年，二十六岁的丁声树，大学毕业刚三年，就发表了他的成名之作《释否定词"弗""不"》。他引用先秦典籍一百七十多个例句，条理分明地论证了"弗""不"本身的特点，与动词连用时的特点，与介词、状词连用时的特点等，从而对"弗""不"的不同用法得出新的看法，特别是总结出"弗"在先秦时的运用规律，指出在先秦古籍中，"弗"一般包含着"不……之"。由于"弗"后面动词的宾语"之"已包含在"弗"中，因而多形成"弗动"式。这篇文章引起当时语言学界的极大重视。

接着在1936年,又发表了《诗经"式"字说》。《诗经》中"兄及弟矣,式相好矣,无相犹矣。"(《小雅·斯干》)"虽无好友,式燕且喜。"(《小雅·车舝》)等诗句中的"式"字,汉唐旧说都训为"用",清代学者则一概视为语助无义之词。丁先生分析了全部《诗经》的"式"字句,并与上下文对照比较,他从"式"字每与"无"字对言,"式"字又与"虽"字对言,仔细玩味,反复推求,终于悟出"式"字有劝令的意味,是"应当"之意。接着又从"式"字说到"职"字,"职"和"式"古音相近,《诗经》"职"字也有和"无"对言的,因此"职"也可和"式"一样解作"应当"。他的见解十分精辟,标新立异而又切合语言实际,无怪有人称赞他"从此(指从'式'与'无'对言、与'虽'对言——笔者)入手,真是巨眼"。

1940年,发表了他的《诗卷耳芣苢"采采"说》。《诗经》"采采卷耳"(《周南·卷耳》)"采采芣苢"(《周南·芣苢》)中的"采采",前人大致有两种解释,毛《传》、孔颖达《正义》、朱熹《集注》以及陈奂《毛诗传疏》等都把"采采"看作及物动词,训为"采而不已",意即采了又采;但戴震《诗经补注》、马瑞辰《毛诗传笺通释》却认为"采采"是叠字形容词,训为"众盛之貌",意即形容卷耳和芣苢两种植物的繁茂。丁先生认为戴、马之说是正确的,但"考辨犹有未尽";于是他不仅把全部《诗经》,而且把先秦群经诸子中的叠字通通考察一番,在此基础上对"采采"的用法作出了规律性的总结:"三百篇中,外动词(即及物动词——笔者)不用叠字,凡叠字之在名词上者尽为形容词,则《卷耳》《芣苢》之'采采',其义自当为众盛之貌,不得训为采取。"并进一步指出,不仅《诗经》没有及物动词的重叠式,就是先秦群经诸子中也还没有见到。最后他说，外动词的叠用，现代汉语常有，如"读读书""采采花""锄锄地""作作诗"之类，毛、韩两家诗说解释"采采"，就是以现代的语例来揣测古代语言："此固汉儒说《经》之通蔽；然古今语言迁变之迹，藉此略得窥其一二。"他指出，这是中国语言史上语例演化的一个方面，值得语文研究者深入探讨。

1947年发表了他的《"碚"字音读答问》。全文不过三千字，却显示出作者巨大的功力。文章一开始就摆出问题："或问曰：四川北碚之'碚'，字书无考，本地人皆读去声，音如加倍之'倍'；外乡人每读阳平，音如栽培之'培'。是二者孰为正读乎？"这个"碚"字，古今字书都没有收，要在上下古今若干万部书中去寻觅这个字的读音，实在太旷时费力了。再说这么一个不常见的字，不管读阳平声或去声，好像都没有什么了不起的关系，因此很少有人愿意探讨这个问题。而丁先生却不是这样。为了解决"孰为正读"的问题，他遍查古人诗文，终于发现"夷陵（今宜昌）胜迹有蝦蟆碚，荆门十二碚，两宋人书中道之者不可枚举。其字作'碚'，亦或作'背'、作'倍'"。他引用了两宋诗文中大量的例句，证明"碚"的异体字作"背"或"倍"；又引苏轼、苏辙兄弟的唱和诗以及黄庭坚诗，确证"碚"字依诗的格律应读去声。因而这个古今字书都未收的"碚"字，由于丁先生的潜心研究，终于有了确切的注音和解释："碚 bèi，地名用字：北～（在四川）。"正如杨伯峻先生所说："连注音短短十一个字，得来好不容易！"[②]

1947年，丁先生发表《"何当"解》，1949年又发表他在1944年写的《"早晚"与"何当"》。"何当"究应如何解释？清代文字训诂学家桂馥在他所著的《札樸》卷六"何当"条中，举出了唐代诏文、杜甫诗句两个例句，把"何当"解为"当也"。而丁先生在《"何当"解》一文中列举了自晋至唐一百多个例句，这些例句绝不是无机的罗列，而是有机的、精心的组合，就以唐诗例句来说，由初唐到中晚，上下几百年，其中的各个时期、各个地域都注意到了，共精选出数十人作品中的上百个例句，强有力地指出："作者之时地搀互不齐，而'何当'之义训宛尔相会。"令人信服地证明了"何当"不该训为"当也"，而该训为"何时"，因为它是"问时之词"。在《"早晚"与"何当"》一文中，丁先生不仅进一步阐发了清代学者姚元之、近时学者刘盼遂吕叔湘先生释"早晚"为问时之词的观点，并且在他们所举的三四个例句之外，补充了近五十个例句；更重要的是他深入比较了同为问时之词的"早晚"与"何当"在用法上的异同。通过对大量资料的分析对比，丁先生总结出两者在用法上的区别："何当"只能用于问将来之何时，"早晚"既可用于问将来的何时，也可用于问已经过去的何时。仔细品玩丁先生所举例句，就会发现他用例极为精确，比如在比较"早晚"与"何当"的区别时，有一例是《旧唐书·卷一九二·隐逸列传·王远知》中，唐太宗所降玺书："……近览来奏，请归旧山，已有别敕，不违高志，并[③]许置观，用表宿心。未知先生早晚已届江外，所营栋宇何当就功？"接着丁先生指出："此犹言未知先生何时已至江外，所营栋宇何时可就功也。'早晚'与'何当'并用，而'早晚'言已然，'何当'言未然，至显白可寻玩。"丁先生能精选出这样贴切的例句来说明问题，正不知要有多少倍于此的例句作后盾啊！

　　1947年丁先生写了《说文引祕书为贾逵说辨正》，这也是一篇十分精彩的文章。《说文解字》两引"祕书"，一在四篇目部："瞑，张目也。从目，真声。祕书瞋，从戌。"一在九篇易部："易，蜥易，蝘蜓，守宫也。象形。祕书说，日月为易，象阴阳也。一曰从勿，凡易之属皆从易。"自来注《说文》者大都以"祕书"为纬书。近人丁福保却认为"祕书"当作"贾祕书"，以"贾祕书"为贾逵。他说："许君古学正从逵出，故《说文》引师说或称贾祕书或称贾侍中，而不名也。"其说似是而非，在学术界引起混乱，丁先生"不得不纠正之"。首先，丁先生遍查《说文》全书，得知《说文》引贾逵说时，照例都说"贾侍中说"，全书共十七见。其次，丁先生又以确凿的史料证明，《说文》两次提到的"祕书"都是指的中祕图籍，根本不是官名。他指出，祕书监官之设始于后汉桓帝延熹二年，自此以前未有以"祕书"名官者，接着他雄辩地说："贾逵卒于和帝永元十三年（公元101），下距桓帝延熹二年（公元159）祕书监之初置，五十八年，乌得预为'祕书'？许慎《说文》作于永元十二年（公元100），安帝建光元年（公元121）其子许冲奏上，又乌得称其父为'贾祕书'耶？"一针见血地指出，丁氏"盖不考其全书而臆为之说，固宜其言之多谬也。"

1948年发表了《论诗经中的"何""曷""胡"》。这篇论文可以说是丁先生研究古代汉语的代表作，当代著名语言学家如吕叔湘先生、杨伯峻先生等常以这篇文章作为古汉语研究的典范作品向年轻人推荐。"何""曷""胡"三字在《诗经》中都常见，古传注及训诂书解释字义时，照例只说"曷，何也""胡，何也"，未说异同；清代学者多以为是"一声之转"，可以"通用"。然而丁先生却不满足于前人的这种解释。他把《诗经》中这三字的用法全部加以仔细地分析比较，并广泛对照了先秦群经诸子，最后发现"这三字至少在《诗经》里并不是随便乱用的。""其中尽管也有少数用法上偶尔相混之处,尽管也有少数文义上解释两可之处,但是从大体上看,从整个的趋势上看,实在是分用画然,区别显著"。丁先生指出三字的主要用法和区别是:一,"何"字在《诗经》中主要用于:(1)表"何物""何事",如"其赠维何?"(《大雅·韩奕》);(2)加于名词(不限事物)之上,如"何草不黄?"(《小雅·何草不黄》)"何人不将?"(同前);(3)与"如"连用:"如何""如之何",表方法、程度、状态等,如"伐柯如何?"(《豳风·伐柯》)"析薪如之何?"(《齐风·南山》);(4)表"何处",如"云徂何往?"(《大雅·桑柔》)以上用法是"曷""胡"二字所少有,或者根本没有的。二,"曷"字在《诗经》中最大多数的用法是表"何时",而且专指未来时间,如"君子于役,不知其期,曷至哉?"(《王风·君子于役》)"何""胡"二字都无此种用法。三,"胡"字在《诗经》中几乎一律是表"何故",如"式微式微,胡不归?"(《邶风·式微》)"何""曷"在《诗经》中这么用的很少。丁先生以大量例证作为依据,条分缕析,说理透辟;尤其是指出"曷"专表未来时间"何时",确切地揭示了"曷"在《诗经》中用法的重要特色,令人叹服。

丁先生的这些文章距今已有几十年了,但读起来依然感到它们那巨大的吸引力,篇篇都闪耀着真理的光辉。在这些文章中,丁先生无不是大量地占有资料,科学地驾驭材料,观察深入细致,发现问题敏锐,论证用尽全力,直如雄狮搏兔,使人深刻感受到杰出的科学论文的不可征服的力量,真可谓是不朽之作。

丁先生在解放前还有一部研究方言的著作,那就是与赵元任等合作的《湖北方言调查报告》。前历史语言研究所一共进行了六次方言调查，已发表的只有这一部。调查时间是1936年，直到1948年才出版。卷一是湖北六十四个调查点的分地报告，卷二是综合报告，包括综合材料、湖北特点及概况、湖北方言地图。这是中国第一部有方言地图的著作。

三

解放后丁先生更加自觉地将语言研究工作同社会现实需要紧密结合，努力为我国文字改革、推广普通话和促进汉语规范化服务。他在制定语言研究计划、编制方言调查表格、开办普通话语音研究班、培训音韵研究和方言调查人员、实际调查方言、现代汉语语法研究、词典编纂等方面都做了大量、切实的工作。他在一些会议上的发言多具有重要的指导作用。在他的主持、带领或参加下，编写出了一些在国内外有重要影响的语言学著作。他为我国语言学事业的发展贡献出了自己的一切。

在音韵学方面，丁先生有《谈谈语音构造和语音演变的规律》（1952年）、《古今字音对照手册》（1958年）、《汉语音韵讲义》（1981年）等论著。在《谈谈语音构造和语音演变的规律》一文中，丁先生用明白如话的语言、典型生动的实例，深入浅出地说明了语音构造与语音演变都有着严整而明显的规律，更进一步论证了两者的紧密关联和相互影响，最后指出，"研究汉语发展的内部规律，利用它们的内部规律来推进它的发展，使它的内容更丰富，结构更精密，这是中国语文工作者的任务"。这篇文章在语言学界有着深远的影响。

1958年出版的《古今字音对照手册》收常用字六千左右,在排列上以今音为主,依照现代普通话音系为序,标出普通话的读法,把古代的音韵地位注在后面,所依据的古音是《广韵》所代表的中古音系统。利用这本书来查找某个字在《广韵》系统里的音韵地位是很方便的。调查方言的人可以拿它作参考,研究汉语音韵的人可以拿它来推究古今语音的演变,一般读者可以拿它来考查普通话的字音。因此这本书在语言学界很受欢迎,尽管丁先生自己一再表示此书有些错误须加以改正,大家仍然认为"本书的编订是建立在对音韵学的精心研究和掌握古今语音演变规律的基础之上的"④。

《汉语音韵讲义》原是丁先生在"普通话语音研究班"上讲授课程时印发的讲义。语音班1956年2月起,由教育部和语言所合办,1959年8月后由中国文字改革委员会、教育部和语言所三个机构合办,它的任务一是培养推广普通话教学、工作的骨干;二是为全国汉语方言调查培养专业队伍。丁先生的讲义共分九章(由丁先生撰文,李荣先生制图),每章有习题,最后有总复习大纲。他写得深入浅出,条理清楚,既有很高的学术水平,又是普及语音知识的最好教材,对于掌握《广韵》系统和古今语音演变的规律大有帮助,在讲义没有公开发表之前就不胫而走,1981年在《方言》杂志发表后更是广为流传,供不应求。

在方言研究方面,由丁先生和李荣先生扩充编定、署名中国科学院语言研究所编辑的《方言调查字典》(1955年)、《方言调查词汇手册》(1955年)、《汉语方言调查字音整理卡片》(1956年)以及由他们合编的《汉语方言调查简表》(1956年),使全国方言普查能够使用统一的调查表格,运用基本一致的调查方法,不仅方便工作,更为方言材料的互相比较对照和今后绘制全国汉语方言地图准备了重要的条件。这是在丁先生主持下对全国方言普查工作和汉语方言学所作的重要贡献。

1955年10月,在现代汉语规范问题学术会议上,丁先生作了《汉语方言调查》的重要报告(与李荣先生合作)。这个报告的第一部分,阐述了方言调查的意义,指出汉语方言调查是直接为推广普通话服务的,同时方言调查和全国方言地图的绘制、汉语史的研究也都是密切相关的。报告的第二部分简明扼要地介绍了现代汉语方言的分布概况并略述了八个方言区的语音特点。第三部分回顾了过去的方言调查工作。第四部分是关于方言调查计划的几项建议:(1)重点调查;(2)培养干部;(3)分区设方言调查站;(4)统一调查计划,为设计全国方言地图准备条件。这些建议很受重视,大部分都为这次会议的决议和以后的教育部、高教部关于汉语方言普查的联合指示和补充通知所吸收,对全国的方言普查工作产生了重大的影响。

1960年12月,在中国科学院哲学社会科学部委员会第三次扩大会议上,丁先生作了《关于进一步开展汉语方言调查研究的一些意见》的发言,建议汉语方言进一步的调查研究在继续注意语音的调查的同时,应以词汇、语法为重点。就当前推广普通话、汉语规范化的需要而论,方言词汇的调查研究尤其重要。这些建议对汉语方言的调查研究工作,有着重大的指导意义。

1960年由丁先生与李荣先生等共同调查,由丁先生主持编写的《昌黎方言志》是一部备受语言学界称道的著作。为主持方言调查并编写这部书,丁先生费尽了心血。这本书内容非常丰富,共分八章,对昌黎方言的语音、语法、词汇,昌黎话的特点,昌黎音与北京音的对应关系,昌黎方言南北两区的主要异同都有详细的描写和分析。书中还有诗歌、谣谚、故事,方言地图,分类词表等。解放前的方言调查往往侧重在语音方面,对词汇、语法重视不够,这本书在丁先生主持下则有了新的面貌。在分类词表部分里,把词(或词组)按意义分为天文、地理、时令、政治、工业、农业、商业……等36项,共一百多页,几乎占全书篇幅的一半。这种开创性的做法充分体现了丁先生对方言调查工作的主张。本书对昌黎方言的语法特点也专有一节论述,还有一节全是语法例句。过去的方言调查往往厚古薄今,用大量的篇幅跟《广韵》作比较,不是纯粹的描写语言学。本书却没有与《广韵》比较,为了推广普通话,详细分析了昌黎音与北京音的对应关系。正如王力先生所说:"实际上,完全不提及《广韵》,也可以进行很有科学价值的方言研究工作,1960年中国科学院语言研究所为昌黎县志所编的《昌黎方言志》就是很好的一个例子。"⑤还有特别值得提及的是对昌黎城关声调的调查。开始大家认为是三个声调,后来丁先生仔细辨别分析,发现连读时声调有变化,连同轻声,一共应是七个声调,反映出丁先生那洞察秋毫的能力在方言调查上同样是出类拔萃的。《昌黎方言志》可以说是新中国方言调查的一个范本,有了它,全国各地方言调查和方言志的编写工作就有所遵循了。

在语法研究上,丁先生也有很深的造诣,他和吕叔湘、李荣等先生合编的《现代汉语语法讲话》(1961年出版)是我国语法学史上占有特别重要地位的一部著作。这本书的特点正如"内容提要"所说的,是"尽量通过语言事实来阐明现代汉语书面语与口语中的重要语法现象","并且着重于用法说明,而不是从定义出发"。这一特点与丁先生本人对语法研究的主张是完全一致的。1956年在青岛的语法座谈会上,丁先生有一个重要的发言,他再三强调语法研究的方向要"从汉语的实际出发,具体地分析具体的问题,不可从现成的定义出发,不要简单拿另外一个语言的语法系统硬套在汉语上"。他希望大家"多做一些描写性的工作","要先把事实真相弄清楚,先知道语言的事实'是'怎么样,然后才能说'应该'怎么样"。本书就充分体现了这些精神,它选例精确恰当,分析细致入微,阐述事理清楚,在国内外语言学界获得很高的评价。这本书描写语法,按性质和用法划分词类,用层次分析法分析句子,重视句子格式和词序,论述问题注意从语法结构和语法形式上着手,同时也注意形式与意义的结合;善于吸收国外结构语言学派和该派以外的语法理论,但又始终注意到实际运用的方便和汉语固有的特点,并不拘泥于原说。无论是解放前或是解放后,它都是最重要的一部语法著作。[6]

在词典编纂方面,他的成绩更为卓著。自1961年他担任语言所词典室主任,主持《现代汉语词典》的编辑工作,一直到1979年10月他因病住院不能工作为止,"在这将近二十年的时间里,他一直在为改变我国词典事业的落后面貌、为培养新中国年轻一代的词典编纂队伍而默默无闻、孜孜不倦地工作着。他无私地把全部身心都奉献给了我国的词典事业"[7]。他深知编纂一部高水平的《现代汉语词典》是祖国四化建设的需要,是祖国语言文字发展和汉语规范化的需要;是十亿人的大国教育、文化、科学事业发展的必需;更何况这是周总理亲自提出、十分关怀的项目,作为一个共产党员,他怎能不全力以赴呢?在沉痛悼念周总理的日子里,他不止一次地对周围的年轻人说:"最重要的是用做好工作的实际行动悼念总理。"为了编好这部词典,他不分白天黑夜地阅读大量资料,古今中外、理工农医……无不在他阅读范围之内。他亲自抄录卡片,认真校对编辑人员的卡片,反复审订词条,虚心听取各方面的意见。他经常为了一个疑难字的处理吃不好饭,睡不好觉,冥思苦想,逢人就问,不把这个问题解决好,他是绝不会罢休的。由于丁先生学识渊博,再加上在治学态度上总是注意充分占有资料,实事求是,推陈出新,因此以往辞书上的错误他屡有发现,在字的音、形、义等方面纠正了前人很多疏失讹误。例如"皮里阳秋"的"阳秋",即"春秋"。东晋时避郑后阿春讳,"春"字改称"阳","春秋"变成了"阳秋"。过去的辞书都把郑后阿春说成是简文帝(司马昱)的皇后,丁先生查阅大量资料、经过认真核对,弄清郑后阿春是简文帝的母亲,现在很多辞书都已改正这个错误[⑧]。又如"匼",山西省南部有匼河镇,"匼"字,依晋南方言,应该读 kē,但《康熙字典》只根据《韵会举要》《洪武正韵》注了"邬感反(ǎn)"一个音。自《康熙字典》以后的字书、词典如《辞源》《中华大字典》《辞海》《国语辞典》等,都只有 ǎn 音,没有 kē 音。只有辽代僧行均的《龙龛手鉴》有 ke 音。但《康熙字典》是权威,《龙龛手鉴》是不被重视的。按《康熙字典》的凡例,对《龙龛手鉴》的音切,只能列入备考中,不入正集。可是"匼"的 ke 音,竟连备考也未收入。丁先生为了弄清"匼"的读音,专门写了《说"匼"字音》一文(1962 年),他从《康熙字典》引的材料入手,打开一个缺口。他引证大量材料得出最后结论:"'匼'字今天读 kē,在历史上,有'苦合''口合''口答''渴合'等反切作证;有'匼匝''唈匝''铪匝''磕匝'等同为一个叠韵联语的异文作证;有匼河镇就是宋代的'唈河镇'作证。在方言上,又有匼河镇这个地名在晋南的实际音读作证。由此可见,《龙龛手鉴》注的'苦合反',实在是一个很有根据的音。'匼'今天读 kē,正是符合古今演变的读法。……在普通话里,'匼'字应当读 kē,不应当读 ǎn。"这篇文章不到三千字,却不知倾注了丁先生多少心血!最后收进《现代汉语词典》的是总共不到二十字的结晶:"匼 kē,古代的一种头巾。匼河 kēhé,地名,在山西。匼匝 kēza,〈书〉周围环绕。"可以想见,一部二百七十万言的《现代汉语词典》,所收词条,包括字、词、词组、熟语、成语等,共约五万六千余条,怎能不耗尽他的全部心血!如今这部词典已经进入千家万户,发行到六七百万册;有了它,大大推动了我国的词典编纂事业,国内外新出版的一些词典如《汉英词典》《汉日词典》《汉俄大词典》……,都拿它当作汉语辞书中最重要的依据。国外有一位汉学家说,在中国词典史上,这部词典可算得上是划时代的成就[9]。说到成就,丁先生一定会说这是全体编辑人员的辛劳,而全体编辑人员则定会给丁先生记头功。的确,"这部词典所达到的成就,是与丁声树的学识渊博、治学严谨以及高度责任心和艰苦细致的工作作风分不开的"[10]。

四

丁先生不仅在业务上见识高远,在政治上也是是非分明、有胆有识的。他始终坚持"作为中国人,应当为祖国服务"的信念,他无限热爱自己的祖国。他的确是"由爱国主义走向共产主义"的知识分子,但他的爱国主义不始于解放前夕坚决拒绝跟国民党去台湾,而是开始于"七七事变"时。他在1938年写的《诗卷耳芣苢"采采"说》一文末尾写过这样一段附言:

> 去岁卢沟桥之变,岛夷肆虐,冯陵神州。……不自揣量,亦欲放下纸笔,执干戈以卫社稷。遂举十年中藏读之书积存之稿而尽弃之。人事因循,载离寒暑,未遂从戎之愿,空怀报国之心,辗转湘滇,仍碌碌于几案间,良足愧也。⑪

爱国的深情跃然纸上。他从热爱自己的祖国这一基点出发,对"谁能救中国?"这样一个重大的问题不能不严肃认真地思考。以他的敏锐和见识,他的第一步判断是:国民党是不能信赖的。因此在1944年他严词拒绝加入国民党。当有些"同学"也来劝说,说是让他进去,把这个党"改好"时,他的回答是:"我是个书呆子,没有这种能力!"在1949年解放前夕他不畏威胁和高压,大义凛然地拒绝跟国民党逃走,他在日记上写道:"不逐名,不求利,不畏威,不附势……鲁迅所云横眉冷对千夫指,俯首甘为孺子牛,夫岂随流波荡者所能为哉!……立定脚跟,以与腐恶势力对抗,余之志也。"⑫

解放后经过党的教育和自身的观察与感受,丁先生得出了自己的第二个判断:只有共产党能够救中国。他对党充满了信赖、热爱与希望,他向党递交了自己的入党申请书。在1962年6月,他光荣地加入了中国共产党,成为一名共产主义战士。从此以后他更加严格地要求自己,更加努力地学习马列主义、毛泽东思想,更加自觉地用辩证唯物主义的理论和方法来指导自己的科研和工作。尽管他是国内外的知名专家,但他首先把自己看成是党内的普通一员。党布置什么任务,他总是认真完成。他在处理党和个人关系上,总是把党的利益放在第一位。他时刻以做人民公仆为己任,坚决反对特殊化。他家住房拥挤,所里要给他调换,他坚决往后靠。他家离所很远,他体弱多病仍坚持上班,所里派车去接他,他坚决拒绝。所里食堂离办公室有相当一段距离,不管严寒酷暑、风里雨里,他总是步行去食堂排队买饭,拒绝别人给他带饭或者让他先买。哪怕是很小的事情,他也不放松对自己的要求,绝不接受任何特殊的照顾。

他在工作中不求名不求利,《现代汉语词典》的稿费他一文不要,也坚持不署自己的名。学部委员津贴费、人大代表的车马费,他从来不要。就是他本人的工资,每月平均也只给家里三分之一。他常对他唯一的女儿说:"你要刻苦上进,自力更生,不要指望我给你留下什么钱。不然,反而害了你。"他生活十分俭朴,几乎一年四季都是布衣布履。他是这样艰苦律己,而对国家、对人民、对同志却十分慷慨。抗美援朝捐献飞机大炮,历年认购建设公债,赈济各地灾区受难者……,他都是独自去银行把自己的一些积蓄捐献给国家。他不愿在所内报名,怕受表扬,更怕给捐献少的同志造成压力。六十年代河北发大水,邢台地震,他除了捐钱,还捐献了许多衣物,家里床上的毛毯也被他抽走了。在所里他密切地关心着大家,当有的同志收到急电,报告亲人病危时,当有的同志身患不治之症时,当要成家的年轻人经济有困难时,当有的同志被家庭重担压得喘不过气时,……常有一位雪中送炭的老人默默地出现在你的身边,那就是他,大家敬爱的"老丁"。

他平易近人,待人和蔼可亲。他有那么大的学问,那么强的才能,那么高的见识,可是仍然虚怀若谷,不耻下问,对自己仍是那样地不满足。为了解决一些字的读音、释义问题,周围的研究人员、资料人员、行政管理人员、门房传达员、通信员、清洁工、炊事人员、司机……都是他请教的对象,他从不放弃任何向别人学习的机会。他和群众的关系是那样平等,那样亲密,真如鱼水一般。

他虽没有太大的组织才能和工作魄力,但他那以身作则、严于律己、勤勤恳恳,几十年如一日的工作作风,他那渊博的学识,严谨的治学态度,诲人不倦的精神,他那谦虚谨慎、平等待人的思想品质,却像磁铁一样有吸引力,把大家紧紧地团结在一起。如果说解放前他主要是个人研究,写出论文;解放后他作为学科的带头人,则把集体的力量形成拳头,在语言学的许多方面做出了令人瞩目的成就。

至于他对青年的爱护和培养,那就更是尽人皆知的了。他常说:"我要向一些老科学家学习,发扬做'人梯'的精神。"的确,他捧给青年的是一颗火热的心。他关心青年人的学习和成长,对他们循循善诱。为了培养编词典的青年大学生具备一定的音韵学知识,1964年他就为他们开设音韵课,并亲自为他们批改作业,甚至在十年浩劫期间还关心着这些同志的学习。在工作上他总是放手让青年人干,在编写实践中增长才干。他在工作上要求严格,如果由于工作粗心造成错误,他绝不原谅,总是当面严肃批评。他看人主要不是看人的资历和天分,而是看人是否勤奋努力、认真负责、肯于钻研,是否坚持又红又专、作风正派。他真是像老园丁那样精心地爱护身边的每个年轻人,无怪乎大家都非常愿意接近他,亲热地叫他"老丁"。1979年10月,当他突然因脑溢血半身不遂住进医院时,牵动着多少同志的心啊!多少同志争先恐后地要求去医院帮助护理,多少同志徘徊在医院门口打听他的病情变化,又有多少同志恨不得能替他生病,把自己的健康奉献给他!"桃李不言,下自成蹊",他深深地赢得了大家的敬爱,他的道德、文章的巨大影响将永远留在大家的心坎里,激励着大家前进。

五

丁先生在近半个世纪中对祖国语言学事业所作的卓越贡献,他对祖国、对人民、对同志所做的一切有益的事情,党和人民是永远不会忘记的。1983年4月16日中国社会科学院召开全体党员大会表彰丁声树同志,号召大家向他学习。院党组书记梅益同志在会上发言,给了他高度的评价:

"丁声树同志是从爱国主义走向共产主义的知识分子的优秀代表,是在国内外享有很高声誉的语言学家。他学识深广,治学严谨,工作勤奋;德高而不显,望重而不骄;不为名不为利,严于律己,始终把自己看作一名普通党员,一名人民的公仆。"⑬

第二天,在《光明日报》(1983年4月17日)第二版,用全版篇幅登载了表彰丁先生的长篇报导,题目是《甘为沧海一滴水——记我国著名语言学家、共产党员丁声树》(作者是新华社记者戴

煌、李光茹,光明日报记者林玉树)。文章的最后是这样说的:

"丁声树离开工作岗位已三年多了(现在已是五年整了——笔者),但他这'一滴水',一滴特殊物质组成的水,一滴放射奇光异彩的水,仍在滋润着很多人的心田。他的严谨学风和高尚情操,他那浩然的民族正气和纯洁的党性,已在语言学界建立了非人工的纪念碑——一座竖立在人们心坎上的纪念碑。它正激励着人们刻苦地学习、奋发地工作,为振兴中华而奋斗。"

愿以此作为本文的结束。

1984 年 10 月

附 注

①《中国语言学家》,河北人民出版社 1981 年版,第 32 页。

②杨伯峻《丁声树同志的治学精神》,《读书》1984 年第 2 期,第 135—137 页。

③并,作者原文引《旧唐书》作"社",现据中华书局二十四史标点本改为"并",见《旧唐书》第十六册,第 5125 页。

④《中国语言学家》,河北人民出版社 1981 年版,第 33 页。

⑤王力《中国语言学史》,山西人民出版社 1981 年版,第 203 页。

⑥周法高在《论中国语言学》(香港中文大学出版社,1980 年版)第 9 页中说《现代汉语语法讲话》是国内"语法书中较好的一部"。

⑦闵家骥《献身于词典事业的丁声树》,《辞书研究》1983 年第 5 期,第 158—165 页。

⑧同⑦。

⑨见《甘为沧海一滴水——记我国著名语言学家、共产党员丁声树》,《光明日报》1983 年 4 月 17 日第二版。

⑩《中国语言学家》,河北人民出版社 1981 年版,第 36 页。
⑪关于这一段的记载请参看杨伯峻先生文,见注②。
⑫同⑨。
⑬《中国社会科学院召开党员大会号召向知识分子优秀代表丁声树学习》,光明日报 1983 年 4 月 17 日第一版。

丁声树先生百年诞辰之际的点滴回忆

李瑞岚

丁声树先生是我的长辈,也是老师,是同事。丁先生清正的为人,高洁的品行和渊博的学识是我永远学不完的榜样。20年前,他老人家过早地离我们而去,每想到此,我的心总是很不平静。在他百年诞辰之际,谨以几点回忆作为纪念。

一、丁先生1944年至1948年去美国作学术考察,在哈佛和耶鲁两所大学任语言学部研究员,他的夫人在联合国工作。在他的女儿才8个月、他完全可以在美国享天伦之乐时,他抛妻别女毅然回到祖国,这在一般人是很难做到的。全国解放前夕,他的学术资料被国民党中央研究院强行运到台湾,借此逼他去台湾。作为研究人员,学术资料就是生命,可是丁先生硬是没有去。在他的日记里写着"只有共产党才能救中国"。

丁先生十分热爱中国共产党,国民党曾经动员他加入国民党,他拒绝了。他在日记中说:"国民党执政到了民不聊生的地步,我怎么能加入国民党呢?"上个世纪50年代中期,他积极动员夫人和女儿回国定居,当他夫人说联合国要给她增加薪水时,丁先生马上给夫人写信劝说:"别听他们的,他们是想留住中国的人才,为他们服务。"最后终于千方百计把夫人和爱女接回了祖国。

二、丁先生回国工作后,经过学习和认真思考,积极要求加入中国共产党,终于在1962年6月参加了党。在他入党的支部大会上,一位受邀参加会的民主党派专家说:"我曾经动员丁公参加民主党派,他拒绝了,原来是胸有大志要加入共产党。"丁先生热爱祖国,热爱中国共产党,集中华民族的各种美德于一身的高尚品德,是我们后辈永远学习的榜样。

三、丁先生一生淡泊名利、生活简朴、助人为乐。他是一级研究员,当时工资是很高的。可他自己非常节俭,总是穿着那套布料的中山装、一双布鞋。每遇天灾,他总是捐款捐物,从不留姓名。所里的同志谁有困难他都帮助,连我又生了个女孩时,他也跟我说:"你们家人多,工资比我低,我的钱用不了,我帮你抚养一个孩子吧。"我当然婉言谢绝了他的好意。我还记得,任建纯同志患病卧床,丁先生怕她长褥疮,就把家中泡沫塑料的沙发垫送给她垫到身下,当时国内还没有这种垫子。在端王府院内有一个女中学生,找丁先生"借钱",说生活困难。丁先生慷慨解囊,给过几次后却发现那是一个小骗子。全国解放前夕,在南京中央研究院,他发现有一家街坊,两个孩子都有病,也吃不上饭,就请工务员送去一斗米。他也在日记中写道:"一斗米并救不了他们,只是尽心意。"他曾经跟石明远同志说:"我领的工资太多,用不了,可否少领点?"老石说:"那是国家给你的报酬,不可以不领。"丁先生就说:"那我把它存在银行里,再把存折毁了。"后来丁先生病重,他夫人清理他的东西,没有发现他的存款存折。丁夫人来我们家说:"为什么声树一点存款没有呢?"我们把丁先生说过的话告诉了她,从此她们就再没查问过此事。

四、"文化大革命"中,丁先生作为学术权威、党内专家,也饱受摧残。戴高帽子、挂黑牌子、游街、劳动改造,是在劫难逃。尤其值得提起的几件事是:

军、工宣队进驻以后,把语言所所有的人都集中在沙滩办所谓的学习班,清理阶级队伍,硬是想把丁先生打成国民党潜伏特务。天天开批判会,大字报铺天盖地,叫丁先生交代问题,什么"你的夫人、女儿在美国,你为什么回来?""你的研究资料被带到台湾,为什么你不去?"等等。丁先生说:"我没有做对不起国家和人民的事。"批判的口号再响,他还是那两句话。我回忆起当时的场面,心里很是难过。当时也很害怕,怕他顶不住了会自杀,当时大学者自杀的何止一人。可是丁先生就硬顶过来了,真是可敬!可佩!!

1970年3月,军宣队一声令下,全所人员不分老弱病残(包括年幼尚不懂事的子女),三天内都要去河南息县干校劳动锻炼。"走资派"和"反动权威"更得下去。在干校住的是通铺、上下铺,吃的是南瓜汤。丁先生当时60多岁了,有高血压,心血管硬化等病,还叫他站在露天烧锅炉,供给好几个所的同志喝开水。每天风吹日晒雨淋,给一堆煤块和几根木柴,丁先生从来没有干过这种体力活,一开始烧不开,后来坚持着干得很好,从"丁不开"到"丁老开",可想他吃了多少苦。有一天,我到他们宿舍给一位同志打针,看见收工后,丁先生脱了鞋袜躺在大通铺上,发现他的腿脚肿得发亮。我当时吓了一跳，问丁先生为什么不告诉别人，他对我说要为他保密，不要告诉他夫人，也不要和军宣队说他有病。我还是和军宣队负责人说了，建议让丁先生休息。可最后只是给他换了个喂鸡的工作，那活儿也不轻。

"文化大革命"给丁先生原本和谐幸福的家庭也带来了磨难。他唯一的爱女到了结婚年龄，由于父母都是"反动学术权威"，有好心同志就给出了个主意：找一个出身贫苦、紧跟革命路线的女婿，改变一下家庭成员的成分，当时叫作"掺沙子"。谁想到找的这位女婿既不可理喻又刁蛮无理，不孝敬长辈，还时常欺负他们。在长期各种折磨之下，丁先生于1979年10月夜里突发脑溢血，住进协和医院抢救，经过多方治疗和救护，终于回天无术，过早地离开了我们。

敬爱的丁先生，在你诞辰100周年，逝世20周年之际，能够告慰你的是，你和吕叔湘先生主编的《现代汉语词典》已经享誉国内外，你的外孙女已经长大，在哈佛大学攻读学位，你的夫人淑庄大姐、爱女丁炎都在美国平静地生活。在你去世10周年时，由淑庄大姐做主，丁炎回来操办，单耀海、韩敬体和我陪丁炎护送你的骨灰去上海吴淞口，把你的骨灰撒到了我们祖国的东海里。

丁先生，你在大海里遨游世界吧！你在九泉之下安息吧！你身后没有占一分土地，留下的只有你的学问和人品，还有后人的不尽思念。

2008年4月

德高望重的语言大师
——纪念丁声树同志

成立中

说他是语言大师,使我想起从干校回来,有一次到老专家周殿福那里串门,谈起丁声树的渊博学问时,他说"五十年代国外就有人管他叫'丁圣人'了"。

在纪念丁声树的大会上,吕叔湘说,丁声树二十六岁时发表的论文人们评价为"雄狮搏兔"。

有位研究员对我谈起一件事。他们准备了一个难题,故意向丁声树"请教",丁声树马上回答了其意义,并告之可查找处。那位研究员心悦诚服地对我说:"丁先生的学问那是扎实。"他又讲了一件事也很生动。"文革"时期,中央人民广播电台遇到一个问题,最后找到语言所,把丁声树从"牛棚"喊来,他拿起电话就作了解释并说出出处。

有位研究员常爱说的一个故事,已有名气的××,他连×××都不买账,他讲课时眉飞色舞,可是有时当他发现丁声树搬个椅子坐在后边听课,马上收敛慎重起来。

这样一位语言大家,在日常工作和生活中你是看不出来的。有位到语言所办事的,把他当作了勤杂工。

从干校回来不久,我们上下班需要坐班车。丁声树中途一上来,大家都给他让座。后来他干脆不坐班车,并谢绝了搞后勤的赵兰芳想给他派专车的好意,上下班早出晚归,乘公共汽车。说起公共汽车,他们公司开会,还请了丁声树作为模范乘客去参加呢。

谁若是有了困难,他知道后就会帮助。比如搞食堂采购的张克钧,家里生活比较紧一些。丁声树想给他一件卫生衣,又怕他不要。丁先生想了一个办法,找他商量说:"我买了一件卫生衣穿着不合适,你看看能不能穿?"就这样才把衣服给了他。

据说国民党当年安排飞机接他去台湾,他不去,傅斯年威胁说,你是不是觉得共产党比国民党好?他当即回答说,起码不会像国民党那么坏。

丁声树入党后,身体力行,全身心地为党贡献。他用毕生精力领导《现代汉语词典》编纂工作,出版时只写上语言所词典室,不为名,不为利。

大约一九七九年,组织上让他去庐山疗养,他推说工作离不开,就在这期间,他得了脑溢血,让语言学界失去了一位极其珍贵的大师。

方言室的高玉振对来收集丁声树事迹的《光明日报》记者说,电影《蒋筑英》无论哪一方面比,都远不如我们的丁先生!

2008 年 8 月 13 日

大家风范　不耻下问

——丁声树先生教我认识了一个家乡字

王广义

1964年秋天，我从部队转业到语言研究所，每天同其他同事一样到所里食堂就餐，也就是在小饭厅里认识了（确切地说，是知道了）丁声树先生。小饭厅地方不大，类似一间教室，里面摆放着为数不多的学生用的小课桌和长条凳子。开饭时，大家都在售饭窗口外排队买饭，一些人买了饭回办公室，另有一些人回单身宿舍去，而我总是留在厅里吃饭。时隔不久，我发现一件有意思的事：中午开饭时，等到买饭高峰过后，食堂炊事员小张总是端着一个长方形大盘子，里面摆放着一份饭菜，到饭厅最后一排的角落里，摆放在桌上。这个位置恰好就在我常坐的课桌后面。稍后，就有一位年纪五十开外的老先生从外面进来，径直到那里坐下就餐。

这位长者，身材高挑，略有一点驼背，但面目清秀，精神矍铄，两眼炯炯有神，特别是他那两道浓密的黑眉毛显得特别的长，使人过目难忘。他在用餐时，时常有人到他身边，伏耳问他一些事情，他的回答总是轻声细语，言语间我能听得出带有些许河南口音。

经打听才知道,他就是《现代汉语词典》的主编,大名鼎鼎的丁声树先生!由于我所学专业不是现代汉语,自己又刚到语言研究所,抑或是出于对大学者的几分敬畏,所以,虽然我常常同丁先生前后桌一起吃饭,我们却很少交谈。

有一天,又是开饭时间,我突然听到那个特别的"轻声细语"从我后面飘来:"小王,你是河南人吧?"是丁老先生在向我发问!

"是。"我急忙转过身去回答。

"河南什么地方?"

"原籍安阳,家住郑州。"

"哦,那好。我想问你一个字,不知你知道不知道?"

"……"不知为什么,我在惊奇间突然有点忐忑不安,心想,一位知名学者竟然要"问字"于我这个初出茅庐的毛头小子!但看到他慈眉善目的神态,我平静了下来。

他翻开一张《河南日报》,顺手指着一个事前做了标记的字,问我:"你认得这个字么?"

我仔细一看,一下子懵了,甭说认得,连见也没有见过。这是一个"門"字里面放一个"外"字(作者注,即"閦")!我张口结舌,连忙说:"您都觉得生疏,我哪里会知道?不知道,不知道。"

他见我这般表情,解释说:"这应该是河南郑州一带的一个方言字。我想你是郑州来的,或许知道?"

我说我更多的时候是在陕西,在河南的时间并不多,无意中像在掩饰什么。

他没有再说什么。他的眼神里多少有点失望,虽然我的回答似乎在他的意料之中。

　　大约两个星期之后，还是午餐时间。丁先生对我说，那个字找着了。"小王，那个字念'mar'（作者注，听起来像是'门外'连读还带儿化的字音），不知道你听说过没有？"他说。

　　听到这个熟悉的字音，我思绪豁然开朗，仿佛一下子回到了少年时代。我告诉丁先生，我在家里的时候，经常听到街坊邻居和我母亲说话时用到这个字音。比如，大人让孩子到街上去玩耍或到外边买东西什么的就常说"'门外儿'去"。有时也用它表示"街道上（组织机构）"的意思。说完这些后，我还讲了句家乡话作例证："大人说话，小孩儿别打岔，去 mar 玩儿去！"丁先生听后，脸上露出了几许兴奋和满足的微笑，仿佛我的回答印证了什么。我如释重负，同时也感到能为这位令人尊敬的学问家提供一个佐证而十分高兴。

　　他是怎么研读出这个字音的？我不得而知。但我却在丁先生的教诲下认得了这个字。时至今日，他那种不耻下问与平易近人的大家风范，深深地留在我的记忆中。

聆听丁声树先生教诲二三事

蔡富有

丁声树先生百年诞辰即届,先生的音容笑貌、大学者风范又历历在目。忆及当年,丁先生不但平易近人,且谦虚待人;不仅诲人不倦,且垂问后学;这在语言研究所是有口皆碑的。现就当年我亲身经历的二三事,谨作回念,以表我对丁先生深切的怀思之情。

一

1964年,我大学毕业分配到中国科学院语言研究所工作。不久就了解到丁声树先生是著名语言学家,在语言学界声望很高,全所的研究人员和行政人员都非常崇敬佩服丁先生。语言所的人都称颂丁先生大有孔夫子孔圣人的遗风,丁先生被誉为"丁夫子"、"丁圣人"。对我们这些年轻的晚辈来说,丁先生让我们感到高山仰止,景行行止般的敬畏。我不愿打扰丁先生,也不敢同他攀谈。常常是主动回避,静静地远望丁先生。20世纪70年代初期,语言研究所全体人员从五七干校回京后,暂居原北京地质学院主楼办公,借用地质学院附中食堂开伙。办公楼和食堂之间有一段路的距离。有一次中午用餐后,我因晚去晚走,与丁先生不期而遇,本想回避已来不及了,便毕恭毕敬地叫了一声:"丁先生。"我还没来得及说问候的话,丁先生就回应:"小蔡",并亲切地问:"你老家在四川什么地方?"

我连忙回答:"四川井研县。"

丁先生有些疑惑地说:"听你的口音不像是井研人。"

我说:"丁先生说得对。我老家在井研县马踏镇。但马踏原本属于犍为县,解放后,1954年才划归井研县的。我说的是马踏话,不是井研话。"

丁先生:"你说的马踏话是犍为方言,同井研方言有所不同。"

我觉得丁先生这么了解犍为话和井研话,像是去过当地:"丁先生去过犍为、井研吗?"

丁先生:"去过,我参与过四川方言调查。小蔡你晓得犍为话和井研话有啥子不同吗?"丁先生饶有兴趣地用四川话询问我。

"这,我还真的说不上来。"我实话实说。

丁先生:"简单地说,犍为话同井研话的最大差别是,犍为话有入声,井研话没有。你用犍为话从一到十数数,你说说看。"

我用地道的家乡话从一到十说了一遍。

丁先生:"你老家话的一、六、七、八、十说的就是入声调。"

我恍然大悟:"怪不得我普通话学不好,也说不好,往往碰到这类读音的字就说得很糟糕。"

丁先生:"因为你老家话有五个声调:阴平、阳平、上声、去声、入声。普通话只有前四个声调,井研话也是只有前四个声调。井研人学普通话就比犍为人容易得多,而犍为话的入声,要分别归入普通话的四个声调,掌握起来就比较困难,所以你说普通话时碰到乡音入声就会感觉不容易说好。这就需要慢慢学,用心体会,久而久之,就可以说好普通话的。"紧接着,丁先生语重心长地对我说:"小蔡,我知道你是搞外语研究的,但汉语基础知识要牢固掌握,而且还要做一定的汉语研究,才能做好外语研究。"

丁先生的教诲开导深深触动了我的内心,我满怀敬意和感激地说:"谨记丁先生的教导,谢谢丁先生教诲……"

丁先生立即打断我的话:"谢什么,我是在跟你讨论问题,以后我还会跟你学犍为方言呢!"

跟着丁先生一路聊到办公大楼,我怕耽误了丁先生午休,送丁先生到他办公室门口,便告退了。回到自己的办公室,我既兴奋不已,也沉思良久,听丁先生一席话,胜读十年书。第一次聆听丁先生教诲,也让我亲身真切地感受到丁先生是么的平易近人,和蔼可亲,循循善诱,诲人不倦。

有了第一次同丁先生的亲切接触,聆听教诲,后来向丁先生请教请益更多,受惠受益也更多。丁先生的教诲令我终生获益,终生受用,终生难忘,终生感恩。

二

有一天,我到北医三院门诊部看病,在诊室候诊时,有一个姓貈的患者就诊,医生不识貈这个字,便问患者:"这个字怎么念?"患者说:"读 mài。"还说:"这个字字典上都查不到。"医生又问:"这个貈字有什么讲究吗?"患者说:"貈是一种兽,貈人是古代东北的一支少数民族,我们民族的先祖最崇拜貈,并奉为图腾,后来族人便以貊为姓。"看得出这位姓貊的患者是一位文化人,说得头头是道,有根有据,给我留下深刻印象。回到语言所我立即查《现代汉语词典》:"貊(貉)Mò 我国古代称北方的民族。'貉'另见háo;hé。"未见"貊"有姓氏的注释,也更无读 mài 字音的字条。后来,我特将上述所见所闻向丁先生报告。丁先生听后说:"你说的这个情况很重要。关于貊姓及其读音,还须查考文献,尤其需要实地调查证实后才能确定要不要立姓氏义或单出字头立条。"丁先生还说:"姓氏和地名用字的读音应按约定俗成的原则,以该姓氏人的读音、当地人的读音为准。比如你的老家犍为的'犍'作为地名用字,按犍为当地人的读音读 Qián,而犍牛的'犍'普通话读 jiān,辞书就分列两个字头出条。"丁先生这一席话让我终生受用,奉为信条。我在参与编写《中华字典》和主编《小学生实用规范字典》《当代汉语小学生字典》,以及业已成书但尚未出版的《国华字典》(暂名)时,都遵循和贯彻了丁先生所说的精神和原则。

近日撰写本文时,特意翻阅各种版本的《现代汉语词典》,发现直到 2004 年出版的 2002 年增补本都未收录"貊"(Mò)的姓氏义项。只有 2005 年出版的《现代汉语词典》(第 5 版)的"貊"(Mò)字条新增了第 2 义项"囷姓"。但仍未见"貊"(Mài)姓氏的单列字条。于是上网查询是否还有貊(Mài)姓的人氏。一查便发现姓"貊"的人还真不少,而且赫然见到《大河报》2007 年 11 月 20 日报载,河南省周口市麦先生,是该市郸城县貊楼村人,原姓貊,村里同姓者 500 人。上高中时,他拿录取通知书报到,却没有人认识貊,考虑再三,他决定改"貊"为同音的"麦"。麦先生说:"现在我儿子姓麦,他根本不知道我们其实姓貊。"显然,这是一种无奈和遗憾的抉择。但是，如果极具权威性、规范性和广泛影响力的《现代汉语词典》收录了"貊"(Mài)的姓氏字音字条的话，或许因为人们能检索查证到，就会令貊(Mài)姓的人少些无奈和遗憾。尤其《现代汉语词典》(第5版)已收录"貊"(Mò)的姓氏义之后，就可见同一个"貊"字，有两个不同的读音代表了历史形成的、现实存在的两个不同的姓氏。《现代汉语词典》似应对此进行实地调查，据实加以确认和规范。则还可弥补当年丁声树先生受环境、条件制约，无可为力，有力难为的遗憾。同理，我还想举出类似的两个实例，提出来谨供《现代汉语词典》的编写者斟酌处理。

三

"谌"作为姓氏用字，直到我所见到1979年版的《现代汉语词典》都只有Chén一个读音。然而，事实上作姓氏用字，"谌"还有另一个不同的读音Shèn。至今，我还记得，20世纪80年代初，知名作家谌容，曾对电台把她的姓读成Chén，表示十分不满，并公开声明她姓Shèn而不姓Chén，希望能尊重她，不要随便给她改姓，请称呼她为谌容Shèn Róng，而不是Chén Róng。或许是《现代汉语词典》的编写者注意到了作家谌容的呼吁，1996年版的《现代汉语词典》(修订本)和2005年出版的第5版，都把"谌"(chén)的姓氏义注释为："(Chén，也有读Shèn的)囻姓。"这样标注，感觉是把两个不同读音、不同姓的"谌"混为一谈，似有违丁先生所坚持的原则，也显得不尊重"谌"姓两个不同读音、不同姓的人氏的自主姓氏权利。实际上，姓Chén的谌氏人也决不会赞同姓

Shèn，正如姓 Shèn 的谌氏人以谌容为代表决不接受姓 Chén 一样。可见，把 Chén 姓谌和 Shèn 姓谌合注在一起，于情于理都是不合宜的。就丁先生所坚持的辞书编纂原则而言，凡形同音不同的多音字都应按不同读音分立字头出条。即便是作为姓氏的多音字当然也应一样对待。《现代汉语词典》基本上也是这样处理的，例如，"乐"（Lè）姓和"乐"（Yuè）姓，而且还特别注明二者"不同姓"。这样注释非常好，既区分又规范了"乐"两个不同姓氏的不同读音，也是对"乐"的两个不同姓氏的尊重，对事实的尊重。显然，"谌"（Chén）和"谌"（Shèn）两个不同的姓氏也应照此处理为好，而且能保持编纂体例的一致。

还有一个字"鄂"，也有两个不同读音的不同姓氏义。在《现代汉语词典》第 5 版以前的版本都只列了"鄂"（È）的单一姓氏义。在第 5 版里也仿同"谌"的姓氏义注释法，注为"鄂"（È）"②姓（也有读 Ào 的）。"这样注释也同样似欠妥当。我女儿有一位朋友姓鄂（Ào），这位友人说，她是东北旗人（即满族），常常有人把她的姓念成"鄂（È）"，也有人把她的姓写成"敖"（Áo）。有一次，女儿给她发短信时，因为手机输入法的 ao 音中没有"鄂"字，不假思索便把"鄂"打成了"敖"。虽然，细究起来，"鄂"和"敖"二字之间倒有一些关系，"敖包"也曾汉译为"鄂博"（èbó）。但女儿的友人回短信时，很幽默地写道："本人坐不改姓，行不改名，姓鄂名某，敖某之称真是张冠李戴。"我女儿看后，即忙查《现代汉语词典》，其中"鄂"字读 È，有姓氏义，但并无读 Ào 的字音和字义，感到十分遗憾。女儿和友人都觉得，或许是编者可能不知有此读音的姓氏，或者也因为姓"鄂"（Ào）的人较少而未引起重视，导致

《现代汉语词典》没有收录"鄂"字的 Ào 音及姓氏义项。但作为姓,"鄂"读 Ào 是一姓,读 È 是另一姓。"鄂"Ào 作为姓氏已经是历史的约定俗成,跟读作 È 的另一姓氏不是一回事。同一"鄂"字的 Ào 姓和 È 姓,两姓是不同的,似不应混为一谈。因此,在我们看来,应在辞书里把"鄂(Ào)"和"鄂(È)"分列两个字头出条,这是尊重科学、尊重传统、尊重现实,尊重该两姓人氏,也是既符合丁先生所立词典编写原则,又符合《现代汉语词典》编纂体例,符合现代汉语规范的。

这里还需要讨论的是,2005 年出版的《现代汉语词典》(第 5 版),编写者对"谌"和"鄂"各有两个不同读音表示不同姓氏的注释,处理成似乎是同姓的不同读音的解释,不知出于何种考虑?依照何种原则和理据?但有一点是可以肯定的,《现代汉语词典》最终确认了"谌"和"鄂"作为姓氏各有两个不同的读音,尽管是用"也读"的方式确认的。既然如此,为何却未分列字头出条以确认"谌"和"鄂"两字事实上各自存在的两种不同读音呢?1950 年,著名语言学家魏建功先生主编《新华字典》时,提出"以音统字,以字统义,以义统词"的总编写原则[①]。至今,对辞书编纂来说,仍然具有重要的指导意义。进一步说,以音定字,以音定义,约定俗成,也是辞书编纂应该遵循的原则。因此,对于辞书,尤其是旨在为现代汉语规范服务并极具权威性的《现代汉语词典》来说,最重要的是承认和服从语言事实,遵从和贯彻语言约定俗成的原理,完全确认"谌"和"鄂"为多音字,并根据和遵循丁先生所确立的多音字按不同读音出字头立条的原则来进行处理,是最合情理、最为妥当的。

四

不断提高、不断完善的誉满全国的《现代汉语词典》,会让丁先生含笑九泉,无比欣慰。恭逢丁先生百年诞辰,这会更加激励先生的追随者、晚辈、后生,踏着先生的足迹不断向前,孜孜以求。丁先生毕其20年心血打造、奠基的"中国辞书的一座丰碑"《现代汉语词典》,其后继者,必将遵循丁先生的精神和原则,继承丁先生的遗愿和志业,把中国的辞书事业不断发扬光大。

附　注

①曹先擢《序》,《当代汉语小学生字典》(蔡富有主编),接力出版社,2006年版。

忆丁声树先生三件事

伍均仁

今年是著名语言学家丁声树先生诞辰100周年，中国社会科学院语言所准备出版《丁声树先生诞辰一百周年纪念文集》，邀我撰写纪念丁先生的文章。我接到邀请函以后，又高兴，同时又有点胆怯。高兴的是有机会重温丁先生对我谆谆教诲，严以律己，宽以待人，以及对党对人民忠心耿耿和高风亮节的精神；胆怯的是我不会写文章，心里有好多话想说，但不知从何处下笔。想来想去，现只就丁先生给我感受最深，难以忘怀的三件事记述如下。

一　丁先生教我查字典

我是1953年从农村来到北京中国科学院语言所参加工作的。当时我只有17岁，高小文化程度，是语言所年龄最小、文化程度最低的一个。我的工作是收发信件和通信。丁先生是科研人员，在语法研究组任组长（相当于现在的研究室主任）、研究员。我和丁先生的工作及身份都相差甚远，但丁先生从不以自己是研究员和身份高自居。他听说语言所新来了一个"小孩"就主动和我接触，当了解了我的情况后，就鼓励我好好学习文化，他根据我的文化水平和阅读能力,经常买一些通俗易懂的书籍送给我看,特别让我忘不掉的是那本到目前为止我都保存完好的《四角号码词典》,他让我看书时若有不认识的字就查一查字典。可是当时我对四角号码词典怎么使用和查字方法全都不会,这时候丁先生就耐心地教我如何查字典和使用的方法,并让我背诵四角号码查字法口诀。后来我在学习和工作中遇到不认识的字时就随时查字典,经过一段时间的实际应用,很快掌握了查字方法,而且越来越熟练。从那时起,我就特别喜欢用四角号码词典查字,我认为比用部首和音序查字要快捷得多。现在我对口诀背得滚瓜烂熟:横一竖二三点捺,叉四插五方块六,七角八八九是小,点下有横变零头。

在丁先生的鼓励帮助下,我又上了文化补习学校,经过几年的刻苦学习,很快提高了文化水平,并取得了高中毕业证书。所有这些成绩的取得,是和丁先生的帮助教育分不开的。

二 丁先生向我询问"挂号信"的办理过程

丁声树先生主持《现代汉语词典》编写工作时,他把全部精力倾注在《现汉》工作中,他经常加班加点,每天上班他到所里的时间是最早的一个,晚上下班是最晚的一个。我那时是单身,住在所里,经常看到星期日和节假日丁先生到办公室里工作。他最怕词条出现问题,对每一个词的注释都反复推敲,以求得准确无误。有一次丁先生亲自到收发室向我打问"挂号信"的交寄过程,我把到邮局寄送挂号信的办理手续向他谈了,现在《现代汉语词典》里关于"挂号"一词的第二义项注释就吸纳了我提供的内容。从上述这个事例中,就足以说明丁声树先生搞科研工作不只是依靠书本上的结论,更注重要到基层实践中求得科学的完美。

三 丁声树先生被誉为"丁老开"

1970年党中央国务院下令国家机关各部门工作人员下放到农村干校劳动,除个别因年老有病和行动不便有困难的之外,其余全部人员都要下去。中国科学院哲学社会科学部下放地点是河南省息县东岳公社。丁声树先生当年已经60岁,也不例外地跟随大队人马一起到了乡下。当时由军宣队带队,全部是军事化编制,一个研究所是一个连,语言所是第十二连。年轻力壮的下大田劳动,丁声树先生属于年岁大的,他被分配到后勤组,负责烧锅炉,供应全连开水喝。说实话,烧锅炉这个活看起来好像比起到大田劳动轻松些,但实际上并不是那么简单。首先是比到大田劳动的起床时间要早,每天三四点钟就要起床,晚上到八九点钟锅炉封火,劳动时间拉得很长。更为费体力的是,手握十多斤重的铁锹,一锹一锹地往炉膛里填煤,要没有很大的力气是办不到的。特别是对一个年过花甲,从未接触过这种又脏又累的体力活的知识分子来说,是多么不容易呀!但是丁声树先生克服了重重困难,闯过了道道难关,终于掌握了烧锅炉的各个环节的技术。他为保障大家随时有开水喝,中午全连战士全午睡了,他不休息,继续守在锅炉旁,保证中午有的战士起来马上就有开水喝,并主动把提供开水的时间延长了,从而保证了全连战士随时都有开水喝。有一天夜里,丁声树先生在睡梦里突然大喊一声："水开了！"第二天早晨起床，听到丁先生做梦说梦话的那位同志跟大家说了此事，全连战士都非常感动，并送给丁先生一个绰号——丁老开。

丁声树先生虽然离开我们 20 多年了，但他的为人为学的高尚品格，和他那慈祥可掬的面容，使我久久不能忘怀，他将永远激励着我奋进向前，永不停息。最后我用一句古诗："文章千古事，品德万人钦。"结束这篇短文。

2008 年 5 月 15 日

小事当中见品格

——忆丁声树先生几件小事

陈嘉猷

丁声树先生,是一位享有崇高威望的语言学大师,是一位兼具爱国主义情怀和共产主义信仰的知识分子,是一位学识渊博且待人谦和的长者。他的专业造诣、文化品格和治学态度,值得我们不断去学习和感悟。他既是我们高山景仰的前辈,也是我们毕生修为的楷模。

我是在参加《现代汉语词典》的修订工作期间与丁声树先生有所接触的,那是从1975年夏末至1977年初春,历时大约一年半的时间。与先生共事的时间虽短,但从生活中的若干小事,即可窥见丁声树先生为学和为人的品德,谨记录于此,作为对丁声树先生诞辰一百周年的纪念与追思。

一、严于律己、和善待人的为人准则。语言所自1972年从河南五七干校返京后一直"寄生"在国家语委大楼,1976年2月才迁到地处成府路的北京地质大学办公。其正值《现代汉语词典》的修订工作紧锣密鼓之时,因地质大学距市区路途较远且交通不便,语言所特开班车以解丁声树先生每日奔波之苦,我们家住沿途的人也就顺便搭乘这辆小面包。虽然班车主要是为丁先生服务,但丁先生每天早晨总是按时到班车点等候，从不叫别人等他，全然没有知名学者的架子。不仅如此，有时下班时间到了，他还有事没有完成，就告知司机不要等他，以免耽误大家的时间。凡此细枝末节，与眼下某些人士妄自尊大、目中无人甚或中饱自肥、居间牟利的做派形成鲜明对比，显现出前辈学者的大家风范。周恩来总理逝世后的某日下午，语言所的部分同志要从单位步行去天安门敬献花圈、悼念总理，丁先生得知后便说：今天班车提前开，不要等我了。在那众心悬悬、情系家国之际，话语虽简短平凡，却道出了先生对总理的敬仰与热爱，道出了对四人帮的憎恨与蔑视，道出了对群众的支持与关爱。

二、认真严谨、不拘一格的治学精神。丁声树先生的严谨细致是有目共睹、有口皆碑的，这是所有语言学大师所必备的治学态度。丁声树先生在此基础之上，并不拘泥已有、墨守成规，而是能够根据时代发展，与时俱进地对待学术上的新问题。在1973年至1978年的《现代汉语词典》修订工作中，有人提出类似"P-N结"、"B超"、"T恤衫"等这样的词已进入生活，若收入《现汉》该如何排序的问题。丁声树先生作为《现代汉语词典》的主编，既未将已有的语法规范视作不可逾越的禁区，受制美国结构语言学派的刻板，也从未被流行语汇的暂时性和不稳定性所迷惑，做任何急功近利的决断，而是提出大胆设想：西文字母与汉字混合的现象需要经历时间的考验和足够的历史沉淀，待将来这类词汇多了，可以单独排在一起。丁先生的推测和愿望，到1993至1996年修订的第三版及以后诸版本的《现代汉语词典》单独辟出"西文字母开头的词语"得以实现。时移世易，在中国社会文化的历史变迁中，丁先生超越了自身所处之时代,其远见卓识,堪为例证。

三、虚怀若谷、平易近人的处事态度。1977年,我离开了词典室,搬到单位的四楼办公,某日丁先生从他办公的二楼特意来到我的办公室,非常谦和地对我说:"陈嘉猷同志,我问你点事。"

我赶紧起身说:"您说。"

"你知道秫秸是什么吗?"

"知道,就是高粱秆儿吧,北京又叫秫秸秆儿。"

"它有什么用途吗?"

"北京的老平房屋内的纸顶棚就是用它搭的架子。还有过去死了人,烧的纸活的架子也是用它做的。"

"小孩儿玩儿的风车儿是不是也用这东西做的?"丁先生又问。

"是呀。"

丁先生又追问:"秫秸外面那层硬皮北京叫什么?"

"剥下来的那层硬皮儿叫'xìmǐr'。"

"里面的芯儿又叫什么?"

"那去掉皮后剩下的白瓤叫'gèdǎngr'。"

"这两个词怎么写你知道么?"

"具体是哪个字我还真不清楚。"我不好意思地说。

"有时一些方言词的用字很耐人推敲。好,我再问问别人。"随后又说了几句闲话,丁先生就走了。

这么几句简短的对话,却让我这么多年始终难以忘怀。作为语言学的顶级专家,丁声树先生对自己不熟悉的民间方言土语语汇,不做权宜变通之举,不留不求甚解之憾,守得住语言学问之沉着品格,耐得住文本锤炼之华年寂寞,为求诸本质,不耻下问,绝不向壁虚造。其言行气度,与古之大家,不曾稍异。如今学风日趋浮夸,众声喧嚣盈耳,哗众取宠之词充塞其间,两种学术品行与人格魅力之间遥相悬隔,两相比勘之下,丁先生之大家风范,历历在目。

往事依稀多少梦,都随风雨到心头。丁声树先生辞世已近二十载,其为人谦和的笑容,仍不时浮现在眼前,其和颜悦色的教诲之言,仍不时回荡于耳边。大江东去,薪火相传,我等后辈学人不敢妄言得继衣钵,然丁公之高风亮节足为我辈之楷模,于后世学人亦多所助益。

纸短情长,言不尽意。本文所记述丁公二三事,不关国家兴亡枢机,亦非民间柴米琐碎,乃是中国学者千百年来的文化传承和道德书写。值此丁声树先生百年诞辰之际,谨此将个人的零星感触记述于前,将内心的杂陈百味回味于后。丁公百年,英灵在天,遗愿如山,唯愿我们后人能够秉承先生遗志,开启语言学盛世华章的百年长卷,共同开创和迎接中国现代语言学繁荣和发展的灿烂春天。

2008 年 9 月

缅怀博学敦厚的丁声树先生

胡明扬

自从我改行自学语言学以后,我就知道丁声树先生是一位语言学界享有盛名的音韵学家、方言专家,学问很大而为人又非常敦厚、朴实的人。

1955年我有幸参加了在北京西苑宾馆召开的全国现代汉语规范化学术会议,在会议大会发言的休息时间,与会代表大多在会议厅外面的休息厅里面散步或说话。我是参加会议的少数几个年轻人中的一个,大概就因为年轻,不知天高地厚,就走到吕叔湘、丁声树两位先生面前,跟他们说,我的家乡话浙江海盐通元方言中第一和第三人称代词单数都有近似变格的现象,也就是主格和宾格有不同的形态,很特别。两位先生听了就说,"那好,你就写出来发表"。这一年我改行学语言学才两三年,只读过几本语法方面的书,方言学还是一窍不通。过去学英语学过一点国际音标,在英文系听过一次英语语音学课,但是是外国老师讲的,跟汉语音韵学毫不相干。怎么办?我只得从学罗常培先生的《汉语音韵学导论》开始,学一点音韵学常识和基本概念。用国际音标记自己的家乡话似乎困难还不太大,可是声调该怎么记?这55,35,214,51是怎么定下来的?刘复的《四声实验录》是用仪器来测定声调的高低升降的,凭耳朵听怎么能听出来?没办法只得跟吕叔湘先生说,我解决不了声调的问题。吕先生跟我说:"那你就去请教丁声树先生。他现在在和平里河北北京师范学院语言所办的普通话训练班讲课,你就到那里去向他请教。"我按吕先生说的去了和平里河北北京师范学院的一间大教室里去找丁声树先生。我发现很大一间教室里就丁先生一人,他大概早已知道我找他的原由,所以他拿出一本《方言调查字表》来,叫我按前面的声调例字按四声次序一个字一个字读给他听,他一边听一边在一张纸上画线条,画平行线、斜线、曲线什么的,可是并没有写数字55,35之类。我读完了,他让我再读一遍。然后他又让我再读一遍,定出最高点和最低点。然后他又让我再读一遍例字,他立刻写出我家乡话八个声调的五度标调。整个过程不超过10分钟!最后他说:"你回去好好体会体会。"我当然不能太耽误丁先生的时间,就在回家的路上开始琢磨声调的高低变化,普通话的阴平是55,是一个高平调,"5——5",阳平是一个中升调,是"3——5",上声是降升调,"2——1"再"1——4",如此等等;我尽量去体会这种高低升降的感觉,然后再在心里琢磨已知的上海话的声调,先体会高低升降,等有了感觉,再去分辨哪个音最高,哪个音最低,然后再定中间的音3,最后2和4就好办了。

多少年来我一直惊叹丁声树先生这种"声调听辨教学法"真是"绝"了,经过丁先生这样手把手地一教,我再在别处方言的调查实践中练习体会,也就学会了听辨和记录声调。我事后体会,把听辨声调分为先听辨调型和后区分高低再用五度制记录两个步骤实在太高明了,简直是"绝"了。试想,如果给我讲一大套声调的声学理论和五度制的原理，恐怕我会听晕乎了，结果就是什么都不会。可是像丁先生这么一教，几分钟就解决问题。我只要以后在方言调查中实践、体会，就有可能学会了。前人说过，要把简单的问题说得复杂难懂很容易，最难的是把非常复杂的问题说得非常简单明白，因为没有深入理解和高超的学问是根本做不到的。从这一点就可以看出丁先生在这方面的学问和修养是多么精到高超，后人很难企及。我们可以试试，在课堂上教学生听辨和记录声调，能用一堂课50分钟让学生听明白，基本学会，而不是把学生弄晕乎的有几个人。也许有人觉得这不过是小事一桩，可是多少年来，我一直还很清楚地记得丁先生在和平里那间空空荡荡的大教室里指导我学习听辨记录声调时那种认真而又和蔼亲切的音容面貌。我也因此而深深佩服丁先生的学问和为人。

我在1957年发表了《海盐通元方言的代词》以后就动手写《海盐通元方言》，写了二十多万字的初稿。我把初稿给了丁先生，丁先生用了两三个月的时间，审阅了全稿，并且逐页进行批改，提出修改意见。因为毕竟是一个非科班出身的初学者的稿子，要改的地方太多了，所以我后来写《海盐方言志》的时候只得另起炉灶，到家乡去调查，并且用可见音高仪（visi-speech）核定调值。令我再一次惊讶的是丁先生定下的我家乡话的调值的调型百分之百地和可见音高仪给出的调型一致，特别是阴上的调值343，这个曲折调的上升和下降的范围在可见音高仪上不超过15个赫兹，可是丁先生凭耳朵就听出来了，真神了！我们今天有几个人能有这样的功力？我后来也读过丁先生关于字音和古汉语词语的辨析文章，非常佩服丁先生在各个领域的造诣和贡献，遗憾的是我无缘得列先生门下好好学习学习,至今还仍然是一个业余爱好者,缺乏严格的基础训练。

在没有直接接触丁先生以前,也曾经听说过,丁先生学问好,可是很严肃、要求非常严格,不容易接近;但是我接触先生以后,觉得这种传闻不完全准确,丁先生学问好,当然没疑问,说要求太高,不容易接近,就不完全准确。特别是先生对于年轻人还是十分乐于鼓励、提携和诲人不倦的。

难忘丁声树先生的一件事

唐作藩

我早已拜读过丁声树先生的著名论文《释否定词"弗""不"》《诗经"式"字说》和《谈谈语音结构和语音演变的规律》,受益匪浅,终生不忘。丁先生编录、李荣先生参订的《古今字音对照手册》(科学出版社,1958年第1版)更是我书案上的不可或缺的工具书。先生的道德文章令我敬仰。

丁先生生前和我交往不多,他给我最深的印象是寡言少语,严肃、严谨、特别谦虚。记得1954年秋,我们中山大学语言学系师生调入北京大学中文系不久,罗常培先生以中国科学院哲学社会科学部语言研究所的名义在王府井翠华楼宴请王力先生、岑麒祥先生等,我也忝列其间。所里出席的先生还有吕叔湘、陆志韦、丁声树等先生。这是我第一次见到这些语言学界的长者。当时语言研究所就设在中关村一栋白色的二层楼里,距离1952年院系调整后迁入燕园的北大不远。我们北大中文系语言专业的教师和语言所的先生们过往比较频繁,关系密切。王力先生、魏建功先生等都兼任语言所的学术委员会委员,而语言所的吕叔湘先生、陆志韦先生、郑奠先生、李荣先生都先后应邀到北大来讲课。记得上世纪五十年代吕先生讲了《〈马氏文通〉研读》,陆志韦先生讲了《高本汉的音韵学研究》，李荣先生讲了《广韵》，郑奠先生先讲了《古汉语词汇》，后又开设了《古汉语修辞》。60年代初还请来故宫博物院的唐兰先生讲《古文字学》，北师大的陆宗达先生讲《说文解字》和文改会的周有光先生讲《文字改革》。我们年轻教师和研究生也都去听课，大开眼界，获益良多。

我们也很希望听到丁声树先生讲课，上世纪50年代中兼任汉语教研室主任的王力先生曾写信邀请丁先生，任他讲音韵、方言或语法都行。而丁先生却以"没什么可讲的"婉言推辞了。60年代初，我担任中文系的教学秘书，在一次系主任和秘书的碰头会上，兼任系副主任的王力先生再次提出邀请丁声树先生来北大讲课的议事，并决定派我专程去一趟语言所。这时语言所与心理所已搬迁到西直门内马相胡同南端王府夹道7号（今官园公园西侧）。这里我也比较熟悉，因为我常去杨耐思兄家串门。记得是1962年秋，我走进丁先生的研究室，很恳切地对他说："丁先生，请您到北大去给我们讲课！"他还是那句话："我没什么好讲的。"我说，您讲什么都行。丁先生很严肃地说："那会误人子弟！"我当时真不知道再说什么好！悻悻然退出门去，回校向王力先生如实汇报。我们都感到非常遗憾。这件事反映了丁声树先生为人特别谦虚、严谨的品德，令我一辈子都难忘。

2008年五一劳动节

《古今字音对照手册》学习札记三则

曹先擢

《古今字音对照手册》丁声树编录，李荣参订，这本书我放在案头，经常学习使用，二三十年未尝间断。此书惠我多矣。今年是丁先生诞辰100周年，写学习札记三则，以表示对先生的敬仰与怀念之情。

一 "不"字字音的一变再变

"不"字《广韵》反切为"分勿切"，当读fú。"分勿切"小韵有20个字，如弗、绂、绋、黻、绋、茀、岥、浂、髴、柫等，皆读fú，而"不"今读bù，属特殊的变异。这种变异其来有自。在宋代，在口语中，"不"的读音已经脱离"分勿切"而跑到"逋骨切"里了。"不"是一个多音字，在《广韵》里还有其他反切，如"方久切"（fǔ）、"甫鸠切"（fū）等。宋项安世的《项氏家说》说"不"有补没切、甫勿切、甫九切、甫鸠切。"补没切"是新起的口语音。宋代孙奕的《示儿篇》说"世俗语言及文字所急，唯'不'字极关利害。韵书中如府鸠、方久二切，施之于诗赋押韵无不可者。至于市井相与言，道途相与语，官吏之指挥民庶，将帅之号令士卒，主人之役使仆妾，乡校之教训儿童,凡一话一言出诸口而有该此言者,非以逋骨切呼之,断莫能喻"。由"分勿切"到"逋骨切"这是一变。我们如何在学习使用《手册》时看这个变化的呢? 就需要从音的系统性来看。《手册》64 页"分勿切"与芳无切、防无切、方六切、房六切都读 fú,都是合口三等。62 页"分勿切"与博故切、普故切、裴古切、薄故切都读 bù,"分勿切"是合口三等,而其他四个反切都是合口一等。按规律合口一等读[b],合口三等读[f]。"不"是"分勿切"读[b],不合一般的演变规律。王力先生说:"常用字往往在音变上是一种'强式',不随着一般的变化。'不'是一个典型的例子"(《汉语史稿》上册)。古无轻唇音,"不"的声母维持了上古重唇音的读法。宋代的"逋骨切",到北京话的读音,是第二次变化了。

"逋骨切"与"补没切"相同,为帮母没韵。司马光的《切韵指掌图》的"没"韵所列的字:

见溪群疑端透定泥帮滂并明精清从心斜影晓匣喻来日
骨　　兀咄　突　不𠭤勃没卒猝捽窣　　　忽

"没"韵在北京话里韵母有两个:[u]、[o]。凡是声母属舌音、齿音、喉牙音的,读[u],如突、卒、猝、骨、忽等;声母属唇音的读[o],如没、勃。"不"属唇音字,循例当读[o],但是它却跑到读[u]的队伍里了,读 bù。对此种变化《手册》里在脚注加了说明:"'不'字切韵指掌图列没韵帮母,与今音较切合。"我通过学习后体会到"较切合"具体所指,虽小异而大同,而与同为唇音"勃"相比亦属特殊的变化。

"不"音的两度变化,在学习《古今字音对照手册》时有上述粗浅的体会。

二 "蚌"2,通过本字找到读 bèng 的反切

在现代汉语里蚌有两个读音:蚌 1 读 bàng,其中古的反切是步项切,蚌 2 读 bèng,难以直接找出它的反切,所以一些注反切的字典,就只注今音,不注反切。《古今字音对照手册》没有这么做,而是注出其反切"蒲幸切"。这是经由找出蚌 2 的本字,从形切入,循形明音。

《广韵》蒲幸切的小韵列三个字:鮥、鱻、蠯。找本字要查《说文解字》。《说文》:"蚌,蜃属,";"蠯,阶也。修为鮥,圜为蠇"。简单地说"蚌"是上位词,蠯是下位词,指一种长形的蚌。到了宋代,徐铉说:"蠯俗作鮥。"到明末《正字通》把鮥的音义并入蚌。蚌于是有了 2 音:音棒;音鞚(bèng)。"形圆者曰蛤,长者曰蚌"。《正字通》把鮥,视为鱼尾,是另外一个同形字。清理了 bèng 这个语素字形的复杂变化,今天蚌 2 的反切无疑当是蒲幸切,指一种长形的蚌,而今作地名用字。老《辞海》[蚌埠]条注释:"相传尝采蚌取珠于此,因名蚌埠集。"要把字的古今音对照清楚,有时必须把音韵学、训诂学、文字学汇通起来,才能达到目的。

三 "大"的 dà/dài 反切选择

在普通话里"大"有两个读音:读 dà,是主要音项、自由音项,

读 dài 则是粘着音项,使用上是受限的。请看《现代汉语词典》的注音释义:大 dài 义同"大"(dà),用于大夫、大王。《普通话异读词审音表》:大(一)dà 大夫(古官名) 大王(如爆破大王、钢铁大王)(二)dài 大夫(医生) 大王(如山大王)。《审音表》把音的不同与词的不同揭示出来,"大夫"1"大夫"2;"大王"1"大王"2,字形一样,读音不同,意义有别。现在回到与古音对照的问题。《广韵》"大"字有两个反切:徒盖切(今读为 dài),其下有释义;唐佐切(今读为 duò),是又音,没有释义。取"徒盖切"以表示读 dài 的来历,没有问题。问题是读 dà,取什么反切?有的字典只取"徒盖切";有的取"徒盖切",再补上"唐佐切"。《古今字音对照手册》兼取这两个反切。兼取是对的。今日方言中"大"的读音,多数方言为[a],广州、长沙、南昌为[ai],上海话为[u],苏州话为[əu]。在文献中,"大"读 dài,可找到的佐证不乏用例,如"大"通"代":"李陵家历大(代)为将军"(敦煌变文);通"袋":"胡秘监旦学冠一时而轻躁喜况人。范应辰为大理评事,且画一布袋中藏一丐者以遗范(应辰),题云'袋里评事也'(以袋里谐大理)"(宋王闢之《渑水燕谈录》卷10);通"待":"安排些香卓儿去,我大(待)烧炷夜香"(元关汉卿《拜月亭》)。"大夫"1 与"大夫"2,大从用例看,后者要晚,如[大夫],读 daifu,顾炎武《日知录》卷29:"北人谓医生为大夫";清赵翼《陔余丛考》卷37:"今江南医生尚称郎中,而北俗则称医生为大夫。"读 dafu 指古官名则早得多。《陔余丛考》卷37:"宋时犹以大人称父母,元时达官已有大人之称。"今天西安话"大人"一词,指长官时读[a],指双亲时读[uo](见《汉语方言大词典》,江苏教育出版社),为共时的并存。方言中读唐佐切也有不少蛛丝马迹读音近似的用例。"大"今读 dà,如何而来,属汉语史中的一个问题,素乏研究,没有发言权。我从事辞书编纂,面对今音,参考古音,认为《古今字音对照手册》在"大"下列唐佐切、徒盖切,有助于我们对今音的理解。

回忆丁声树老师[*]

钱曾怡

1956年7月的一天傍晚,一辆三轮车拉着我和行李来到和平里普通话语音研究班,下车后一位在门口的老师走过来问我是从哪儿来的,简单问话之后,我被安排到了四楼的学员宿舍。以后才知道,这位就是丁声树先生。当初我没有想到,这位丁先生,竟会在我的一生中产生如此重大的影响。我真庆幸能够成为丁先生的学生。

为了促进汉语规范化,中华人民共和国教育部和中国科学院语言研究所联合举办了普通话语音研究班。这个班从1956年2月开始,每期半年,我是第二期的学员。我们这一期分甲、乙两班:甲班好多是地方教育部门负责推普工作的干部,也有部分中小学老师,主要学习训练普通话,也许还有推普管理方面的内容;乙班多数来自高等学校,除学习普通话的内容以外,主要学习方言调查。甲乙两班分设不同的课程,为乙班开设的有音韵学、方言调查、语音学、北京语音四门,授课的老师前两门是丁声树、李荣,后两门分别是周殿福和徐世荣。两班学员按方言地区分组,我被分配在乙班的一个方言混杂的小组,因为我母语是吴方言,又在北方

---

[*] 此文曾发表于《方言》1999年第3期。

方言区的山东省工作。为配合讲授,每个小组还安排两位辅导老师,一位辅导音韵学和语音学,一位辅导北京语音,辅导课都是在教学时间表上排定的,非常严格。

在语音研究班,丁先生的和蔼是有名的,见学生总是带着笑容,大家都很愿意接近他,向他请教。我还听说有的同学称他"开口呼",这可能是一种背称,表示亲切,我可从来不敢。我方言音韵方面的基础很差,连调类和调值的问题都很长时间搞不清,同班的许多同学资历深、见识广,我比他们差远了。可是丁先生还是很鼓励我,我自己也很努力,音韵学期终考试得99分,错在把止合三的"翠"答成蟹合三了,丁先生说情有可原,两分的题只扣一半。方言调查记音实习开始,按规定每个组调查一个方言,在本组的学员中找发音人,我被指定为我们小组调查浙江嵊县话的发音人。我那个组方言调查的辅导员是语言研究所专为参加方言调查而来的任老师,人称任大姐。记音内容是《方言调查字表》,步骤是辅导老师和发音人先行一步,等到我和任老师全部记完了字表,再由我给全组同学发音。说实话,虽然当时已经听过"方言调查"课了,可到底这调查是怎么做的,至少我是心中无数的。辅导老师和发音人的记音都在课余时间进行,丁先生差不多每次都来指导,特别是嵊县音系声韵调的音值,实际上是丁先生确定的。记得有一次记到梗摄开口二等影母的上声梗韵,字表空白。我忽然想起在我的母语中有一句谚语"冬冷弗算冷,春冷冻杀□",我说这个"□"(音 ˀaŋ)是不是应该在这里。丁先生一听很高兴,接着就在纸上写了一个"㹣",说你的"ˀaŋ"就是这个字,见于《集韵》,意思是小牛。后来我查《集韵》,见梗韵"㹣"两见:一是"乌猛切","犊也,一曰牛鸣";二是"于杏切","吴人谓㹀曰㹀"。"冬冷弗算冷,春冷冻杀㹀",这话我从小常听大人说,可这个"ʔaŋ"是什么,家乡的人都搞不清。这一下子丁先生给我揭开了谜底,我感到这音韵学还很有趣的,丁先生真是了不起,他怎么这么难的字也记得这么清楚!

我有收集、保存方言调查资料的习惯。在各种资料中有我第一次记录母语的《方言调查字表》和后来整理的《嵊县方言同音字表》《嵊县方言探索》。当时提倡勤俭节约,《同音字表》和《嵊县方言探索》都是用旧讲义反过来写的,用旧报纸当封面,上面还请我的老同学王定伟书写了标题。所谓《探索》,无非是一份嵊县话的音系报告,有声韵调描写、嵊县音跟北京音的对应关系,实在谈不上什么"探索",我印象中这题目好像也跟王定伟讨论过,记得当时交给丁先生时丁先生还笑了,我忽然意识到这"探索"二字真有些不知深浅,还挺不好意思的。这份作业虽然纸张粗劣,经历了四十多年的岁月沧桑,现在已经发黄变脆,我却倍加珍惜,因为这不仅是我从事方言调查的初次实习,而且还保留着丁先生为我字字句句批改的手迹。今天当我回忆丁先生的时候,我着实得意保存了一份如此珍贵的资料。在那份实在是幼稚倒也说得上认真的作业上面,丁先生用红、黑两种铅笔为我修改的地方不少于30处。修改的内容可以概括为两方面:一是专业方面,通过丁先生的修改,使我了解应该怎样描写方言音系;二是语言修养方面,包括作文的逻辑性、文字的简练乃至错别字和某一个具体音标的书写形式等等。以下是几个具体的例子:

例1　　嵊县声母表(以下只列与丁先生修改内容有关的部分):

　　　　ts 祖主　　ts' 粗处　　dz 池　　s 苏生　　z 视

tɕ 举　　　tɕʻ 去　　　dʑ 旗　　　ɕ 虚　　　ʑ 墙又

丁先生在表的左边批了"表现尖团"四个字。这里，我原来只注意到例字表现嵊县话[ts tʂ]不分的问题，忽略了嵊县话分尖团也应从例字中体现出来。

例2　嵊县声母和北京声母的对应关系：

嵊县的 m，北京多数念 m；少数是零声母。

念 m 的如：妹 mE²——mèi

念零声母的如：晚、网、问、忘、微、尾、砚、袜。在这些字中，多数是说话音，它们的读书音是以 v 为声母的。由此可见，凡是嵊县声母中，m、v 两读的，北京都是零声母。如问 mən²vən²——uən。

丁先生将第一行"少数是零声母"一句，改为"m（白）v（文）两读的北京是零声母"，并划去念零声母的例字"袜"字以后的全部。这显然比我原先的文字简明多了。

例3　ʑ声母在入声字和 iøY 这个韵母前面时，常常有它的又读音，入声字和舒声字一样变 ʑ 为 z，去掉韵母中的 i 介音。在这样的情况下，北京音必是念 tʂ 组声母。例如：

　　　　手　˙søY　˙ɕiøY　——　ʂǒu
　　　　仇　ˬdzøY　ˬdziøY　——　tʂʻóu
　　　　食　zə?ˬ　ziə?ˬ　——　ʂì

丁先生将我第一行的"入声字"改为"iə?"，旁边写："未提 s:ɕ、dz:dʑ"，又在本段下面写："应当指出，s—ɕ 两读、dz—dʑ 两读、z—ʑ 两读的字，在北京是 tʂ 组声母"。

例4　嵊县韵母和北京韵母的对应关系：

a(ai a ie ɤ)

1 大部分的 a 韵母,北京读 ai,如:派 pʻaᵓ——pʻài。

2 小部分读 a 的字,如:爸 paᵓ——pà,不包括 k 组声母在内。

3 k 组声母除了读 ai(揩)以外,多读 ie(街)。

4 读 ɤ 时,声母限于 ts 组,而且北京音的声母由嵊县的 ts 变为 tʂ。如扯、赦等。

例外字:uo——它 uai——帅 ua——耍 o——破

丁先生把以上 1 的"大部分的 a 韵母"改为"a 韵大部分北京读 ai",在 2 的"小部分读"下画一红杠,将 3 改为"k 组声母有 k(白)tɕ(文)两读的,多读 ie(街)"。

1957 年 1 月,语音研究班第二期结业,我拿到了由教育部和中国科学院语言所发给的大红证书。为了能进一步跟着各位老师学习,我继续留在语音研究班半年。丁先生让我参加研究班第三期的辅导工作,辅导音韵字、语音学和方言调查。我辅导的那个组,方言也是比较杂的,记得有北京的,也有西南地区的。我重复听了丁先生等老师的第二次讲课,还在丁先生指导下辅导这个小组记录了云南保山的方言,发音人是范斐章同志。自我感觉这次听课的收获比第一次要大得多,因为除了有前次听课垫底以外,更重要的是接着就得去辅导学员,他们中有的已经是讲师了,好几个都是挺有学问的样子,我怕被问倒了,压力特别大,听得就更加上心。这几天写回忆丁先生的文章,重新翻开当时的笔记,发现有的内容当时虽然记下了,实际上并不了然,直到现在才能有所领悟。以下随便摘录一段,1957 年 1 月 2 日丁先生讲"汉语音韵与方言调查的关系",其中关于特字问题:

特字,是指在语言的演变上有特殊的地方。就特字情况来看,可以了解到我们语言的发展不是一条线的。特殊情况如下:

1. 大多数方言都特殊,不是《广韵》、《切韵》系统的。如"玻",方言都是阴平声,而且是不送气的,但它是在"滂"母下的字。我们不能说"玻"是由从前的送气变到现在的不送气。而应该说,"玻"好像是古代帮母发展来的,因为没有一个方言是读送气的。因而可以推想,在很早的时候,这个字就有 p 的读法。

2. 一部分方言合乎韵书上的读法,另一部分方言不符合。譬如,"谱",北京语音是 p',而许多方言是 p。在《广韵》上它是帮母。我们不能说,从前有个帮母,后来分成 p、p',只能说,读 p 的合乎《广韵》系统,读 p'好像是滂母来的,我们不能把 p'推到帮母上去。

3. 现在两个不同的读音,是两个不同的来源,在韵书上都是有的,可见韵书是采用一些方言的。以"松"来说,在我们表上是邪母字,按北京应该是阳平。从北京声调看,它好像是从心母来的。再看看在《集韵》上的心母就有松的读法。《广韵》"松"只有一个音,《集韵》就有两个。方言中的"松"字,有的是浊音,是从邪母来的。(钱按:《集韵》锺韵"松"有"祥容"、"思恭"二切。)

由此想到,济南的冰叫"冻冻"、冰锥叫"冻冻凌子",许多济南人把"冻"字写作"冬",这样写是因为这个"冻"字读阴平。殊不知"冻"在《广韵》中有两个音：一个是去声送韵"多贡"切，"冰冻，又音东"；另一个是平声东韵"德红"切，"冻凌，又都恭切"。济南"上冻"的"冻"还是去声，可见济南分别保存了《广韵》的两个音。看来我还得再仔细琢磨丁先生讲课的笔记才是。

　　研究班第三期开学后，我搬到了二楼女教师宿舍，而且在辅导员的办公室里有了一张办公桌。这间办公室除我之外都是语言所的青年同志，有五六个人。我随着这些老师活动。当时语言所对青年同志的学习抓得很紧，我们除了随班听课以外，还得学习外文和古文。外文以自学为主，古文的学习方法是定期对某篇文章进行逐字逐句的讨论。我们的办公室正好在丁先生办公室兼宿舍的对门，丁先生常常过来指导我们学习。从那以后，我跟丁先生的接触就比过去多多了。丁先生喜欢下五子棋，乒乓球也打得很好，这两项我们几个青年人都不是他的对手。许多朋友都回忆说丁先生好送书给学生。丁先生也送书给我。丁先生送给我的书有商务印书馆的《四角号码新词典》、鲁迅校录的《唐宋传奇集》。大概丁先生喜欢宋词，好几次指定了某一篇让我背，我记得最清楚的是柳永的《八声甘州》，"对潇潇暮雨洒江天，一番洗清秋……"，那文字用韵，那意境情感，都深深地刻在我的心里。

　　我也受过丁先生的批评。那是我回到山东大学以后的1959年，山东方言普查的总结工作即将开始，我担任总结组的组长，被派去北京请教工作如何进行。当时丁先生见我们的工作还没有着手有点着急，说了我几句，之后就详细交代了山东方言总结工作的要求、内容和方法，还送给我一份词汇调查表。临回山东前我去向丁先生告别，丁先生又表扬起"山东的工作还是不错的"来了，鼓励我们一定写好山东方言普查报告。这项工作,我们完成于1960年,写出了《山东方言语音概况》。此后,见丁先生的机会就少了。

1974年,我们集体编写的《学习字典》由山东人民出版社出版。这本小字典,考虑到中小学教师和自学者的需要,收字达10800余个,业务方面又有蒋维崧先生把关,发行后社会上反映不错,也得到丁先生的肯定,但是仍然不免存在缺陷,于是常有读者来信指正,这些信件一般都由我处理。在我那本集中记有各方意见的字典中,也用醒目的红笔记录着丁先生的意见。记不清是什么时间了,那天丁先生一见我就说:你们《学习字典》的"乘"字,读shèng 的第三个义项"佛教教义"应该改为读 chéng,现在北京"大乘胡同"的"乘"就是读 chéng 的(胡同名我记不准了,但北京胡同名称中有一个"大乘"、"小乘"的"乘"读 chéng,丁先生说得很清楚)。你们现在读为 shèng,恐怕是受了以前《现代汉语词典》的影响,我们改过来了,你们也要改。我后来查过几种字典、词典,"乘"字有 chéng、shèng 二音,佛教教义这个义项,《新华字典》(1971年商务印书馆本)没有收,《辞海》读 chéng,《四角号码新词典》读 shèng。从丁先生的话来看,可能早年的《现代汉语词典》也读 shèng,后来改为读 chéng,根据是地名读音。

最后一次见到丁先生,那时语言所还在学院路北京语言学院附近。那一天丁先生见我去了特别高兴,一再嘱咐我一定要把我的母语嵊县话写出来,说这个方言八个声调,是很有特色的,写出来后可以拿到《方言》杂志发表。可惜我忙于应付山东方言的调查,一直没有腾出手来深入研究嵊县话,实在是辜负了丁先生的希望。我现在已经为家乡的地方志写了一个简单的方言志,写过一两篇语法方面的文章,但这些都只能说是我研究母语的开始。

丁先生的学问博大精深,这只有当我在以后《学习字典》的编写中、在不断的方言调查和教学实践中,才能慢慢有所体会。丁先生一直是我心目中的榜样,无论治学、为师,只要想到丁先生,我立刻就觉得自己做得不够。听说建立汉语方言音档是丁先生的遗愿,所以毫不犹豫地承担了《济南话音档》的编写任务,后记中说:"在本书的编写过程中,脑子里不时浮现梧梓师亲切的笑容,督促我务求学术上有所创新,工作上一定要认真仔细。"

在市场经济的负面影响下,知识有时就成了资本,甚至权术可以胜过学术。但是人间总有真情在,正气在。丁先生离开我们十年了,"唯有长江水,无语东流"。丁先生的精神,永远默默地滋润着学术大地,净化着学术空气。

一位平凡而伟大的语言学家[*]

——怀念丁声树老师

李行健

1959年春,我有幸随科学院语言研究所方言研究室调查河北昌黎方言。在渤海边一个小村里,一个多月同丁声树先生睡在一个炕上。他的治学为人,言传身教给我的教育,终生难忘。

1958年,中国科学院河北分院成立,同时成立了一个语言文学研究所。工作人员很少,几乎全是刚毕业的大学生。我也正好从北京大学中文系毕业分配在这个研究所语言研究室工作。名为研究室,实则除兼职的副所长朱星先生外,并无其他同志。地方性的科研机构,名叫中国科学院河北分院,实际并不直属中国科学院管(当时还没有中科院和社科院之分)。它的主要任务是研究解决为地方服务的一些科研课题。当时我所在的语言文学研究所具体搞什么研究,大家都比较茫然。因为朱星先生正是那年随河北天津师院迁往北京(改名为河北北京师范学院),无暇顾及研究所的事。而我刚出校门,也不知怎么办才好。为此,朱星先生便征求

---

[*] 此文曾发表于《语文建设》1993年7月号,收入本文集时作者略有增删。

吕叔湘、丁声树等先生的意见。吕先生在回信中说："天津语言文学研究所的研究工作，鄙见最好结合地方需要，较易收效。"丁先生的意见，大意我还记得。他提示可否搞河北方言调查研究，在1956年普查基础上深入下去，并希望开展词汇调查。这同他后来在《关于进一步开展汉语方言调查研究的一些意见》（1960年12月在中国科学院哲学社会科学部委员会第三次扩大会议上的发言）中，主张汉语方言进一步调查研究以词汇、语法为重点的思想是一致的。因此，当时研究所决定由我着手河北省的方言词汇的全面调查工作。怎么下手搞，我没有准备，也不知道怎么进行，很想找丁声树、李荣先生讨教。但由于我不认识两位先生，不好冒昧去打扰，只好先给他们写了一封信。其实，确切地说，不是我不认识他们，而是他们两位不认识我。我在大学时就读过他们的著作。在我心目中，他们是著名的语言学家，特别在方言调查研究方面。不久，语言研究所方言室熊正辉同志来信，说他们将去河北昌黎进行大规模方言调查，丁声树先生问我愿不愿意参加。这样难得的机会哪能放过呢！于是立即回信，很希望去。由于天津研究所搬家，我晚去了几天，没有参加上他们在县城的学习准备工作。临出发进村的头一天，我才赶到昌黎，很快见到了丁先生。当时正忙着第二天分组进村调查，丁先生只简单问了一下天津研究所的情况，问我明天同他去一个点调查好不好。

这是我第一次同丁先生直接谈话，心里总有些忐忑不安，并且同我心目中的丁声树先生很不一样。在上大学时，就听过许多有关他的传闻，如25岁时写的那篇《释否定词"弗""不"》曾震惊语言学界；他后来到国外考查、做研究工作多年，会几门外语等等。

总之,他是一位博古通今学贯中西、具有洋派风度、气质潇洒的大学者。可一见面,却大相径庭。当时丁先生穿一身最流行的蓝布中山装棉衣,戴一顶旧棉帽,穿一双青布鞋。与其说像一位著名学者,不如说更像一个老农民。由于这身打扮,使我敬畏的心情减少了不少。但对最后说明天让我随他一起去渤海人民公社朱建坨村(当时叫生产队)调查,却又高兴又有点害怕。能随丁先生调查、直接受他的教诲,真是难得的机会,有点喜出望外。认识我的同志都为我高兴。可我对方言调查不太熟悉,在大学期间我上过袁家骅老师的"汉语方言学"课,有一些书面的知识,后来也只参加过张家口地区的方言普查工作。这次是同一位大学者去搞调查,能完成任务吗?出了错误丁先生会怎么批评?一系列问题,老在脑子里丢不掉。第二天我们自带行李,先坐火车到留守营,然后再坐大车到我们的调查点朱建坨。一行四人,除丁先生外,还有高玉振(已故)和熊正辉。为了便于工作,行前规定不能暴露丁先生的身份,所以我们当群众的面都称丁先生为老丁。最初虽然很别扭,但这是纪律。私下我们仍称丁先生。有一次被房东张紫藤大嫂听见,于是他认为丁先生一定是"大官"。晚饭后把熊正辉和我拉到她家问话:你们当着我们叫老丁,怎么背后又叫丁先生?他肯定是化了装的"大官"。我们就打岔说,你看他那个样子像"官"吗?睡土炕,吃玉米楂子饭,那样平易近人,有这样的"官"吗?就这样勉强把真相糊弄过去。熊正辉同志是我大学同学。高玉振同志南开大学毕业,是我所在的天津语文研究所副所长(兼职)李何林先生的学生,所以我们很快就熟悉了。

　　进村第二天就开始工作,从挑选发音合作人到按调查字表归纳音系,丁先生都要求十分严格,并手把手地指导。主要由玉振和正辉记音,丁先生让我多听多看他们记音。自然,他也在一边听一边看他们二位记音。待归纳出音系后,丁先生才让他们分开按不同的发音人记录同音字表、词汇和语法条目,让我也跟着正辉和玉振调查。每天调查中遇到的问题,或需要注意的地方,丁先生都在吃饭时或晚上给我们讲一讲。所以这次调查时间虽不长,但总算经历了一个全过程,并且一直在丁先生指导下进行,学到了许多书本上无法接触到的东西,如怎么识别记音中可能出现的一些假相,哪些字词可能有特殊的读音或音变,如何调查一些带有忌讳隐私性的词语等等,使我获益匪浅。至于古今字音的演变、某字中古或上古的声母韵部如何折合成今音等学问,丁先生更是如数家珍。有一次在村外散步的路上,我大胆地问丁先生怎样才能学好音韵学,希望能得到他的"秘诀"。先生的回答是,把常用字的音韵位置像背外语生字一样背下来;背多了,自然就融会贯通了。虽未得什么"秘诀",但我认为丁先生告诉我的是一种最朴实、最可靠的学习途径。这些事情,无不表明丁先生的治学态度和对后辈的严格要求。后来我体会到,如果说音韵学有什么秘诀,除了按先生的教导学习外,就是读先生1957年写的《汉语音韵讲义》。那本书真可谓言简意赅,条理非常清楚,结合方言情况反复阅读,收获很大。总之,使我领悟到丁先生为什么常用"书山有路勤为径,学海无涯苦作舟"来劝人为学的道理和良苦的用心了。

1959年春,正是"大跃进"、人民公社化蓬勃发展时期,朱建坨全村人在一个大食堂吃真正的大锅饭。一家人围成一堆一堆的吃饭,我们四人另外一桌。主食每天主要是玉米楂子稠粥。菜就是腌的酸菜或其他咸菜，社员偶尔也有一些土豆大白菜。为了照顾丁先生和我们，有时专门给我们弄一点同社员不同的菜，如腌咸菜拌豆腐之类。丁先生那时已是年过半百的人，但吃起来同我们一样香，并且一再嘱咐有关同志，千万不要特殊，脱离群众。当时天气还较冷，我们四人睡在一个炕上。丁先生在靠门口一头，坚决不睡中间。我睡在他旁边。后来才明白，他要睡门边，是因为每晚他要出门在后院露天厕所小解一两次，怕惊动我们睡觉。现在想起来，这是老年性前列腺增生的症状。因此，晚上他总是穿着毛衣睡觉，披上棉衣就可以出屋去厕所。本来屋里可以放一个便盆，他也怕扰人而坚决不同意。在我们看来，这是很不方便的事，可从未看到丁先生有一点不习惯的表示。他心里想的是怎么让别人方便，休息好，没有考虑过自己的困难。名为让我们照顾他，实际是他无微不至地照顾我们。我记得从昌黎出发的头一天，县里优待大家，让供销社卖给每人半块香皂半块肥皂，这些本来是凭票供应的商品。丁先生也掏钱买了，但后来全给了我们，他说自己有，不需要。既然有，又何必花钱买；既然买了，这种紧缺物件，又何不留下？这就是丁声树风格。他帮助了人，却想方设法不要让人感到接受了他的帮助。据说在"文革"后，他见食堂一位炊事员生活困难，衣服单薄。他专门为这位身高体胖的炊事员买一身绒衣，却向炊事员说，他自己买的不合体，放着占地方，请他帮忙穿了。好像不是他帮助人家，而是人家帮助他解决困难似的。据说这位天真的炊事员直到病逝，也不知道那身绒衣是丁先生专门为他买的。用现在通行的话说，这就是一种真正的助人为乐的雷锋精神吧！

昌黎朱建坨调查工作完成后，我就回单位着手搞河北方言词汇调查，很少有机会去看望丁先生。一位慈祥而严格的老师形象，却永远镌刻在我的心中。后来听人称他为"丁圣人"。我想，从他满腹经纶、学贯中西古今，以及为人处事总是严以律己宽以待人等等方面看，作为当代学术界的"圣人"是当之无愧的。

在河北方言词汇调查中，我写信向丁先生汇报过一次情况，问过一次词汇归类中的疑难问题。我从侧面听说，丁先生还谬奖过我，说我一个人终于把全省150个点的词汇调查搞了起来。1962年底，编了十几本油印的河北方言词汇，寄给他一份，也不知道他看到了没有。因为我很快就调动了工作，先后去党校学习和参加"四清"运动，直到"文革"前夕才回到单位。"文革"中我也很惦记丁先生的情况，打听到他进"牛棚"，受"批判"的消息。当时全国如此，也就没有感到特别，反倒觉得中国知识分子在劫难逃，命就如此。无法看望，也不便写信，只能默默地祝他身体健康，上天保佑。这也是当时不惹麻烦，能聊表心意的最好办法了。

"文革"后，大约1976年，我到语言研究所去看望师友。在《中国语文》编辑部，我问候精一同志，丁先生身体怎样。他马上说，今天丁先生在办公室，不过他一般不喜欢见外人，你来了，可能丁先生会见你的。他去告诉丁先生我想看看他。丁先生立即请精一领我去。当时我见先生身体和精神都好，心里也很高兴。丁先生问了我一些工作和生活情况外，没有深谈别的。因为一别多年，劫难后见面，一时真不知从哪里说起好。后来我到北京出差，到三里河他的家里去看过他两次。一次是精一陪我去的（他们住得很近），后来我自己又去过一次。这两次见面的情况差不多都淡忘了，只有两件事至今还记得。

一件事是问丁先生在研究什么课题，写什么论文。因为大家都希望他把满腹的学问写出来，嘉惠后学。丁先生却回答说，他没有什么学问，也没有什么好写的。这种回答真使我大吃一惊。举世公认的大学者没有学问，让人怎么理解。若不是他说话时那种心平气和的真诚态度，还真以为他是用"文革"中批判知识分子的话来自嘲呢！"文革"中"四人帮"一伙曾散布过专家最无知识，大学生不如小学生一类谬论。后来同别的同志说到这件事，才知道丁先生的回答既是他一贯的表述，也是他真诚地对自己一种过谦的认识，乃至他在一份正式表格的"专长"一栏，才会填上"粗知汉语音韵训诂，略有方言调查经验"了。正是由于这种自我过谦的认识，所以他一生写的东西，虽然篇篇都有丰富过硬的资料和发人所未发的见解，但毕竟数量同他勤学的态度和广博精深的知识太不相称了。谦逊是一种可贵的美德，但过分的谦逊却留给我们一个无法补救的遗憾。正如吕叔湘先生在丁先生的追思会发言中说的那样："他这样过分的谨慎，就使我们不能得到很多我们希望得到的东西。这是非常可以惋惜的。"（《中国语文》1989年第4期）

另一件事，就是他病前每天早出晚归地上下班。本来他可以不坐班，去上班也可以用车接送，但他既要每天坚持上班，又拒绝用车接送，一直是一个人去挤公共汽车。我劝他别这样，年龄不饶人。坐专车上下班，嫌特殊，总可以每天晚去早归，或者不天天坐班吧！如果挤车摔了或出了什么事，不是反而给别人增加麻烦嘛！丁先生很有信心，轻松地说，我自有安全可靠的办法。他就把众所周知的他乘车的规矩告诉我："车上的人多不上，上车的人多不上。"我说那不太浪费时间了吗？他回答说，早出晚归，既能多干事，又不同人挤车。我知道大家并不赞同他这种作法，但谁也无法说服他。这也是丁声树先生严于律己近于苛刻的风格吧！后来读李荣先生追思丁先生的文章，才知道丁先生坐公共汽车的口诀还有别的学问，因为"上车的'上'古音上声，车上的'上'古音去声"，是丁先生善于运用语言，调度文字的一种"创作"。

1979年冬，听说丁先生因病住院，不久又听说他患脑溢血，实行特护，不让人去探视。我请一位同志在可以探望时，代我买一束鲜花献给丁先生。1983年我调到北京工作，大约1987年，吕叔湘先生住院，我去看吕先生，才有机会到丁先生病房门口，从门缝中看见先生躺在床上，插着管子，过着植物人的生活，不由一阵心酸。先生虽然早已失去知觉，但我总觉得先生一定很难受，但也苦于无法为他分担一点苦痛。

1988年秋天我去日本国立一桥大学讲学，我接到国内信才知丁先生于1989年3月1日辞世，虽说这是早已预料的事，但总是控制不住悲从中来。丁先生对我的教导和关怀，一幕幕再现眼前，常想写一点追思的文字，总未能如愿。聊可告慰先生的是，《河北方言词汇编》，"文革"中原稿虽在出版社武斗中丢失，但后来又千方百计在残稿上补充完善，已经由商务印书馆正式出版。这些年我在学术和事业上没有作出什么成绩，愧对先生的教诲，但先生治学和为人的崇高形象，却永远是鼓励我前进的力量。

音韵与方言结合的光辉典范

——自《汉语音韵讲义》缅怀丁声树先生

李如龙

丁声树先生所撰的《汉语音韵讲义》从油印本算起在方言学界运用半个世纪了,在《方言》季刊1981年正式刊出也已近30年。这本只有三万字(16开本,13页,李荣所制表格和练习题不算在内)的讲义,可以说是一部厚积薄发的经典,是用音韵学原理指导方言调查,又用方言研究成果来论证音韵现象的科学指南。半个世纪的实践证明,它是音韵学和方言学相结合的光辉典范。

抗日战争初期,二十多岁的丁声树就参加了湖北方言调查,后来又转到云南和四川继续艰苦的调查工作。在赵元任的领导下,他和李方桂、罗常培等共同创立了运用广韵系统调查分析方言语音的一整套工作规范。《汉语方言调查简表》和后来的《方言调查字表》(1956年出版)都是当年制定的、按照广韵音系排列的、供方言调查用的基本材料。据丁先生在史语所的同事吴宗济先生回忆,当时赵元任和李方桂两位先生还常在音韵学方面征询丁先生的意见。1956—1957年间,为了开展全国方言普查,丁先生主持创办了三期普通话语音研究班,训练方言调查人员。他一面编讲义,一面上课,每周六天,星期天才回家。由丁声树和李荣当主教练训练过的数十名学员,后来都成了方言普查的好手,开辟了新中国方言调查研究的新局面。这部简明精当的教材是经过实践考验、行之有效的真经。

我参加了50年代福建省方言普查的全过程。但因为当时大学还没毕业,无缘参加语音研究班。不过,从参加普查的同事那里,我得到了这本油印的讲义。从那时起,它就是引导我学习音韵学和进行方言调查的入门指导书。60年代给本科生开方言课、音韵课,80年代给硕士生、博士生开同样的课,也都拿它作为基本教材。每次学习和教课都反复体会到,这的确是一本精致而实用的教科书。

《汉语音韵讲义》以广韵音系为纲,以现代北京音为目,编织了一个古今音的关系网。这个大网既精深又无缺漏,既严密又不艰深;不但便于入门,也能指导深造;既解释了古音到今音的演变过程,又能从今音推知古音。这就把历来弄得有些玄虚的音韵学原理变成了可以用已知的语言事实去理解的东西。为了搭建古今音的通道,可以看到,这位大师并不是简单地罗列古今音的对应关系,而是为初学者着想,精心寻找和设计了由易及难的途径。例如,北京音和大多数官话方言都已经没有入声,为了便于官话区的人了解哪些字是入声字,《讲义》指出:"现在北京音里的阳平字凡是声母不送气的字,一定不是从古代的平声来的,只有从古入声来的阳平字才有不送气声母。"又如,分辨一二三四等对现代人来说相当困难,《讲义》巧妙地应用古今音声韵组合规律,选取了许多重要的条目,做了简单易懂的说明:"端透定三个声母只见于一等和四等,不见于二等或三等,因此凡是现代读 t、t^h 的字,洪音一定是一等,细音一定是四等。""凡现在声母是 f 的字全是古三等字"
"凡现在声母是 ʑ 的字都是三等。""凡现在读 tsʅ、tsʰʅ、sʅ 和 tʂʅ、
tʂʰʅ、ʂʅ、ʐʅ 的字全是古三等字。"

  关于中古音系统的叙述,《讲义》虽没有长篇大论,却是抓住要害,把基本原理说透,并且很注意分清语音演变中的基本对应、条件对应和例外的个别字。措辞用字十分注意推敲,做到了精密、简明、无懈可击。例如,关于如何认识四个等的特点及其在语音演变中的作用,《讲义》说:"无论哪个等的特点,都可以从两方面来考察,一方面是就古代声母和韵母的配搭上看,另一方面是从现代汉语的反映上看。这就是说,我们必须从古代音系的结构上看,从古今语音的对比上看,才可以认识各等的特点,才可以明白等在古今语音演变上所起的作用。"这就是辨等的最概括、最精辟的说法了。在具体辨等的方法上,又强调了若干个要点:出现在一、四等的声母只有 19 个;见于三等的声母是另外的 14 个;在分布上,帮组和非组、庄组和章组都不在同一个韵里出现,等等。这些都是帮助辨等最有效的依据。又如,关于古开合和今四呼的关系,《讲义》指出:"必须把古声母的系、组和韵母的摄、等与开合口联系起来才可以看出古今的演变。""古代的开合口、摄、等和今音的开齐合撮大致都有相当整齐的对应关系,但是错综的情况也要注意。"接着是许多具体的描述,精当地分别了主流和支流。例如,凡今音 t、tʰ 两母的开口呼**总是**古代的一等开口来的,合口呼**多是**从古代的一等合口来的,但一部分 uo 韵母的字是古一等开口,如"多、脱、吞";今音 n、l 两母的开口呼,古代**大半是**一二等开口,但是有**一部分字**是从古代合口来的,如"雷、内、嫩、脓"是一等合口。"类、泪"

是三等合口；今音 ts、ts^h、s 三母的开口呼**主要是**从古代一等开口来的。但是 ɿ 韵母**全是**从三等开口（止摄）来的，还有**少数**知章组声母字今读 ts、ts^h、s 的，古代是二三等开口。今合口呼除 uo 韵母外**总是**从古代的一三等合口来的。这些引文中的黑体字，很能说明作者是下功夫推敲过的，用字十分精确。

为什么编教材需要大专家来做？因为大家才能说得深刻而准确，要言不烦。但是大专家不一定都那么平易近人，都愿意为读者设想，只有甘当人梯的学者，才能把深奥的理论说得通俗而浅显。丁声树先生是公认的大家，又是有口皆碑的"人梯"，所以能编出这样的好教材。

因为有了这样的好教材，语言研究班的学员在半年间，又学普通话标准音，又学音韵学、掌握古今音演变的原理，又学习记录方言语音、整理方言音系，大多都能掌握独立调查方言的能力，学得好的还能对方言语音进行音韵分析，提取方言语音特征。

在《讲义》的理论和方法的启发之下，我在使用这个教材之前，先给学员训练国际音标，结合普通话标准音和学生的母语的语音，让他们学会听音、辨音。到了按照《汉语音韵讲义》讲授音韵知识时，就可以同时开始用《方言调查字表》逐韵记音，记完一个韵就观察和整理该韵在普通话和方言里的对应关系。记完了《字表》，还要求学生整理出古音与普通话语音、与方言之间的两种对应规律。做好这个大作业，就可以弄清古音、通语和方言三者之间的关系。这样，三点就可以成面。有了这个"三角平台"，既可以从北京音推知古音，也可以从方音推知古音，对中古音系的理解就会有左右逢源之乐；对普通话和方言的语音系统也就会有立体化的理解。这样，不论是研究古音、研究语音史或者研究普通话和方言的语音，都能走上正道，把研究做得更加深入。可见，《汉语音韵讲义》是把音韵学和方言学结合起来，相互为用的最好向导。

丁声树先生主持全国方言普查工作时，不但编写了《汉语音韵讲义》，给研究班上课，还主持编制了《方言调查手册》（1955年出版）和《方言调查词汇表》（1958年编，1981年发表于《方言》），这就为汉语方言词汇的调查研究准备了相当全面的基本材料，建立了方言词汇调查研究的工作平台，为60年代之后汉语方言研究的蓬勃发展打下了扎实的基础。1958年由科学出版社出版的《古今字音对照手册》也是丁先生主持编录的（李荣参订），这是一本按照《汉语音韵讲义》的理论和方法制定的工具书，对照了六千个常用字的古今音，是重要的方言音韵研究的基础建设工程。至今为止，这本《手册》还是方言调查和音韵研究的最重要的参考书。这是丁先生把音韵学和方言学结合起来、相互为用的另一个重要贡献。

丁先生对中国现代语言学的贡献还有大家所熟知的《汉语语法讲话》和《现代汉语词典》。这两本高水平、高质量的集体研究成果，都由丁先生主持编写，倾注了他大量的心血，这是参编人员公认的。由于丁先生的勤奋和严谨，这两部著作至今依然是汉语词汇和语法研究的圭臬。丁先生学问之精深和广博，在这些方面都得到了充分的体现；他甘当无名英雄的奉献精神，也是有口皆碑的。此外，他在训诂学上的成就，早在青年时代就已成名，这就用不着我来多说了。

我和丁先生虽然只有过一次接触，却一下子就使我震惊，至今记忆犹新。1964年春天,我和潘茂鼎先生一道去语言研究所,向李荣先生汇报福建省的方言普查成果——《福建省汉语方言概况》(讨论稿)的修订工作,请教工作方案。在前后将近一个月的时间里,李先生多次接见我们,谈了许多修订时应该注意的事项。当时丁先生已经到词典室去主持《现代汉语词典》的编写工作了,有一天,他来听取我们的汇报,我们再三请他指导,他只是说:"福建的方言我不懂,你们才有发言权,我提不出什么意见。"其实,他知道的很多,只是因为治学严谨,不愿随意发表意见。我们虽然有几分失望,却也不敢勉强。而丁先生这句话引起了我良久的思索:一个公认的语言学大家,主持全国方言普查工作的领军人物,竟是这般谦逊!当时我还只有二十多岁,去北京前,自以为已经调查了福建境内十几个点的方言,整理过全省的方言材料,统过《福建省汉语方言概况》的大部分稿子,真有几分踌躇满志的样子,有时连李先生提的一些不合自己胃口的意见都有点听不进去。一听丁先生这句话,我忽然就为自己的浅薄无知而感到羞愧。别说其他的方言大区,就是福建境内的闽语和客家话我还有许多是完全不懂的,凭什么就扬扬自得起来了?从那以后,在方言研究上,我才有了比较老实的态度。对于自己不熟悉的方言,不敢妄加分析;即便是自己熟悉的方言,也会多想想究竟是怎么一回事。尤其是对于不同的看法,我慢慢学会了冷静地思考,谨慎地作结论。几十年过去了,回想起来,如果能从老一辈的大师那里多学一点做事做人的道理,一定可以使自己少走一些弯路,多做一点正事。

丁先生离我们而去二十年了,加上他晚年卧病十年,这三十年正是祖国改革开放的大好时机。如果他能继续带领着语言学工作者做事,我们几代人不知要多得到多少教益!中国的语言学事业一定能做得好上加好!

　　今年是丁声树先生诞辰一百周年。在纪念他的日子里,让我们缅怀他的伟大功绩,学习他的崇高精神,继承他的未竟事业,把我们的语言学工作做得更大更好!

呕心沥血作词书

张万起

丁声树先生逝世20周年了,但他仍然活在我们心中。他所主编的《现代汉语词典》,我们几乎天天学习,天天使用,是我们从事词书编写、出版工作的人离不开的工具书。广大词书编写、出版工作者,感谢他、崇敬他、怀念他。他作词书的先进事迹和敬业精神,更是我们学习的榜样。

一 无限忠诚于词书事业

丁先生是语言学大师,大学者。他在汉语音韵学、训诂学、方言学、语法学等方面都有很高的成就,造诣很深。但是,当上世纪50年代国家需要他主持《现代汉语词典》编写时,他就毅然决然接受了任务,不讲条件,不考虑个人得失,全身心地投入到了词书事业。从1959年到1979年生病住院为止,一干就是20年。其间,虽然有"文革"的破坏、打击,但他始终没有放弃。可以说,丁先生的后半生把全部精力都放在词典编写工作上了。

长时间以来,我国学术界有一种不好的倾向,重视学术研究,轻视词书编写,甚至有人认为编词典没学问。这当然是不正确的观点,它不利于我国词书事业的发展。记得前些年,在一部大型词书的鉴定会上,李荣先生就曾发感慨地说:"词典这玩艺儿,有学问的人不愿编,没学问又编不了!"在当时,编词典是既无名,又无利,还要付出许多时间和艰苦的劳动。因此,教育界和学界许多人不愿问津词书。先生博学多识,精通古今中外,"是主持、领导大型词典编纂的最理想的人选"(朱德熙语)。他接受了任务,并把全部身心献给了词典事业。《现代汉语词典》就是在吕叔湘先生和他先后主持下,带领一大批词书专家,用了十几年时间编写出来的。他们给词书编写者树立了很好的榜样。

二 求实、创新,以科学精神编词典

《现代汉语词典》的编写,经历了艰苦的历程。它是新中国成立后编写的第一部规模较大的规范型词典,没有像样的现成词典可参考,一切都需要编写者们以求实、创新的精神去做,去创造性地完成词典编写任务。首先,编词典没有资料是不行的。巧妇难为无米之炊,没有语言材料就编不成词典。先生特别重视语言材料的搜集和积累,重视第一手资料。先生不仅要求大家长期坚持不懈地做好资料工作,而且亲自动手勾资料,做卡片。当时还没有电脑,大量的资料卡片都是手工抄写的。丰富的第一手资料,为词典的收词、释义和选例提供了科学可靠的依据。这些资料卡片成为了语言所词典室的一笔巨大财富,不仅编写《现代汉语词典》使用它,还为其他单位词书编写提供了支持。

此外,先生也非常重视对语言的调查研究工作。为了解决词典中收词、释义、审音等方面的问题,先生一方面查资料,搞研究,有时还要进行实地调查。1962年《中国语文》发表的《说"些"字音》一文,就是为解决"些"字读音而进行研究的结果。为了确定某个方言词的音义,他常常要找一些会说那个方言的人来询问,或派人去实地调查核实才放心。先生本人就是方言研究的大家,参加过许多重要的方言调查工程,熟悉汉语的各种方言,掌握丰富的方言资料。即使如此,先生也不会掉以轻心。遇到一些具体的方言词音义问题,还是要反复询问,实地调查,深入研究然后做出结论。正是这种科学、严谨、求实的精神,使他和吕叔湘先生主编的《现代汉语词典》,取得了辉煌的成就,成为一部高质量、高水平的精品词书,出版30多年了,至今还没有一部同类型的词书能够超越它。

三 追求完美,精益求精

1978年4月,丁先生在词典室的一个会上说:"我总觉得词典越编胆子越小,常会出错。"当时《现汉》已经编好,交商务印书馆排印,很快就要出版了。先生说这话,并不是怕负责任,而是出于高度的责任感。他认为词典涉及内容多,古今中外,多种学科,如果不谨慎,功夫不够,就会出错。因此,他强调编词典的人要严谨,要勤奋,多注意学习。语文书、历史书、哲学书,古代的、现代的,都应该看看,还应注意不断吸收新的科研成果。

为了让词典更加完善,他虚怀若谷,欢迎批评,不断吸纳社会各界的意见。陆宗达教授对《现汉》提出意见,认为"不毛之地"

"圭臬"两条注释不准确,"不毛之地"不一定是不长树木,应是不长庄稼的地方;"圭臬"不应注为"圭表和鹄的","臬"不是"鹄的"。丁先生非常欢迎,认为意见提得好,还把此事拿到会上去讲。我们比较一下《现汉》1973年试用本和1978年初版本的修改情况:

不毛之地　不长树木、庄稼的地方。(1973年试用本,83页)

不毛之地　不长庄稼的土地或地区。形容土地荒凉、贫瘠。(1978年初版本,91页)

圭臬　圭表和鹄的,比喻准则和法度:奉为～。(1973年试用本,373页)

圭臬　指圭表(臬就是测日影的表),比喻准则或法度:奉为～。(1978年初版,410页)

从两个词条的变化可以看出,丁先生完全接受了陆宗达教授的意见,改正了《现汉》的释文。如果我们系统查阅比较1973年和1978年两个版本变化,可以发现在广泛吸收各界人士意见之后,《现汉》在释文和义项安排方面做了不少调整和改动。正是这种不断完善,不断改进,精益求精的精神,使《现代汉语词典》成为高质量、高水平的词书精品。

丁先生离开我们20年了,《现代汉语词典》出版30年了,他和词典室专家们为我们创造了一部词书经典,为词典学留下了一笔可贵的理论财富。他对我国词书事业的无限忠诚,他的严谨、求实、创新的科学精神,永远值得我们崇敬,值得我们学习,他是词书工作者的光辉榜样。

"接受'丁学'"、"'溱'之qín音"、"丁声树谜题"……
——为纪念丁声树先生百岁诞辰而作

鲁国尧

小 引

丁先生是我崇拜的大学者,值此丁先生百岁诞年,特敬献一瓣心香。

我自上大学本科起,即喜读古人的笔记,逾百种。鄙见,有些笔记,如陆游《老学庵笔记》、洪迈《容斋随笔》、陶宗仪《南村辍耕录》,称之为"中国文化的阿拉伯油田"不为过。笔记读多了,耳濡目染,就想模仿。戊子元宵节,与韩敬体学长欢晤于京郊,他指令我撰写纪念丁声树先生的文章,敢不应命?如何下笔?思之再三,看来取笔记体比较合适。

接受"丁学"

在学术界,长期以来的状况尽人皆知:关于"理论"的分工很是明确,西洋学者负责制造,中国学者负责引进。语言学界如此,其他学科亦如此。

有一种新的文艺学理论,叫"接受理论",或曰"接受美学",已经有国人将它中国化,坊间出版的书甚多,略举几例:《中国古代接受诗学》《杜诗唐宋接受史》《李贺诗歌接受史》《明代唐诗接受史》《〈西厢记〉接受史研究》,等等。

现在我也来赶时髦,将这新理论引入语言学。

丁声树先生的道德文章,为世人所景仰,这是共识,而且这共识是绝对的,即无例外的。景仰丁先生的"世人",就是"接受理论"所说的"接受者"。我是"世人"中的一个个体,我当然也是"接受者"。作为"接受者",我在此杜撰一个新词,叫"丁学",指称研究丁声树先生的学问;在中国学术界,早有"钱学"(指研究钱锺书先生的学问)一词,我刚刚造出的"丁学"也可以说是类推出来的一个词。

有了"丁学",就可以衍生出又一个术语"接受'丁学'"。

鄙见,"丁学"的接受情况很值得重视,若有人从事这项研究,必可丰富中国学术史。

已经发表的许多纪念丁先生的文章,特别是韩敬体学长参与编辑的这本文集,都为"接受丁学"提供了丰富的原始资料。

不揣谫陋,我在这则笔记中也提供些许接受"丁学"的史料。

我在南京大学教"音韵学"课和"音韵学专题研究"课,有些年头了。我的惯例,开学第一课"绪论",鼓励学生"进德修业",我认为"进德"应该是第一位的,我特揭出"为人正,为学正"六字,与学生共勉之。

"榜样的力量是无穷的",我信奉这句格言。我崇敬前辈学者的道德文章,因此我在绪论课上要求学生认真阅读《方言》杂志1989年第2期、1999年第3期,这两期上的纪念丁声树先生的文章。

石明远先生《深切缅怀丁声树先生》说:"丁公的道德文章在史语所时就出了名,后来我去尹达家(从五七干校回来),还有周祖谟先生在丁声树先生的追思会上,都说到丁公的雅号是丁圣人。"生而有幸,我曾面聆丁先生的教诲,丁先生也曾赐函对我奖掖有加,故而我也可以说:丁先生,"温良恭俭让"五字当之而无愧。关于丁先生的高尚道德,详见韩敬体学长编的这本文集里的许多文章。

至于丁先生的学问,博大精深,人所共敬。我在这里举两个小例子:

李荣先生《丁声树》一文:"十月,丁先生病了。……有一次方言组邵颖瓛到医院照顾丁先生。丁先生问他的姓名,他就把名字的读法跟写法都说了。丁先生立刻说'瓛'字有'桓'跟'献'两个音。我听了很高兴,我想丁先生出院还是八级工。"(《方言》1989年第2期页101)

"瓛"字,是僻字,怎么读? 一般人会去查现代的辞书,例如《现代汉语词典》,但是只载一音:huán。

可是丁先生说的 xiàn 音呢?

我们音韵学的师生自然都去查韵书了:

《广韵》只有一音:桓韵胡官切,毋庸置疑,这是 huán 的上源。

但是仍旧找不到 xiàn 音的根据!

那就得进一步去查其他韵书。

瞧,《集韵》有二音:

首先是桓韵胡官切

其次是愿韵许建切,这衍变成今普通话音,就是 xiàn。

这么一番查检,查到这儿,不由得不佩服丁先生,他对《集韵》是这么熟!是这么熟!!

请注意:丁先生不是像我辈那样去查书,其时丁先生躺在病床上,他说"'瓛'字有'桓'跟'献'两个音",是"即刻反应"啊!

再举第二个小例子,那更叫人五体投地。山东大学的钱曾怡教授《回忆丁声树老师》一文中有这么一段:"辅导老师和发音人的记音都在课余时间进行,丁先生差不多每次都来指导,特别是嵊县音系声韵调的音值,实际上是丁先生确定的。记得有一次记到梗摄开口二等影母的上声梗韵,字表空白。我忽然想起在我的母语中有一句谚语'冬冷弗算冷,春冷冻杀□',我说这个'□'(音 ˊʔaŋ)是不是应该在这里。丁先生一听很高兴,接着就在纸上写了一个'㹛',说你的'ˊʔaŋ'就是这个字,见于《集韵》,意思是小牛。后来我查《集韵》,见梗韵'㹛'两见:一是'乌猛切','犊也,一曰牛鸣';二是'于(国尧按,此字应为"於",《方言》杂志编辑误用简化字)杏切','吴人谓犊曰㹛'。'冬冷弗算冷,春冷冻杀㹛',这话我从小常听大人说,可这个'ˊʔaŋ'是什么,家乡的人都搞不清。这一下子丁先生给我揭开了谜底,我感到这音韵学还很有趣的,丁先生真是了不起,他怎么这么难的字也记得这么清楚!"

如果丁先生的母方言是吴方言,那么他指出 ˊʔaŋ 音应写作"㹛"字,也许是出于母方言的启示,或曰潜意识的暗示。

须知：丁先生是河南省南阳地区邓县人，邓县话跟吴方言相去甚远。再考查丁先生的经历，他没有在吴方言区生活过，他曾在南京的中央研究院工作过几年，但是南京是江淮官话区。丁先生只在从美国返国时路过过（按，前"过"是动词"路过"的词素，后"过"是助词）上海。

丁先生在学生钱曾怡面前，并非查书而后再说出本字。须知这是他在学生面前的"即刻反应"!!

大概是一九九几年，我教音韵学课时，记得有一位博士生按照我的要求读了钱曾怡教授的文章，他读完后，惊讶得了不得，他说："丁先生神了!"

这些例子似乎都是小小不言的，可是"一粒沙中看世界"。丁先生的功夫，是硬功夫，而且是"绝后"的硬功夫！"绝后"者，"后无来者"之谓也，试问，当今的方言学家、音韵学家，有谁有这般硬功夫？今后呢，也不会有的了，我敢说。当今的大言欺人、夸夸其谈的歪风，加上每年必须在"核心杂志"上发表×篇论文的硬规定，害人不浅，也害死了学术。像丁先生这样下工夫的有谁？有谁??

以上可以算是"接受'丁学'"的史料。

丁声树先生跟我们三个青年座谈

著名的语法史专家何乐士是我的同学，她比我低一个年级，但年龄比我大许多，因为她是调干生，我是高中毕业直接考进的。却说1961年夏何乐士同学从北大毕业，被分配至中国科学院语言研究所(我们业内人士都简称作"语言所",人的语言习惯形成了就委实难改,我至今仍然这么说。那时是独家占有这简称,到如今叫"语言研究所"及其简称"语言所"的不知凡几)。本文所说的这语言所原来在中关村的,到何乐士去报到的时候已经搬到祖家街(按,也许我记错了,以语言所同志的文章为准)了。某日何乐士忽然通知我,她跟丁声树先生约好了,丁先生热情允诺,同她、牟国相和我三人座谈。一听到这消息,我兴奋得了不得,因为丁先生的道德文章是我们十分崇拜的呀。时间记不清了,大概在1961年秋天吧,最迟是1962年的春天,那时我和牟国相都在北大做汉语史研究生。是在某个星期日的上午,在离祖家街不远的端王府夹道七号语言所内的一个不大的花园里,一位工友提来镂空的铁壳子热水瓶给我们倒了茶水,那天,这个偌大的宅院里就只有我们五人。丁先生把座谈安排在休息日,为的是不占用上班时间,这天他还特地从家赶到所里。而那个时代,不比今天,一周就一个休息日啊,我们竟占用了丁先生半天时间!对丁先生来说,是半天读书的时间啊。丁先生这么大的专家,可十分和蔼,先问问我们每人的学习情况,对我们勉励有加。然后他就以很平和的语调谈他的学术见解。遗憾的是,我这则笔记却不能记述多少,因为事隔多年,加之现在记忆力衰退了,如果何乐士健在,我们可以互相启发回忆,然而"生死路殊,空怀可作之叹"!

丁先生的谈话,我还能记得的内容是,应该编汉语历史大词典,但是在这之前需要做大量的专书研究和专题研究。他说,张相先生的《诗词曲语辞汇释》、蒋礼鸿先生的《敦煌变文字义通释》都有价值,是朝着这个方向的好书。丁先生还谈了编词典的名从主人的原则,举了好些例子,我们闻所未闻,获益良深。丁先生讲的具体例子我记不得了,但是"名从主人"四字却深入人心,此"人"者,我也。

"溱"之 qín 音

上文说到,在将近五十年前,丁先生跟我们三个青年学子座谈,及至今日,我只能记得两点内容。其中的第二点,我为什么还记得?那是因为听了丁先生的教诲后,我回到北大的研究生宿舍,当晚写了封信给丁先生,我向丁先生提供了应该遵循"名从主人"的两条资料。

一是"溱"字。历来的字典给"溱"字注音,都是 zhēn 音,释义呢,自然是《诗经》里《郑风》的"溱洧"的"溱"。可是我的家乡江苏省泰县(按,现名姜堰市)溱潼镇,这"溱潼"的"溱"跟声符"秦"同音,读 qín。"溱潼"这是我的生身之地,"溱潼"的"溱"读成 qín 是"土人"之音,"主人"之音。在这里,我要记述两则真实的"故事":溱潼中学的一位语文教师李老先生曾经写信告诉我说,他年轻时到外地,人家问他哪里人,他回答说是"Qíntóng",及至对方看到他写的汉字"溱潼",便奚落他:"身为语文老师,怎么连《诗经》都没读过?"我的堂弟鲁国斌也谈到他到武汉出差时的几乎一样的遭遇,这些都是在上世纪 80 年代我跟他们谈及"丁声树先生与'溱'之 qín 音"的时候听到的。

二是"栟"字,字典词典从来都注 bīng 音,可是江苏省如东县的栟茶镇的"栟",却读 bēn。我之所以知道,是由于我的大姐鲁国蓉当时在栟茶工作,她回家来,经常说到这个地名,所以我印象特深。

我写信给丁先生,提供了"溱"、"栟"两字的"主人"之音的时候,其时丁先生在中国科学院语言研究所内的分工,已经调任《现代汉语词典》的主编,我这一说法的证明资料是《现代汉语词典》(第5版)卷首"编纂、修订工作人员"名单:"试用本(1961—1966年)主编丁声树"。

中国词典、字典首先著录"溱"之 qín 音,应该归功于丁声树先生,证据:

《现代汉语词典》(试印本)(中国科学院语言研究所编,商务印书馆,1960年)前言:"1958年2月开始试编,6月起正式编写,1959年底完稿。"这试印本的正文中无"溱"无"栟"。

附录《检字表》:"本检字表中包括两部分字:一部分是正文中所收的字,附注音和正文页码,一部分是正文中未收的补充字,附注音和简单解释。"

页1184 氵部:溱 zhēn 水名,在河南省。

页1212 木部:栟 bīng 栟榈(lú),即棕榈。

再看《现代汉语词典》(试用本)(中国科学院语言研究所编,商务印书馆,1965):

页830 溱 qín 溱潼(Qíntóng),镇名,在江苏。

页1309 溱 zhēn 溱头(Zhēntóu),河名,在河南。

页69 栟 bīng〔栟榈〕bīnglú 古书上指棕榈。

页44 栟 bēn 栟茶(Bēnchá)地名,在江苏。

于此可见丁先生如何虚怀若谷,倾听一个年轻学子的建议。

如今丁先生墓木已拱,我亦垂垂老矣,不可不将此事记下。

在这儿需要讲一下，当年的溱潼镇，是地处江淮海之间的偏僻小镇，谓之穷乡僻壤亦无不可。而在"改革开放"的近年，应刮目相看，已成声名籍籍的历史名镇了：环绕溱潼镇的溱湖湿地是全国第二个国家级湿地公园，入围"中国最美六大湿地"（据《扬子晚报》2008年11月27日）。"溱潼会船节"被列为国家重点旅游项目。游客到此，再也不会念成Zhēntóng、Zhēnhú了，因为在近五十年出版的字典、词典里，都著录了"溱"之qín音。

丁先生如果主编《汉语大词典》

写这则札记时，我忽有所悟，我才有此悟：丁先生在1962年（也许1961年）跟我们三人谈的内容为什么都跟"词典编纂"有关？盖此时丁先生调任《现代汉语词典》主编不久，所以思考的多是关于词典的问题，丁先生正在编的是现代词典，但是他这样的大学者一定考虑得更多。"他人有心，予忖度之"：丁先生认为编现代汉语的词典，需要汉语历史大词典的支撑，或相互映发。我想起了在"文革"（1966—1976年）及其后编纂，1986—1993年出版的12卷本《汉语大词典》，鄙见，丁声树先生是最有水平担任这部《汉语大词典》主编的，说这话，需要有证明。"书证"如下：

一、李荣先生的《丁声树》文云："丁先生有一回填干部履历表，在'专长'一栏填'粗知汉语音韵训诂，略有方言调查经验'。"（《方言》1989年第2期页98）于此可见丁先生的谦虚。其实，丁先生的"专长"何止这三门学问？《现代汉语语法讲话》的第一作者是谁？这《现代汉语词典》的后期主编是谁？丁先生对各门学问哪里只是"粗知"和"略有"？李荣先生有长篇阐释，请读，此处不赘。

二、朱德熙先生的《致鲁国尧论语言学理论与实践书》云："一个有成就的学者必有其所长，同时也难免有其所短。像丁梧梓先生那样样样拿得起的学者可以说是全才了，但理论似亦非其所长。"（载于《语文研究》2002年第4期页1）

三、李方桂先生对丁声树先生的评价："他在汉语和西方语言学方面都受过非常良好的训练。例如，他在耶鲁大学学过拉丁语等等。为此，到他1949年回中国时，他来到上海，回到了研究所——他在西方语言学和中国语文学方面是训练最好的人。我认为即使到现在，他仍然是受过最佳训练的学者。"（《李方桂先生口述史》页70，清华大学出版社，2003年）

如果丁先生任主编，这《汉语大词典》的质量一定会高许多，不至于时时被作为靶子，养活了好多个硕士生、博士生。近十几年来，每当看到词汇史学人指摘《汉语大词典》立条不当、释义有误、举例过迟等等的文章（按，估计有几百篇，甚至千篇吧）时，我这种想法便油然而生。

话说回来，如果丁先生主编《汉语大词典》，固然可以打造成"亿载金城"（清末沈葆桢语），但是也可能成了"胡子工程"（怕若干年后的人不懂这词儿，解释如下：旷日持久之谓也，"胡"写繁体"鬍"字为好，可使人立刻理解），因为丁先生的学术要求太严格了。

常言道："历史是不可假设的。"我犯了大忌，就此打住。

"牛"尚有开口呼一读

在江苏泰州话里疑母字"牛"有两读：白读 ɯ^{阳平}；文读 niɯ^{阳平}，在通泰方言的其他点南通、泰兴、如皋、兴化也有两读。拙作《泰州方音史与通泰方言史研究》说："'牛'有二音，不只是通泰方言如此，江西临川话白读 ŋɛːu^{阳平}，文读 n̠iu^{阳平}。丁声树先生说，他的家乡河南南阳、新野、邓县、镇平等地也有两读，口语音是 ou^{阳平}。丁先生同意我这个推测：在古代，'牛'除了有尤韵疑母一音外，尚应有侯韵疑母一音，只是韵书载前者而失收后者。我们认为在通泰方言里'牛'字原有开口呼和齐齿呼二音，声母皆源于疑母，南通、如皋、泰兴直保存到今日。而泰州方言 ŋ 声母却消失了。"（见《鲁国尧语言学论文集》页54，江苏教育出版社，2003年）

"牛"在现代许多方言里，白读为开口呼，按理，这应该是汉语里更古老的音。此虽细事，但启发不小：我们应该在现代活方言里多做开掘工作，五十年前我写出了上述一段，今天我不过重申旧说罢了。

我将"牛"有二音的看法，请教丁声树先生，得到先生的认可，其时应在1961年5月至1964年5月间，因为我的《泰州方音史与通泰方言史研究》长文撰写于此时。

今天是牛年即己丑年元月初二，特写此条，以纪念丁声树先生。

"文革"中访问丁先生

1966年起大革文化之命的"文化大革命"使高校成了斗争最激烈的场所,大学停课闹革命,自然也不招生。那时中国共产党的理论家、时任中央文革小组组长的陈伯达说:"中国人还要学什么中国话?"这句名言使我们语言学教师很丧气,但是正如杜牧《阿房宫赋》所云"不敢言而敢怒"。好不容易挨到了七十年代,大学可以招生了,但是实行的不是考试制,而是推荐制,招的是三年制的工农兵大学生。我们教师也就从五七农场回到学校,又可以重操旧业了。

我记得在南京大学的某一届工农兵大学生中有十几个北京来的学生,他们多数来自西山煤矿。我们几个语言学教师本着对语言学的热爱,都积极地向这些学生宣传语言学,这些可爱的学生经我们的灌输和争取,也愿意选择语言学为主要学习方向。因此我们语言学教师想设立语言专业,1974年,南京大学中文系革命委员会负责人之一(按,这是当时的正式职官名称,不可不实录)杨咏祁、语言学教师卞觉非和我共三人,进京上访国务院科教组。为了争取支持,我们也去访问了中国文字改革委员会、中国科学院语言研究所。正式会见的时候,语言所五位先生跟我们三人座谈了一个上午,记得清楚的是吕叔湘先生、丁声树先生、陈章太先生,有刘坚先生没有,记不得了。语言所的先生们都对我们表示支持,当然这只能是道义上的支持,因为批准设立语言专业的权力在国务院科教组。最后,我们的努力没有成功。

在这儿我要多说几句的是，在跟语言所五位先生座谈前，我和卞觉非二人先去了一次语言所（那时是在朝内南小街对外文委的房子内）看望老友、老同学，卞觉非同志1961年毕业后分配到语言所，在吕先生的手下工作过几年，而后调回南大的。我在语言所的同学、朋友也不少。那时还在"文革"中，当时的人们，紧跟者有之；对倒行逆施有所觉察而愤懑忧虑者有之；对前景感到茫然者有之，他们往往逍遥无所事事，但仍关心国家大事爱听小道消息；认真读书做学问的却不多。那时候的语言所一般不上班，但是丁声树先生每天照常上班，所以我和卞觉非造访语言所时能见到他。谈话的内容记不得了，遗憾，遗憾，但是"场景"印象却特深。我记得，是在一个印刷厂的长条形的车间内，中间有一张不大的办公桌，很旧，丁先生坐着，台面正中是一本书。我偶然向下一看，地上连水泥也没铺，是硬土，不平。叫我惊诧的是，一条六七厘米宽的小沟纵贯室内，还流经丁先生坐的旧椅子腿边，沟里还有污水，浅浅的，黑色。我很注意丁先生面前的这本打开的平摊着的书，因为我很想了解大学者在看什么书，于是在丁先生离座到这车间的旮旯里找热水瓶倒开水招待我们的时候，我乘机快速地合起这本书，专看它的封面，原来是中华书局点校本的《汉书》。

丁先生坐在真正的角落里

1966年史无前例的"文化大革命"开始，浩劫十载，中国语言学自然也逃不过。好不容易挨到了1976年10月，总算有了个尽头。接着的拨乱反正也需要一段时间，曙光方得降临，标志之一是1978年3月北京地区语言学规划会议在虎坊桥远东饭店召开。这时我奉命由南京赴北京接一批越南留学生入校，晚上去看望朱德熙先生，知道了这个会议，我当然想去听会，但不知允许不允许。朱先生说："明天早晨在中关村车站等会议派来的大客车，一块去，没问题。"到了会场，在分组讨论前是全体大会，这是中国社会科学院语言研究所主办的，在一个近乎方形的大厅里，中间是一个长条桌，顶头是会议主席吕叔湘先生，吕先生身旁坐的是助手熊正辉同志。两侧长边是王力先生、唐兰先生等人，整个会场大概有一百人左右，大多是著名学者，个个都显得很兴奋，这心情是当今的人不能体会的，久雨之后终于盼到了放晴啊！天津也来了不少代表，我的泰州老乡马汉麟先生，我在这次会议上是第一次拜见。因为我不是代表，是偷偷来旁听的，我又年轻，所以一进会场就拿了张方凳悄悄地坐在角落里。我眼睛盯着大厅中央的吕先生及其他发言的先生，聚精会神地听他们的讲话。忽然间，听到后面低低的咳嗽声，我猛地回过头来，一看，吓一跳，原来在我背后，贴着角落坐着的竟是丁声树先生！

丁先生给我两封信

何乐士跟我说过，丁先生很少给人写信的。何乐士、熊正辉分别跟我说过，丁先生治学十分严格，不轻易许可人，能得到丁先生的表扬，非常不容易。但是丁先生却给我两封信，对我奖掖有加，也指出我论文中的问题。这两封信待他日找出，扫描，写专文记述,公开发表。

大学者的手泽,无疑是文物。由于丁先生很少写信,那给我的两封信便是珍贵的文物了!

"丁声树谜题":《韵镜》里韵目的阴文、阳文问题

杨耐思先生,现年八十,他在很多年前曾对宁继福和我(按,我们二人现在都过七十了)讲过这样的故事,还不止一次:"在所里,有一次路遇丁声树先生,手里拿着一本书。见到我,丁先生喊我停下,有点神秘似地对我说:'杨耐思,你知道这《韵镜》里每摄图末了的韵目,有的是黑圈的阴文,有的是阳文,为什么?'"我和宁继福赶紧问杨耐思先生:"您怎么回答的?"杨先生回答我们道:"我答不出呀。唉,唉。"宁继福和我不约而同地立马又问:"您请问丁先生了吧,丁先生怎么说的?"回答是:"当时我没有反问丁先生,唉,唉,呃,呃,……。"我不禁顿足!

(按,这一段应该由杨耐思先生写。如果他写了,以他的为准。不过,也可以看看两个文本的同和异,作为研究"文本学"和"接受学"的资料,所以我写的这一则还不宜扔到纸篓里去,是吧?)

丁先生问杨耐思先生的问题,现在我正式命名为"丁声树谜题"(我在2002年命名了一个"颜之推谜题",在2007年命名了一个"徐通锵难题",如今是第三次)。

从现在起征求解谜者。

赞　语

赞曰：
先生之德，如嵩如岱；
先生之学，似河似江。

己丑年元月初三(2009年1月28日)毕工

【续言】

2008年2月21日(戊子年元宵节)我与韩敬体学长晤于京东，3月8日敬体学长发来电子函："明年3月是丁声树先生诞辰一百周年，学长可否为丁声树先生百年诞辰纪念文集赐稿？"出于对丁先生的崇敬，亦不敢违敬体学长之命，拙稿于2009年1月28日(己丑年元月初三)成，复蒙敬体学长赐阅赐正，我于3月6日定稿，以电子邮件发给敬体学长。

2009年4月底忽接曹先擢学长函，敬录如下：

国尧学长赐鉴：
　　久疏笺候，想诸事顺心，阖府康吉。
　　大概是2001年，我与李行健兄拜谒李荣先生，先生出示丁声树先生批注的62年版《新华字典》，在我们恳求下，应允借出三天。我们将有丁先生批注的复印,提前璧还。近日阅读复印件,发现有兄台意见而被丁先生采纳者,遂复印寄上。62 版后为 65 年版,此版遭封杀,而 71 年版照 65 版,极少改动,故 71 年版的好处是特殊情况下保护了《新华字典》。能做到这一点归功于周恩来总理,他要大家不要神经过敏,胡改。

敬祝

撰安

先擢

09-04-23

曹先擢学长还附寄《新华字典》62 年版第 383 页丁先生批语,71 年版第 354 页的复印件。

现我将曹先擢先生函及上述的《新华字典》两页附于拙文之后。

"接受'丁学'"、"'溱'之 qín 音"、"丁声树谜题"……　437

PEKING UNIVERSITY

国尧学长赐鉴：

　　久疏笺候，纪语事顺心，阖府康吉。

　　大概是2001年，我与李引溢兄拜访李荣先生。先生出示丁声树先生批注的62年版《新华字典》，在我们恳求下，获借出三天。我们将有丁先生批注的复印，挂号奉还。迨入阅读复印件，发现有兄名字而经丁先生采纳者，逐条印象上。62版后为65年版，此版遭封杀，而71年版即65版，虽少改动，故71年版的初社是特殊情况下保持了《新华字典》，并做到这一点小功了周恩来先生。他主大家不要神经过敏，胡说。

　　敬颂

　　　　　　　　　　　　　先照
　　　　　　　　　　　　　09-04-23

438 | 学问人生　大家风范

丁先生在1962年版《新华字典》第383页下端手写"秦qín秦潼镇在江苏泰州（鲁国尧云）"

"接受'丁学'"、"'溱'之 qín 音"、"丁声树谜题"…… 439

1971年版《新华字典》收录了字头"溱"

他的成就泽及中国整个语言学界

——纪念丁声树先生诞生100周年

王 宁

我上个世纪50年代读高中,接着读师范本科,60年代读研究生,也是在师范院校。师范在现代几乎成为"肤浅落后"的代称,但我永远以自己学师范为骄傲,崇拜好老师的心理强度远远大于崇拜名学者。从教现代汉语到进入古汉语专业,我最崇敬的前辈学者之一就有丁声树先生。

其实,五六十年代在学校读书,社会接触面是很窄的,我是从两个地方知道丁声树先生:一是他所著的《古今字音对照手册》(科学出版社,1958年),50年代那是唯一的一部以今音查古韵的字表,只要遇到哪个字记不住韵部,必定要查这部《手册》。那时候经常想,这位丁先生怎么这么善解人意,给现代人查古代音韵想了这么好的一个办法。一部手册翻烂了,中古音的声韵调才算记了个八九不离十。另一是他与吕叔湘先生、李荣先生等合编的《现代汉语语法讲话》(商务印书馆,1961年)。读高中时赶上语文课语言与文学分科,用得最熟的是当时的教学语法体系。工作后教的第一门课是现代汉语语法。《马氏文通》不能不读,当了老师,不能只教"暂拟语法体系",必须说清"暂拟语法体系"如何综合各家优长而成,"暂拟语法体系"吸收的几大家中,"社科院语法体系"的代表作就是这本《现代汉语语法讲话》,我一直认为,在当时的几个语法体系中,"社科院语法体系"是最能自圆其说、逻辑性也最强的。这本书,也在教书的时候读烂了。

读烂了丁声树先生的两本书,名字也就烂熟于心,他在五六十年代的文章,能见到的,也就读了一些。丁声树先生在我心目中不仅是一位大学者,更重要的是一位好老师。我回想起来,那时我连语言学的大门还没有进去,那种崇敬的心理虽然无比幼稚,但却是很真诚的。不过,那个年头是不会到处打听一个前辈专家而且去拜访他的。直到1962年,我才有机会见到丁声树先生。

1962年,《现代汉语词典》征求意见,丁声树先生和我的老师陆宗达先生联系就多了起来。陆先生有两次打发我去查《说文解字注》和古籍原文,都说到"丁声树先生问我……"这样的话。终于有一天,我随陆宗达先生去社科院语言所参加《现代汉语词典》的审稿会。在讨论到"央"这个词条时,陆先生提出,应当加上"极限"、"终结"的义项,有些老师不同意,认为是文言义项,陆先生说,"起码还有一个未央宫的'央'就是这个义项。"另一位老师则认为"未央宫"也是古代的宫名,这个义项不必进入词典。只有丁声树先生支持这个意见,他说:"现代书面语里'未央'这个词还是说的。文言和现代汉语就词而言,是衔接得很紧的,有时难以分清。"最后,吕叔湘先生说,查一查现代汉语书刊里是否出现"央"当"终结"讲的这个意义,以查出的结果为准。于是大家都回去查书,居然查到了现代汉语书刊中17条"夜未央""时未央""后患无央"……等用例,而且不是引用,这才决定把"央"的"终止;完结"

义项列入。如何列入，也经过一番讨论，陆先生根据《说文解字注》认为"未央"就是"未艾"，与"中央"的意思有关，但在现代汉语里，"极限"、"终结"这种意义，要与"中央"联系，起码现代人是难以接受的，所以，丁声树先生就决定另列一个"央3"的字头，来容纳这个义项。后来根据体例，又加了〈书〉的标志，就更完善了。可见编纂者在处理古代词汇是否入典的界限问题上，是多么慎重。这件事记在我的笔记里，也深深地印在我的记忆中。

在纪念陆宗达先生诞生100周年的时候，韩敬体老师的文章中引用了1978年丁声树先生在语言学规划座谈会上的讲话。丁先生说：

"我觉得词典越编胆子越小，常会出错。最近开了一个会，陆宗达先生提出词典的两条释义有问题。一是'不毛之地'，《现汉》（试用本）注为'不长树木庄稼的地方'。看来未必是不长树木，应该是不长庄稼。二是'圭臬'，注为'圭表和鹄的'，也不准确。'臬'不是鹄的。他提得很好。这两条，一是不准确，一是错误。怎样才能准确，是有困难的。"（见《现代汉语词典五十年》，商务印书馆，2004）

这个例子又让我想起1962年我亲身经历的那件事，也让我回忆起读烂了的两部书和以幼稚的心对丁声树先生的崇敬。丁声树先生以极大的热忱和严谨的作风投入了《现代汉语词典》的主编工作，用力之勤，一般人难以想象。仅仅我上面提到的这两件事，就可以看出他是如何调动了贯通古今的学养，博采了众家的意见，才把这部辞书修磨而成,使得一部中型词典登上现代汉语词典的高峰!

　　50年代初,丁声树先生刚从美国回到祖国,这位贯通中西、融汇古今的语言学家,从来不以自己在国外的经历骄人,没有任何故弄虚玄和哗众取宠,不但在汉语语言学理论探索和古代语言实证的问题上作出了突出的贡献,而且做成了几件泽及中国语言学的普及和应用的大事,从事汉语语言的调查、应用和研究的人,几乎没有人能离开他所做的那些学术先期工作。如今,前辈师长已去,但他们的这种治学和做事的精神使我们永难忘记,值得我们终身学习。

甘为沧海一滴水[*]

——记我国著名语言学家、共产党员丁声树

戴 煌 李光茹 林玉树

我们深感有幸:两个月来,几乎完全摆脱了琐碎事务的烦扰,悉心探索这位学者、这位共产党员明净博大的内心世界。

这一探索旷时费力。不仅仅因为这位七十四岁的老人,在医院的病床上已躺了三年有半,近来不便谈吐;还因为他根本不愿蜚声海内,而只乐于默默躬耕。直至这次重病前,他倾注了多年心血,主编出版了二百七十万言的《现代汉语词典》——这部词典已发行六百五十多万册——一文稿费没要,连个名字也没留。就连他的夫人关淑庄和他们的独生女,在采访开始也对我们守口如瓶。这样,我们不得不奔走八方,遍访和丁声树朝夕相处过的一位位同辈与后生。

倘若丁声树不是身在首都医院,而是在那间简陋的办公室里,耳闻别人对他的介绍与评价,他定会生气地说:"哪里话!我没做什么事。我不过是沧海一滴水!"

这是怎样的"一滴水"啊!

---

[*] 此文曾发表于《光明日报》1983年4月17日,收录本文集,略有修改。

"与腐恶势力对抗,余之志也"

一九四八年冬天,淮海平原上炮火连天。南京震动。此时,在鸡鸣寺一号,中央研究院历史语言研究所里,寂静得出奇。琉璃瓦镶嵌的屋顶黯然失色,一座座三层高的灰色楼房空荡无人。有些人跑到国外去了,有些人正准备跑去台湾……丁声树却没有走。他在等待着一场暴风雨的来临……

丁声树出生于河南邓县一个不算穷困的破落地主家庭里,但是封建家庭的纷争,却使他没有享受过童年的欢乐。他决心读好书,争取自立!

本世纪二十年代中期,丁声树初中毕业了。为了个人自立,在亲友的资助下,他带着一只简单的旧皮箱,千里迢迢赶到北京求学。他硬是靠着勤奋努力,在一九二六年夏天考上了北京大学预科。在北大寒窗六载,他没有一次涉足颐和园,竟日埋头苦读。一九三二年,他从北大中文系毕业以后,到前中央研究院历史语言研究所工作。没过几年,抗日战争爆发,在兵荒马乱之中,他到处流亡,找不到一个固定的安身立命之所。他的幻想一个接一个地破灭。

他关心社会,也关心政治,他目睹国民党反动派的腐败无能,耳闻劳动大众的痛苦呼声,他对国民党政府十分不满。然而,他无能为力啊!他决定一头钻进语言学的浩瀚海洋中去,不与国民党反动派为伍。

一九四四年夏天,中央研究院派丁声树去美国考察。照惯例,要先进国民党中央训练团"受训"。

接待丁声树的官员,得知他不是国民党员时,就悄悄递给他一张表,要他加入国民党。

丁声树严正地拒绝了。

有些"同学"也来劝他参加国民党,说是让他进去,把这个党"改好"。

丁声树回答说:"我是个书呆子,没有这种能力!"

到美国后,丁声树工作发奋,造诣更深。他兼任了哈佛大学和耶鲁大学语言学部的研究员,又进入了美国语言学会。名誉已经有了,富有的物质生活正在向他招手,但他决定回国。那时,解放战争的炮声震动九州大地。虽然他对共产党还不大了解,但他对祖国的未来仍然充满着希望。他想:美国这个社会是人吃人的,不是久留之地。眼下国内正乱着,但是那毕竟是祖国啊。他的心中滚动着一股炽烈的爱国热情。当时他与正在哈佛大学攻读的关淑庄女士刚刚结婚两年;他们的小女儿正牙牙学语。他本想举家而归,但搜遍衣囊,总共只有四百美元。这点钱显然是不够用的。他婉劝关淑庄暂缓一两年回国。

一九四八年九月,他终于踏上了故国大地。

时隔三月,炮声传到江边了。有一天,中央研究院历史语言研究所所长傅斯年找丁声树谈话,动员他跟自己一起到台湾去"苟全性命于乱世"。

丁声树拒绝了,说自己的性命在哪里都可以"苟全",国民党腐败已达极点,不必跟着它到台湾去。晚上,他在日记中写道:"不逐名,不求利,不畏威,不附势……鲁迅所云横眉冷对千夫指,俯首甘为孺子牛,夫岂随流波荡者所能为哉。今日之事充分证明,庸妄之徒不可与讨论,不可与同群,又何必对牛弹琴,向豕散珠哉。求其在我,立定脚跟,以与腐恶势力对抗,余之志也。"

"作为中国人,应当为祖国服务"

南京解放了。

凌晨,丁声树穿着灰布长衫,漫步走向鸡鸣寺南边的成贤街;从成贤街又步向西边的鼓楼;再从鼓楼南去新街口。沿途所见,使他十分惊奇:夜间进城的解放军大部队,都露宿在街头,有的头枕背包,有的背靠墙根,和衣而眠,没有任何扰民迹象。中国历史上,有过这样好的军队么?过去一切军队办不到的事情,共产党办到了。他从内心深处对共产党产生亲切感……

"天下大势往左边走,近于社会主义者兴,反之则败。"他从解放大军身上,得到了主张社会主义的共产党给他的又一个印象。

他信步登上鸡鸣寺山头。极目四望,晨曦初露,市声四起。这是战争动乱刚刚过去的境地么?不!这简直是更换人间的神话再现!他任凭带有凉意的晨风吹拂,深深地吸了几口新鲜空气,似乎空气也变得纯净了。

他回到了房间,千言万语涌向笔端。他要把所见所闻告诉远在大洋彼岸的亲人关淑庄。让她也分享祖国新生的欢乐。

从此,一封封家书飞向纽约,飞向已到联合国《世界经济年报》工作的关淑庄:

——南京已换了一个天地。大家都在拼命工作,学习之声不绝于耳,老幼都在向模范军人新式男女看齐。

——我到北京工作了。我觉得天安门城楼焕然一新,光彩四射。新政权已成大功,仍旧俭约清廉,一反国民党之陋习,这是有目共见的。

——我见到了不少老朋友。大家都很高兴,都说今天才真正有了用武之地。

——我也去搞土改了。在湖南常德县黄珠乡,让我负责一个村。住在一位贫农家里,和这位老人睡在一起。看到农民的穷苦,听了他们的血泪控诉,我懂得,地主阶级对农民的压迫是很残酷的,更加深了对地主阶级和一切反动派的仇恨。

——朝鲜的战火终于停息了。我激动得没睡好觉。作为从此站起来再不受人凌辱的中国人,我感到非常自豪。我们国家的严重困难已经过去,第一个五年计划已经开始。规模宏大,令人振奋。不把中国建设好,永远要受帝国主义的欺凌。盼望你们早日回国。

——我们的女儿能认字了,她用很幼稚的英文写来的几句话,我也认真读了。你要教她讲汉语,学汉字;要她时刻想到"我是中国人"。我特地为她编了一篇《中国话,多好听》的三字经,请你每天教她背几句……

——我所以劝你和孩子早日归来,是因为新中国需要你;你也需要在新中国的新鲜空气中陶冶一番,孩子更不用说了。她本是新中国的女儿,不该常在资本主义那人吃人的社会里住。我们作为中国人,应当为祖国服务,这是多么光荣多么美丽的事啊!

频频寄语,息息相通。从南京解放,到一九五七年一月关淑庄母女回国,长达七年多,丁声树不谈家庭琐事,只谈事业和进步。人们从这里看到他的赤子之心,在往后的岁月中,又看到了他向人类精神境界另一高度攀登的步步脚印。

他原来是研究古汉语的,在青年时代就享有盛名……

一九三五年,二十六岁的丁声树,大学毕业仅三年,就发表了处女作《释否定词"弗""不"》。第二年,又发表了一篇论文:《诗经"式"字说》。他为《诗经》中的"式"字作出新的注释。有人称赞他:"从此入手,真是巨眼。"

抗战期间,到南京解放前夕,他又有多篇著作出手。其中,一九四二年发表的《论诗经中的"何""曷""胡"》一文,由于阐明了这三个字在不同句式中的不同含义,消除了古代一些学者在这方面的混乱和错误,使得当年一些语言学家拍案叫绝,称赞他写作此文的功力如"雄狮搏兔"。

这是丁声树在湖南农村参加土改后,回到北京时的留影。服装一如土改时

……新中国成立以后,他看到了人民的力量,人民的智慧,他

要从古书中跳出来另辟蹊径,使语言学的研究与社会主义的现实生活紧密结合起来,以便更好地为人民服务。

他为推广普通话而尽力,坚持为全国普通话语音研究班讲课多年,培养了不少音韵研究、方言调查研究及教学的人才;他到农村调查方言,走乡串户;学部的领导,曾经要他当语言所的领导,他婉言谢绝,却愿意担任语言所词典室主任的工作。编词典的工作繁琐而细致,最不容易出个人研究成果,然而却关系着千家万户,关系着祖国语言文字发展和规范化啊。他在繁忙的工作中,还是挤出时间写了若干论文和专著。其中与吕叔湘、李荣等同志合著的《现代汉语语法讲话》一书,被人称为我国出版的"最好的语法书之一"。他没有心力带研究生,就把与自己一道工作的中青年同志,都看作是自己的研究生,耐心指导他们。有些人学习有成绩,发表了一些论文,出了一些书,丁声树却不让他们在这些书的《前言》《后记》中对自己说一句感激的话……他决心把自己的一切贡献给共产主义事业。

一九六二年六月,丁声树同志加入了中国共产党。他说:经过大半生的苦苦探索,终于认清共产主义是中国人民唯一的光明前途,也是世界必由的康庄大道。他向党宣誓:"把一切都献给党!""为共产主义事业奋斗到底!"

"天下事唯助人乃有真乐耳"

五十年代末的一个冬天,丁声树带着语言所的十多个同志,到河北昌黎搞方言调查。

那时，我们国家即将发生的巨大困难已见端倪。

有一天，在昌黎一中食堂吃午饭。丁声树来到卖饭窗口，看到边上贴着一方白纸，上面端端正正地写着一两行毛笔字："科学院的同志吃两个馒头"。他从炊事员口中得知：昌黎一中的教职工只吃一个馒头，不够的可吃高粱米或窝窝头，丁声树心里很不好受。他立即对身边的一些同志说："我们不能特殊。这里的同志吃什么，我们就吃什么；他们吃多少，我们也吃多少。同志们看看行不行？"

他语重心长，极为诚恳，大家连连表示赞成。

后来，回到了北京，语言所总务科的同志，给丁声树送去一张"副食供应证"。拿着这张证，就可以到指定的商店，购买肉、蛋、糖、烟和食油。这在当时是了不得的特殊照顾。可是丁声树对这位同志说："谢谢组织上的照顾。我不能要。我们一家三口和大家都一样。"

丁声树艰苦朴素，对别人却慷慨相助。

一个夜晚，他听到河北邢台地震的消息，急匆匆地从语言所赶到家里，说：

"快！咱们也帮老乡做点事……"

他一边说，一边催促家人一起动手，翻箱倒柜，把大衣、棉袄、衬衫、鞋袜、毛衣毛裤、绒衣绒裤、围巾、帽子、手套、床单……等搜罗了一大堆。接着，他又叫关淑庄取现款。忙了一大阵子，丁声树想不出还要拿什么了。关淑庄此时才喘口气，到床边放开被子、毯子，准备睡觉。忽然，丁声树疾步冲到床边说：

"对，还有这些——"伸手去拉被子和毯子。

关淑庄一看,急了,忙说:"声树,今天夜里,我们也不能不盖被子啊!"

听她这么一说,丁声树接受了她的半条意见,被子勉强留下了,但是毛毯还是抽走了。

就是这样:只要是为国为民的事,丁声树会不惜一切的。

第二天一早,丁声树将三大包衣物送到语言所,集中上交。中午,利用休息时间,他带着现款和存折,悄悄去了银行办事处。这是他的老习惯:抗美援朝捐献飞机大炮,历年购买建设公债,赈济各地灾区受难者,他都是这样独自去银行交款的。他捐献的数字是可观的。他不愿在所内报名。他怕受表扬,怕给捐献较少的同志造成压力。他到底捐献过多少钱,谁也说不上。关淑庄也只知道,学部委员津贴费,人大代表的车马费,他从不肯要;就是他本人的工资,平均每个月也只给家里三分之一。他常对女儿说:"你要刻苦上进,不要指望我给你留下什么钱。不然,反而害了你。"

不了解丁声树的人不禁要问:到食堂吃饭,他经常晚去,买便宜的菜,从家里带来的饭,也往往是普通的面条或一两个圆面包;他不抽烟,不喝酒,布衣布履,衣领上还常常打有补丁,省下那么多钱干什么用?人们说:"大部分他交给了国家和人民;还帮助了周围有困难的同志。"一次,一位家在南方的同志,接到老家急电:父垂危,急归!在大家都已下班回家,办公室内没有别人的时候,丁声树立即给这位同志送去一百元。一位青年人,生活较困难。他要成家了,丁声树送去一张圆桌并且亲切地问他还有什么困难……

也有这样的时候:对方不好意思接受他的帮助,他就说:"你先用着,等你以后手头宽裕时再还我。"

后来这个同志果真还钱来了。他请这位同志坐下后说:他过去在北大念书,有时连买烧饼的铜板都没有,全靠朋友帮助。其中就有那时农业大学的助教陈朝玉。后来他去酬报时,陈朝玉说:"这就用不着了,我济你于困时,就没有想过日后要你还。现在你不困难了,你就济困于别人吧!那就等于还了我的情。"说到这里,丁声树的嗓音有点沙哑了,眼圈也红了。他似乎又看到那些在他困难时解囊相助的故人,回忆起在正直善良的中国知识分子之间的真诚友谊。他最后对这位同志说:"我们都按陈先生的原则办吧。请你把这点钱拿回去,再济困于别人!"

丁声树在一九四九年十一月写的日记中说:"天下事,唯助人乃有真乐耳。"三十多年来,他正是这样做的。人们说:丁声树同志就是这样的心地纯善,品格崇高。他不但是一位学识渊博的学者,同时又是一个名副其实的共产党员。他入党,不是为了捞好处,图虚名,做做样子。

"要对得起中华民族"

丁声树,这个学识渊博的学者——名副其实的共产党员,也没能免遭"文化大革命"那场浩劫。

在太阳的暴晒下,他与其他学者一起,挂着黑牌,敲着小锣在机关大院里转圆圈。当时他正患高血压!汗流浃背,气喘吁吁。

丁声树反复检验几十年自己所留下的足迹,结论:问心无愧!"奉命"看了他那一本本日记,一封封书信的同志,大都觉得他是正直的,爱国的,热爱社会主义热爱人民的,他不该受这种屈辱,在内心中为他抱不平。在批判大会上,轮到丁声树说话时,他坦然地说:"我觉得,我实在没有做过对不起人民的事,没有做过对不起中华民族的事……"最后,他一字一顿地要求:"我——要——工——作!"

会场寂然无声。有的人泪花闪闪,很多人低下了头。

人们知道:丁声树要做的"工作",就是八十年代初,发行量很大的《现代汉语词典》。

这本词典的编纂,始于五十年代中期,曾得到周总理的关怀。经过语言所词典室和其他组室的同志共同努力,由吕叔湘同志主编,一九五八年编辑初稿,一九六一年,丁声树接任了主编任务,在李荣同志的协助下,又苦磨三年,一九六五年出了试用本,先后送全国三百多个单位提意见,眼看就要问世,"文革"的风暴漫天卷来了。

丁声树进了"牛棚",几乎每天都要干体力活。然而,他早把个人的沉浮荣辱置之度外。多少年来,他追求光明,追求理想的社会,他好不容易找到了中国共产党。解放初期,他看到解放军纪律严明;后来,他看到共产党办的每一件事,都为着人民;当然,党也曾有过挫折,但这是暂时的。他亲身经历过这一切,使他坚信党的事业是正确的,近几年来出现的不正常现象,是一定会得到纠正的。"革命"不能没有"词典"!总有一天,人们会清醒过来,知识会重新得到尊重。眼下发肤之痛,他能忍受,但是他却为没有编成这本词典而着急。

一天黄昏,他从"牛棚""下班"回家。倦容满脸,身上的土,鞋

上的白灰,都顾不上掸,急忙扒了两口饭,就摊开书本。老伴心疼地对他说:

"都这个样子了,你还看书啊! 还不快歇歇!"

丁声树说:"街都游过了,还不让看点书?"他手不释卷,一直读到深夜。

这样过了两年多。一声令下:语言所统统到了河南息县农村。在干校,丁声树喂过猪,养过鸡,在风雨无挡的露天下烧锅炉。这一切,都无法撼动他编好词典的决心。

一九七一年春天,丁声树从干校回到北京。不久,他万万没想到:词典的内部试用本刚刚定稿,一场新的暴风雨又猝不及防地猛烈袭来。

"四人帮"知道,《现代汉语词典》是按照周总理指示编写的,又是按照周总理修订《新华字典》指示精神——"小改快出","以应社会急需"——内部发行的。于是他们就给词典试用本扣上了"封资修大杂烩"的帽子,授意一些人在全国范围内对这本词典和其它词典进行大肆"围剿"。

人们心中明白:词典和有关词典遭到这样的攻击,无非是某些人想通过这块靶子,把一串串"子弹"射向周总理。

丁声树深知,语言本身是没有阶级性的。要在每一个词条上,都落实"无产阶级专政",是奇谈怪论啊!但是他无可奈何。人们决定:"掺沙子","开门编词典",他也无力抗争。

"沙子"掺进了语言所词典编辑室。从此,"杀身成仁"成了反动派的专用词;"舍生取义"是有阶级性的;"相忍为国"是"黑修养",——为国就得相互斗争,怎能相忍? 对"助教"一词,不能单指大学里的助教,那是资产阶级的说法。"洋葱",不能只说是一种可供食用的植物,那是客观主义!应该用它来象征"心不死的走资派",说"它具有叶焦根烂心不死的特点"……

如此一派胡言的纸片,飞向丁声树的那间小办公室。它们堆积得愈高,丁声树的心头缩得愈紧:愚昧啊!人类进入二十世纪七十年代居然出现如此的倒退!这些东西若印了出去,就会贻害于后代,贻笑于后人!因此每当"开门"进来的"编辑"们催促快点决定发排时,丁声树就觉得挑着一副千斤重担似的。在前一阵的是非颠倒的会议中,他没有奋起斗争,常常深感内疚。现在,他决心不再后退。他说:"我得一条一条地慢慢看。你们有几十双眼睛,我才一双眼睛。年岁又大了。再说,这样一件大事,我一个人不好做主。我不过是个顾问。"

"您不是主编吗?"

"不,集体定稿,大家主编吧。"他回答。

冬去春来,年复一年。这本真正的"大杂烩"一直出不了"锅"。

一九七六年十月,中国人民期盼已久的"大快人心事",终于来到了。丁声树要词典室的同志们用最快的速度,来个翻箱倒柜,把"开门办"的"大杂烩"全部筛掉!他说:"周总理离开我们快一年了。二十年前他交给我们的任务,至今还没完成,我们有愧啊!"这时他主动地承担起主编任务。

从此,他在那间小屋里整天不挪窝,每天工作十几小时,有时星期天也不休息,把全部精力,全部智慧都投入到词典修订中去了。

那一年冬天,所里暖气不热,他就穿着一件很旧的皮大衣,戴着皮帽子,坐在一张木板椅上,在《现代汉语词典》试用本上奋笔疾书,写得密密麻麻。同志们筛选过的词条卡片,五万六千多张,他一张没有放过。有时,为了斟酌一条词条的解释,他吃饭在想,睡觉在想,走路也在想,如痴如迷。

为了在词典中编进一些科学的词条,丁声树还自费地买了一大堆科技书籍。有一次,老关对《科学》和《人类与自然》这两本书产生了兴趣,把书拿到寝室里读了起来。丁声树编词条时,发现这两本书不见了,气呼呼地跑到楼上(一家三间房,分在两层)把书讨了回来。他说:"我正要用它呢!"

那时候,为了加紧词典的编写速度,所里特地请了几个知青来抄写词条。有一次抄写组的一个年轻人发现:"豹"字的注释只举"金钱豹"为例,是不完整的。他立即向丁老请教说:

"除了'金钱豹'以外,我国云南还有'云豹'呢,能不能加个条目?"

丁声树高兴地说:"对!对!"

他立即让这个小青年把注释重写一遍。

不久,这个小青年又发现,"够"字的释义中,只有"够"或"不够"等解释,没有"够得着"或"够不着"的动词用法,他建议重新编写词条。

丁声树说:很有道理!立即表扬了这个小青年的钻研精神。

一天黄昏,家中来了个客人。吃饭时,丁声树还没有和客人寒暄上三句话,就突然问:

"哎,对了,你们家有什么菜叫'鲊'的?"

客人莫名其妙,停下筷子瞧着他。

"'鲊',就是把工作的'作'字的'单立人',换成'鱼'旁的'鲊'?"

客人还是不明白。丁声树接着说:"过去许多辞书上,都说这个'鲊'只是'腌制的鱼'。我们所里有一位同志说,昆明还有'茄子鲊,扁豆鲊',四川人还把米粉肉叫做'鲊肉'。你们那里是否也有什么菜叫'鲊'的?"

关淑庄认为这有失待客之礼,很抱歉地向客人说:"真没有办法,他就是三句话不离本行。"丁声树说:"集思广益嘛!"

如今,这本布脊精装的词典,列在全国机关,部队,学校的书架上;搁在教授,学者,作家,记者,编辑们的案头上;塞在中、小学生的书包里;国内外新出版的一些词典如《汉英词典》《汉日词典》《汉俄大词典》,也都把它当作汉语辞书中重要的参考书。由于它词条丰富,注音标准,释义简明和精确,纠正了历代辞书中以讹传讹的许多错误,国外有一位汉学家说,在中国词典史上,这本词典可算得上是划时代的成就。

在病床上……

一九七九年秋天。

丁声树病倒了,住进首都医院。他患的是脑溢血。右手五指弯曲,右半身失去了知觉,连翻身都得别人帮忙。

他时而昏迷,时而清醒;时而喃喃自语,时而轻声唤人……

有一次,他半睁开眼睛,望着女儿问:"你也是编字典的吗?"

又说:"有些词条要修订一下,请你给我拿来!"

不久,他的病情有了好转。他对女儿说:

"我老这样躺着,多没意思!"

"我不能上班了,还吃好的,拿工资!"

天下不乏这种人:把自行其乐当作他们的一大天赋。而丁声树这样的人则认为:自己的幸福就是工作,为他人工作,为社会工作,为全民族工作。一旦不能工作了,就痛苦,就焦急。

他只有一只胳膊能动,他就躺在床上向上伸举,试图恢复体力。很快,他就能坐上轮椅,由人推着去"散步"。

为尽快恢复记忆,在别人的帮助下,他加强了语言和思维的锻炼。他要求专门前来照料他的一个小青年,协助自己背古文。

他一口气把《岳阳楼记》背到底,一字不差;接着又背《弔古战场文》,中间只拉下"人或有言,将信将疑"八个字。

听说丁老能背古文了,所有为他担心的人都高兴得很。人们经常来医院问寒问暖。可是丁老对他们的你来我往,老大不快。他断断续续地说:"我躺在床上,不能工作,已经够难受的了!""你们常来看我,又误了工作,就更不好了!""你们来,又治不了我的病。你们在家多看书、多出成果,那该有多好!"

有一位中年女同志忍不住又来了,正赶上护士在给丁老打针。丁老一眼看见她站在床前,就缓慢地说:

"你怎么又来了?我不是对大家说了多少次了吗?我躺在床上……"

"大家都想您啊。……您不让平时来,以后就星期天来。"

"你们都有孩子,家务事又多,星期天也不要来。"

但是,当这位女同志说,她编了一些单字,觉得有些字的读音还拿不准的时候,丁老的脸上立刻绽开了笑容,神采焕发,急忙问:"什么字?什么字?"

她从提包里取出几张卡片,递给丁老:"您看这些字,在词典增订本上该怎么注音?"

丁老用唯一能动的左手接住卡片,看一张,往床边放一张,然后思索了一会,说:"以后你再来,请你把《广韵》《集韵》给我带来。让我再斟酌一下。"在病床上,他仍坚持治学严谨的作风,绝不说不成熟的意见,更不说模棱两可的话。

还有一位女同志也来看他,就要起身告别时,丁声树说:"你要利用时间多读书。你们做出成绩来,我才高兴呢!时光宝贵啊!"

她走到了病房门口,后边又传来丁老语重心长的叮嘱:

"你要记住:时光宝贵啊!"

丁声树离开工作岗位已三年多了,但他这"一滴水",一滴特殊物质组成的水,一滴放射奇光异彩的水,仍在滋润着很多人的心田。他的严谨学风和高尚情操,他那浩然的民族正气和纯洁的党性,已在语言学界建立了非人工的纪念碑——一座竖立在人们心坎上的纪念碑。它正激励着人们刻苦地学习、奋发地工作,为振兴中华而奋斗。

怀念我最敬佩的老师
——丁声树先生

梁德曼

我认识丁先生是在1956年9月。1955年10月底现代汉语规范化会议刚刚结束,1956年教育部和中国科学院语言研究所就在北京和平里合办了普通话语音研究班。研究班分甲班、乙班。甲班的学员来自全国各省教育厅,专门为各省培养推广普通话的教师和干部;乙班的学员来自全国各高等院校,大都是教"现代汉语"课的教师,开设了"语音学""汉语方言学""汉语音韵学""普通话语音"等课程,为推行汉语规范化和正在全国开展的方言调查培养骨干力量。我是研究班第二期乙班的学员,丁先生和李荣先生教我们"汉语音韵学",丁先生还教我们"汉语方言学",周殿福先生教我们"语音学"和"国际音标",徐世荣先生教我们"北京语音"。虽然我在那个研究班只学习了半年,丁先生的言传身教,充分显示了他高贵的品德和渊博的学识,他还从各方面细致地关心爱护学员,诲人不倦。他对我的帮助是多方面的。他是我一生中遇到的最优秀的老师。我也终生以他作为我学习的榜样。

去研究班之前,我很少接触语言学方面的著作,对丁先生等老师的情况也一无所知。由于从成都到北京路途太远,车船票很难买，我没有赶上参加研究班的开学典礼，也没能听到会上对老师们的全面介绍。到了研究班以后，才听年龄大的学员（有的是副教授或讲师）说我们的老师都是语言学界非常有成就的学者。比如丁先生是国家一级研究员，在现代汉语和汉语方言学、汉语音韵学等方面造诣都很深。他才从美国回来不久。能当面得到他的教诲，是我们学员的福气。在食堂打饭的时候，有人悄悄指着后面和我们一起排队的一位高个子先生说："他就是丁先生。"我仔细观察这位有名的学者：穿着非常朴素，圆圆的脸上总是带着笑容，对人很谦和、亲切。当时有几位排在前面的学员请他到前面去先买饭，他坚决不去。有位辅导员告诉我们：丁先生的夫人还在美国，丁先生现在的全部精力都放到研究班的教学工作上。他每天除了睡觉和备课的时间以外，全和学员们在一起。他要深入地了解学员的学习情况，了解每天的教学效果。有什么问题好及时解决。

丁先生在给我们上第一节课的时候，开始就说："我过去多数时间都从事语言的调查和研究工作，很少讲课。不太懂得教学法。希望大家对于我的教学多提意见和建议。在课堂上，休息时间，随时都可以提。"当时我很吃惊，像他这样有名的学术权威，一见面就向学员坦诚地说自己的不足之处，是很少见的。他不只是在课堂上说，在课外休息时也常常主动征求意见。诚恳又谦虚的态度，一下子就缩短了他和学员之间的距离。我对他由敬畏变为感到亲切。每天晚饭前后，经过一天紧张学习的学员大都在楼下的操场上打打球、散散步，或在一楼的会客室下棋、聊天，放松一下。我喜欢下五子棋，丁先生也常来参加，顺便了解我们的学习情况。他还常常向学员询问某些字在各地的读音，问过我几次有些四川方言字的方音和意思，还问有哪些新出现的方言字。在研究班的操场边上有一个临时搭建的简便的公共厕所，两个大土坑上垫上一些木板，隔开了分别是男女厕所。厕所的墙一点儿都不隔音。我们女学员如厕能清楚地听到隔壁师生的聊天、开玩笑、问问题，甚至练习或纠正国际音标的发音等等。其间也经常听到丁先生向学员们了解各方面情况的对话。当时我常想：丁先生那么有学问，还天天向学员提出各种问题，求得解答，可见他的大学问是由每天不断的学和问长期积累而来的。我有什么问题，也应该向老师和同学们请教。

我当时正在为不愿到语音班来学习而苦恼。

我是四川大学刚毕业留校不久的助教，被派到北京去学习应该是很高兴的事，我却不大情愿。因为我从小喜欢文学，热爱文学作品。读中学期间就读了现代我国作家的大量作品，1951年上大学以后，偏爱俄罗斯和苏联文学。读了许多苏联和俄罗斯的文学作品。还努力学习俄语，参加外语系俄语专业的学习和考试。我希望能从事苏俄文学方面的教学工作，或者教其他的文学课。恰好1956年9月有一位苏联女专家在北师大教师进修班讲学，川大可以派一个教师参加。学校派了一位教古典文学的老师去学习，却把我派到语音研究班来。而且要我学习半年后就回校去上新开的"现代汉语"课。在大学期间我们学的语言学课程很少，只上过"语言文字概要"和"中国语言学"两门课。虽然我的成绩不错，但是学起来觉得很枯燥，不像文学作品那么形象生动有趣。这次学习，很可能会决定我长期从事的专业。我如果不好好学习，实在对不起学校对我的培养，对不起那么难得的学习机会；我要是学得很好,学校必然要我永远教语言课,将来更不可能再去搞文学专业。本来我的这些只考虑个人爱好的思想问题,只有回到学校以后,才能逐步解决。但是那时我年轻幼稚,心里装不住事,总想对人倾诉。刚到研究班,我去党组织转党员关系时,我就找到总支书记,向组织坦诚地说了我的苦恼。书记听后问我:"你是党员吗?"我说:"是。""是党员就应该自觉地服从组织的分配,没有什么条件可讲。"我仍然没有想通:"难道党员就不应该有个人的志愿和爱好?我们学校不是也需要文学专业的教师吗?"我仍然想找人帮我分析我的想法是不是错了,错又错在哪里?我几次想找丁先生,又不敢找。我想,他每天那么忙,既要上课又给我们批改作业。他是学术权威,有关专业的事都忙不过来,哪里可能关心个别学员的思想情绪?再说,他是语言学专家,我又偏偏要找他说我不想学语言学,他会怎么想呢?多半会不高兴。我为什么要自讨没趣呢?每次看到他亲切的笑脸,我又忍不住想向他倾诉我的苦恼。有一天,文娱活动以后,我向丁先生全部说出了我的困惑。他静静地听完了我的话,没有不耐烦,没有责备,没有不高兴。他仍然笑眯眯地、轻言细语地说:"青年人有志向和抱负是好事。喜欢文学也是好事。其实喜欢文学和学习语言知识并不矛盾。文学是语言的艺术嘛。要分析透文学作品的艺术特点,还是要落实到剖析它的语言。例如:大家都说'春风又绿江南岸'里的'绿'字用得好。为什么好?因为用得新、巧。为什么新呢?'绿',一般作形容词,形容一种颜色。在这里它却作为动词,形容'春风'把'江南岸'吹得由不绿到变绿,把动态都状出来了,因此才用得新和巧。再如:'红杏枝头春意闹'的'闹'字都说用得妙,为什么妙呢?因为'闹'平时都用来形容具体的事物,在这里用它来形容抽象的'春意',使人联想到春天在红杏枝头喧闹的蜜蜂、蝴蝶,春天的意境便形象地展现在我们面前了。不用语言学的知识来分析,能讲得清楚它的艺术性吗?你很年轻,人生的道路还很长,需要学习的东西很多。即便是为了学好文学,也应该好好学习语言。和我们同年代的许多从事自然科学和技术工作的专家,也有不少喜欢文学的。他们的文学修养和语言表达能力都很好。你在这里学习的语言知识,对一个中文系的教师来说是很有用的,不会影响你对文学的爱好。再说,人的兴趣和志愿也不是一成不变的。你过去接触语言学比较少,不可能对它产生兴趣。如果你了解了汉语悠久的历史和复杂的现状,知道当前我们全国正迫切需要进行的各项语言工作,例如对全国的方言进行调查,研究各地方言和普通话的异同以及和古代汉语的关系,制定汉语规范的各个方面的标准等等,这些工作不但重要,也需要很多人去做。你要是愿意下点工夫去认真钻研,也会觉得非常有趣。看起来你是个对工作很认真的人,可是你现在用不着天天想将来教语言还是教文学的事儿,光想也没有用。重要的是把当前该学的知识都学好,学扎实。知识掌握多了,眼界宽了,再考虑这问题也不迟。你不是说学校正等着你学了回去上'现代汉语'课吗?先集中精力把这里的课上好,作业做好,你心里才能踏实。以后的事再从长计议吧。"

丁先生的一席话说得处处在理。我心里的疙瘩解开了不少。学习情绪也好得多了,学习的效果也明显好转。我由衷地感谢丁老师的帮助和教导。有什么问题更想向他请教,思想上完全没有什么顾虑了。

在学习到汉语八个方言区中的客家话时,我对它感到很好奇。因为汉语里有七种方言都是集中通行于某个地区,而客家话却分散在若干地方。例如广东、福建、台湾、江西、湖南、海南、四川等地,还有分散在世界各地的华侨也有不少说客家话的。客家人祖籍中原,在现在的山西、河南等地。由于战乱等原因,从东晋到唐宋他们分若干批集体往南迁移,分别迁到江西、福建、广东等地,到清代又有许多人分若干批集体从上述地区再分别迁移到台湾、湖南、海南、四川等地。为什么客家人多次迁移,前后数百年,行程数千里,经历几代人,却能在不同的地区坚持使用客家话?我觉得这是个很奇怪的现象。我又向丁老师请教,请他告诉我客家人分散在各地却长期坚持说客家话的原因是什么。丁先生说:"原因大家正在探索。因为全国的方言调查还没有全面开展,我们对客家话在全国的分布情况还不完全了解。1941年,我和董同龢、周法高、杨时逢等人在你们四川大学找四川各地的学生调查四川方言的时候,就听说成都附近和四川的一些地方有客家话的方言岛。董同龢通过调查,写了《华阳凉水井客家话记音》。我当时也很想调查几个地点的客家话,可是调查西南官话的任务很重,没能如愿。你在川大工作,可以就近调查几个客家话方言点。客家话很有意思,它和粤语、闽语一样,在语音、词汇、语法几方面都保留了一些古汉语的成分。调查它,可以加深对古汉语和汉语音韵学的理解。至于客家人为什么能在先后经历数百年,行程数千里,多次迁徙之后还能在不同的地区使用客家话,是一个很值得探讨的问题。我想,至少要具备以下几个条件:(一)较大规模的集体迁徙并聚居;(二)新的聚居点处于交通不便的地方,和讲其它方言的人交往不频繁;(三)客家人热爱自己的祖先和祖先传下来的语言和文化。即使他们中的年轻人因为交往需要,在外面也说当地的语言,回到聚居地仍然说客家话。他们的祖先中有的曾经很有名望,有很高的社会地位,还有些是大姓望族。他们的后代深以自己的祖先为荣。在几经辗转迁徙之后,恐怕后代忘记自己的祖先,所以他们尽力保存自家的家谱,努力保持祖先传下来的语言、文化、风俗、习惯。这样才能长期在客居各个不同的地区的情况下把客家方言保存下来。1941年我们调查四川方言的时候,听当时川大不少家在偏僻地区的学生分别向我们反映,他们家乡有些人说一种和当地不一样的很奇怪的话。这些话属于什么方言?是不是客家话?我们还没有来得及调查。你现在学了汉语方言学,音韵学,又学了国际音标和调查汉语方言的方法,正好回四川以后运用学到的本事把这些'很奇怪的话'调查研究一下。"

丁先生的话更加深了我对方言调查研究的兴趣,我暗下决心:将来我不管是教文学课还是语言课,我都会抽时间去调查一下那些"奇怪的话"。为了能完成这个心愿,我更加努力地学习各门功课,主动地参加学员之间互相调查各种方言的实践活动。我逐渐地体会到学习语言学的乐趣。其实它需要我们去钻研和解决的问题很多,学起来也并不那么枯燥了。

丁先生常常在休息时间找学员了解学习情况。例如,他会问你作业中某些问题为什么没有回答正确,是不是讲义上或课堂上没说清楚?做错题的原因是什么?可见他批改作业非常细致。作业做得不对他要问你为什么;有难度的作业你做对了,他也要问你为什么能回答正确。我们在学习音韵学中韵分四"等"时,老师给我们的作业之一是列出了若干汉字,要我们指出它们分别属于几"等"字。其中有些字属于二"等"还是三"等"不大容易判断。我多数都做对了。丁先生看了作业后,问我是怎么判断的?我说我是比较了四川方言或广东话的读音来判断的。例如:普通话是齐齿呼韵母的"鞋、街、蟹、解、介、界、届、皆、项、讲、窖、觉(睡觉)、咬、敲、咸、陷、嵌"等字,四川话或广东话里是开口呼,这些字一般是二等字,其余的是三等字。我通过一系列的学习,初步了解了广韵系统所表现的中古音系和普通话语音以及汉语方言之间的密切关系。

半年的学习时间很快地就过去了。当我体验到学习各门功课的乐趣,还有不少问题要向老师们请教时,研究班要结业了。有一天,丁先生告诉我:全国的方言调查正在开展,中国科学院语言研究所很需要懂各种方言的年轻人参加调查研究工作。他问我愿不愿意到他们那里去工作。我当时确实很不愿意与老师和辅导员们告别,也很想到语言所再多学习一些知识。可是我是川大送来学习的教师,学校一再来信告诉我中文系有一个年级的学生1957年初等我回去上课。我的男朋友也在成都工作。我向丁先生谈了我的情况,准备不给川大添麻烦,还是按时回校去上课。后来,丁先生又告诉我,研究班会同意个别学员参加第三期研究班再学习半年,山东大学的钱曾怡和你们学校的陈绍龄都可能留下来。你能不能也多学习半年?或者让陈绍龄先回去上课,半年后你再换他回来学习?丁先生知道陈绍龄很喜欢汉语音韵学和方言学,他不会去学别的专业。我理解丁先生一心想让我多学一些东西,继续加深和巩固对学语言学的兴趣的好意,也知道川大不会同意我延长学习时间的要求,因为课程表已经排定。我拿到红色金字的结业证书后,去请老师们在上面签名留念。丁先生签名后,拿出了三本语言学的书送给我。其中有一本是前苏联作者写的《语言学概论》,两本是关于汉语的书。书上都有他的赠语和署名。我很受感动。我知道他是鼓励我继续坚持学好语言学,当好一名语言学教师。我真诚地对丁先生说:"您对我的教导和帮助,我会终生铭记。我会以您为榜样,去对待教学工作和学生。以后,我会不断地向您汇报我的工作和学习情况,我不会让您失望的。请老师今后还继续给我指导和帮助。"我真是非常舍不得离开语音研究班,舍不得离开那里的老师、辅导员和同学们,舍不得离开那个很温暖的大家庭。丁先生是那个温暖集体里最重要的核心人物之一。

　　回到川大以后,由于工作需要,我后来终生从事语言学的教学和科研工作。教《现代汉语》《语音学》《汉语方言学》《汉语音韵学》《四川方言研究》等课,进行有关四川方言方面的科研工作。通过长期的教学和科研,我对我的工作越来越有兴趣。我经常回忆起丁先生对我的教导,感谢他说服我自愿进入这个可爱的、很值得去深入钻研的专业。我常常以他为榜样,努力去完成各项任务。细心备课,虚心听取学生的要求和意见。有时候心情不好,对学生有急躁情绪,我会提醒自己:要像丁先生那样耐心,心平气和地解决问题。工作太忙、太累时,批改作业想马虎一点,我会告诫自己:丁先生不是这样做的。当每个学期结束时,学生在课堂上给我献来鲜花,我心里总是想:这鲜花我应该献给丁先生和别的老师,我们在语音研究班学习的时候,怎么就没有想到给老师们献花,表示我们的感激之情呢?

丁先生远在北京，不能随时请教，他编写的《汉语方言调查简表》《汉语调查字表》《古今字音对照手册》《汉语音韵讲义》《方言调查词汇手册》等书，在我们的教学和科研工作中起了重要的作用。我想凡是从事汉语音韵学和汉语方言学工作的人，都会有同样的感受。

先说丁先生和李荣先生编写的《汉语方言调查简表》（下面简称《简表》）。这个表看起来很简单，每一位调查汉语方言的人用起来都觉得很方便。仔细推敲，这里面浓缩了两位先生若干年来研究汉语音韵和现代汉语方言之间演变关系的心得。也集中反映了两位先生在这两方面有很深的造诣。

表内的前三页分别列出了调查声调、声母、韵母的代表字。方言调查者用国际音标记下每个字的方言读音，经过分析，就可以归纳出这种方言有多少种声调、声母、韵母。代表字虽然少，却很有讲究。例如声调的代表字是根据中古的平、上、去、入四种声调逐渐发展演变到现代汉语各种方言从三种到九种、十种声调的规律来选定的。例如，广州话和南宁话都有九种声调：阴平、阳平、阴上、阳上、阴去、阳去、上阴入、下阴入、阴入。中古的每一种声调都分化成两种到三种声调。分化的条件是声母的清浊。因此所选的代表字必须有中古四声中的清声母字、浊声母字、次浊声母字等，才能看得出方言声调的全貌。代表字还要考虑到囊括字音发展的一般规律和特殊规律以及例外现象。后面还列有另一批"音系基础字"，供调查者记音后复查、补充或修改语音系统用。我们设想，如果没有《简表》，靠我们自己摸索，不知要记多少字的音，走多少弯路，才能归纳出一个地点的语音系统。

再说《汉语方言调查字表》（下面简称《字表》）。这本书没有作者署名，前面只有单位的冠名"中国社会科学院语言研究所"。从丁先生编录的《古今字音对照手册》（中华书局1981年10月出版）前面的"例言"中可以看出这两本书的作者是同一个人。这本书是供方言调查者了解各地方音和中古广韵音系之间的关系的表。字表按广韵韵部十六摄的顺序排列，每个韵又按开合口和等的不同分别自成一页。每一页的上端标明韵部的名称，开口或是合口，是几等字，以及平、上、去、入几种不同调类的韵部的名称；左边从上到下注出中古声母的名称。画成表格后，填入广韵中有而现在又常用的近四千个汉字。中古音韵地位相同的字，都在同一个小格里。每个字在广韵中的声、韵、调、开口还是合口、几等，一看就清清楚楚，调查方言时，只需将小格中的汉字标上方音，就马上可以看出方音和广韵音系的关系和古今语音演变的特点。从《字表》的"说明"中可以看出作者对切韵音系中各部韵书用字和音韵地位有差异或有问题的，都进行了校改。每个使用《字表》的人，都可以在调查某种方音的同时，查到它们和中古音的血缘关系。这是多么奇妙的字表啊！

《古今字音对照手册》也是我们学习中古音韵重要的参考书。书中列出了六千多个常用字的普通话读音，并在每个字或同音的一组字后，标出《广韵》或《集韵》的反切上下字和中古读音。因为中古音的语音系统比现代音复杂得多，有平上去入四种声调，三十六类声母，二百零六个韵母，韵母还要分开口合口，一二三四等。其中有许多音现代普通话里已经没有了，只能用声、韵、调、摄、等、开合口来表示由六个方面组成的中古音（又叫音韵地位）。这样就说明了每个字的字音是由中古的什么样的形态演变来的。从中也可以看出中古音到普通话语音的演变规律。如果你用各地方音来为汉字标音，也能看出中古音和方音的演变关系。

《汉语音韵讲义》是丁先生和李荣先生在北京语音研究班的教材。几经修改后发表在《方言》1981年第四期上。其实1956年《讲义》的油印稿已经传到各高等学校，成为不少学校音韵学课的教材。1957年，我曾问过解放前后都教过多次音韵学课的甄尚灵教授（甄是我的老师，是四川大学很受大家敬重的教授）："您教音韵学用过好几种教材，您认为哪种最好？"甄说："我认为丁、李两位先生编写的最好。很简练，把古音的声、韵、调和韵的开合口、等五个方面都说清楚了；而且把古今语音的演变规律也说清楚了。这很不容易。以前的教材多是只讲古音，记反切上下字，背声类、韵类，不大联系今音，更不联系方言，讲起来就不太容易懂。"《讲义》使音韵学不再是"玄学"，使中古音和普通话以及各地方言土音联系起来，看出其间的发展脉络。

丁先生从20世纪30年代就从事汉语方言和汉语音韵的研究工作，在这几方面有些问题钻研很深。他完全可以写出一些专业的大部头著作。但是，他在50年代花了很多精力写出并逐渐完善以上几本《简表》《字表》《手册》《讲义》。因为当时全国大力开展汉语规范化的工作，进行方言调查，培训骨干，急需这些教材和调查工具。丁先生将自己的大部分精力用来完成这些任务。把自己几十年工作经验和研究心得都编写了进去。我们后学者才能花比较少的时间和精力掌握方言调查方法，了解古音和今音的传承关系。这就好像他花了很大力气给我们修建了一条进行方言调查和沟通古今语音的便捷通道，让我们能事半功倍地进行工作。

"文化大革命"中，丁先生主编的《现代汉语词典》（试用本）被极"左"思潮否定为"封、资、修的大杂烩"，丁先生作为词典的代表，受到了较长时间的批判。我为他抱屈，也非常担心他的身体健康，因为1956年在研究班我们就知道他有高血压病。七十年代初，全国召开布置编写字词典的会议。川大外文系有一位女老师去参加了。会议结束后，我去找到那位女老师，打听她在会上看到丁先生没有？他的身体情况怎样？情绪如何？女老师说：丁先生的身体还可以。他的心胸很了不起。对那些批判他的工人态度很好。不计较那些过激的言语。有一天开会时突然下雨了。他还把自己的伞让给批判他最激烈的东北来的一位女工。我想，丁先生知道，那个女工不是极"左"思潮的掀起者，她还以为自己最革命。而且丁先生一直对任何人都好，不分地位高低。这样的学者数年来经常受到无理的批判斗争实在是太可悲了。

1975年，根据国务院137号文件，要求全国十年内编出汉语大中型的字词典以及中文和世界各语种的字词典共几十种。听说这是周总理的意愿，137号文件也是他生前批示的最后一个文件。国家出版局决定由四川和湖北两省十年内编写出一部最大型的汉语大字典。四川省出版局在四川大学、西南师范学院、四川师范学院、重庆师范学院、南充师范学院成立了五个编写组，抽调了五所院校中文系的部分语言学教师参加这项工作，由川大负责牵头。还调了一些工农兵代表参加。湖北省有八个编写组，除了有三个设在武汉大学、华中师范学院、湖北大学以外，有五个编写组在各地区或工厂、大型工地、部队。如荆州、黄冈地区、鄂城钢铁厂、葛洲坝工地和省军区某部队。由武汉大学牵头。

当我听说我被调去参加编写《汉语大字典》的时候,我又高兴,又害怕。高兴的是九年来天天被造反派批判的日子可能要结束了,我从事的语言专业在编写字典工作中还能发挥作用。害怕的是当时"四人帮"还很猖狂,极"左"思潮泛滥。即使努力编写出来了,恐怕也会像《现代汉语词典》(试用本)一样,落得一个受批判的下场。我觉得很为难,但是,也很无奈,只能服从工作需要,尽力而为。我被任命为编委,负责四川的收字、字音、字形和异体工作。我就天天忙着学习这几方面的有关书籍和各种大型字典的处理办法,还不断的到湖北和他们商量拟定几方面的条例以及两省的具体分工。经常熬夜,累得我常常生病。1976年粉碎"四人帮"以后,1977年,《汉语大字典》确定为反映汉字形、音、义历史发展,源流并重的大字典。字形要反映出甲骨文、金文、篆书、隶书、楷书等的发展演变;字音标注规范的北京语音,后面要标出这个字的上古音韵部、中古音的音韵地位,反映字音的发展演变。字义也要反映历史演变。我深感凭我的学识再拼命也很难胜任给我的四项任务,坚决要求由兄弟院校的编委分别承担收字、字形、异体三方面的组长,我只担任字音组的组长。其实我也知道,这么大型字典的字音工作也很复杂,我也很难胜任。湖北收字审音组的组长是一位解放军的科长,是抓政治工作的,人虽好,业务方面的事他也不可能管。当时我想:要是丁先生或是李荣先生能抽空来指导这项工作就太好了。大主意他们拿,具体工作我们干。我们一定能完成任务。当然,这只是我的幻想。大字典四川的常务副主编在向别人介绍我的时候,常常加上一句:"她是丁声树先生的学生。"我常常因此而深感惭愧，因为我跟他学习的时间太短。丁先生像语言学界的一座高山，我只是一棵小草。说我是他的学生，更给我思想上增加了不小的压力。我只有拼命学习，搞好字音工作，才不愧曾当过他的学生，哪怕是短期的学生。

我认真考虑了一步步的工作计划。首先是培训注音工作人员。在湖北的第一次大字典工作会议上我就提出：各编写组的字音工作应该由专人负责，而且要对其中不熟悉汉语音韵和音韵历史的人进行培训。四川的培训工作集中在川大。用的是丁先生的教材和方法。让他们先掌握中古音系和现代语音的关系。因为他们将会给大量的古字标注现代语音。为了加深他们对中古音的理解，还让他们用《汉语方言调查简表》记录自己的方音，并找出和古音的关系。还请了甄尚灵、赵振铎等老师讲古音韵的有关知识。开出了急用先学的一批书目，供我自己和他们学习。在他们短期培训结束后要求他们利用各高校有图书资料，有语言课老师的良好条件继续学习。有些年轻人觉得自己基础差，对胜任工作缺乏信心。我常对他们说，知道自己基础差是好事，更能自觉地抓紧时间去学习。你们先结合工作花两三年的时间集中学好现代汉语语音和中古音，然后再学上古音，五年等于读了大学本科，再学五年，研究生都毕业了。只要用心学，会逐渐提高水平，做好工作的。《汉语大字典》这么大型的工具书，过去谁也没有编写过。我们现在被选来参加这项工作，只有努力边干边学，才能适应工作的需要。我说这些话也是在给自己鼓劲。我也猛学古代汉语、汉语史、音韵史，再考察各种字书、韵书，大型字典的注音。经过一段时间的摸索，我认为我最主要的工作精力应该集中到以下几个问题上：

1.组织字音组的成员,尽快编写出注音和审音的条例和细则,交编委会讨论,修改,定稿。以此作为全体编写人员注音工作的依据。2.组织字音组研究制定上古音字表,作为本字典标注上古音韵部的依据。3.中古的韵书字书中的字如何标注现代音,应该有统一的、明确的规定。4.现代各字词典中字义相同注音不同的字,我们怎么处理?这些问题除了在两省各字典组广泛征求意见外,我提出要到北京、上海等地,向语言学专家和字词典编写单位的有关人员请教。我当时对注音条例已经有了初步的考虑,准备在听取各方面的意见后,再写出初稿供大家讨论。我那时最想见到的是丁先生和李先生,因为他们在字音工作方面经验非常丰富。可是,在编委会上有人说丁先生近来实行了"三不主义":一不写文章,二不参加会议,三不发言。即使找到他,也不一定能听到他的指导和建议。我不知道这些话是不是真的。如果是,那也说明了"文革"中的长期批判对丁先生的心灵伤害很深。他的"三不主义"是对极"左"思潮的抵制,是完全可以理解的。1977年9月两省字音组各派出了三个人去京、沪取经,由我和湖北的罗科长带队。我建议先去上海,后去北京。因为我想把各方面的意见收集起来后,最后再听听丁先生的看法。我猜测丁先生可能会见我的。9月下旬的一天上午,我和武汉大学的詹伯慧找到了位于地质学院的中国科学院语言研究所。我向办公室的人说我要见丁先生时,他问我预约了没有?并说,丁先生很忙,没有预约就不能见。我告诉他我从很远的四川来,是丁先生以前的学生。我在一张纸片上写上了"四川梁德曼"几个字,请他把纸片交给丁先生。我说:"如果他说不见,我马上就走。"几分钟后,丁先生从楼上快步走下来。他双手握着我的手使劲地摇,不断地轻声说:"梁-德-曼,梁-德-曼。"我说明我的来意后,他说:"我正在参加总支委员会,你明天下午两点来,我们好好谈谈。"我忐忑不安的心这才放了下来。

第二天下午,我准时到了语言所。丁先生在办公室等我。侯精一同志也在那里。我向丁先生先介绍了大字典的有关情况:收字最多,源流并重,反映每个字形、音、义的历史发展等。当说到原计划三年收集资料,七年编写完成。现在有的领导提出,收集资料只要两年,编写工作只用三年。还提出一个口号:十年任务,七年完成;七年任务,五年完成。丁先生说:"收集资料是最基础的工作,一定要做扎实。不能急。大型字典是国内外都很需要的工具书。如果按照常理,应该先编写断代的字典,再编大字典。现在已经上马了,说明急需大型字典,更应该把资料收集好,最好不要提前。要讲字的来源,最重要的古籍都要做'引得'(梁注:就是书中的每一个字都要做一张卡片,并注明出处。)。原燕京大学有一批书的'引得',你们去复印过来,再把重要的古籍的'引得'补齐。不然怎能准确地找到'源'呢?"

我向他请教字的注音和审音工作时,他讲了很多。当时大字典的注音到底分几段,有些争论。有的编委主张分五段标注,即:上古、近古、中古、近代、现代。我和多数编委主张分三段:现代音,中古音的声、韵、调和韵书中的反切,出现在上古的字只标出韵部。因为时间紧迫,近古和近代的语音资料不像中古音那么集中,容易收集。丁说要在短期内收集到每个字准确的近古音和近代音是很不容易的。他还说,我们国家从古到今关于字音的论述和著作很多,光从辞书、韵书来看,从《说文解字》、中古的切韵音系如《广韵》、《集韵》，到《康熙字典》、《中华大字典》，字音的发展变化是比较清楚的。但是这些书中也有不少的错误，例如《集韵》里的错就不少。要依据各方面的书籍和文章或研究音韵的各种图表来改正这些错误。要重视清代乾嘉学派的研究成果，把他们的成果吸收到字音的标注中来。研究字音的作者，有的很细致，他们的著作可以信赖。如×××，×××，××。有的比较粗疏，要仔细查证。要特别注意清代和近代×××，×××，×××的文章和专著。当我问到各字词典的标音如果不同如何处理时，丁先生说，那要看是怎样不同。如果是音义都不同，可能是不同的词。如果意思完全相同，只是音不同，也可能有的音是不对的，要进行调查研究，删去错误的。如果是人名、地名的读音不同，更要慎重对待。有的人名、地名读音特殊，是因为保留了古音。人名、地名的注音一定要遵循"名从主人"的原则来处理。要不然，你标出的音没人说，当地说的是另外的音，你字典里又没有。字典注音要"从众、从俗"也是这个道理。

　　不知不觉已过了两个多小时，侯精一同志插话说："时候不早了，今天就谈到这儿吧！"我一听就急了，说："我还有不少问题呢！丁先生都没有说结束，你急什么？"侯精一说："梁德曼，你知足吧！丁先生血压高，他很少连着说那么久的话。今天和你说了一个下午，他手头该做的工作没做。他还要抽晚上或别的时间补上。如果还说，可能他晚上就睡不着觉了。"我连忙道歉说："实在对不起！老师的健康最最重要。"丁先生说："我现在是'九五干部'，上午九点上班，下午五点下班。我们改天再聊吧。"

　　从语言所出来，我一路上都很激动。我想，丁先生作为一个非常热爱祖国语言学事业的优秀的语言学家,自然一直关心着国家的第一部大型字典的编写工作。他虽然遭受过那么多不公平的批判和伤害,仍然关注着和他没有直接关系的大字典的工作。他今天的一番谈话,让我们感受到他对语言学事业和从事这项工作的后辈们的一颗滚烫的心。

因为还有几个很重要的问题要向丁先生请教,又怕影响他的工作,我只有在星期天打电话给他,想去他家里拜访他。丁先生表示欢迎,告诉我他在三里河的地址。我到他家时已经九点过了。我抓紧时间请教他两个问题。一个是上古音韵部的标注,应该采用哪家的成果?他反问我,你们是怎么考虑的?我说:"我把王力、董同龢、周法高、周祖谟等几位大家的韵部进行了分析比较,把不同的地方都做了记录。我觉得他们都各有道理。我们的字典还要标注中古音,上古韵部要和中古音的韵部看得出联系。我仔细读了周祖谟先生的《魏晋南北朝韵部演变研究》和他的其他有关著作。他对上古到中古的韵部发展演变,描述得比较细致,列出的字很多,其中有些问题,在徐中舒主编专门请他来川大来讲学时,和我送他去武汉去看严学宭先生的路途上,都向他请教过。严先生是大字典分管字音的副主编,我们都倾向用周先生的字表为基础,制定我们大字典自己的上古音韵部表。您看行不行?"丁先生拿过我递给他的各家分部不同的材料翻了几页,说"我对这个问题没有专门研究过,提不出什么具体建议。你们广泛征求意见后自己决定。周先生在音韵学方面造诣很深,上古、中古音韵学的研究都很扎实。……"我又向他提出第二个问题:关于标注中古音韵地位和中古出现的字注出现代音的问题。我说:"这个问题我已经做了很多准备工作。1975年冬天我丈夫因为胃大出血而进行胃大部切除,我要在医院照顾他一段时间,赵振铎拿了一部《集韵》给我,要我在医院里给每个小韵标注现代音。那部《集韵》的版本不好,错误很多。我后来又找其他的版本标注过一遍。在忙着搞收字、字形、异体等工作的间隙时间里,又把《广韵》上的每个字都用普通话语音标注了一遍。但是我怕我用的韵书上的字有错,又怕我标注的音不准确,不敢发给大家,作为注音的依据。如果让各编写组自己去标注,又怕将来注得五花八门的不好收拾。……"丁先生想了一下说:"你可以把你们字音组的人集中在一起来编写一个统一的中古韵书今读表,发给每个编写人员。既可以统一标准,又可以征求大家的意见,发动大家来改正其中的错误。你们编写组的人才也不少,把大家的力量都集中起来,我相信你们会做好这件事情的。"我又向丁先生提出:"您上次说人名、地名的注音要'名从主人',《现代汉语词典》和《新华字典》上的'垭'字,注音是yà,意思是方言中的山口或是地名。举的例子是重庆的黄角垭或枣子岚垭。这个字重庆说yā,是阴平不是去声。"丁先生认真地记下我的建议,并问我还有什么意见。一再地说:"如果还发现什么问题,随时提出来。"不知不觉时间快到中午了。我正要告辞,丁先生一定要留我吃午饭。并说已经准备好了。保姆端上了蒸好的包子和丸子菜汤。这顿饭我吃得特别香,因为先生帮我出了好主意,解决了困在我心中的难题。饭后,我即告别,怕影响先生休息。丁先生坚持要送我到车站,说怕我不认识路,怕车站太多,找起来费劲。我一再劝阻,先生仍然坚持。到了车站后,一直等到我上了车,车开了,先生还在向我挥手告别。我被感动得热泪盈眶。

　　1978年我根据收集来的各方面的意见,起草了《汉语大字典》的《注音条例》,经字音组和编委会讨论通过。作为编写人员注音的依据(后来载入《汉语大字典编写手册》中)。1979年初,我设计了《〈广韵〉〈集韵〉音节及其今读表》,提出了编写方案和体例,并试编了五个韵部,草拟了全书的《说明》。同年7月底我们四川大字典字音组十位同志,集中到四川省军区第一招待所,把五万多个汉字。分部列入《广韵》的3876个小韵,和《集韵》的4423个小韵(即音节)。其中有74个字(绝大部分是《集韵》中的),因为各种原因,音韵地位不好确定,我和两位教音韵学多年的老先生商定后,列入最后的《音韵地位待定字表》中。这个《〈广韵〉〈集韵〉音节及其今读表》由我最后审定后,1979年8月印成油印本,发给了大字典的每个编写人员,一方面征求意见,并作为注音的依据或参考。一年多以后,周祖谟先生的《〈广韵〉四声音节表》在中华书局出版。我一一和我们的音节表对照,出入很少。1981年10月丁先生的《古今字音对照手册》在中华书局出版。同年12月丁先生的《方言调查字表》在商务印书馆出版(署名是"中国社会科学院语言研究所")。我看到这两本书,高兴极了。我觉得这两本书是丁先生送给大字典编写人员最好的礼物。是我们字音组给中古出现的字确定中古音韵地位和现代音最可靠的依据。我逐个的对照了《手册》和我们编写的字表的注音,绝大多数是相同的。这说明我们字音组基本上掌握了中古字演变成现代音的规律。为了保证字音的准确,我们在《注音条例》上规定:中古音韵地位和中古字现代音的标注,一律以《古今字音对照手册》为准。

后来,我们又抽调了两省字音组的八九位同志,集中到武汉。在严学宭教授的指导下,编写了上古音分韵部的字表。

各字词典注音不同的字,我们也按照丁先生的教导,进行调查,再决定取舍。例如安徽有一条河,叫浍河,"浍"字《现代汉语词典》注音为"huì",而另外的中型词典注音为"kuài",都是指的这条河。我给安徽师范大学的孟庆惠老师写信,请教他当地说什么音,他回答说:"huì。"还有另外几个字的不同注音,经过调查后也证明《现代汉语词典》的注音是正确的。这说明丁先生作为主编的这部词典在注音上是下了功夫的。

几十年来,我和社科院语言所的部分同志有些交往。当我们谈到丁先生的时候,每个人都能以崇敬和感激的心情,说出丁先生对自己在各方面的帮助和关怀,还能历数他尽心尽力帮助别的同志的故事。丁先生是我们大家敬重的导师和知心朋友。

正当我想给丁先生写封长信向他详谈我的情况,并衷心表示感谢的时候,传来了他病重住院的消息。本想去京看望他,又听说他在重症病房,不允许探视。1980年在武汉参加中国语言学会成立大会时,又传来了他第二次脑溢血的消息。我们都非常着急。老天爷为什么不让这么完美的"丁圣人"长寿,为国家多做一些贡献,多培养一些人才,也让我们这些受过他关爱的后辈,尽我们每个人的心,向他表示我们对他的感激和崇敬呢?

在丁先生百年诞辰之时,我想告诉先生,《汉语大字典》共八卷,已于1986年至1990年出版。我写下自己的一些切身感受,以告慰丁先生的在天之灵。

润物细无声

——丁声树先生印象

柳凤运

1975年秋至1977年初,我作为商务印书馆的编辑,有幸参加了一段《现代汉语词典》(后用《现汉》)的修订工作,因而与丁声树先生有了较多接触,时间大约年余。此前,因送取稿件,参加中外语文词典规划会议等,也有零星接触,次数不多,时间不久。然而,越到后来,感到丁先生留给我的印象越深。

1972年初,我从某教育杂志的干校来到商务印书馆,在汉语编辑室从事编辑工作。工作与我所学专业相去甚远,我常笑自己是"混进革命队伍的阶级异己分子"。不止一次有人约我另就,不知为何,我却从未动过思迁之念,一路干了二十六年。老来回忆,却发现我的选择是如此幸运,不仅时常得到同事的无私指点,而且一路都有名师相携,时至今日体认愈深,感念愈多。丁先生可以说是我向学做人的第一位老师;并非说于我的学问有何重大增益,更不敢以弟子谬称。只是丁先生的道德学问,可谓"高山仰止,景行行止",使我认识到我所面对的是一座道德与学问的高山,不敢苟且自弃,必须举步攀登。

一

第一次见到丁先生大约是1972年秋冬,我刚到商务不久,去取他审定的《汉语成语小词典》修订稿。学部大院一排平房中的一间,长桌旁坐了一圈老先生,问及丁先生,走出一位长者,朴实得像一位老农。丁先生翻了几页略加说明,只见苍劲工整的笔迹改了几个重要的出处——其学养不凡、审读精严是毋庸置疑的了,余者均标在稿中可回去细看。另有几句话让我转告阮敬英同志(当时的编辑室主任),建议例句可以通通不出,说只要释义清楚,读者就会使用。不出例句的理由似乎有点勉强;因为自知懂得不多,没敢多问,回去便如实转告。不过此事却给我留下深刻的印象。

后来在修订《现汉》时接触多了,感到丁先生不苟言笑,但也并非拒人千里之外。他款款的中原官话,让人感到分外朴实亲切。

一次听说中华书局影印了一批古籍,要我代买一本朱彝尊的《词综》,称赞其编选如何精审。有时也饶有兴趣地问我微积分是怎么回事,我理解他所关心的是数学方法问题。一般的闲聊却是没有的。

再有就是鼓励学习。特别是,不因我才疏学浅而吝于指教,使我深受感动。例如学音韵,背《方言调查字表》。我也算朽木,一直没能背出,开齐合撮,韵摄等目,一片混沌。所里一位工人,在他的指导下学《五方元音》,却大开其窍,他尝以此相勉。为了弥补曾错失的进修英语的机会,午休时我听"广播英语"。对此,一般的领导与尊长都会视为不务正业,我也担心给人留下坏印象。后来被丁先生看到,不料他也鼓励,遂送我一本《简明牛津英文词典》(OED),附有初版和二版前言,说学英语不要总是从ABC开始,可以试着读前言;词典亦非双语的不用,可直接试用英文词典。从中我理解了丁先生的学习能力和方法,无奈我的水平能力都很低,"前言"读来不易,直接使用英文词典更是困难不小。直到若干年后,当我读懂了前言,才知道原来这是一篇关于《简明牛津》的编纂方针与艰难的编纂经历的文章,不啻为中型语文词典编纂指南,极为难得。《现汉》与《简明牛津》编纂方针相似,可以想见,《现汉》编纂之初,从中借鉴之处颇多。……

在工作中,他的渊博,他的严谨,他的近于苦行的勤奋,更是身教胜于言教。

在丁先生身边总能学到很多,不仅是我,其他与之一起工作过的人均有同感。他像海绵一样随时汲取各种知识,又像春雨入夜一样,往往在浑然不觉中给人以指点与帮助,所谓春风化雨,"润物细无声",其境界莫过于此了。

二

说到1975年的中外语文词典规划会,不得不交代一点背景。

"文革"初起,大破"四旧",连《新华字典》都成了"大毒草"。《新华字典》的修订工作包括征求意见,曾惊动数万人,后蒙周恩来总理的关注与指导,才于1971年得以出版,成了当时八亿人唯一一本可以使用的语文工具书。1973年,为了"复课闹革命",商务印书馆建议重印"文革"前出版的《现汉》试用本,略加修改,内部发行,供教师备课时参考。不料甫一出版,又被某煤矿几个"左"的可爱的小职员指斥为"封资修大杂烩","宣扬客观主义"等,并向"四人帮"邀功。批判《现汉》立即成了"四人帮""批林批孔"实批"周公"的重型炮弹,一时掀起一股批《现汉》的恶浪。……

面对词典荒的严酷现实,1975年召开了全国中外语文词典规划会议。年初小平复出,万里抓铁路,形势似乎出现一点转机。

中外语文词典规划会议在广州召开。《现汉》主编丁先生是大会特邀的专家代表,我是大会工作人员。陈原亲自率领接待组去车站接丁先生。他以老练的会务经验,大谈列车车厢的布局,说硬卧与软卧以餐车为界,我们便老老实实地等在几节软卧外,直到旅客都走光了也没见到丁先生,很感意外。当跑到接代表的大轿车旁,才发现丁先生早已坐在车上,原来他是乘硬座来的。请他下来改乘小卧车,他执意不肯。

会议期间,丁先生认真听会,很少发言。大会安排了某煤矿代表发言,自然是批判《现汉》的;在分组会上,又有人提出词典工作要开展两条路线的斗争,要将无产阶级专政落实到每一个词条,实属"四人帮"流弊,虽然多数代表颇不以此为然,在那个年代也不能轻视。在这种情势下,丁先生在分组会上发了言,似乎对煤矿工人的批判表示欢迎,态度诚恳,却也没有什么实质内容。

对于丁先生的表态,我很理解。记得一本名著里有这么一段话,大意是,不成熟的人为了某种事业英勇地死去,成熟的人为了某种事业卑贱地活着。何况,此表态毫无卑贱可言。此时,我也似乎更理解了丁先生此前关于"例句可以通通不出"的建议。在那

《汉语成语小词典》稿的例句中，不少属于生造，且充斥了时下的"文革"语言，如容其存在，何以为"典"？如若要其修改，以丁先生的卓识，在"为无产阶级政治服务"极"左"口号指导下，只是由教师带着工农兵学员进行修订，改好例句是根本无望的；何况，高校本来就是"四人帮"掌控的重灾区。更有，精当的例句本来就实属不易，丁先生对例句的要求又是甚高，他也只能以这种委婉的方式，表达他决绝的抵制了。

外出参观时，专家中唯有丁先生拒绝乘小车，坚持与普通代表们一起乘大轿车，兴致勃勃地参观广交会、植物园、佛山等处。我是《现汉》的责编，自然对丁先生格外关照，生怕他有精神负担。

钱瑗作为《简明英汉词典》的代表也出席了会议，与丁先生在同一分组。我是该组的联络员，遂与钱瑗熟悉起来。当时我并不知道她的背景。只觉得她似乎与我年龄相仿，却十分沉稳庄重。听她说原来是学俄语的，后学英语，以致参加了《简明英汉词典》的编纂工作，根据她负有的责任，可见英语水平是相当不错的，令我肃然起敬。吃饭散步有时与她走在一起。

十几天的会议一晃就完，制定了十年规划，落实了一批中外语文词典，《现汉》也列入规划，修订再版，然后就是代表们纷纷打道回府。无奈正值广交会开幕期间，虽有万里的治理，运力毕竟有限，代表们只能分批离穗。丁先生惜时如金，此时也谦让，不肯乘软卧早走。忽然听说钱瑗自费请会务组代购机票，几乎会议一结束就登身离去，简直归心似箭，我深感愕然。此时，丁先生才告我，钱瑗乃钱锺书女儿也，言谈中蕴含无限爱惜之意；我本以为丁先生崇尚简朴，必以此为牾，却不料完全相反。他又说到"文革"下放干校时，曾与钱锺书先生一起烧锅炉，杨绛每有休息必来看望钱先生等往事。……没有几年，我读了杨绛先生的《将饮茶》《干校六记》等，才真正理解了钱瑷的归心似箭和丁先生态度。

后来，到词典室的次数多了，听到大家的赞扬多了，深感丁先生大智若愚，德高望重，作风厚朴，关爱后学，颇有古君子之风。当年读韩愈的《原毁》，心生悲观，觉得愈到后来，"其责己也重以周，其待人也轻以约"的君子将愈少；特别是经历了许多政治运动、"文革"，看惯了投书告密、整人上纲。不料在丁先生身上却第一次看到了"名誉之光，道德之行"，简直可以融化我那逐渐坚硬的心。又想到鲁迅先生的《为了忘却的记念》，赞扬柔石"无论从旧道德，从新道德，只要是损己利人的，他就挑选上，自己背起来"，丁先生何尝不是如此？！

三

《现汉》虽然正式列入出版规划，无奈"文革"还在继续，修订工作无疑戴上了沉重的镣铐。

修订工作几乎动员了社科院语言所所有可动用的力量；然而，由于多年来资料工作的停顿，办公条件的不足，面对的困难不少。我馆当时的领导，又提出成立三结合修订班子的要求，即修订工作必须邀请发动批判《现汉》的某煤矿工人等工农兵代表参加；并亲自召见煤矿工人代表，鼓劲打气。我身为《现汉》责编，也被派参加修订工作。不管当时领导的意图如何，对我来说却是难得的机遇。

想到三结合的修订班子,我忧心忡忡。在大批《现汉》之初,馆领导曾效法《新华字典》广泛征求意见的办法,要编辑们走出去,听取工农兵的批判。我就去过京郊马池口公社和天竺公社。这种批判往往是攻其一点不及其余,泛泛地听取意见倒问题不大,如要落到修订实处,却很难汲取。如若天天面对这样的争论,修订工作将不堪设想。

修订工作开始了,比我想象的情况似乎要好。代表们似乎相当克制,大都抱着学习的态度。但是,难免有时拘泥于个人的见识,当然有时也会带有某种偏见,使专业人员无法接受。当专业人员对某些意见不予接受,或对偏见难以容忍时,争论就会相持不下,这时就会提到大组讨论。有时丁先生也会发言,他总能发现代表的意见的合理之处,予以考虑;他归纳的修改意见审慎精严,令人心悦诚服;实在难以集中的他就带回家去继续查证推敲,绝不敷衍了事。对一些方言的音、义,他常向代表们请教,代表们都热心与丁先生交流,从中体味到词典工作的严谨与艰辛。丁先生为人十分谦虚,不论专业人员还是代表,不论意见是对是错,他都同样尊重;他的尊重是认真的,他的认真透着诚恳,令人折服。

丁先生是主编,各分组修订的条目,包括语文、科学技术、哲学社会科学等不同分科,都归他最后审定,有些问题要他来查证推敲定夺。他的工作量最大,责任最重,难度最高。他是瓶口,要尽量与大家的修订工作同步,时间又最紧迫。他就像一架机器,每天准时早早来到,坐下来就聚精会神地审稿;还要开会,讨论。晚上下班走得最晚,又要背一大书包稿子回家去看。1975年的冬天,是我记忆中最寒冷的一个"文革"冬天,女士们发明了用双层方巾包头,即厚方巾外再加一条尼龙纱巾,我试了一下,果然暖和许多。在修订班子临时借用的原地质学院主楼大教室里,没有暖气,只生了几个火炉子。我每天骑车去地院,每当坐下来汗一落,就会背上冰凉,以致感冒了几次,直到后来有了班车才好了一些。丁先生患有严重的高血压,寒冷对他是很有害的,何况工作负担又重……

丁先生的渊博也给人们留下深刻的印象。当时的两报一刊经常发表重要文章,不知为何,"笔杆子"们很喜欢用典故;为了批判,也不止一次掀起群众性大读古书的热潮。这为丁先生提供了答疑的机会。每有典故出现,大家喜欢问丁先生出处,丁先生总能准确地说出其出典及章节。还有一次,一篇文章引用了马克思的名句:"在科学上面是没有平坦的大路可走的,只有那在崎岖小路上攀登不畏劳苦的人,才有希望达到光辉的顶点。"会背的人很多,对出处却不甚了了。问丁先生,则告出自《资本论》;并娓娓道来,不是正文,而是1872年法文译本的序与跋的最后结语,是针对法国读者常缺少耐心而说的……可见,《资本论》也在丁先生的精读之列!

哲学社会科学与科学技术组,也常与丁先生切磋条目。在"文革"的全面停顿中,国外的科技与社会科学却得到长足发展,出现了许多新语词。在补入新词时,往往只有外文资料与外文辞书可参考。看到熟谙外语的社科、科技组资深编辑们也向丁先生请教外文,一起推敲释义文字,真是敬佩至极!

丁先生也绝不是"老好人",他对所有环节的要求都很严格。一次,全体大会讨论《现汉》的体例。《现汉》体例规定较细,初用者自然会感到繁琐,当认真研究之后,会发现该体例真是独具匠心，竟能将丰富的语言研究成果，悉数包容在狭小的版面之内。有了这样的认识，我就觉得没有什么改进的空间了，讨论时就在桌子下偷偷织毛线。会后丁先生问我，大家的发言你没认真听吧？有了好的意见怎能及时汲取呢？我立即脸红了。丁先生对体例的研究可能比任何人都要尽心，却并不满足，力图改得更好，因此他能认真听取各种意见，这是怎样的治学精神呵！

丁先生的榜样，无声地影响了整个修订班子，无谓的争论减少了，大家全神贯注，工作的推进越来越紧张有序。

在丁先生的主持下，"两条路线的斗争"化解了，干扰修订工作的喧嚣被无形地阻隔在修订班子之外，修订工作始终遵循了科学的原则。没有革命的宣言，没有抗争的呐喊，没有对错误批判的置辩，有的只是务真求实，有的只是科学严谨，更有那忘我、几近苛刻甚至透支着健康的无私的勤奋！……在粉碎"四人帮"之后，《现汉》在新的形势下又进行了重点的审定修改，很快就付排了。

在前几年的一次《现汉》修订工作研讨会上，我有幸听到了几位专家会下的议论，他们称赞，"1978年版的《现汉》是最好的……"此时想到了丁先生，我深感欣慰。

* * * * *

1979年10月，丁先生住进医院，一病不起。记得我去医院看他，他静静地睡着。脑海里不时浮现他聚精会神审稿的样子，时而抬起头来，脸上露出的倦容，仿佛此刻才得到休息。每念及此，令人痛惜不已！

此后，丁先生羁卧病榻整整十年！十年呵，难道是大块有知，息先生一生的辛劳于病？这怕是先生最不情愿的了。如若假于先生,之于《现代汉语大词典》,大功垂成矣!惜乎痛哉!惜乎痛哉!!

先有《辞源》主编陆尔奎,一个晚清举人,思想进步,倡导维新,两次赴日考察,兴学育人,后入商务印书馆。因痛感中西文化需要接轨,发出"国无辞书,无文化可言也",仅有《康熙字典》是不够的。遂带人编《辞源》,历时七年,积劳成疾,双目失明。……今有丁先生,又是一个为《现汉》而鞠躬尽瘁的人!

奈何:
>岂有惜情付东水,
>花落花开两由之;
>何期泪洒江南雨,
>又为斯民哭圣师!

一代天才　声树梧梓*

——纪念语言学大师丁声树先生百年诞辰

聂振弢

今年是语言学大师丁声树先生的百年诞辰。谨将诸多方家缅怀丁先生的文章和有关资料选其大要，连缀成文，以飨南阳人民和百万家乡学子，了解先生学品，学习先生人品，砥砺志气，奋发精神，把南阳建设好，为国家做贡献！

丁声树，号梧梓，海内外著名的现代语言学大师，在音韵学、训诂学、语法学、方言学、辞书学、文献学诸多方面都有卓越的建树。生前为中国科学院语言研究所一级研究员、哲学社会科学部委员（院士），美国哈佛大学远东语言部研究员、耶鲁大学研究院语言学部研究员，历任第三届全国政协委员、第六届全国政协常委，第三届、第五届全国人大代表。

1909年3月9日，丁先生生于邓州市城北三官庙的一个书香门第。幼读私塾，勤敏好学。后在邓州春风阁小学、乙种学校读书。14岁（1923年）以优异的成绩考入南阳的河南省立第五中学，即现在的南阳市一中。17岁（1926年）遭遇家族阋墙，又因不

---

* 丁声树先生的有关资料幸蒙商务印书馆金欣欣编审提供。谨此致谢！

满包办婚姻,离家出走,考进北京大学预科。

1928年秋,升入北京大学中文系,师从于钱玄同、沈兼士等前辈学术大师。先生借助天赋的聪慧,焚膏继晷,发愤攻读。毕业时,号称对学生要求最严格的钱玄同先生给丁声树先生的毕业论文打了100分。北大校园一时轰动:"出了个大一百,是河南丁声树!"①沈兼士先生说:"北京大学中文系语言文字方面,每隔几年就出个'状元',魏建功、丁声树、周祖谟就分别是二三十年代不同年级的状元。"②著名音韵学家严学宭先生说:"当时北京大学流传着两句口头禅:前有丁声树,后有周祖谟。"③

1932年,丁先生23岁,北京大学毕业,进了当时的中央研究院历史语言研究所工作,得到所长傅斯年的赏识。著名语言学家李方桂先生说,"丁先生在汉语经史上的造诣已经很渊博了","是一位不可多得的人才"。④

1934年,丁先生写出了两万多字的《释否定词"弗""不"》。文章列举170多个先秦典籍和有关材料中的例句,论证严密,天衣无缝,博得傅斯年所长的高度赞赏。1935年,在《中央研究院历史语言研究所集刊·蔡元培先生六十五岁庆祝论文集》刊出。当时在学刊发表文章,没有稿费,傅斯年所长破例给了他200元大洋的稿酬,以为奖励,一时誉满全所。⑤这篇文章成了丁先生的定鼎之作。深厚的朴学功底,科学的论证方法,使这位年仅26岁的丁声树,一下子在学术界树起了一个大方之家的模像。

1936年,赵元任、罗常培、李方桂合作完成了高本汉《中国音韵学研究》汉译本,这是一部对中国现代音韵学研究具有深远影响的著作。赵元任在译者序中说:"最后由赵君把全稿从文字可读化、体例的一致化,跟内容的确当化三方面跟原书对校了一遍,自己看'腻'了过后,又找了一个'新鲜的脑子'的丁君声树也从这三方面把全书反复细校,并把所有查得着的引证都核了,遇必要时或加以改正,然后才算放手。"⑥李方桂先生说他们三位译者的"口语和运用的名词又有很多不尽相同之处,因此又由丁声树先生总其大成,把前后划一,编成整体。他的功不可没。"⑦

1936年,丁先生发表文章《诗经"式"字说》,胡适先生大加赞赏,写信说:"从此入手,真是巨眼,真是读书得间,佩服佩服!"⑧1938年发表《诗经卷耳芣苢"采采"说》,1943年发表《"何当"解》《"碚"字音读答问》等文章,⑨都是既丰赡又严谨,见解独到、一鸣惊人的高文。吕叔湘先生称赞丁先生写文章"悬格太高,要能颠扑不破才肯拿出来"。⑩季羡林先生说:"他的每一篇文章都是千锤百炼的产品,达到极高的水平。"⑪

从1935年到1941年期间,丁先生先后参加了湖南方言调查(1935年10月),湖北方言调查(1936年4月),云南方言调查(1940年3月),四川方言调查(1941年10月)。1938年整理成书的《湖北方言调查报告》,其中许多精辟的见解、精彩的议论,还有《总说明》中方言调查用字表的简单明了的说明、常用字的音韵地位,都是丁先生起草撰写的。⑫这年丁先生还不满30岁。

有幸从韩敬体先生处获知,丁先生1939年1月晋升为编辑员,1940年1月晋升为副研究员,1941年1月又晋升为专任研究员。著名民族语言学家马学良先生说:"史语所的升级评职比较严格,常是以真才实学为标准,不太重视论文著作的数量,重视科研成果对本专业或本学科的创新和贡献。如丁声树先生,学贯中西。当时他的著述虽不多,但每篇都能发前人所未发,有一鸣惊人卓识高见,不仅为当时国外专家学者所赏识,同辈学人也莫不佩服,因而两年之内由助研而连升副研、正研,开中央研究院前所未有的先例,誉满全院,成为青年学者向往的榜样。"[13]当年丁先生仅仅32岁。孔子说:"吾十有五而志于学,三十而立……"丁声树先生可算是坚坚实实地达到了圣人"三十而立"的境界标准。

1944年,丁先生赴美国作学术访问,先后任哈佛大学远东语言学部研究员、耶鲁大学研究院语言学部研究员,参加了美国语言学会。这期间,丁先生又协助赵元任、杨联陞二位先生编写完成汉英口语词典《国语辞典》。丁先生的名字也在此时载入美国出版的世界名人传中,成为称誉海外的学者。

1946年,丁先生与在美国哈佛大学攻读博士学位的关淑庄女士结婚,次年,独生爱女丁炎出生。

1948年,新中国即将诞生,丁先生怀着一颗赤子之心,怀着满腔报国热情,毫不留恋在异域获得的荣誉、地位和比较优越的工作环境,告别了娇妻爱女,回到祖国。当时,国民党败退台湾,中研院也随之迁台。傅斯年亲邀丁先生去台湾,丁先生坚辞不往,毅然决然地留在大陆。从此,直到逝世,40年如一日,把一生献给了社会主义的学术事业。

1950年中国科学院成立,丁先生为哲学社会科学部委员,语言研究所一级研究员。

1952年写出了《谈谈语音构造和语音演变的规律》。音韵学核心是语音的构造、对应与演变,这篇文章用最明白浅显的文字,阐明了汉语音韵学和现代汉语语音学的最基本的道理,对汉语语音学、汉语音韵学都具有深远的影响。

1952年到1953年,丁先生主持语法小组工作,《语法讲话》开始在《中国语文》上连载,1961年出版单行本,定名为《现代汉语语法讲话》。这部著作为新中国语法学的建立,具有划时代意义,起着引领学术、沾溉后人的作用。

1954年,根据国家需要,丁先生的工作重点逐渐转入了方言调查研究和推广汉语普通话方面。

1956年,教育部和语言研究所联合举办普通话语音研究班。丁先生率领语言所方言组全班人马进驻学习班,亲自授课,讲授汉语音韵学、汉语方言学与方言调查。普通话语音研究班,语言所前后两年参与主办了三期,为新中国培养出了一大批方言调查和普通话推广的语言工作者。

1957年至1958年,《汉语音韵讲义》和《古今字音对照手册》相继出版,李荣先生评价说,《手册》是《讲义》的基础,《讲义》是《手册》的升华。《讲义》条理清楚,文字精练,内容是已知的,讲法却是新鲜的。⑭《手册》有许多对汉语本字的考订,特别是读音的考订,不仅确定了汉字的读音,标示了汉字古音的声韵地位,更是揭示了古今语音演变的规律。《汉语音韵讲义》和《古今字音对照手册》直至今天,无论对汉语音韵学、方言学的研究或教学,都不失它的经典地位。

《方言调查词汇手册》、《方言调查词汇表》也在这时编写成书,几十年的实践应用,记载着它们的学术价值,也记载着丁先生的开创之功。

1958年夏天,丁先生率领方言组到张家口地区调查方言,

1959年春天，丁先生又率领方言组到昌黎县调查方言。《昌黎方言志》1960年7月由科学出版社出版了第一版，1984年7月由上海教育出版社出版了新一版。这部方言志，成了方言志书的样板和方言调查研究的标本著作。

从1959年起，丁先生的工作又逐渐转到了词典编纂方面。我们现在广泛使用的《现代汉语词典》，从1958年开始编写，由吕叔湘先生任主编。1960年出了《现代汉语词典》试印本，其中相当部分词条都是由丁先生亲自看过才发排的。

1961年丁先生正式调入词典室主持工作，接替吕叔湘先生任《现代汉语词典》主编。兼任《中国语文》杂志主编。从1961年到1963年丁先生率领词典组对试印本《现代汉语词典》进行通读。三年时间其实只用了两年半。开头半年是校改《新华字典》，一边校对清样，一边进行修改。丁先生说这是"先练练兵"。[15]

《现代汉语词典》是在现代语言学、辞书学思想指导下编纂的，是第一部规范型现代汉语词典。它用现代汉语词语，即用白话解白话，一改过去那种用文言解释白话的旧例，开现代"词典"编纂之先河。《现代汉语词典》编写要求很高，意义分析要妥帖周到，虚词用法要提要钩玄，例句要有典范性，可以说是开拓现代训诂学的一个巨大工程。《现代汉语词典》虽然书成于众人之手，但丁先生是主编、是把关人，责任最大，劳苦也最巨。

1966年"文革"开始，丁先生被打成"反动权威"受到批斗，回到家里仍手不释卷。夫人和女儿说："还看书！"意思是读书惹了这么大祸，整天挨批斗，回到家也该歇歇了。丁先生回答说："黑牌也挂了，街也游了，小锣也敲了，剩下的不只有看书了！"[16]"文化大革命"对《现代汉语词典》编辑出版的巨大干扰长达10年之久，比如1975—1977年，"工宣队"进驻词典室，开始的所谓"开门编词典"，就是一个明显的事例。丁先生抱着对词典事业高度负责的精神，坚定"骤雨不终日"的信念，坚守编辑规范，坚持学术原则，对许多荒唐可笑之为，以不变应万变，终于熬过了10年动乱。

1978年，《现代汉语词典》第一版正式出版。学界评论说："这部词典所达到的成就，是与丁声树先生的学识渊博、治学严谨以及高度的责任心和艰苦细致的工作作风分不开的。"[17]而丁先生不让在《词典》上署自己主编名字，不取一分钱稿费，先生的品格节操，前无古人，后无来者！

需要一说的是，现在这部人们案头常备的《现代汉语词典》，已重印了数百次，印数以千万册计，创造了数以亿计的经济效益，是中国出版史乃至世界出版史上的一个奇迹！

1975年，经周恩来、邓小平同志批准，开始酝酿编写《汉语大词典》与《汉语大字典》。丁先生对《汉语大词典》与《汉语大字典》的编纂提出了极其宝贵的意见。严学宭先生回忆说，编纂《汉语大字典》，审音组同志专访了丁声树先生，在审音、文字、训诂和文献资料诸多方面都得到了丁先生具体详细的指示，"我们读读丁声树先生对编纂《汉语大字典》的高见卓识，不仅可为衡量得失的标准，且能为今后编纂或修改、增订的价值取向……我们缅怀这样一位学术巨人，就在于铭记他闪烁的光辉，追寻他沾溉后人的'旧学商量加邃密，新知培养精深沉'的瑜亮学风。"[18]

70年代末，语言所拟议编纂《现代汉语大词典》，计划将《现代汉语词典》收条扩大到11万条。丁先生信心满怀，积极筹划，倡议成立编委会,亲任主编,做了不少准备工作。可惜,天不假美,大业未张,丁先生却病倒了……

应该说,从20世纪初开始倡导的新文化运动,是在新中国建立之后才得到真正的实现。而新文化运动走出知识分子的圈子,普及劳动群众,普及整个社会,是从语言文字的现代化和规范化开始。简化汉字、规范汉语、推广普通话、制订汉语拼音方案,是新文化运动的基础工程,《现代汉语词典》可以说是这个基础工程的一块不可或缺的巨大而坚实的柱石。一切图书报刊和传媒语言都要以它为准则。朱德熙先生说:丁先生"是主持、领导大型词典编纂的最理想的人选。"[19]信哉斯言也!丁先生从1961年主持编写《现代汉语词典》开始,直到1979年10月生病住院,1989年与世长辞,数十年如一日,为培养新中国年轻一代的词典编纂队伍,为开创我国词典事业的新局面,默默无闻、乐以忘忧、孜孜不倦、兀兀穷年,鞠躬尽瘁,死而后已,无私地献出了自己的全部生命。

以丁先生的学问才气,应该留下等身的著述,应该留下一摞博大精深的学术专书,但是没有如此——这使许多学者深为惋惜,成了学界无可弥补的遗憾!殊不知,"需要就是价值"!丁先生就是为了时代的需要,为了祖国的需要,为了民族的需要,为了推进这个几代精英为之呐喊致力的新文化运动的真正实现,毫不犹豫放弃了自己的学术研究、专业著述,而心甘情愿地投身于同辈学人罕有勇于献身的、也罕有可以当此重任的平凡而伟大的文化工程!为了民族语言的纯洁健康,为了学术文化繁荣发展,丁先生这吐丝至尽,燃灯至干,不偷不怠,无怨无悔的精神,也足以使"丁声树"这个名字千古流芳,永垂不朽!

丁先生学问渊博,记忆惊人,许多学者对此都表示了无限的钦敬之情。据他们说,丁先生对历代主要典籍大都熟读成诵,"前四史"(《史记》《汉书》《后汉书》《三国志》)都能背下来。晚年在病榻上提起《古文观止》,先生还是随口背诵,泠泠如流水。[20]侯精一先生说,他1954年从北大毕业分配到中国科学院语言所,见到丁先生报了名字,丁先生问道:"你的名字是谁给你取的?"侯先生回答:"是我爷爷。"丁先生说:"你知道你的名字是什么意思吗?"侯先生回答:"不知道。"丁先生随即告诉侯先生,《尚书·大禹谟》有"人心惟危,道心惟微,惟精惟一,允执厥中",让侯先生回去查看。[21]石明远先生说,他在办公室常接到向丁先生请教的电话,丁先生多半是随问随答。石先生举了两个例子。一个是彭真当北京市长的时候,秘书程湘清打电话请教"取法于上,仅得其中"的出处,丁先生立即告诉他,《资治通鉴》贞观二十二年,上作《帝范》十二篇以赐太子,说到这个话。另一个是1979年,叶剑英《庆祝中华人民共和国成立三十周年大会的讲话》中有个成语"艰难困苦,玉汝于成",请教到丁先生处,丁先生立即答复,这个典语出自北宋哲学家张载《西铭》,原话是:"富贵福泽,将厚吾之生也;贫贱忧戚,庸玉汝于成也。"[22]朱德熙先生说:"他古书熟,对于传统的音韵训诂之学有极深的造诣,同时对现代话的方言有广博的知识和高超的调查分析能力。这两种训练集中在一个人身上是十分罕见的。"朱先生还说:"丁先生的学问真可以当得起博古通今四个字。"[23]

但是,丁先生却虚怀若谷,十分谦逊。填写履历表,在"专长"一栏中,他写了两句话:"粗知汉语音韵训诂,略有方言调查

经验。"㉔

王利器先生回忆说,40年代他在四川大学中国文学研究所任职,为研究所聘请学者开设讲座,一次讲座送一个月的薪金为报酬,也约请了丁先生,但丁先生谢绝了。先生的谦虚谨慎的作风,此处也可见一斑。㉕

丁先生一生都是站在国家民族立场上看待问题。在大是大非面前绝不曲阿取容。金有景先生在他的回忆文章中,说了这么几件事:

一、1954年有一场批判胡适的运动。丁先生在整个运动中,没有发过一次言。金先生曾私下问丁先生,丁先生沉默了一阵,说:"你以为胡适先生的话都是错的吗?"1950年中国科学院召开第一次代表大会,发给代表的纪念封背面印着胡适的"大胆假设,小心求证"的名言。丁先生说,当时那么多科学家和政工人员谁也没有提出异议!丁先生对他的老师胡适先生,是十分推崇的。丁先生在美国访问时,师生多次过往,交谈甚欢。1945年他在给胡适的一封信中说:"先生的学风,先生的襟度,其肫笃伟大只有蔡(元培)先生可以比拟,而治学方法的感人之深,我敢说是三百年来没人能赶得上的——三百年前的非科学时代无论矣。"

二、赵元任先生曾是清华大学国学院的四大名教授(王国维、梁启超、陈寅恪、赵元任)之一,是蜚声海内外的语言学家,一直旅居美国,1978年回国曾受邓小平接见。大约在1955年春,金先生读赵元任的一篇文章,请教丁先生,随口问道:"是不是赵先生对祖国不大有感情啊?"丁先生听了,说:"金有景啊,你怎么能这样考虑问题呢?"丁先生和金先生为此谈了很久。丁先生说:"今后,两岸的语言学家还是要团结在一起的嘛!"

三、1957年春天,开始了大鸣大放运动,丁先生在这几个月中,一直表情严肃,没有笑容,一言不发,一个意见没提,一张大字报没写。普通话语音研究班的学员来找他,让他提意见,逼急了,先生迸出一句说:"你们没见过军阀混战的局面啊!"[26]

李荣先生说,丁先生从不坐专车,一直是乘公交车上班下班。而且给自己定了个规矩:"车上人多不上,上车的人多不上。"[27]这样,他总是早上班,晚下班,避过乘车高峰。丁先生长年都是布衣布履,从穿戴上怎么也看不出这是一位一级教授、学部委员、誉满当代的学术大家。三年困难时期,国务院发给他优待证,但他体谅国家困难,与大家同甘共苦,不愿有半点特殊,那些优待证放在抽屉里,一次也没用。1965年,科学院高研楼建成,丁先生可得到一套四居室甚至六居室的大房子,但他无论如何也不去住,一直住在夫人分得的一套两居室房子里。

丁先生是如此的严于律己,但对国家的号召,对他人的资助却是慷慨大方,毫不吝惜。抗美援朝,国家号召捐献,丁先生把一家积蓄全部从银行转捐给国家,而且从不告诉别人。由于银行有保密制度,所以人们始终不知道他具体捐款数目。邢台地震,他和夫人关淑庄把能捐的衣物都拿出来,三轮车拉了三车。1962年7月1日,丁先生光荣入党,每月都把他学部委员的津贴150元全部交了党费。[28]家庭困难的同事,大都受到过他的资助。他买书送给年轻人,还放些钱在单位里,叫给大家买书。[29]

丁先生一生对党,对国家、民族无限忠诚的情操,坚持原则,实事求是,谦虚谨慎,宁静淡泊,一生保持艰苦朴素的作风,他的学品、人品,举世仰慕。海内外都称颂他是"丁大师","丁圣人"!先生一生无意"立德",其德甚隆;无意"立功",其功至巨;无意"立言",其言不朽!他是中国人民的好儿子,是南阳的骄傲与光荣。我们应该永远记住这位为祖国语言纯洁健康,为社会主义学术、文化的繁荣发展作出卓越贡献的丁声树先生。

参考文献

①杨伯峻《丁声树同志的治学精神》,《中国语文》1999 年第 4 期;石明远《深切缅怀丁声树先生》,《方言》1999 年第 3 期。

②金有景《丁声树先生的治学精神与人格魅力》,《淮南师范学院学报》2004 年第 1 期引周定一《纪念俞敏兄》,《文教资料》1997 年第 1 期。

③严学宭《八十自述》,《语言研究》1993 年增刊。

④⑦金有景《丁声树先生的治学精神与人格魅力》,《淮南师范学院学报》2004 年第 1 期引徐樱《方桂与我五十五年》,商务印书馆,1994 年。

⑤㉒石明远《深切缅怀丁声树先生》,《方言》1999 年第 3 期。

⑥侯精一《记忆深处的丁声树先生》,《方言》2009 年第 1 期引赵元任《中国音韵学研究·译者序》。

⑧韩敬体《勤奋 实在 广博 创新 严谨——纪念丁声树先生》,《中国语文》1999 年第 4 期引丁声树《诗经"式"字说》后附《适之先生来书》。

⑨⑰㉙闵家骥《献身于词典事业的丁声树》,《辞书研究》1983 年第 5 期。

⑩⑪⑲⑳㉓韩敬体《勤奋 实在 广博 创新 严谨——纪念丁声树先生》,《中国语文》1999 年第 4 期。

⑫⑭⑮⑯㉔㉗李荣《丁声树》,《方言》1989 年第 2 期。

⑬金有景《丁声树先生的治学精神与人格魅力》,《淮南师范学院学报》2004 年第 1 期引马学良《历史的足音》,《新学术之路——中研院史语所 70 周年纪念文集》,台北,1998。

⑱严学宭《一生严谨圣洁,风范长留青史——怀念丁声树先生》,《语言研究》1990 年第 2 期。

㉑侯精一《记忆深处的丁声树先生》,《方言》2009 年第 1 期。

㉕金有景《丁声树先生的治学精神与人格魅力》,《淮南师范学院学报》2004 年第 1 期引王利器《李庄忆旧》,《新学术之路——中研院史语所 70 周年纪念文集》,台北,1998。

㉖㉘金有景《丁声树先生的治学精神与人格魅力》,《淮南师范学院学报》2004 年第 1 期。

怀念丁声树先生[*]

李 平

一

商务印书馆出版的《现代汉语词典》修订版,在扉页上有这样一段话:

"著名语言学家、中国科学院哲学社会科学部委员吕叔湘先生和丁声树先生分别于1956—1960年、1961—1978年主持本词典的编写工作,谨向为编纂我国第一部现代汉语词典作出卓越贡献的两位先哲致以崇高的敬意!"[①]

吕叔湘先生是我国语言学界的大师,很多人都知道。但是,同样是我国语言学界大师的丁声树先生,知道的人却不多。

丁声树先生(1909—1989),号梧梓,我国著名语言学家,河南省邓州市人。他于1932年在北京大学中文系毕业后,到中央研究

---

[*] 作者为纪念丁声树先生,曾先后发表过《怀念丁声树先生》(上海《语言文字周报》1032号 2003—12—03)和《忆北京普通话语音研究班(第二期)》(上海《语言文字周报》1187号 2006—11—22),本文是在这两篇文章的基础上补充改写成的。

院历史语言研究所从事研究工作，1940年任副研究员，1941年任专任研究员。1944—1948年去美国作学术访问，曾任哈佛大学和耶鲁大学研究员，并参加美国语言学会。1948年回国。新中国成立前，他没有随中央研究院历史语言研究所去台湾，相反却在大陆迎接新中国的成立。中华人民共和国成立后，丁先生任中国科学院语言研究所（后称中国社会科学院语言研究所）研究员，还任中国科学院哲学社会科学部委员会委员，中央推广普通话工作委员会委员，中国科学院普通话审音委员会委员，语言所方言组组长（主任），词典室主任，语言所学术委员会委员，《中国语文》主编。他在吕叔湘先生之后主编了在国内外深有影响的《现代汉语词典》。丁先生在汉语语音学、语法学、方言学、音韵学、训诂学、词典编纂学等领域都有很深的造诣。他编制各种方言调查表格，培训专门人才，积极参与组织和领导全国方言普查和推广普通话，编写《古今字音对照手册》《汉语音韵讲义》，主持编写《昌黎方言志》，与吕叔湘先生等合著《现代汉语语法讲话》等。

二

我有幸认识丁声树先生，并且成为丁先生的一名学生，是1956年的事情。当时，我在北京教育部和中国科学院语言研究所主办的中央普通话语音研究班第二期学习，丁声树先生是我的老师，他开的课是汉语音韵学与方言调查。过去了半个世纪，当年的老师们都已谢世，但我在研究班第二期学习的情景仍历历在目。中央普通话语音研究班课程的开设、教学工作的进行，都是在丁先生的指导下进行的。语音班的成功举办,凝聚了丁老师的很多心血。我谨将我所知道的语音研究班的情况,特别是我在第二期的学习经历比较详细地记下来,借以缅怀丁声树先生,同时也为后人研究丁先生的学术思想,研究我国五十年代的方言调查和推广普通话的历史,提供一份比较详细的参考资料。

1956年2月6日,国务院发布《关于推广普通话的指示》,其中第十条指出:"为了培养推广普通话工作的干部,教育部应该举办普通话语音研究班。"[②]据此,从当年3月开始,教育部与中国科学院语言研究所(后又加上中国文字改革委员会)在北京开办了中央普通话语音研究班,每半年一期。我是由陕西省教育厅派往参加第二期学习的。到1960年止,这个班共办了九期,为全国培养推普骨干教师1666人,为推广普通话立下汗马功劳。有人誉此班为推普工作的"黄埔军校"。

这年9月1日在和平里新建的大楼开学,学员有130多人,分为两个大班。甲班是中学、师范老师,学习内容为:1.北京语音,120小时;2.语音学常识及方言概况,24小时;3.辩证唯物主义与历史唯物主义,48小时。以上总计190多小时,共12周。另有专题报告。乙班学员来自各高校中文系和部分中师,学习内容为:1.北京语音,120小时;2.语音学,60小时;3.方言学,120小时;4.记音,24小时。以上总计320多小时,共18周。另有专题报告。

普通话语音研究班的教学要求是:1.掌握北京语音的基本规律,能用拼音字母读出北京语音,在口语上能说流利的普通话,能胜任北京语音教学;2.了解语音学的基础知识和几种主要方言与普通话的异同;3.学习马列主义哲学,树立正确的世界观与人生观。教学方法是:贯彻理论与实际相结合的方针,采取教授讲课与自学相结合的方法,上午大班上课,下午小组辅导,讲练结合,边学边巩固。考试为口试与笔试并重,期中与期末两次。

为我们讲课的老师有:丁声树先生(汉语音韵学、汉语方言学与方言调查)、周殿福先生(语音学)、徐世荣先生(北京语音)、李荣先生(汉语方言学与方言调查)等。另有12位语音辅导员,侯精一、金有景、孙修章、蓝沐祥等先生。班主任是教育部副部长叶圣陶先生,副班主任是汪达之先生。汪先生满头白发,积极热情,讲话热情洋溢。他关心学员,深受大家爱戴。开会时他总爱带领同学们唱歌。很多年以后才知道他是20世纪30年代有名的"新安旅行团"的负责人。

我们上午是大课,130多名学员都专心听讲,认真记笔记。下午是分组辅导,每组10余人。我所在的西北组,学员共有15位,他们是:杨春霖(后任西北大学中文系教授、曾任陕西省语言学会会长)、刘伶(后任兰州大学中文系教授)、尹润芗(女,后任北京师范大学中文系教授)、张纯鉴(后任西北师范学院中文系教授)、赵克诚(后任陕西师范大学中文系教授)、张富昕(后任陕西师范大学中文系副教授,"文革"期间辞世)、欧立昌(后任新疆大学中文系教授)、杨敏(女,时为西北大学的助教)、薛长寿(时为山西太原的教师),还有马永庆、王田健、赵俊、赵士铣、朱跃龙和我。我们组的辅导员先后有三位:侯精一先生和金有景先生先后担任汉语音韵学、语音学、汉语方言学与方言调查三门课的辅导员;北京语音课的辅导员是孙修章先生,他是普通话语音研究班第一期留下来的。

1956年9月1日开学典礼那天，中国文字改革委员会吴玉章主任、教育部叶圣陶副部长、语言研究所罗常培所长都亲自到会讲话。吴老用四川口音的普通话说："中国要成为一个统一的国家，就要有统一的语言，方言分歧不利于人民团结，不利于社会主义建设。推广普通话是文字改革、汉语规范化的首要工作。大家要把它作为终生的事业。"吴老的讲话受到全体学员的热烈欢迎。叶部长说，为了推广普通话，要在两年内完成全国以县为单位的方言普查工作。罗所长要求大家学好普通话，分析本地方言，找出对应规律。他说："学习的道路是艰苦的，必须勤学苦练，联系实际，多听广播多看话剧电影，念兹在兹。"讲话的还有教育部推普处处长郑之东（郑林曦）先生和丁声树老师、徐世荣老师。学习期间安排的专题报告有：吕叔湘先生的《语言学家的工作》、许广平先生的《鲁迅的生活与创作》、俞敏先生的《语法和语音的关系》、韦悫先生的《文字改革问题》、吴宗济先生的《语音学常识及方言概况》，丁声树、董纯才、吴晓铃、连阔如、侯宝林等先生也都作过报告。另外，在1956年10月1日，普通话语音研究班还组织我们参加了国庆大典，我们见到了伟大领袖毛泽东主席。

语音研究班开学之后，9月6日，丁先生在关于课程安排问题的讲话中说："进行方言调查要有两种学习和训练：语音学的训练和音韵学的训练。"当时教育部有通知，要在两年以内完成全国以县市为单位的方言普查工作，由各省区教育厅与有中文系的高校负责。丁老师给乙班开汉语音韵学（讲义油印）时，他告诉我们，学音韵学的目的就是为了方言调查。12月，李荣老师给我们上方言调查课时，给每个学员发了一个长方形的布面纸盒，内装"汉语方言字音调查整理卡片"，很精致。我们西北组在李荣老师和金有景辅导员的指导下，记河南获嘉方言，发音人是同为语音研究班第二期学员贺巍先生。

在普通话语音研究班，丁先生是非常受学员爱戴的老师。丁先生为人正派，严以律己，乐于助人，关心后学，知识渊博，治学严谨。大家都认为他是一位德高望重学问精深的杰出的语言学家。丁先生十分重视理论联系实际，自觉地将自己的学术研究同语言文字实际工作紧密结合起来，努力为我国的文字改革、推广普通话和汉语规范化服务。

丁先生为了办好语音班的教学，真是达到了呕心沥血的程度。他当时就住在语音班所在的楼内。他前额很宽，有些秃顶，穿着很朴素，冬天是一件旧蓝棉制服，一条半新半旧的呢裤，裤腿较短，穿一双高勒黄毛皮鞋。讲课时声音较低，态度十分和蔼，讲到大家不易理解之处，总是笑一笑。丁先生不仅给我们上汉语音韵学、汉语方言学与方言调查课，还经常到我们宿舍来，辅导我们学习，耐心回答大家提出的问题。有时他叫学员到他房子谈话，尤其是考试后，给学员看卷子，指出错误的地方。

丁先生还曾给我们做过四个专题报告：1.《调查方言的工作方式与程序》（1956年12月）；2.《汉语音韵学与方言调查的关系》（1956年12月）；3.《特字问题》（1957年1月2日）；4.《语言科学的十二年远景规划问题》（1957年1月4日）。

1957年元月12日，普通话语音研究班第二期结业。15日，我们学员离校时，丁声树老师、侯精一辅导员、金有景辅导员送我们到校门口上车,挥手告别。五十年,弹指一挥间。推广普通话现在已取得巨大进展,今天有了《国家通用语言文字法》,推广普通话与推行汉语拼音的工作也取得了很多成绩。先辈的光辉事业,需要我们继承并且继续奋斗。

三

1957年元月,我从中央普通话语音研究班学习回来后,被留在陕西省教育厅秘书室,负责全省的推广普通话工作。1957年和1958年,陕西省进行全省的方言普查工作。我在工作中,每当碰到问题,就经常给语音研究班的丁声树老师、李荣老师和金有景辅导员写信。丁声树先生亲自给我回复过两三封信,我都珍藏着。我们陕西省的推普工作,是从1956年3月开展起来的,当时举办了第一期全省"普通话语音讲师训练班"。到1956年秋,全省中小学开展了学习普通话的热潮,尤其是西安市。经过1957、1958年的全省方言普查,陕西省的推广普通话工作进行得更加有条不紊,在原有基础上取得了更大的成绩。周恩来总理1958年1月10日在政协全国委员会举行的报告会上作了《当前文字改革的任务》的重要报告,他在报告中说:"据教育部张奚若部长说,他去西安视察,发现西安的一些小学生能说一口很好的普通话。这就说明了:只要大家重视这个工作,认真地加以推广,就能够收到成效。"[3]我们陕西省在推普方面取得的成绩,显然与丁先生的关心和帮助是分不开的。

1967年6月,我到北京出差,由于很想念丁声树先生和其他老师，就专程去位于西城区端王府夹道的语言研究所看望他们。在语言所的楼道内，我见到丁先生正拿着一把笤帚在打扫过道。见到丁先生，我十分激动，赶过去，恭恭敬敬地向丁先生鞠了一个躬。我说："丁先生，您还可以吧？"丁先生看到我，显得很高兴，又充满很无奈。他小声说："现在情况不允许我多说话，以后再说吧。"

1979年10月，我接到金有景先生的来信，得知丁先生患脑溢血，心里很难过。丁先生的病情曾一度好转，但后来，脑溢血又复发，从此一病不起。从那时到去世，丁先生在病床上躺了近10年，于1989年逝世，享年80岁。在语言学界，大家都认为丁先生是一位学问渊博的忠厚长者。我们要学习他无比高尚的品格，继承他未竟的事业，把语言科学和语言文字工作继续推向前进。

参考文献

①中国社会科学院语言研究所词典编辑室编《现代汉语词典》，商务印书馆，2001年。

②胡乔木《胡乔木谈语言文字》，人民出版社，1999年，第178页。

③周恩来《当前文字改革的任务：1958年1月10日在政协全国委员会举行的报告会上的报告》，人民出版社，1958年，第7页。

1957年 普通话语音研究班第二期结业时部分领导、老师、贵宾的签名

家学渊源丁声树

杨德堂

丁声树(1909—1989),字梧梓,河南省邓州市人。生前是中国社会科学院学部委员,长期任语言研究所词典编辑室主任,主编《现代汉语词典》,曾任《中国语文》主编,是我国著名的语言学家。他在语言学方面作出的杰出贡献,与他的渊源家学和青少年时期的刻苦努力是分不开的。

书香世家

邓州,历史悠久,文化昌盛。是中华邓姓的发源地和医圣张仲景故里,地灵人杰,人才辈出。但到了元朝末年,因战乱近二十年没有官府治理,荒无人烟,荆棘遍地。明洪武二年(1369),朱元璋派金吾右卫孔显为邓州知州前往治理。孔显率武士张居岱,文士丁从善等50余人来到邓州,招集流亡,披荆斩棘,重建州城。丁从善居城内,遂为邓州丁氏始祖。此后代代相传,人丁兴旺,迄今已历26代640年。丁声树乃丁从善之二十代孙。

明嘉靖年间,邓州丁氏六世祖丁周的女儿被封为南阳唐王(朱宇温)妃。丁周虽后来被封为王城兵马指挥使,其子孙有的入太学，有的在京城做官。自此以后，名人辈出，代有英才，家族大富，人称"丁半城"。兴旺发达后的丁氏家族十分注重办教育，育人才。捐金重建南阳府学、县学，整修邓州儒学，并捐地建成黉学，造福邓州数百年，至今人受其惠。到十二世时出了一个学问宏富的丁志，曾考中举人，一生不仕，设馆授徒四十年，培养出众多名士。晚年，捐出大片宅第，建成了邓州春风书院。十六世祖丁登甲，任邓州花洲书院山长二十余年，功课不间一日，培养了众多人才，光绪元年（1875）协助知州杨修田对花洲书院进行重修，并题联曰："重整花洲五百年常新教育，再施霖雨三千士永荷陶镕"，至今为邓州胜景。十七世祖丁南溪，学问广博，热心教育。清末诏令兴学，他与卢琳源等人协助知州叶济将花洲书院改办为邓州高等小学堂，拉开了邓州新制教育的序幕。

丁氏家族注重办学培养人才，不仅使州人得惠，且使本家族人文蔚起，自明至清中举者4人、贡生34人、生员72人、监生106人。有55人入仕为官，3人受朝廷封典。清乾隆二十年（1755），邓州知州蒋光祖披览州志，见邓州人物代起而丁氏为尤著，往谒丁氏祠堂，见其祠宇辉煌、俎豆馨香、后人铮铮鹊起，遂挥毫题匾"奕世维馨"。

幼承家学

1909年3月9日，丁声树出生在邓州城北湍河南岸的三官庙。那时因为大丁营故宅人口繁衍，十分稠密，其祖父携家迁此定居，称之为河南丁家。祖父讳振鲁，字仙峰，为太学生，配刘氏，生家瑞、家乐兄弟二人。家瑞学名起渭,字绩武,清末秀才,后又学于北京财政讲习所,以优异成绩毕业。家乐字尊三,业儒教书,配姚氏,生声树。家人按其派辈"声"字取名树为了培养他早日成才,两岁时就开始对他进行启蒙教育,教他背一些前人小诗。三岁时,学养深厚的家里人教他识字。六岁时,其父家乐高薪聘请邓州名儒曾传丁为西席,设家塾教育声树。晚上,其母姚氏边纺花,边课子。声树常朗朗诵读于纺车侧,每有倦怠,其母必大声呵责之。常对他说:"能勤于耕作虽可温饱,但安身立命必须有志于学。"尤其是族叔丁肇青的故事对青少年时期的丁声树产生了很大影响。丁肇青,1893年生,长丁声树16岁,先后入上海复旦大学、北京大学学习。在北大学习时,参与组织五四新文化运动。后留学法国巴黎大学,获文学博士学位。回国后任北京大学教授。通过前辈们介绍丁肇青的故事,他眼界大开,不再满足于家塾的教育,期望到城内新制小学,学习新文化知识。

志存高远

大约在丁声树11岁的时候,学习时老是打瞌睡,塾师曾传丁问他为什么不好好背书。他说,这些书我都会背了,老师一试果然不错,就对他的父亲家乐说,你这个孩子我教不住了,你把他送到城里读洋学吧。于是父亲就把声树送进了由花洲书院改办的邓州高等小学堂。这花洲书院可谓大名鼎鼎。原是北宋庆历年间范仲淹知邓州时创办,并于此写下千古名篇《岳阳楼记》。历经元、明、清,累圮累修,办学不断,曾培养出状元贾黯,宰相范纯仁(范仲淹之子)、李贤,台湾知府高菊圃等大批才俊。光绪三十一年(1905)根据清政府诏令改办为高等小学堂。院内明清碑刻甚多,篆、隶、楷、行、草各体皆有,有的还出自状元之手,简直就是一座书法艺术的宝库。丁声树在这里,一边努力学习新文化知识,一边接受传统文化的浸润。在高等小学堂里,有两件事对他影响甚大:一是他听了老师批讲《岳阳楼记》,为此文作于邓州花洲书院感到骄傲,更为范仲淹的忧国忧民情操所折服。二是书院内保存的"兴善举除恶习"告示碑对他的启示。此碑立于光绪六年(1880),为邓州知州朱光第所立。告示牌列举了10种须提倡的善举和戒除的恶习。其中第三条规定:"字纸须雇工收拾也。本地不能惜字,随处狼藉,亟宜劝遵挽回。今议:由善堂雇投字纸担数人,在城乡各处收取。每于朔、望焚化,以昭敬重。另备空白纸簿,换取妇女线簿之用字纸者。并地方出示,凡地方包卖零物,不准以旧账本、破书等项作包,违者究责。"自此,丁声树学习更加刻苦、写字更加工整严谨。常对人说,汉字的发明乃人类进步之重要标志,它承载着中华文明源远流长之历史。立志要成为国学大家。丁声树在高等小学堂学习4年,以第一名的成绩考入在邓州陕山会馆设立的乙种商业学堂(相当于初中)。未几,其父为了让他接受更好的教育,将他送入设在南阳的省立第五中学学习。1926年,18岁的丁声树以优异的成绩毕业,辞别家人,负笈北上,到北京求学,考入北京大学预科。他全心全意地求学,立志在治学做人上干出一番事业。此后,他一步一步地走进了北京大学,走进了中央研究院,走进中国科学院、中国社科院,走进了语言学的殿堂。

丁声树在科学研究上的杰出成就,对国家文化发展的突出贡献，以及受到表彰的崇高的道德品质，深受家乡人民的敬重和景仰，也为家乡后辈学子树立了榜样，激励他们发奋学习，努力上进，像丁声树一样做一个高尚的人，一个大有益于人民的人。邓州人为了纪念丁声树这位优秀的儿子，特地在花洲书院的名人馆里设专版介绍他的生平事迹，让子子孙孙，缅怀他，敬仰他、学习他。

2009年9月于邓州花洲书院

回忆丁声树先生[*]

劳 榦

丁声树先生因久病不愈而逝世,这的确是中国学术界的一个最不幸消息。丁先生是语言学的权威,他对于学问上的渊博以及对于学术上的认真态度,使他在他指导下的语言学的学习和语言学的工作,都有非常有效的进展。他现在虽已逝世,但他的方法及态度,将在中国学术前途上,永远存下去的。

我和丁先生认识很早,丁先生是在1931年以后,就到中央研究院的历史语言研究所,我虽然毕业早一年,但因为教了一年中学,因此到史语所差不多是同时的。丁先生的工作是在语言组,而我的工作却在历史组。当时史语所在北海的静心斋办公(只有考古组因为需要较大的地方,是在蚕坛办公)。直到1933年以后,因为"九一八"以后,北方不安,而中央研究院也需要集中,先在上海的静安寺路小万柳堂办公,等到北极阁下的史语所新楼建成,再迁到南京的北极阁下。

到了1937年,七七抗战开始,史语所第一步迁到长沙。借用城东边的圣经学校来办公。第二步迁到桂林,再从桂林迁到昆明。

---

[*] 此文原载于周一良先生自选集《郊叟曝言》。

这是和西南联合大学(由北大、清华和南开共同组成)一致行动。西南联合大学因为人数众多,是分为三路去昆明。其中第一批是从广州、香港,经海道由海防到昆明;第二批是徒步到昆明,经过的是从长沙经贵阳到昆明的公路;第三批是搭汽车先到桂林(一部分人员住在阳朔),然后再到龙州,经镇南关到谅山,然后搭火车经河内转火车到昆明。史语所和西南联大合作的是选第三批的路径,当时丁先生和我都是循这条路到昆明。

当从南京迁出来时,原来的目的地只是到长沙就停下,因为到长沙以后,清华大学还在岳麓山修了新的校址。不幸当时决策错误。为了在上海作战,无险可守,牺牲了三十万精兵(如其守苏嘉线,早有国防工事,情形就好得多),再因为守南京,牺牲了十万人。后来无兵可调,以至武汉也仓皇撤退。而长沙也不能不撤了。

我们到桂林以后,我和全汉昇先生是到阳朔办公,丁先生是留在桂林(不过曾到阳朔一次)。后来再一同经河内赴昆明。到了昆明以后,一部分是住在拓东路。这是赵元任先生租到的。在那个时期,赵元任先生和赵元任夫人都在那里。丁先生的生活是非常俭朴而刻苦的。赵夫人并时常关照丁先生要他特别注意营养。丁先生也一一的照办。

在拓东路住了一个相当时候。后来西南联大步行的教职员,也从贵阳到来,还经过拓东路的门前。赵先生为了欢迎他们到来,还特别做了新歌来迎接。这个歌辞是赵先生请丁先生打一初稿,然后赵先生根据原底再重新改作的。其歌辞为:

遥遥长路,到联合大学。遥遥长路,徒步。遥遥长路,到联合大学,不怕危险和辛苦。再见岳麓山下,再会贵阳城。遥遥长路走罢三千余里,今天到了昆明。

其中徒步,两字一句,是赵先生神来之笔。但原有丁先生初稿,也是应加以推重的,可惜初稿的原文,已经不能记忆了。等到西南联大徒步队前来时,正好经过拓东路的门前,赵先生夫妇和在那里的史语所同人都在等待,以茶水接待。丁先生也兴高采烈在前面,合唱赵先生作好的歌,大家都很感动。在大队最前面的是两位教授,冯友兰及闻一多。两位本来未留胡子,经长途旅行,也都变成大胡子了。闻先生一直未剃,冯先生到"文化大革命"时才剃掉。

后来史语所集中在靛花巷(云南大学附近)租的房子,再由靛花巷搬到昆明东北郊的龙头村。赵元任先生一家,因为接到美国加州大学柏克莱区的聘书,未搬龙头村,即从昆明经河内到美国。

在龙头村停了两年多,在1940年再迁四川的李庄。从昆明出发,搭乘卡车,经过曲靖、宣威、毕节、叙永到泸县,经泸县坐轮船到宜宾,再从宜宾搭小轮船到李庄。

史语所在当时迁到的李庄,本也是一个理想地区。不过因为同济大学也搬到李庄,同济下手较早,庄内许多可用之处,例如张家祠、禹王宫等都已被租去了。史语所只好在距李庄五华里的板栗坳作为办公及住家的地方。板栗坳是张家聚族而居的场所,从明代晚年(万历时期)经过了清代,陆续修建,修成了七处大院子,还附带一个戏楼院,对于史语所是够用的,只是从李庄出发,走三里路然后上山,约走两里多就到了坳子里。为了上山要走三四百级,十分辛苦。而且坳子里形成一个小盆地,四面环山,夏天非常酷热。再加上饮水是用田间积水,卫生上还有问题。也自有其不便之处。

板栗坳的房屋是分开的四合式大院子组成的。最北的是田边上,然后是老房子、柴门口、牌坊头、戏楼院及新房子。在田边上的对面是一个分开大院,桂花坳。其中老房子及牌坊头(后院)是仍由一部分房东住居(其中许多家为了收房租而让出来,搬到李庄街上去了)。当时图书室及语言组和部分单身人员是住在田边上,桂花坳及柴门口,是有眷属的工作人员住。善本书及历史组在新房子,考古组在戏楼院。而牌坊头的大厅则作为大家休息及讲演的地方。那时丁先生是住在田边上,而我是住在柴门口。但仍然时常可以见到。

当时各眷属的饭食是自理,单身人员的饭食是由所方雇用一个厨师,再由各工作人员轮流管理。当然丁先生也时常轮到的。他的认真不苟的态度也为众所公认。当时为了他的严肃态度,也曾经被人给他一个"丁圣人"的外号。此外有关中西医的问题,他曾经表示过,他家里是开中药店的,对于中药有些接触,不过对于中医和中药,还是给予相当的保留态度。当时中国正在对日抗战,对于抗战是极力支持的,同时也表示过,我们将来翻身了,也不可以像日本那样,做成一个侵略国。

史语所是1940年的秋天从昆明赴李庄的,到了1946年的春天,再从李庄到南京。这次史语所同人是搭轮船从李庄直达重庆,再从重庆搭包的飞机去南京的。到得很快,可是三峡风光就不能看到了。

祭声树九周

关淑庄

声树：

　　家中一年来的进展：小勤上耶鲁大学了，炎的身体略健壮些。两句寄语，蕴藏着多少艰辛！三代女性，一老、一病、一小，生活谈何容易！所依靠的：是你留给我们的精神——人作为人的精神；要感谢的，是同情和援助我一家的人。

　　人有幸有不幸，不幸者怨天，只能消极。为有幸者庆，为国家人类进步喜；自己面对现实，总结主观错误，凡事沿着正途，争取日有寸进，积少成多，尽自己作为一个人，应当尽的责任，方能无愧于心。

　　老何可追？亲友辞世日增，自估也没几年了，我也常自弃。但一想起你，我便能振作起来；炎、勤有的方面，也给我以鼓励；同时在接触人当中，我也能看到希望。何况我国在发展，世界在前进，人类美好的日子，还在前头！而我们这个家，虽受条件限制，无大发展，但也总会渐渐好起来的。请放心吧！

淑庄

1998 年 2 月 14 日

声树十周年寄语

关淑庄

声树：

　　我和炎和思勤已经商量好，准备将你的骨灰撒入上海长江流域；然后我的骨灰也撒入同一水区，我与你至大洋会合。

　　以此永结天地游，邀探日月太空，欢会五洲朋友，共享无极无穷的喜乐！

淑庄率炎和思勤拜
1999年3月1日

桃李不言　下自成蹊

——悼念我的姨夫丁声树先生

翟乾祥

十年前老姨关淑庄教授,一再嘱我在姨夫丁声树(学部委员)的纪念论文集上补篇短文,在这阶段内从未执笔。现已耄耋之年,从岗位上已退下十几年,写篇小文也很难得心应手了,但愿成文不是陈词滥调,有片言只语尚可供参考。并寄托我的哀思。五十年代初,姨夫丁声树到北京中国科学院语言所后,几乎每月见面,有时还常碰到在一个大院里的考古所夏鼐所长和北大历史系张政烺教授,他们抗日战争期间在四川省宜宾县李庄①史语所的数年就朝夕相处。从到北京开始,姨夫的习惯是为社会的需要而工作,对自己擅长的训诂几乎很少问津了。我曾建议还应在他精通多种语言(包括希腊文)和借助在国外学习到先进语言学方法的基础上中西融合,古今贯通。可以在小学(文字、音韵、训诂)上独辟蹊径,综合创新,②他认为年过半百,精力有限,能全力把他理应做的工作干好就欣喜自慰了。"文革"前的十几年,他于1952年首先参加了湖南土改,他回来后,为了配合方言普查,每天忙于编写《古今字音对照手册》。在例言中特别指出:"以供方言调查和音韵研究的参考。"在五十年代初,为"根柢之学"在斗室中默默切磋砥砺并有所创获，最后在李荣先生的协助下于1958年在科学出版社出版，这本书在当时的语言学界被誉为"厚积薄发"之作。随之，身体力行率所方言组部分成员到河北省昌黎县作方言普查，这时适值三年饥荒期间，当时乡村生活较城市更为艰苦，他深入农村，"吃派饭"和村民（当时称"社员"）话家常，从而得到一手的素材，在艰苦中度过了愉快的岁月。最终在大家的协助下，尤其县、所的通力协作，完成了数十万字的《昌黎方言志》。难能可贵的在"大跃进"的精神指引下还是一部虚少实多的书。此后，他积极进行普通话的推广工作，我还记得这时的办公室已有15平方米，还有放床和电扇的地方。他中午能休息，晚上编、读也较为安适了。在六七十年代，姨夫对姨母和我谈话常涉及人生观和价值观等问题，姨母关淑庄教授在"声树六周年寄语"中曾谈及此事，"……和你谈到'永生'问题。我说'永生'不在于生命，也不限于个人。人类永生，是纳入宇宙真理，真理是无限的。在这个意思上说，你和今、古千万人，是永生的。今年我的认识深化了一点：我觉得从你来说，你所留给人间的学术和道德风范，也将与世永存，是永生的；而你作为个人，是否名垂千古，倒是无足紧要的。总有一天，我们的精神会连接起来；并且和许许多多我们钦佩的景仰的人，融合起来。到那一天，我们就将永无分别之日了……"。

"文革"中我进了大、小"牛棚"[③]，干重体力劳动，一度还把我这个年近半百的小老头编进天津市一建公司青年突击队。姨夫、姨母都去河南省息县"五七干校"，姨夫养猪，姨母干杂活，两人虽相距咫尺，因"纪律森严"，不能常见。幸运的是他们是科学院首批返城的。不久，姨夫又投入《现代汉语词典》工作。那时"掺沙子",有工人介入编词典,因进度迟缓,工、军宣队学习红宝书后[④],认为症结所在是沙子掺得少,后来又加了一批矿工。……

到了1976年后,编辑组的业务人员能畅所欲言了,姨夫也开始大胆工作。他为编词典"苦思冥想"和寻师访友,不能亲临的有关地方,分别去函询问,例如他在天津市宁河县的地图上发现"鄽"为通名的地名群,记得似乎说过,"鄽"在《广韵》上虽有,不详其解,他几次去函询问该地文教局,为弄清一个字不知串了多少门,去了无数的科研所。他知道曾世英先生青年时在天津顺直水利委员会测量队任助理员而特去拜访,后来曾老又回访并请教地名汉语拼音等问题。在这个阶段他全力献身词典工作。我去他家谈话的内容几乎多涉及词典的事,姨母见他"锲而不舍",甚至有时废寝忘食,也甘愿作其后勤,我看不到姨夫时,姨母总勿忘把词典的意见留下,有时没有书面的,她总略记下来,说下回最好有书面的,因为搞的不是一个专业,有些事传达要走样。《现汉》一版付梓后,他嘱我详阅、精读,发现问题务必从速告知,再版时可订正。千万勿"以讹传讹"。《现汉》看后首先发现有几字的误解和释得不够中肯。我认为"麋"的解释是属于"约定俗成"的错释。秦汉后黄河中下游流域麋的数量已由少而逐渐灭绝;长江流域的麋的数量也由多渐少,但在开发较迟的地方,地旷人稀,尤其在水网沼泽区尚有野麋群;麋(泽兽)的要领仍很清楚。《说文解字》对麋角解释正确,其特点质硬似玉,有分枝;其枝曰龆,惟麋角有枝,甲骨文区别麋、鹿主要是表现在角上。后来古籍中的"麋"字是一个多义词。它并不仅仅指麋鹿,有些时候还指某些鹿甚至非鹿属的动物。一个动物名称的混乱,说明这种动物稀少到了一定的程度。一个动物名称的消失，说明这种动物在某区域的绝迹。而一个动物名称用来转指其它动物，说明这种动物在某地区已经灭绝或根本没有这种动物。类似这类"约定俗成"的误释是难以发现、校正（按 1981 年重版该词条、经建议已更正），从而必定辅之以"言之有据"的论文。因为我多年来从事生态环境演变的调研。有关问题略知一、二。为此曾编写出几篇有关历史自然地理的论文，现这些已无法请姨夫指正了。

1979 年姨夫突然中风，开始两年我去探望尚清醒认人，到 1983 后探视，病情康复无望。我学习《现汉》的点滴体会多记录在小纸片上，现散失过半。我为了悼念姨夫丁声树和他对我经常亲切的教诲，特将学《现汉》的点滴心得附后，其中难免有"郢书燕说"，"画蛇添足"之憾。希读者谅之。本词典可斟酌的释字和词例——列下。释字和词例相辅的，尤其选择有真正的历史性（文化性）词例，即这些词例使该单词能指出使用的日期及使用的环境条件。

沽：〈方〉津沽、三沽、百沽、七十二沽⑤，源于能排、灌、蓄的沽道，其常与迎潮河相连，与干流成垂直形，故亦称直沽。沽道靠潮汐升、降、排、灌，改土种稻，兼有鱼、虾、蟹之利。海河、蓟运河下游感潮河段两岸传统农业的集约度是与沽道的扩展、增加和综合利用有关。另"七十二直沽，引之灌溉足。其旁地势宽，垦土成肥沃"（清中叶太仓萧抡"咏古"）。以上见《清诗铎》上册。中华书局 1960 年 1 月第一版。沽不是天津的别名，应说是天津市一带的通名，沽上、津沽方是天津的别称。

埝：宝坻县呼民坝为埝，意为民间兴建，多为区域性的。雍正程璇《渠阳水利·兴修宝邑水利记》"见县治一带旧埝残缺(宝邑呼民坝为埝),率庄民于农隙修补完固"译为埂不恰如其分。

垍:〈方〉黄河下游平原村、镇的通名,因其窜流改道,在黄淮平原和天津均有以"垍"作为村镇的通名。金代直沽河口有"迎乐垍海口"(见《金史》卷188《众家奴传》)。"垍"专指冲积的河口高地,海岸向前推移后,"迎乐垍"昙花一现就消失了,已成为历史地名。"垍"应作为冲积平原的微地貌高地,择高而建的村庄自然以"垍"为通名了,今山东平原保留这种通名较多。

堧:多指为海岸带,如信安海堧、淮扬海堧。《金史·卷廿七·河渠志·漕渠》:"皆合于信安海堧,溯流而至通州",是指直沽河滨海区。宋金时代海河干流较今更临近滨海。《现代汉语词典》(以下简称《现汉》)中无海岸带的注释。

雅:〈方〉[雅麦]"雅麦种亩半,熟了好吃'碾碾转',大麦发黑,故云"。(以上参考宝坻李光庭(1778—1859)编《乡言解颐》,北京出版社,有标点本1963年出版。)

港 jiang:天津地区及其附近读港 jiang 时,指浅水洼、塘或通名,如天津市东丽区双港;武清县的东沽港、汉沽港;霸州的杨芬港。音 gǎng 时解释如《现汉》。

靥:酒窝。另外尚指一种嫁接的方法。《农政全书》卷三十七《种植》:"五曰靥接,小树为宜……";"接树有靥接、腰接、根接乖法,靥接得利最速"(《山居琐言》王竹舫编。天津北洋官报局1903年印),《现汉》无嫁接解和词例。

贶:赠、赐。另岱庙有天贶殿,为东岳之神。

鳃:《现汉》仅释作鱼鳃。按《汉书·刑法志》:"鳃恐天下之一合,而共轧也";在明天启间汪应蛟在"安插入关辽民屯田提本":"独寺臣鳃鳃,以钱粮匮乏为虑。"

鲜(鱓)shàn:"鳝鱼,通常指黄鳝。"《新华》与《现汉》均误译。可能受《山海经》一家之言的影响。根据较欠缺。这个条目应改为鼍tuó,《夏小正》"剥鲜"即指取鼍皮冒鼓;用扬子鳄即鼍龙⑥(Alligator inensis)皮作鼓面,现扬子鳄的分布早已退出黄河中下游,野生鼍尚残存于苏、浙、皖的溶洞中和以上省区长江中下游两岸,近卅年已在苏州公园、皖南养殖成功。濒临灭绝的原因是生态环境的变化和人类灭绝性的捕杀。现已成为我国特有的珍稀动物。古、今人常以"鲜"命名,扬州八怪之一有李鲜,今人以鲜为名偶一见之,就是因为可象征为龙。既符合我国的传统又为吉祥物。总之,它应为鼍的异体字。古代通用。近代以来,我国多种动物濒临灭绝,人们认识淡化,类似麋的情况。误释是不足为奇的。

漎:泰安市有漎河、漎河路。《现汉》词典中无此词条。

犾:缺此词条。1963年邢台内邱獐犾一次降雨2050毫米,日降雨为863毫米而闻名于世。

坄:汪沆津门杂事诗:"渟泓七并何年坄"清乾隆间修天津志书时写。

车:明清海河下游开垦稻地常以"车"为计量单位,以二十五亩为一车,车指龙骨车,"车地"即龙骨车浇地。近年来水车淘汰,水田以车为计量单位随之废除。清中叶,康尧衢《春及生诗草》:"葛沽围绕水田多,更喜街心走泻河,买得乡间车子地,稻花风里插秧歌",原注:"葛沽计稻田不以亩,但以云'一车'、'两车';盖水车多少为地之算。"葛沽是津南大镇、傍海河。《现汉》无。

沽头⑦《元史·河渠志·会通河》:延祐元年二月,省言:"江南行省起运诸物,皆由会通河以达于都,为其河浅,大船充塞其中……止许行有五十料船便。……差官于沽头置小闸……",这种水工建筑控制超载船进入运河,"于临清禁二百料船入河"(上详见《二十五史河渠志注译》,周魁一等注,中国书店,1990年一版)。

附　注

①四川省宜宾为长江、岷江的交汇处,那时该县的李庄有同济大学,在大禹庙内。中央研究院历史语言研究所、社会学研究所、考古博物馆和梁思成等主持的营造学社(中国建筑研究所),都在这里租用民房。"集合了从事中国文化研究的专家,可能是当时全世界这方面人才的中心"。(美国国家科学基金会生物资源应用组主任黄兴宇博士的回忆)。以上详见《中国科技史探索》"李约瑟博士1943—1944旅华随行记",主编:李国豪、张孟闻、曹天钦。上海古籍出版社1986年12月第一版。抗日战争初期历史语言研究所迁滇。赵元任先生的四位助手有丁声树、吴宗济、杨时逢、董同龢等先生,他们当时风华正茂,均在25—30岁间。现仅吴宗济研究员在中国社科院语言所,年已百岁,尚健在。

②丁声树先生自幼嗜读说文。"民国十七年秋,入大学本部,在平售购《段注说文》石印本一部,二十一年大学毕业,进中央研究院历史语言研究所;二十二年随所迁沪,因旧读之本翻寻多有破损,又买此书,声树自记"(扉页前)。首页记"二十二年六月、七月在沪西小万柳堂读一遍,树。二十三年春又读一过,仍在沪西。二十四年十月在北平读一过。二十七年四月、五月在沪读一过,树。""二十九年春二月读一过,仍在滇。三十年八月、九月在川读一过。"另书前有附录:"《东方学报》京都第十四第一分,昭和十四年五月(145—154页)仓田湾之助《说文履观馀象》146页影载旧钞口部残页,与莫

有艺刻本,部行疑字体同,系唐写本。三十一年五月二十八日摘记三条。"

③"文革"中有"问题"的人称为"牛鬼蛇神",都要进行批斗和劳动,挑阴暗房子("牛棚")给他们住,管理"神"的是由军、工、农宣队和"专案人员","牛鬼蛇神"表现好,有认"罪"表现。可以回归革命群众队伍。到最后剩下无改悔表现的住在"小牛棚",每人都有专案人员管教。

④"文革"中带着问题学。"红宝书"可以解决老大难问题,"红宝书"一般指带有红皮的《毛主席语录》和《林彪语录》。"掺沙子"是知识分子在"五七干校"学农过程的延续。详见杨绛的《干校六记》。

⑤在明清的畿辅水利书籍,已说得很清楚,尤其袁黄《劝农书》和程璇《集阳水利》均言之颇详,但后人多误译与理解的很片面。甚至在很多历史地理辞典上解释的也较模糊。

⑥《史记·太史公自序》:"……断发文身。鼍、鳝与处",《索隐曰》:"鳝音鼍。《说文》:"鱼名,皮可冒鼓"。《诗·大雅》灵台:"鼍鼓逢逢,即鳝鼓也"《别雅订》许印林编(见《攀古小庐全集》上,清许瀚著,袁行云校。齐鲁书社,1985年出版)。《埤雅》释鱼:"今鼍象龙形,一名鳝"。

⑦"沽头"在《元史·河渠志》中多次出现。其解尚要研讨。似指漕河干流的枢纽段尚有运渠汇入,这些地段往往水浅,不胜重载,从而在进河口处对大船加以限制,其进入干流处可能称"沽头"。金元时代"沽"在华北为习惯用语,其义多解,多与水有关。

1998年初稿,2000年7—8月校补印

情志高洁　为人低调
——深切怀念哥哥丁声树

丁声俊

在纪念哥哥丁声树诞辰100周年的日子里，他那脊背微驼的高大身躯，浓密双眉下温文尔雅的面容，亲切儒雅的举止，时时浮现在眼前；他那淡泊名利的品格和品德，杰出大师的风格和风范，深深铭记在心间。我心里的哥哥丁声树的形象是：毕生情志高洁，终身为人低调；对学问精益求精，对生活至俭至朴；对工作近于苛刻，对他人相助为乐。哥哥丁声树，永远是鞭策我做人做学问的楷模，永远是激励我奋斗不息、不歇前行的良师！

一　我每每仿佛听到：不要用错一个字、一个词

如今，在全球华人，包括作家、学者、记者、学生、教授、干部、编辑们的书桌或办公桌上，在部队、学校、机关和图书馆的书架上都摆着《现代汉语词典》(以下简称《现汉》)。这部词典已经发行5版，400个印次，发行量达四五千万册。这在世界辞书史上都堪称壮举和奇峰。

《现汉》的出版受到广泛地赞誉，被尊崇为"无言的老师"。请

允许我较多引用李广先生对《现汉》的中肯评价。李广先生在《出版界向〈现代汉语词典〉汲取些什么?》一文中做出如下高度评价:(1)"《现汉》一条一条都经过主编、编审吕叔湘、丁声树和李荣先生亲自仔细审阅。""《现汉》出版后,一直在无形中起了指引规范方向的作用,……是一种真正的学者风范,大师风格。"(2)"《现汉》是一部原创性辞书,它开辟了词典编纂理论和工艺方面的众多先河。同时《现汉》又是一部与时俱进的辞书。……它以科学性、规范性、实用性和创新精神成为我国语文词典编纂工作的杰出代表,因此这部辞书先后荣获众多社会科学类和辞书类的国家大奖,成为中国工具书当中的常青树。"(3)《现汉》"讲诚信、讲质量、讲服务,关键是把书编好、把服务做好,对读者负责。"(《新华文摘》,2005 年第 6 期 134—135 页)在这样一部真正称得上"精品工程"的辞书上却是集体署名,而见不到主编语言学家丁声树等人的名字。哥哥丁声树甚至连他的稿酬都不让计算。由此可见哥哥丁声树无心名利的大家志趣和情怀。

在我的办公室和家里的案头上,都摆着《现代汉语词典》。它就像一位无声的老师坐在我的旁边,又像哥哥丁声树时时浮现在我眼前。每遇到拿不准的字和词语时,就立刻请教"老师"——《现代汉语词典》,在此时又仿佛看到哥哥的音容笑貌。说实在的,我有自知之明,虽然出自名校,但是汉语知识和修辞知识水平还较低。所以,把《现汉》摆在书案,就像哥哥天天在勉励我用心学习,认真工作。我每每仿佛听到他柔和的声音响在耳畔:作文先要弄准字义和词义,不要用错一个字和一个词。否则,词不达意!

二　哥哥丁声树的家世：邓州新文化运动的奠基者

哥哥丁声树，号梧梓，诞生于1909年3月9日，在度过了80个风风雨雨的岁月后，于1989年3月1日，他那颗"充满学术血液"的、忠诚于祖国和忠诚于人民的心脏停止了跳动。今年，一代真正杰出的学人、德高望重的语言学大师丁声树诞辰100周年，纪念他百年诞辰，以寄托他对于中国语言学和词典编纂工程的重大贡献，也是寄托对这位心中只有语言和他人，而唯独没有自己的崇高语言学大师和杰出学者的怀念。

哥哥丁声树名字中的"树"，原来是"澍"，先辈取其"及时雨"之意。后来哥哥改为"树"字，有"十年树木、百年树人"的意思吧。至于梧梓，则是两种高大落叶乔木。我们故乡的丁家分为两个村子：一个是"大丁营"，另一个是"小丁营"，都坐落在湍河（又称七里河）的北岸。哥哥丁声树的故居在湍河南岸的三官庙，属"大丁营"村。这一块绿树掩映、清流环绕的村子，世代居住着一个文风昌盛的丁姓族群。相传，姜子牙在齐国（今山东烟台一带）被封为丁公，其中一支后裔被封到邓州做官，在紧靠邓州城北门的地方形成了姓丁的一个家族。哥哥丁声树的先辈，或宽厚勤俭、酷爱诗书；或慷慨好施、济急救难；或贤达行义、德高望重；或是新文化先驱，举办桑蚕学校，而且有著述问世。例如，哥哥丁声树的曾祖丁敬范（字南溪、午桥），热心教育，注重实业。在丁氏家谱中记载：南溪先生家种植湖桑百余株，还办蚕桑学校，"依新法亲为饲蚕，躬自试验"。南溪先生"老而好学，精进不懈"，曾选辑唐宋元明清各代古文十二卷,还著有《栽桑浅说》和《养蚕浅说》各一卷。他还在范文正公修建的邓州花洲书院旧址,购置书籍兴办邓州高等小学堂,并推广在各乡建立小学,是邓州新文化运动的奠基人。丁敬范次子丁振伦(又名丨寅,字亦敏,系哥哥丁声树的堂祖)毕业于河南第一农校,先后任邓县教育局长、教育会长及中区教育委员。他在邓县兴办几十所中、小学,还多次举办蚕桑学习班。丁振伦的弟弟、即哥哥丁声树的祖父丁振鲁乃太学生,哥哥丁声树的父亲丁家乐(字尊三),从事儒学教育。丁家乐的兄长丁家瑞(字绩武,哥哥丁声树的伯父),北京财政讲习所学习毕业。哥哥丁声树父亲的堂弟丁家箴(字肇青、雄东),先是在上海复旦大学攻读法文,后转入北京大学。在北大期间,在共产主义先驱李大钊领导下,任《北大学生周刊》主编,是北大学生运动领袖之一。后留学法国,与周恩来、邓小平和李富春等结下深厚情意。历史已经写成了不可磨灭的篇章。哥哥丁声树的先辈乃至姓丁的家族,对邓县早期的经济、文化、教育的发展做出了开创性贡献。由上述看出,哥哥丁声树出身于家学渊源丰厚、积极推进本地新文化和教育乃至经济发展的书香门第。这样的家世,对哥哥丁声树从少年直到晚年嗜书如命、严谨治学肯定会有极大影响的。

半个世纪以前,环绕"大丁营"和"小丁营"的七里河湾,呈现一片浓郁、静谧、美丽的田园风光。清澈的河水,四季流淌;茂密的树林掩映村庄;鸳鸯、翡翠、野鸭成群,在河水中自在游荡;春季,两岸油菜金黄,飘荡芳香;夏天,无边麦浪,满目丰收景象;秋天,两岸是无边的绿色海洋,遍地玉米、谷子、棉花与高粱;冬天来了,雪花飘飘,七里河上下,素裹银装……哥哥丁声树就是在这样优美、恬静的自然环境中度过了他的孩提时代。

可惜，良辰美景枉自多，哥哥未享受到快乐。那时，不快的家事给哥哥的童年蒙上了阴影。然而，哥哥不顾干扰，发奋读书，苦学强记，学业优异。1917 年，哥哥 8 岁入邓县"大丁营"私塾读书，学习四书五经和纲鉴总论等。1920 年，他考入新开办的邓县专科商业学校（相当于高级小学）。1923 年，他考入河南省南阳省立第五中学，学习成绩优异。1926 年（即民国 15 年），他 17 岁初中毕业后，在亲友的资助下负笈北上，带着简单的行李来到北平即现在的北京求学。从此，他漂泊四方，再也没有回到"生于斯、长于斯"的故乡。

三　对故乡的怀念深深埋藏在心里

然而，哥哥丁声树对故乡的怀念却一直深深埋藏在心里。1978 年的一个秋日，我从湖北出差路过邓县回京，到三里河二区哥哥的家里看望他。他关切地问起故乡的一切，我都一一做了回答，特别讲到，"双中"现在更名为"邓县四中"，家乡已经有五所中学了。哥哥听了，了解到故乡的变化，很是兴奋。哥哥与我聊起了家常。他说道，邓县丁家和北大有缘：我生长在三官庙丁家，在北大念中文。丁家箴（字肇青、雄东）生长在"大丁营"，在北大念法文，曾追随李大钊从事革命活动，著有《中法文化通史》。他到法国留学回国后，先后在邓县筹建社会大戏院、公立医院等。"小丁营"出个丁叔恒，他是北大英语系学生，毕业后回乡办教育，创建了"双中"。后来，丁叔恒从政当上了国民党的国大代表和少将军官,他兴办教育总还是件好事。我接着说,按照家谱辈分,丁家箴和丁叔恒都应是我们的叔叔辈。我告诉哥哥,丁叔恒的大儿子现为上海第一医科大学教授,是模范共产党员,他的小儿子在家乡务农,记忆力极强,在村里常给孩子们讲《三侠五义》《小五义》《三国演义》的故事,为人极老实,只吃素不吃荤食,连鸡蛋都不吃。哥哥丁声树说:父子不同路啊!

哥哥丁声树还回忆起他童年时三官庙故居后边的河流、树林、帆船。他清楚记得,每到夏秋季河水高涨时,运货的帆船队往返于河上,也算一道风景。这时,人们都站在岸上观看。从与哥哥的交谈中,我感受到故乡的一草一木都深藏在他心里。哥哥还特别关心地问道,宋朝范仲淹修缮的春风阁和花洲书院现在怎么样了?我回答说:我在这里读书6年,一草一木都很熟悉。城头上的"春风阁"早已不见踪影了。城脚下的"览秀亭"已经破旧,但仍然垂柳依依。"花洲书院"还留有一个小院,现用作邓县一中领导的办公室和学校的图书馆。哥哥感慨地说:"花洲书院"是个历史文化古迹,值得保护。范仲淹被贬谪到邓州,修缮"花洲书院",对治理邓州、兴学有功。他在邓州还写了不少诗词。范文正公出将入相,兴"庆历变法",是历史名臣。《岳阳楼记》就是在邓州写的。"先天下之忧而忧,后天下之乐而乐"是千古名言。听着哥哥讲述"花洲书院"的历史,我感到能在这个地方度过六年中学时代,真是幸运!哥哥还问道,县城小西关的那座"隋塔"还存在吗?我回答说:"隋塔"还高高地屹立在塔院,但已经年久失修,有些倾斜了。小西关仍然是伊斯兰一条街,清真饮食店一个接一个,还有座壮观的清真寺。他说道:小时候进城,爱跑到塔院看"隋塔"。它是邓县古老历史的见证,还有些传说呢。从哥哥对故乡一草一木、一街一校都记忆犹新和关心中,我真切感受到,他对故乡的深深怀念!哥哥的号叫"梧梓","梧"与"梓",是两种高大落叶乔木。说到"梧梓",让人不禁联想到"桑梓"。《诗经·小雅·小弁》中有这样的句子:"维桑与梓,必恭敬之。"意思是说,家乡的桑树和梓树都是父母种的,对它要表示敬意。后人把"桑梓"比喻故乡。我想,哥哥取号"梧梓",必有怀念和敬重故乡之心意和心髓。

四 大学六年漫步书苑,求知求学磨破铁砚

哥哥丁声树17岁来到北京后,先是考上北京大学预科,两年后即1928年进入北京大学中文系。在这里,他度过了发奋苦读的6年大学时光,学习极为艰苦和勤奋。1976年的一天,我去看望刚从武汉迁居北京的文学大师姚老(雪垠),并转达哥哥丁声树对姚老迁居北京的致意和嘱咐。我对姚老说:丁声树哥哥要我转达对您的问候。他说:《李自成》第一卷写得很好,"自成"就是自我奋斗取得成功。哥哥还叫我告诉您:"以后来看您。到京后,不要乱跑,好好把《李自成》写完。"姚老听了我的转达后,很感动,也很感慨。他慢慢回忆说:这是丁声树的性格。他是我的表叔,上世纪20年代中期的时候,我和声树都住在北大红楼附近,他考上北大预科,每天到北大(红楼)学习。我每天到北海西岸的北京图书馆读书。那时,我们的生活极度清苦。深秋很冷了,丁声树还穿着青布长衫,每顿买一个烧饼,或喝一碗稀粥度日。但他埋头苦读,极其勤奋,博览群书。他记性比我强,像《楚辞》等许多书都能背诵

如流。姚老是个很自信、自强和自尊的人，从不轻易夸奖他人。姚老如此夸奖大学时代的丁声树，足见哥哥那时候"穷且益坚，不坠青云之志"的高洁品格和品行。后来，我在一篇文章中读到：北大距颐和园近在咫尺，但丁声树先生六度春秋，漫步书林，却"未窥颐园这座皇家园林"。这种扎实、踏实、磨破铁砚的求知求学精神，在学术浮躁、浮夸的今天，是多么少见，又多么难能可贵！

哥哥丁声树白首穷经，学识精深，在学术界是公认的。他一生以读书为乐，读书之勤、读书之多、读书之深，读以致用，时时都对我起激励和鞭策作用。哥哥从少小年龄（17岁）到北京大学读书直到48岁的30年生命最旺盛的时期内（其间在美国研究考察4年，嫂嫂关淑庄和侄女丁炎1957年才从美国回到北京），都是过着单身生活。他把单身变成为读书的好条件，嗜书如命，不舍昼夜。凡是与他专业有关的书籍，他都设法找来阅读。这种以读书为生命的嗜好，越到晚年越加浓厚。据语言学家韩敬体先生回忆：在丁声树先生70岁的时候，还在语言所词典编辑室的全体人员的会议上夫子自道地谆谆告诫："要强调学习，语文性的书，四面八方，不管从哪里弄来的都可以学习。"韩先生还回忆说：丁声树读书，还长于参校、思辨，"二十四史"他读得很熟，《说文解字》他竟读了六七遍之多。他读过的很多书的天头、地脚、文字空白处写下许多批语或札记。他记忆的英文单词最丰富，有"活字典"的美誉（见韩敬体：《学问人生——中国社会科学院名家谈》，中国社会科学院老专家协会编，高等教育出版社，2007年5月出版）。哥哥丁声树的一生，堪称读书、著书人生。他生活克勤克俭，一不抽烟，二不饮酒，三不喝茶，更不愿意交际和吃请应酬。他不愿做官，不愿出名，不为利所扰，更不愿麻烦单位和他人。即使外事活动，他也尽可能少参加。甚至到国外讲学和访问，他都推辞掉了，专心致志于读书和词典的审订工作。即使在史无前例的"文化大革命"中，白天在单位挨批挨斗，晚上回到家里，仍然坚持读书和词典审阅。哥哥丁声树的读书和治学，受到学术界一致的、高度的赞扬。著名语言学家朱德熙说，丁先生"古书熟，对于传统的音韵、训诂之学有极深的造诣，同时对现代方言有广博的知识和高超的调查分析能力。这两种训练集中在一个人身上是十分罕见的。"朱德熙先生还说："丁先生的学问真可以当得起博古通今四个字。"著名语言学家李荣先生说：春秋时代晋国公子重耳，出亡在外十九年，"险阻艰难，备尝之矣"。丁先生到词典编辑室19年（1961—1979），主持词典工作，同样是"险阻艰难，备尝之矣"（见韩敬体：《青年人的良师益友——怀念丁声树先生，2008年10月》）。

睿智好学，博大精深，厚积薄发，奠定了哥哥丁声树后来成为语言学大师的基础。1932年，他出色地完成了北京大学中文系的学业，进入当时中国的最高研究学府——中央研究院历史语言研究所，专职从事汉语语言研究。仅仅3年后即1935年，26岁的哥哥便崭露头角，发表了他的处女作《释否定词"弗""不"》；1936年，哥哥又发表了他的另一篇论文《诗经"式"字说》；1942年，哥哥再有新作问世，发表了《诗经中的"何""曷""胡"》的著名论文。这几篇论文，受到社会高度评价。著名学者胡适先生高度称赞："从此入手，真是巨眼。"笔者在一篇文章中读到，哥哥丁声树的成名作《释否定词"弗""不"》，发表于《庆祝蔡元培先生六十五岁论文集》上。这本论文集是没有稿酬的，但是，史语所所长傅斯年看到该文资料翔实,论证严密,观点新颖,破例给哥哥丁声树发了200块大洋稿费。傅先生意在奖励他的学风和文风。这种学风和文风一直贯穿于哥哥丁声树的一生。这里举两个例子。为了弄清楚"碚"(bèi)字的读音,他遍查两宋诗文集和与此相关的书。有的语言学家拍案叫绝,赞扬哥哥的写作功力犹如"雄狮搏兔,用尽全力"。再如,哥哥写《说"匪"字音》一文,全篇不过3000字,但引证的资料来源就有子书、韵书、训诂书12种、诗文13家、其它书2种。他的这种厚积薄发、小题大做、精益求精的治学精神,受到大师们的好评。吕叔湘先生说:丁先生写起文章"悬格太高,要能颠扑不破才肯拿出来"。季羡林先生在《怀念丁声树同志》一文中写道:"他的每一篇文章都是千锤百炼的产品,达到很高的水平。""在这个道德准则不断滑坡而学术道德也不见得很令人满意的时代,如果把丁先生的事迹写成一本书,也可以给人以针砭,给人以策励。"

五 "周总理离开我们快一年了,我们有愧啊!"

哥哥倾注毕生心血的一件工作,就是完成周总理的嘱托:编纂、修订《现代汉语词典》。这项工程始于20世纪50年代中期。当时,我国还没有一部标准化、规范化的现代汉语辞书。编纂这部辞书是一项巨大的基础建设工程,得到周总理的极大关怀和支持。1961年,时任中国科学院语言研究所词典编辑室主任和《中国语文》杂志主编的丁声树,接受了《现代汉语词典》的主编任务,主持其修改定稿工作。

自此,哥哥全身心投入编纂《现代汉语词典》的这一巨大工程中。他率领语言所词典室的全体人员,日复一日,年复一年,紧张工作。他本人不仅做好组织工作,而且亲自查阅资料,抄录卡片,校对修改稿样,虚心听取意见,反复审定词条。哥哥丁声树说,词典他越编胆子越小,生怕弄错,贻误社会。哥哥丁声树就是以这样战战兢兢的心情十年磨一剑,力求出精品。经过长达3年的艰苦细致的琢磨勘正,终于在1965年印出了《现代汉语词典》的试用本,并先后送300多个单位请提意见。印出试用本后,哥哥丁声树和他的团队并没有停止工作,而是进一步搜集意见,求真务实,反复斟酌,避免错误,力求做到尽善无误,防止以讹传讹地误导读者。

然而,天有不测风云。1966年5月,史无前例的"文化大革命"浩劫在中国大地上开始了。哥哥丁声树和《现代汉语词典》也在劫难逃。他在语言研究所里首当其冲被揪斗,被当作"反动学术权威"戴上高帽,敲锣游街,挨批挨斗。更有甚者,哥哥还差一点被打成现行反革命。其罪状是所谓的篡改毛著。实际上是,哥哥曾指出过《毛泽东选集》中使用的不妥当的词语,并提出修改意见。他还把修改意见写信寄给中共中央毛泽东选集出版委员会,《毛泽东选集》出版委员会对哥哥的意见多有吸收,曾正式给当时的语言研究所来过信函,证明语言学家丁声树对《毛泽东选集》的语言提出修改意见,是有功无过,也表明一位语言学家的正派学风和治学胆识。然而,这光明磊落的行为,却招致灾祸。与此同时,他主编的《现代汉语词典》也受到了批判,甚至到批林批孔时被宣传部门下令查封,哥哥和他率领的团队自然受到了极大的精神压力。

在那个是非不分、黑白颠倒的年月,一个正直的语言学家受尽屈辱,被关进"牛棚",挂着黑牌,在大院里"游街"。当时已经60

开外的哥哥,正患高血压,但是每天都要干体力劳动,常常汗流浃背,气喘吁吁。就这样,哥哥蹲"牛棚"长达两年多,受尽屈辱和不公正待遇。正如"奉命"阅看哥哥一本本日记和一封封书信的阅者所感受的那样,丁声树是正直的、爱国的、爱民的,绝不应该受批斗和屈辱,在内心都为他鸣不平。当时,白天,他在"牛棚"接受"改造";晚上,回家吃几口饭,就又摊开书本埋头读书了。嫂嫂关淑庄心疼哥哥劝他说:"都整成这个样子了,还看书啊! 歇歇吧!"哥哥回答说:"街都游过了,还不让看点书!"常常读书到深夜。一次,我到哥哥家,一进门就看到他的裤腿上和鞋上还粘满白石灰。原来,已60多岁、体力又弱的语言学大师,已多日在单位工地石灰池上干着重体力活。即使这样,他在家里仍然在为编纂《现代汉语词典》而不懈审阅着,准备着。那个时候,我每次看过哥哥之后,总是感到难过——不单是因为他是我哥哥,而更是为一位忠诚于事业的语言学家的工作权利被剥夺而痛心! 然而,我从哥哥的言谈与态度中,深切感受到他那儒雅文弱的身躯中潜藏的坚定不移的信念:把个人的沉浮荣辱置之度外,知识会重新得到尊重。为了完成周总理嘱托的任务,一定要分秒必争,竭尽全力。

在"文化大革命"的后期,社会环境已有所松动,我有时去看望哥哥一家。嫂嫂关淑庄和侄女丁炎也都愿意我去与哥哥聊聊。这样,他可以休息一下。嫂嫂关淑庄是经济学家,但是,她从没有谈过自己。后来,我从北京大学周一良教授的著作中知道,她是东北人,1936年考入清华大学,后转入燕京大学,因成绩优异通过个人申请得到哈佛女校奖学金而到美国哈佛大学读书。嫂嫂在统计学上颇有成就,较早将数学中的"差分"方法用来分析经济,受到美国教授的称赞。嫂嫂给我留下的印象是具有东北人的豁达爽朗性格。一次她对我说：老弟，你不来，你这位哥哥整天泡在他的字典里。就是来客人了，他三句话不离本行，没说几句话就又说到他的词典上去了。真是没有办法！嫂嫂的话很快应验了。我还没有说上几句话，哥哥就说起家乡的方言来了。老弟，咱们家乡方言很多，管太阳叫甚么？我说叫"日头"和"月家"。哥哥笑着说，你看多形象，"日头"就是每天太阳升起的时候，不就是"头"吗？"月家"就是指太阳是月亮的家，因为月亮的光是从太阳上反射出来的。我从牙牙学语时就会说这两句方言，但是直到今天听了哥哥的解释才恍然大悟。哥哥又说，西北有"赶牲灵"的词，家乡有"赶"甚么？我说：有"赶牲口"、"赶脚"、"赶水"、"赶雨"，像"赶羊"、"赶牛"。"赶水"就是用拖布把地上的水擦干净。"赶雨"就是"祈雨"。当久旱未雨的时候，一群农民光着脊梁，背着罐子到有泉水的地方"求雨"，在罐子里装满泉水跑步把水背回家乡，叫做"赶雨"。"赶雨"的人，往往累得跑不动路，需要两个人搀着背水罐的人往前跑。哥哥一听笑了，感慨中国各个地区的方言真是丰富。在与哥哥的每次交谈中，我都感同身受，他的确与语言学结下不解之缘，"语言"简直就成为他的生命。他和"语言学"和词典工作紧密融为一体了。

然而，旧的灾难还未渡过，新的磨难又降临头上。一声令下，1970年3月，语言所统统被下放到息县农村。在"五七干校"，哥哥养过猪，喂过鸡，还烧过锅炉。不管风吹雨打，也不管烈日烘晒，已经6旬高龄的语言学家成为在室外烧锅炉的"司炉工"。然而，他凭着对进步与反动、正确与谬误的深刻理解，把个人荣辱沉浮置之度外，信念更加坚定不移："革命"不能没有词典！人民不能没有知识！总有一天，人们会幡然醒悟，迷途知返，知识会得到尊重。在这种信念支撑下，他从没有停止过读书，更没有动摇最终编好《现代汉语词典》的决心。1971年春，哥哥丁声树从穷乡僻壤的息县"五七干校"回到了北京，又开始了他十年磨一剑的繁重工作——编纂《现代汉语词典》。

不久，《现代汉语词典》试用本出版，内部发行。然而，万万没有想到，一场新的暴风骤雨又突然袭来。因为《现代汉语词典》是在周恩来的指示和关怀下编纂的，也是遵照周总理"小改快出"、"以应社会需要"决定内部发行的。于是，包藏祸心的"四人帮"给《现代汉语词典》内部发行试用本扣上"封资修大杂烩"的帽子，授意一些别有用心的人对"词典"进行"围剿"。他们决定"掺沙子"，还实行甚么"开门编词典"。借"开门"进入词典编辑部的"编辑"们把一条又一条的愚昧的、令人啼笑皆非的词义交到哥哥的手里，结果使《现代汉语词典》内部试用本真正变成一本"大杂烩"。睿智的哥哥心知肚明，一些不怀好意的人对词典和词典编辑组的恶毒攻击，是"醉翁之意不在酒"，是通过"词典"这块靶子将罪恶的子弹射向敬爱的周总理。然而，满腹学问的丁声树也只不过是"一介书生"。他无力、也无法抗拒大权在握的、心怀叵测的"大人物"的倒行逆施。作为一代语言学大师丁声树感到痛苦，人类已经进入到20世纪70年代，竟然还出现这样的倒退：语言本身是没有阶级性的，要每一个词条都落实"无产阶级专政"，真是奇谈怪论！假若把那些无知愚昧的东西印刷出来，会贻害后代，贻笑大方。于是，这位大义凛然的语言学家决心不后退，采取了他所能够采取的"抗争"的方式。不管那些"开门编辑"们怎样催促加快决定发排印刷,哥哥总是坚决地回答:"我得一条一条地慢慢看,你们有几十双眼睛,我才一双眼睛,年岁又大了,再说,这样一件大事,我一人不好做主。""得集体定稿,大家主编。"哥哥就是采取这种方法,把那本"开门"办的"真正大杂烩"的词典,一直拖到最后也未能出版。这是哥哥当时也只能采取的唯一的抗争手段。

"天若有情天亦老,人间正道是沧桑"。正义必然战胜邪恶,智慧必然取代愚昧。1976年10月6日这个永远载入中国历史的日子,"四人帮"被一举粉碎了。哥哥丁声树如释重负,精神饱满地轻装上阵。哥哥主动承担起《现代汉语词典》主编的任务。他感慨地说:"周总理离开我们快一年了,20年前他交给我们的任务,至今还没有完成,我们有愧啊!"他要求词典室的全体同人要以最快的速度,把"开门办"的"大杂烩"全部筛掉!

他本人在语言所他那小小办公室里整年累月地忙碌着,每天工作10多个小时,周日也不休息。借着粉碎"四人帮"的东风,语言所词典室的语言学家和语言工作者们严格筛选出56000多张卡片,送到主编丁声树的办公桌上。哥哥是一位名副其实的"主编",对每一张卡片都字斟句酌。为了在词典中补充进一些科学词条,哥哥买了一大堆科技书籍,像《科学》《人类与自然》等进行参阅。在这段时间里,哥哥真的是"以办公室为家,又以家为办公室",吃饭时想、睡觉时想甚至走路时都在斟酌词条,把全部精力和智慧都投入到《现代汉语词典》的编纂修订工程上。

"数十年辛苦不寻常,词典史上铸造辉煌"。1978年12月,在中国共产党十一届三中全会召开的划时代的伟大日子里,《现代汉语词典》这项巨大辞书工程竣工了。它在我国语言学界、教育学界竖起了一座里程碑。这部被亿万读者视为"老师"的大型工具书，在国内和国际上发挥了、并将继续发挥不可估量的重大作用。国外一位汉学家在论述到这部辞书的出版时高度评价说："《现代汉语词典》"在中国词典史上可算得上划时代的成就"。然而，如前述，在这一真正称得上"辉煌"的辞书问世时，署名是"中国社会科学院语言研究所词典编辑室"。哥哥丁声树坚决坚持不署自己的名字，并且坚持不要1分钱稿费，甚至不让计算他的稿费。就是这样，哥哥丁声树甘于奉献，淡泊名利；常怕付出得太少，而得到的太多；常怕词典中有错误，贻误读者。这种高洁的情志和高尚的情操，宛如一盏明灯时时照亮我心灵，指引我前行！

六 "时光宝贵，不可荒废"

有一次，我到哥哥家里，嫂嫂和侄女都不在家，我们俩促膝谈心了半个上午。他问德国语言文学专业的课程设置。我说，我们的系主任是冯至教授，他亲自给我们讲授《德国文学选读》。我们德文专业还设有现代汉语课、文艺理论课、中国文学史课、德国历史课，甚至还设有写作课等。哥哥听了很高兴，说学外国语言文学专业，有必要具备汉语和中国文学的基本知识。他谈到歌德、席勒、海涅等德国作家和诗人，说冯先生这样安排课程，不愧是学贯中西的教育行家。记得，哥哥还称赞过冯至老师翻译的《海涅诗选》《一个冬天的童话》，赞扬冯老师治学严谨，学养深厚，无愧于"鲁迅称赞的中国有才华的青年诗人"。我说，北大图书馆从不禁读,冯老师的《昨天的诗》《杜甫传》和历史小说《白发生青丝》我都看过,我对郭老批杜甫很反感。哥哥赞扬《杜甫传》写得好,另辟写作传记的路径。还说道,郭老晚年写《李白与杜甫》,狠批杜甫,带有个人感情色彩。这表明他对郭老批冯老师的《杜甫传》及晚年的学风持有保留态度。此时,我又一次感到哥哥那正直和正派的学风。

后来,哥哥还讲到安阳殷墟甲骨文。他说,研究甲骨文取得成果者有"四堂":罗振玉,号"雪堂";王国维,号"观堂";董作斌,号"彦堂";郭老(沫若),号"鼎堂"。郭老是"第四堂",他在吸取前"三堂"成果的基础上进行研究,取得了成果。董彦堂是南阳人。可惜现在的青年人对这段历史知之很少了。我说,我虽然对历史很感兴趣,但也是个"甲骨文盲"。听哥哥讲这些历史知识,如上了一堂历史课。不知不觉已到中午,哥哥热了大米豆粥,我们就着咸菜边吃边聊。在当时凭票供应粮食的年月,大米豆粥是难得的美餐。哥哥说,小时候在家吃饭,一个咸鸭蛋要吃两天!饭后,哥哥送我两本著名德文版辞书:一本是《布洛克豪斯》(*F. A. Brockhaos*, *Wiesbaden*, 1961),是著名的德国百科全书(类似中国的《辞海》);另一本是《大杜登》(*Grosse Duden Grammatik*),是著名的德语语法书。至今我珍藏在书柜里。这是哥哥留给我的十分宝贵的学习和工作工具。在临告别时,哥哥再一次语重心长地嘱咐我:"时光宝贵,不要荒废,要抓紧时间多读书,多学习,不要乱跑。"哥哥的这些话——或者说是他的要求,对我和对他人都多次说过。这体现了哥哥的风格和性格。

我最后一次听到哥哥的这些话是在协和医院。那是我看到他的最后的、也是终生难忘的一面。1979年秋天的一天,我曾去看望哥哥。嫂嫂告诉我,组织上安排哥哥到北戴河疗养,但是他坚持不去,怕耽误工作。我还劝说,该去休息一下。不久,发生了令人不安的事情,哥哥积劳成疾,突发脑溢血病倒了,多亏抢救及时住进了协和医院,否则,后果极为严重。哥哥生命抢救过来后,神智时清时昏,必须卧床静养。我时时挂念着他。1980年3月下旬的一个上午,我到医院看望哥哥。这是一个温暖的春日,协和医院内一片安静,侄女丁炎守护在病房。我走进门时,看到哥哥微闭眼睛静静地躺着。丁炎轻轻呼唤了一声:"爸,叔叔看你来了!"哥哥睁开双目,我轻轻握着他温暖、柔软的手,祝他安心静养,他露出了笑容。这时,不知是何原因,哥哥忽然想起我念中学的花洲书院。他轻轻地说,范文正公在邓州花洲书院写下《岳阳楼记》。说着,他清晰地、轻轻地背诵出"先天下之忧而忧,后天下之乐而乐"的名句。哥哥是有意还是下意识?抑或是对我的要求?费人思量。少许,嫂嫂关淑庄也来了。哥哥显得很兴奋,又告诫我:"老弟,不要来看我,不要乱跑,要珍惜时间,多读点书!"为了让哥哥静心、静神、静养,我在哥哥的病房里待了约十余分钟,便又轻轻握了他温暖的手,告辞出门。侄女丁炎送我到楼道口,对我说:"叔叔,你别再费时间来看爸爸了。你一来,爸爸显得很激动,脸都有些红了,妈妈担心爸爸过于激动不好。爸爸的性格你也清楚,你多读书、多工作就等于看他了。"我表示理解说,以后来时不再说话,还是要来看一看你爸爸。后来,我往返多次到德国几所大学学习,回国时哥哥已经离开人世很久了。我曾几次到中国社科院语言所询问嫂嫂关淑庄和侄女丁炎的生活工作情况。知他们在美国生活、工作很好,甚感欣慰。后来,获悉嫂嫂关淑庄有病,常常念之。迄今,不管时光逝去多久,在那个春日最后看哥哥的情景依然历历在目;哥哥的嘱咐依然清晰响在耳畔,一直鞭策我养成了较好的读书习惯,每天坚持读一点书,感受和享受读书的乐趣!同时,我也以多读点书、多做点工作告慰哥哥的在天之灵!

致　谢

我在写这篇怀念哥哥丁声树的文章时,得到语言学家韩敬体先生的大力支持,他给我寄来《〈现代汉语词典〉五十年》、《〈现代汉语词典〉编纂学术论文集》等书,还寄来他的两篇长文,使我多受益处和启发。在此向韩先生致以诚挚的感谢!多年来,我常常想念到哥哥丁声树,把思念之情化成笨拙的诗句,录于文后,以表达绵绵相思和怀念。

长相思

·怀念哥哥丁声树

风清新,
水澄温,
"三官"大树耸入云。
不染半点尘。

红楼深,

书海深，
读破万卷谙古今。
一代大学人。

风云紧，
雷霆滚，
狂浪难摧凛然身。
蓄精待暖春。

喜回春，
百花欣，
十年功成名自隐。
无心誉满身。

1990 年 3 月初稿
2009 年 5 月修改

碧波陵园

关学林

我的姑夫,中国语言学学术大师、被誉为从爱国主义走向共产主义的知识分子杰出代表的丁声树先哲骨灰安葬仪式,在1999年10月20日上午,于上海吴淞口举行。

为了参加姑夫的葬礼,我在10月16日从八千里外的新疆乘坐特快列车,于19日上午赶到北京。在我还没有下车的时候,语言所的同志们已经陪同表妹丁炎到八宝山烈士公墓,将姑夫的骨灰护送回语言研究所。我只来得及在下午和母亲、乾祥大哥、姐姐、弟弟,陪着炎妹,参加中国社会科学院语言研究所举行的骨灰告别仪式。

骨灰告别仪式是在语言所一间三十多平方米的房间举行的,房间很敞亮,正面挂着姑夫的遗像,安放着骨灰盒,周围摆放着花篮。当我面对着姑夫的遗像深深三鞠躬时,我的心情说不上是凄楚,还是苍凉。我大学毕业时,姑夫希望我到祖国最需要的地方去,我去了新疆。自那以后,到姑夫患病前,八千里路,重重关山,我只回家见过姑夫5次。姑夫辞世,我没有守在身边,因为我身在塞外,远在天边,姑姑不让我回来。今天,面对姑夫的遗像,面对着对我一生有着极大影响的长辈的小小骨灰匣,我真是"心海苍茫已无泪,惟有肝胆苦水流……"

骨灰告别仪式结束后,中国社会科学院语言研究所词典编辑室前主任单耀海先生、主任韩敬体先生、离休干部李瑞岚女士(语言研究所前所长石明远先生夫人)、丁炎,以及作为亲属的我和崔立如一行6人,护送着姑夫的骨灰,登上了南下上海的特快列车。

20日清晨,我们到达了姑夫曾经工作过的上海。雨后的上海,蓝天高远,白云悠悠,风和日丽。此时,黄浦江一座水警码头,泊靠着一艘大型警备快艇。八点半,我们一行6人,还有鼎力帮助安排这次葬礼的单耀海先生的外甥,登上了快艇的后甲板。快艇准时解缆,在划出一道弧形的航迹后,便加大航速,轰鸣着向宽阔的江面驶去。

这是简朴的葬礼。姑夫的骨灰盒,用一块洁白的棉布裹着,一直抱在表妹丁炎的怀里。我们一行6人坐在后甲板上,虽然心海都如同黄浦江潮般地涌动着,却都默默无语。

快艇东进十分钟左右,我们一行的目光都被吸引到吴淞口海军码头。那里泊靠着东海舰队的蓝灰色的舰群,我能认得出其中最威武的是导弹护卫舰。我还知道,更远处那隐没在一派苍茫中的,便是著名的吴淞口炮台。这是祖国的东大门,解放前,外国舰队曾经在这里直出直入,一无阻挡,而今天,祖国的舰队却正是从这里跨海越洋。

我们乘坐的是一艘白色的大型快艇,但是它的甲板却漆成了大地的草绿色,艇后桅杆上悬挂的一面五星红旗,迎着海风飘扬着。迎风招展的这面五星红旗,使这艘快艇驶向任何海域,都是中华人民共和国的浮动国土,都有着一种祖国的概念。它载着姑夫的遗骨,载着我们一腔腔无尽的怀念,向着姑夫最后的归宿驶去。

当我们的快艇再向东进的时候,混浊的江水开始渐渐变清,但是波浪也开始涌起。向东南方向望去,上海浦东经济开发区耸入云霄的88层金茂大厦、东方明珠大厦,以及一片林立的楼宇,在金色的阳光下,迸射出一片绚丽的光华。一艘巨轮从我们北面驶过,激起的波涛有一尺多高,快艇开始剧烈地摇晃起来。当快艇又向前驶进一程之后,驾驶舱的警官通知我们,前面海浪太大,不太安全,快艇不能继续向前,就请在这里举行葬礼。快艇泊在定兴沙和永丰沙之间的水域。

我深深地感谢上海水警的同志们,他们为姑夫选择了这样一处归宿。这里没有苍山涧水,没有青松翠柏,但是,这里是国门,是一片向着世界开放的水域。我们身后是祖国的威武的舰队;向南岸瞻望,穿过那蒙蒙的水烟,浦东那一座座耸立的大厦依稀可辨。东面,只见远远近近,十几艘万吨巨轮停泊在东海海面上;更远的东天,和云空融成了一片蓝色的,便是浩瀚无际的太平洋。此刻在我的心中,舰队、浦东大厦、万吨巨轮、蓝色的太平洋,都具有向着世界开放的祖国日益强大、昌盛的象征意义。

好一处碧波陵园!

姑夫骨灰匣外面包着的白布被解开,露出了一面覆盖的党旗。炎妹噙着眼泪,开始读祭文。第一篇是姑姑的,而后是姑夫外孙女丁思勤的,最后是丁炎表妹的。

我没有书面的祭文,但是,在我的心中却有长长的一篇!尽管我仅仅是姑夫的内侄,尽管终其一生,我和姑夫相聚时间并不很多,但是他的人生取向、价值观念、道德水准、行为准则,都贯穿在对我的要求、对我的爱中。回顾这一生,我确认有3位长者对我一生影响最为深刻。女性的是母亲刘玉珍和姑姑关淑庄,男性中就是姑夫。

姑夫曾经严厉地教训我一次,其结果是使我一生在努力去避免浅薄。

在北京二十六中(汇文中学)上高中时,我和姑夫很生,也怕他,见面恭恭敬敬而已,有时还躲着他。1960年我考进北京政法学院(今中国政法大学),才开始经常到姑夫家去。第一学期期末考试时心里没底,挺害怕。却不料考过之后竟然全得优秀。第二学期、第三学期再考,又是连得优秀。我头脑发昏了,开始大言不惭:"这就叫屡试不爽……"我这种狂傲,能瞒得了姑夫吗!听姑姑说,姑夫日记中曾写道:"学林很骄傲。"终于有一天,姑夫对我忍无可忍,发起火来。至今我记得姑夫当时动气的表情和眼神,也记他说话的语气。他说:"你写篇文章来给我看……"一个星期之后,我交了一篇"文章",心里知道准没个好儿,准备无论姑夫怎么发火,怎么说我,我都忍着。果然,姑夫在看过我的"文章"后说:"这哪里是文章,高中生的作文!"不过姑夫没有发火,而是以一种严肃、专注、关爱的神态对我说:"我不能说你好啊,你更不能觉得你很好啊……"这次教训的结果,就是我不得不把高翘的尾巴耷拉下来。现在,姑夫是如何说我的,我已经记不十分清楚,但是,姑夫脸上的神态,至今依然能历历在目地在我眼前浮现。在以后的岁月里,我但凡要翘尾巴的时候,只要一想起姑夫那一次脸上的神态,便渐渐会凝神敛气,再看着前方,向着更高的阶梯攀登。也因为有这一张脸在始终看着我,我才终于能写出来一些真正的文章,成了作家和文学刊物的主编。

姑夫那脸上特有的神色，在我大学毕业的时候，又一次出现在我面前。毕业分配，我要到边远的地方去，当时嘴上是这样说的，内心深处是矛盾和犹豫的。这一次照例没能瞒过姑夫的眼睛，他对姑姑说："看来学林没有真的下决心到边疆去……"于是，他又一次那么严肃、专注、关爱地和我谈，鼓励我到人民最需要的地方去。那个年代是一次分配定终身，毕业分配是人生的关头。无论积极还是落后，在这个关头选择，才真正能显示出学生和家长的人生观、价值观。姑夫以他人生取向的观点，在我身后推了一把，我便报名去了新疆。从那以后，我在新疆边远的木垒哈萨克自治县工作16年，三中全会以后，又调到《新疆回族文学》编辑部工作。如今，35年已经过去了，这35年我一直记得我去新疆时姑夫对我说的一句话："到哪里去，都要给那一方的百姓多做些实实在在的好事。"这么多年来，教导、警示，方方面面而来，而我真正始终铭记在心，在心中生了根的，并且努力按照做的，就是这句话。近些年来，物欲横流，金钱拜物教盛行，但都未曾将我心中的这个根松动，它确实成为我的人生坐标和指针。

很长的时间里，我总感到姑夫严肃有余，亲切不足，我甚至暗想他并不喜欢我。我敬重他，但和他并不亲。1968年，去新疆工作4年之后，我探亲回到北京。那时，已经是"文化大革命"了。这次回来，我发现姑夫有些老了，光滑的脸上显出了明显的皱纹。可这回姑夫对我的亲情显露出来了。他让我在他的房中跟他睡，这我感到意外。因为我知道除了崔镇华四哥，姑夫还没有让别人在他的房间和他一起睡。其实和姑夫一屋睡觉让人很拘谨，可是我很乐意。因为这一时期姑夫睡觉总被魇住，常在半夜发出痛苦的哼叫，我惊醒了，便可以叫叫他，让他从梦魇中醒过来。

在我的印象中，姑夫是从来不玩的，有一次，他居然要和我下象棋。其实，只下了一盘，姑夫三下五除二地把我将死，他看着我呵呵地笑，大概觉得我的棋很臭……

我当时在中学工作，正停课闹革命，而且武斗不断，说是两个月探亲假，其实什么时候回新疆都没什么关系。所以这一次是我和姑夫相聚最长的一次。这时我手里已经有一点钱，在北京待了一段时间，我想到江南各地旅游，和姑姑说了。可是这事我不敢和姑夫说，因为去南方肯定会超假，而且又沾着"游山玩水"的性质，我怕他跟我"凿四方眼"讲规矩，不但不高兴，还会教育我一番。没有想到有一天晚上，姑夫从他屋里拿了300元钱走出来，对我说："给你带着吧。就是啊，别总在家待着，到祖国各地去看看，走走，能增长见识啊……"这一次南下，姑姑交给我一个"特使"的任务。我们家族在"文化大革命"中受到的冲击很大，南北音信不通。姑姑特别嘱咐我到上海去看担任上海电机研究所所长的崔镇华四哥和当中学校长的四嫂张金淑。他们都是老革命，不知被打倒没有，姑夫、姑姑都很惦记。到了上海，果然四哥靠边站，四嫂被批判。但是，我去了，四哥四嫂对我倾吐出心中的苦闷，对他们死气沉沉的家，实实在在是个很大的安慰……

1970年，中国科学院的学者们被下放到河南息县五七干校劳动改造。后来，我知道姑夫在干校得了一个绰号："丁老开"。那是到干校时组织上照顾他，不让他下大田抡锄头，分配他给大家烧开水。冷不丁地干这个活儿，他一时还真没摸清茶水炉的脾气，玩不转它。结果，人家下工回来了，他的开水居然还没烧开。就有人开玩笑,或者是抱怨,叫他"丁不开"。这回,姑夫肯定跟自己较上劲了,结果,他一天到晚蹲在开水房里,日日夜夜烧开水,无论什么时候,他的茶炉里的水总是翻着水花大开着。日子多了,大家又送了他一个绰号:"丁老开"……

我见过一些高级知识分子,常以学识造诣的深浅作为对人好恶的标准。我曾经在长时间里认为姑夫的内心也可能是这样。直到有一次姑夫对我和炎妹发了脾气,我才明白姑夫看重人的基本品德。

那是1971年,我结婚了,带着爱人贾盈回到北京。贾盈是中专毕业的小学教师,而且是"文化大革命"中毕业的。对这个长在小门小户,学问很一般的侄媳妇,我不知道姑夫能不能看得上。贾盈更是见都没有见到过像姑夫这样的学术权威,心中自然也胆怯。我们到北京时,姑姑和炎妹都到北京站去接我们。我们坐车4天,人还晕着,姑姑就让我们去三里河见姑夫。我心里明白了,姑夫对我娶了个什么样的媳妇十分关切。到了三里河姑夫家,一推门,便见姑夫从报纸后面抬起一张脸,那一刹那,姑夫很严肃,甚至有点紧张,他直看着贾盈,有三五秒钟,肯定是在以他的人生阅历在评定她,然后他笑了,和贾盈聊起来。尤其到了晚上,姑夫不仅把他楼上的房间让给我们,并且上楼给我们收拾床被。我知道这件小事的分量,这也使贾盈心中腾然生起了一种亲切感,冲淡了她对这位著名的学术权威的敬畏,迅速缩短了和他的距离。

贾盈勤快,在姑夫家自然是做饭做菜,刷锅洗碗,经常在厨房里钻着。对我来说这挺正常,贾盈对此也绝无怨言。可姑夫不行,一次下班回来,一进门看到我和炎妹坐着高谈阔论没干活,转身又看到贾盈一个人在厨房里忙,脸一下沉了下来,把我和炎妹说一顿,转身进了他屋里。我的心虽然"噌噌"直跳,毕竟脸皮厚些,可炎妹在新嫂子面前脸上未免有些挂不住,落下泪来。这时,厨房的贾盈却根本不知道姑夫怎么进厨房看一眼就不愿意了,吓得不得了,跑出来悄悄问我:"怎么了,我怎么了?"事后,我告诉她:"姑夫说你勤谨,你干着活儿,我们在聊天,很不平等,觉得委屈你。"她愣住了,眼中含起泪花……

我不能忘记给姑夫做"过油肉"这件事,这件事曾使我感到由衷的幸福,也使我愧悔至今。姑夫的生活非常朴素和节俭。贾盈有一次做饭,其中有一个菜是随便做的新疆"过油肉",她看到姑夫特别爱吃,便琢磨让姑夫吃个够。第二天她到菜市左挑右选买来了一条后肘,剔了一大块肉,精心切成肉片浸在料汁里。等到晚间姑夫回来,她便动手过油,然后做了满满一大盘油汪汪、亮灿灿的过油肉。这是给姑夫单做的,可他吃饭时非得要我们和他一块吃。我心里知道,姑夫又在"凿四方眼",要和我们俩"平等"一下,便拉着贾盈陪他吃。其实,我们只是点了几筷子,看着姑夫吃。

这么多年,我根本没法记住和姑夫吃过多少次饭,可我从未见过他一大口一大口地吃得这么香,吃得这么贪。看着看着,我突然感到一阵心酸:"他也馋啊……他吃的上面太缺呀……"姑夫一口气把肉吃了大半盘,放下筷子,对贾盈不好意思地说:"剩下的给我留下吧,装饭盒里,明天我带到机关去……"

我们只给姑夫做过3回"过油肉"吃,仅仅3回。吃"过油肉"要全部选精肉,一条后肘只能做一大盘,在当时是比较奢侈的,但绝不是说我们就买不起第四个肘子,而是我们那时常从新疆回京探亲，手中没有一点积攒，就有些抠门儿，心想下次回来再给他做着吃。万万没有想到，我们竟没有这个珍贵的下一次，姑夫过早地病了，再也吃不上贾盈的"过油肉"了。当年看着姑夫吃"过油肉"的情景，如今仍然历历在目，因为看他解了馋，感到非常幸福。但我们俩没有给他买那第四个肘子，却使我一直愧悔到如今。

1980年冬天，我从木垒哈萨克自治县调到了《新疆回族文学》编辑部，在报到之前，我带5岁的儿子关峙赶回北京，贾盈因为刚生下女儿，没能跟我回来。这时，姑夫已经第二次脑溢血住在北京协和医院。到北京的第二天，我便去医院看护姑夫，这时他能认识我，心里明白，但说话已经相当困难。协和医院的陪护规定是严格的，但大夫们知道我是从新疆回来的，便很关照，睁一只眼闭一只眼，不管我。这样我便可以天天到协和医院守着他，帮着他翻身、吸痰……一连过去好多天，姑夫没有跟我说一句话。一个多星期以后我发现他有时直呆呆地看着我，有几次还脸色发红，我不知道姑夫是什么意思。到了第十一天，我又看到他一直看着我，脸又开始一阵一阵泛红，我便看着他。突然，姑夫挣红了脸，吃力地说话了，声音虽然僵硬，但是很清楚蹦出来3个字："你走吧！"

姑夫冷不丁说了这么一句，我心中一沉。他肯定是不愿意了，可我怎么惹他烦了呢？我思想来思想去摸不着门儿，心中纳闷。猛然间，我明白了：我一天不拉地天天来陪着他，他一定觉得太长了，他不愿意我因为陪护他而耽误我的工作，他在催我回新疆，回到工作岗位上去。

这么多年，经事太多了，离别太多了。"男儿有泪不轻弹"，确实什么事都难使我落泪，有时即使我想流泪都流不出来。我自己都怀疑我的心是不是已经像天山上铁青铁青的石头了。回京、返疆，一次又一次，我没有一次是流着眼泪离开亲人回新疆的。可是这一次回京，眼见得长辈们一个个开始老了，姑夫更是重病不起，再难痊愈，我不愿回新疆，却必须回去，北京哪个亲人我都照顾不上。而且，我更预感到："你走吧！"这就是敬爱的姑夫对我说的最后一句话。在京的日子里，思前想后，一次次沉重都积压在了心底。可一上了火车，这一切突然从心底翻腾起来，真是五内悲摧。一声长笛，列车开了，顿时，我的眼泪涌出，止都止不住地长流下来。我不愿意让别的乘客看见，不是每个乘客都能明白异乡游子的至极伤心事的，便伏在两臂上饮泣，结果是"泪濡襟袖又一片"！一直倚在我身边的关崎掏出手绢给我擦泪，这让我更加伤心，年年在八千里外，我能挨在北京哪个亲人身旁说句宽慰的话，我是什么子孙哟，我的心都碎了！

在一声火车的鸣笛中，我带着殷殷嘱咐，告别姑夫，奔赴边塞大漠，那时我一头黑发；35年后，我已经白发丝丝，又万里奔波，在声声船笛中，在祖国东方国门的这一片波涛上，和炎妹，和他的学生、同事们安葬他的遗骨。我依然没有流泪，只是一遍又一遍，一遍又一遍地环顾着这片水域，确定它的方位。我像把姑夫对我的教诲深深镌刻在我的心壁上一样，将这没有墓碑的陵园磨刻在我的心中。

亲爱的姑夫的陵园，在长江吴淞口定兴沙、永丰沙之间，在一片碧波中……

1999 年 10 月后记

丁声树藏书·批校本所见

关学林

姑夫丁声树热爱古籍收藏,并且有藏书,这是不少人都知道的;但是,他在校勘学、目录学方面的造诣和成果,知之者或许就相当少了。

以前我只知道姑夫酷爱藏书,但从来不知道姑夫在校勘学、版本目录学方面的情况,直到姑夫逝世后,我才从母亲口中知道姑夫有一部重要的《说文解字》。

那是1995年,母亲来到新疆和我住了一年,其间对我说了一件事:

姑姑赴美国后,团结湖家被盗,丢了不少东西,几口铁皮箱子都给撬开了。母亲打电话给波士顿的姑姑,姑姑听说家中被盗时,还没等母亲把话说完就打断了她,着急地问:"嫂子!你先说,声树那部《说文解字》还在不在?!"由此,我才知道这部《说文解字》,并且断定这一定是一部特别重要的批校本。

姑夫故世之后,姑姑从美国先后给我来信、打电话,向我交待姑夫藏书的处理意见,责成我有机会探亲及退休后,务必将姑夫的藏书整理出个次序,而最为强调的是一定要挑选出姑夫批校、题跋过的古籍。

姑夫收藏的古籍，病前绝大部分放在语言所里，除在1968年赠给我的古籍外，其它的我一直没有见过。姑夫得病住院后，姑夫在语言所的古籍被运回到三里河三楼他的那间房中，是用三轮车一车车拉回来的。这一搬，藏书已经乱了次序，或许还有遗失。炎妹和姑姑的一位同学曾经对姑夫的藏书进行整理，已经有些书配不上套了。此后，姑夫家又从三里河搬到团结湖新居，在腾那间藏书房间时，这些书是装进近百个大塑料袋子里搬到团结湖的，都码在新做的10个简易书架上，北屋码得几乎容不下身。不料在1999年丁炎妹回来前，在团结湖家一次小装修的半个月中，工人搬来挪去，所以，除了客厅的6个书箱中的古籍还一函一函地码放外，其它古籍塞的各屋都有，全都乱套了。这就是为什么姑姑要我整理姑夫古籍的原因。

　　自1999年第一次整理，到退休后两次抵京，才将姑夫的这些书草草整理出个次序。所谓草草整理，是将各房间四处堆放的书，一套一套地找全配齐，进行登记，再一架架、一箱箱地码好，记明存放位置，已经顾不上再按经史子集进行分类了。即使如此也花去了很多工夫，譬如《粤雅》巾箱本240册，散乱在各个房间的书柜书架上，直到最后才找全配齐；明代万历司礼监重刻本《洪武正韵》虽然只有两函，竟一函在客厅，一函在西屋，也是直到最后才找全的。还有一定数量散乱不全的书，已经根本无法配全。

　　粗略统计，姑夫所藏线装书约有六百余种，四千多册；大型丛书14部，如《潜研堂丛书》、《咫进斋丛书》、《平津馆丛书》、《知不足斋丛书》、《汉魏丛书》、《宋元学案》、《玉函山房辑佚书》等等；也有如《洪武正韵》等少量珍本。

整理古籍时,我自然十分注意姑夫进行过批注和题跋的古籍,现发现27种。

我第一次整理图书是在1999年。丁炎妹妹从美国回来,我陪她去上海安葬姑夫的骨灰,回来我便利用十几天假期,开始整理这些古籍。也就是在这一次,我和翟乾祥大哥看到了姑夫《说文解字》批校本。

这部《说文解字》封面上,姑夫写满了毛笔字,记述了他某年至某年,在何地"校一过",我记得姑夫对这部《说文解字》先后共批校了"六过"。我浏览了内页,只见从前到后,几乎每一页姑夫都用笔画如毛的蝇头小楷,在天头、地脚、行间,甚至在书口处写下注语,密密麻麻,可谓是篇篇见批校,页页满墨痕。由于这部书只在我手中一过而已,我当时没有细看它是哪个版本,也只模糊记得姑夫六次批校这部《说文解字》,大体是在抗日战争期间。

炎妹在带走姑夫这部《说文解字》批校本之前,我曾到国家图书馆特藏部,去咨询给这部《说文解字》拍资料片的事情,但因为炎妹返美行期将至而作罢。

除了《说文解字》外,姑夫对《白虎通疏证》《〈书目答问〉补正》二书批注之详尽,与炎妹带走的《说文解字》批校本相仿。

姑夫批校的《白虎通疏证》是光绪元年本。封面有亲笔题记;封二和扉页写满关于《白虎通》及《白虎通德论》的版本源流;该书四册,同样是篇篇见校注,页页满墨痕,是姑夫用功最力、完整批校的又一部古籍。

姑夫批校的《〈书目答问〉补正》是民国二十年(1931)国学图书馆印本,二册。与这部《〈书目答问〉补正》批校本放在一起的,还有《书目答问》光绪二年贵阳刻本,二册。姑夫在《〈书目答问〉补正》批校本封二还写道:"一九五零年十月以辅仁学志第十五卷柴德赓《记贵阳本〈书目答问补正〉兼论答问补正》校补数处。"又写道:"余所校正,与贵阳本相合者,亦记出贵阳字样。"还记有:"丁声树自藏本",及姑夫印一方;另有一方阴文大篆"索正精舍"硃砂印文,我不知道姑夫有这一方印,应是该书以前藏者的留印。

《书目答问》是张之洞在同治十三年(1874)任四川学政时编撰的书目,全书5卷,以收录清后期的学术著作为主,共两千二百余种,都是精选之本;按经、史、子、集、丛书5部分类编排;著录了书名、著者、版本等,重要图书还有按语。书后附《别录》和《清朝著述诸家姓名略》。该书目大体概括了清代光绪以前学术成果,后世一直流传,是一部有重要影响的古籍书目。

《书目答问》在光绪初年成书,有所脱漏及错误,自然不可避免。特别是在《书目答问》之后的几十年中,章炳麟、梁启超、刘师培、罗振玉、王国维等著名学者陆续涌现,整理和研究古籍的新本、新著,以及殷墟甲骨文、敦煌遗书的发现及研究成果的相继问世,已经使光绪初年成书的《书目答问》日益显现出缺憾来。

1927年,南京国学图书馆学者范希曾,撰《〈书目答问〉补正》5卷,历时三年而成。所谓补正,一是补:补记了张之洞刊刻之后各书补刊的版本,特别增收了1930年前出版的一些与原书收录性质相近的新著作、新成果,约一千二百余种。其次,补原书漏记的版本、光绪二年以后补刊的版本。同时,凡《书目答问》称之"今人"的,均都补足姓名。二是正:纠正了《书目答问》中存在的错误,包括书名、著述者之误,以及卷数、版本之误,甚至个别的内容之误。

但是，由于范希曾在《〈书目答问〉补正》成稿之后便英年早逝，对这部书稿未来得及作进一步的订正，尽管本书在1931年出版时，蒙文通先生曾在其中的经部加了若干按语，订正原稿之失，但其它部分却未能进行订正。而且范希曾未能会校《书目答问》各种校注版本，吸收各家之长，如为人称道的王秉恩校本等，更使该书存在明显的不足。

显然，正是基于《〈书目答问〉补正》存在的这些不足，并认定它具有概括有清一代到"五四"运动前后学术成果的重要价值，为了使之更臻完善，姑夫才着力对该书进行详尽的校注，进行补正之再补正。

这部批校本如同《说文解字》、《白虎通疏证》批校本一样，也是篇篇见批注，页页满墨痕，成为姑夫用功最力的批校本之一。我不怀疑，姑夫这部《〈书目答问〉补正》批校本，应是我国止于建国前的一部学术成果的概括和总结的重要目录著作。

除了《说文解字》、《白虎通疏证》、《〈书目答问〉补正》三部精校精注的批校本之外，姑夫还曾批校一些书，如：

《四库提要辩证》六册，民国二十六年版。余嘉锡、季豫甫著；封面有"余嘉锡先生赠　丁声树识　时在昆明"。有丁声树印。

《章太炎先生所著书》，浙江图书馆校刊；对前数册进行标点；对全书进行了批注，各册多少不一。

《尔雅义疏》，郝懿行著，同治雕版，八册。有批注近三百处。

还有《经籍旧音辩证》，吴承仕著，民国版，二册；《逸周书》，孔晁注，二册；《十三经注疏附批校记》，贾公彦等撰，四十册，民国十三年影印本。《增补老子古义》上下二册，杨树达撰集，民国版。

以及《三礼名物》《五经异义疏证》《九经古义》等等。

姑夫还有一些古籍，有部分校注，但并未完成全书的批注。

如《大戴礼记补注》，阮元著，光绪九年本，共四册；批注了第一、二册，各有上百处之多，但第三、四册则完全没有批注，显然没有完成全书的批校便搁置了。

又如《庄子集解》，王先谦撰述，涵芬楼影印本；各页版心鱼尾下均注有篇名。又有眉批数条，但折页处更多，分明是曾欲批注而未能完成。

此外，姑夫还有一些题跋本，如：

《唐六典》八册，日本天保七年雕版，有《唐六典》各版本的记述。

《道藏目录详注》影印本四册；有《道教起源》、《道教目录凡例》的过录。

姑夫的藏书在台湾应当也有，因为1949年国民党政府中央研究院撤离大陆时，姑夫的资料被傅斯年带到了台湾。在姑夫这些被带到台湾的资料中，不知还有没有古籍珍本、批校本。

附录一

丁声树先生生平年表

1909年 3月9日,出生于河南省邓县(今邓州市)城北三官庙村(现属裴营乡大丁营行政村)。

1917年 8岁。入邓县大丁营村私塾,学习四书五经、纲鉴总论之类书籍。

1920年 11岁。秋,考入新开办的邓县乙种商业学校(相当于高级小学),学习三年。

1923年 14岁。秋,考入河南省立第五中学(校址在河南南阳),是该校第一届初中班学生。学习三年。

1926年 17岁。秋,离家,考入北京大学预科学习。

1928年 19岁。夏,北京大学预科毕业。秋,升入本校中国文学系学习。

1932年 23岁。秋,大学毕业,经北京大学教授钱玄同、沈兼士等推荐,入中央研究院历史语言研究所工作,所址在北京北海静心斋,职务为助理员。

1934年 25岁。1月,第一篇学术论文《释否定词"弗""不"》在上海撰写完稿。

1935年 26岁。在《历史语言研究所集刊·庆祝蔡元培先生六十五岁论文集》上发表论文《释否定词"弗""不"》,在学术界崭露头角。10月,参加湖南方言调查。年底,随历史语言所迁至南京鸡鸣寺。

1936年 27岁。在《历史语言研究所集刊》第6本第4分册上发表《诗经"式"字说》一文,受到学术界权威胡适赞扬。4月,与赵元任、杨时逢、吴宗济、董同龢等一起开始调查湖北方言。后来合作编著《湖北方言调查报告》。

1937 年 28 岁。七七事变后,随中央研究院历史语言研究所西迁,先迁至武汉,后又迁至湖南长沙圣经学院。

1938 年 29 岁。秋,随中央研究院历史语言研究所迁至云南昆明北郊的龙泉镇。

1939 年 30 岁。1 月,晋升为编辑员。

1940 年 31 岁。1 月,在《国立北京大学四十周年纪念论文集》乙编上发表《诗卷耳苤苢"采采"说》一文,获得学术界好评。晋升为副研究员。3 月,与杨时逢、董同龢等开始调查云南方言。8 月至年底,随历史语言研究所迁往四川南溪县李庄。

1941 年 32 岁。1 月,晋升为专任研究员。10 月,参加四川方言调查。

1942 年 33 岁。3 月,撰写《论诗经中的"曷""何""胡"》。10—12 月,撰写《"何当"解》。

1943 年 34 岁。6 月,撰写《"碚"字音读答问》。

1944 年 35 岁。冬,受中央研究院委派赴美国考察。被聘为兼任哈佛大学远东语言学部研究员。加入美国语言学会。

1946 年 37 岁。秋,被聘为兼任耶鲁大学语言部研究员。8 月,与时在联合国工作的关淑庄博士结婚。

1947 年 38 岁。在《历史语言研究所集刊》第 11 本上发表《"何当"解》和《"碚"字音读答问》。11 月,撰写《说文引祕书为贾逵说辨证》。12 月,女儿丁炎出生。

1948 年 39 岁。3 月,与赵元任、吴宗济等合著的《湖北方言调查报告》出版。8 月,告别妻女离开美国回国。9 月,到南京(中央研究院已于 1946 年回迁南京)。在《历史语言研究所集刊》第 10 本上发表《论诗经中的"曷""何""胡"》。冬,中央研究院迁往台湾,丁先生拒绝随所迁台,留在南京。

1949 年 40 岁。在《历史语言研究所集刊》第 20 本下册上发表《"早晚"与"何当"》,在《历史语言研究所集刊》第 21 本第 1 分册上发表《说文引祕书为贾逵说辨证》。4 月,南京解放。9 月,调到北京。

1950 年 41 岁。中国科学院成立,丁先生是第一批研究人员。6 月,语言研究所成立。此后,一直在语言研究所工作,是一级研究员。9 月,参加并负责的研究课题《中国现代语的基本文法结构和基本词汇研究》立项,开始研究工作。在《周叔弢先生六十生日纪念论文集》上发表《魏鹤山与孙恤唐韵》。

1951 年 42 岁。6 月，参加语言研究所召开的讨论民族语言文字问题的座谈会。11 月，报名参加土地改革工作团中南第七团，南下湖南常德县十美堂区黄珠乡，负责发动群众，进行土改工作。

1952 年 43 岁。4 月，从湖南回到北京。主持语法小组工作，编写《语法讲话》，参加合作撰稿者还有吕叔湘、李荣、孙德宣、管燮初、傅婧、黄盛璋、陈治文等。7 月起以中国科学院语言研究所语法小组名义在《中国语文》（月刊）上连载。在《中国语文》杂志创刊号上发表《谈谈语音构造和语音演变的规律》。10 月，找所长罗常培面谈，事后写信给罗常培所长认为自己工资太多，变成了沉重的思想包袱。12 月，出席所务会议，讨论下一年工作计划、总结近几年的工作。

1953 年 44 岁。《语法讲话》继续在《中国语文》（月刊）上连载。11 月，《语法讲话》在《中国语文》（月刊）上刊载结束，共连载十七次二十一章。《语法讲话》油印本送有关单位、人员，征求意见。12 月 8 日，在语言研究所工作会议上做学习俄文如何巩固的报告。

1954 年 45 岁。语言研究所成立方言研究组，任组长。

1955 年 46 岁。5 月 22 日，选聘为中国科学院哲学社会科学部委员。7 月，参加哲学社会科学部召开的常委会扩大会议，讨论召开现代汉语规范学术会议问题。9 月中旬带队在团校进行方言调查。10 月 25—31 日，参加中国科学院在北京召开的现代汉语规范问题学术会议，在大会上做《汉语方言调查》的重点发言（与李荣联合发言）。10 月 27 日，语言研究所学术委员会成立，任学术委员会委员。11 月 15 日，中国科学院批准语言研究所学术委员会委员名单。

1956 年 47 岁。1 月，中国科学院成立普通话审音委员会，被聘为委员会委员。1 月 28 日，国务院决定成立中央推广普通话工作委员会，陈毅为主任委员，丁声树被委任为委员会委员。全国性方言普查工作开始进行，语言研究所方言组负责组织、指导工作。为方言调查工作编写的《方言调查词汇手册》《方言调查字表》出版。教育部和语言研究所共同举办的普通话语音研究班开班，半年一期，前三期着重培养方言调查人员。丁先生负责研究班的组织教学工作。编写《汉语音韵讲义》（李荣制表）和工具书《古今字音对照手册》（李荣参订）。7月,出席《中国语文》杂志社在山东青岛召开的语法座谈会,在会上做了发言,强调语法研究必须从语言事实出发。语言研究所词典编辑室成立。与李荣合编的《方言调查词汇手册》由科学出版社出版。

1957年 48岁。为普通话语音研究班编写《汉语音韵讲义》（李荣制表）完稿。5月,致信郭沫若院长,建议取消学部委员津贴。与李荣合编的《汉语方言调查手册》由科学出版社出版。12月,参加语言研究所和北京大学中文系联合召开的汉语拼音方案草案座谈会。

1958年 49岁。7月,带领方言组专业人员到河北省张家口调查方言。编写的《古今字音对照手册》（李荣参订）由科学出版社出版（1981年10月转中华书局出版）。编写出版《方言调查词汇表》。

1959年 50岁。春,带领十多位专业人员到河北省昌黎县调查方言。集体编写《昌黎方言志》。当选为第三届中国人民政治协商会议全国委员会委员。《现代汉语词典》试印本审订委员会成立,担任审订委员,7月至10月审看《现汉》语文词条。

1960年 51岁。7月,《昌黎方言志》由科学出版社出版。

1961年 52岁。3月,开始担任《中国语文》总编辑。开始担任《现代汉语词典》主编,主持《现代汉语词典》的编辑定稿工作。4月,开始担任词典编辑室主任。8月,参加汉字查字法整理工作组。开始主持《新华字典》的修订工作。12月,与吕叔湘、李荣等合著的《语法讲话》经修订改名为《现代汉语语法讲话》,由商务印书馆出版单行本。

1962年 53岁。1月,出席为期一周的高校教材《古代汉语》（王力主编）出版座谈会。4月,发表《说"匜"字音》。6月,加入中国共产党,为预备党员。

1963年 54岁。6月,转为中国共产党正式党员。10月,参加在北京召开的中国科学院哲学社会科学部委员会第四次扩大会议,受到毛泽东主席等中央领导人接见。

1964年 55岁。3月,在北京科学会堂召开《中国语文》编委会扩大会议。在京编委和语言学专家20多人参加。4月17日,向全所工作人员做学术报告:关于汉语词典的注音问题。8月16日,向全所工作人员做学术报告:汉语音韵学问题。11月,当选为第三届全国人民代表大会代表。

1965 年　56 岁。3 月 9 日,在所内讲授"反切",计划用半年时间向全所业务人员开设音韵学讲座。主持修订《新华字典》和这本字典农村版的编纂工作。8 月,接待日本青年参观团干事牛岛德次来语言所访问。9 月,接待捷克斯洛伐克科学院的学者,谈捷—汉词典的编写和收集资料问题。10 月,参与接待越南语言学专家黄批,座谈词典编写情况。12 月,参与接待越南专家座谈会,座谈词的连写音译和外来词问题。

1966 年　57 岁。1 月,陪同越南专家去民族研究所参加座谈会。4 月,接待日本旅行团来访,谈词典编纂问题。6 月,哲学社会科学部开始进行"文化大革命",业务工作停止。"文革"中被打成"资产阶级反动学术权威",曾被揪斗,在语言研究所所在的端王府大院戴高帽敲锣游街。后入"牛棚"劳动改造。一直到 1968 年 12 月工、军宣队进驻。

1970 年　61 岁。3 月,与全所同事一起下放到河南省息县"干校"。在干校先被分配烧开水,后来改为养鸡。

1971 年　62 岁。1 月,根据中央关于让年老体弱的科学家提前从干校回京的指示,与俞平伯、吕叔湘、何其芳等回到北京。

1972 年　63 岁。2 月,应商务印书馆约请审订《汉语成语小词典》(北京大学中文系编)。3 月,应中华书局约请,审订标点《三国志》等史书。7 月应中华书局约请,参与检查《资治通鉴》标点工作。7 月,语言研究所下放"干校"的人员全部回京,因无确定的办公处所,暂驻北京朝阳门内南小街 51 号原文字改革委员会办公楼的一楼门厅和二楼两个房间。

1973 年　64 岁。5 月,《现代汉语词典》试用本由商务印书馆出版,16 开本,内部发行。9 月,缩印 32 开本,内部发行。词典编辑室暂时在办公楼南面的三间平房内开展业务工作,正常上班。做资料勾乙、抄写工作。

1974 年　65 岁。词典编辑室继续工作。派出三位工作人员去北京市教育局《新华词典》编辑组学习,为修订《现代汉语词典》作准备。"四人帮"借"批林批孔"对《现代汉语词典》进行批判、封存。

1975 年　66 岁。中共语言研究所党总支成立,被选为党总支副书记。5 月,作为特邀专家出席国家出版局和教育部在广州召开的中外语文词典编写出版规划座谈会。在大会上发言,并代表语言研究所接受修订《现代汉语词典》和编写《汉语同义词和反义词词典》的任务。6 月,《现汉》修订工作成为语言所重点项目，后又成为学部重点项目。8月，语言研究所组建词典修订组和修订组党支部开始进行《现汉》修订工作。10月以后，按有关方面要求，开始筹建工人、解放军和专业人员三结合修订组。陕西韩城燎原煤矿工人、北京无线电厂工人先后来语言研究所参加词典修订组。11月三结合修订工作正式开始。

1976 年 67岁。2月，词典编辑室随语言研究所搬迁到四道口原北京地质学院主楼办公。解放军通讯兵部来人参加词典修订组。重新组建《现汉》三结合修订组和新的党支部，安排《现汉》修订工作。分配在看稿组工作。

1977 年 68岁。春，工人、解放军人员离开修订组，作为主编负责组织专业人员重新整理修订词典稿，努力消除"文革"影响。5月，三结合修订工作结束。中国社会科学院成立。语言研究所调整学科。任词典室主编。与吕叔湘、闵家骥一同会见澳大利亚语言教学考察团，谈《现汉》试用本问题。10月院临时领导小组召开为时10天的会议，对《现汉》定稿进行审定。12月，《现代汉语词典》交商务印书馆排印。

1978 年 69岁。2月，当选为第五届全国人民代表大会代表。3月，参加中国社会科学院在北京远东饭店召开的北京地区语言学科规划座谈会，在词典组会上发言。4月6日，在词典编辑室全体人员会议上发言，谈词典中的失误和学习问题。5月，开始《现代汉语词典》校样审看、修改。8月，语言研究所成立新一届所学术委员会，任副主任委员。11月开始计划编写《现代汉语大词典》。12月，《现代汉语词典》由商务印书馆正式出版，公开发行。主持编写《现代汉语小词典》。

1979 年 70岁。3月，《现代汉语小词典》编辑完稿，交商务印书馆出版。筹备编写《现代汉语大词典》，成立编辑委员会和常务委员会，担任常务委员，主编。拟订出编写原则和计划。4月10日，在全所作题为《北京语音几个问题》的学术报告。10月8日夜，患脑溢血住进协和医院。

1980 年 71岁。6月，《现代汉语小词典》出版。

6月以后至1982年，全国和地方的一些语言学科学术团体先后成立，丁声树先后被聘为一些学会和研究会顾问；6月，北京市语言学会顾问；10月，中国语言学会顾问；11月，中国音韵学研究会顾问；1981年7月，全国高等学校文字改革学会顾问;1981年11月,全国汉语方言学会顾问;1982年5月,中国训诂学研究会顾问。

1983年 74岁。2月,当选为中国人民政治协商会议第六届全国委员会常务委员。4月中国共产党中国社会科学院党委召开大会,表彰了他的先进事迹,誉之为"从爱国主义走向共产主义的知识分子的优秀代表"。

1984年 75岁。2月,《汉语音韵讲义》由上海教育出版社出版。7月,《昌黎方言志》由上海教育出版社出版新一版。

1989年 80岁。3月1日,在北京逝世。4月12日,语言研究所在中国社会科学院学术报告厅隆重举行"丁声树学术活动追思会",所长刘坚主持会议,中国社会科学院领导人汝信和我国语言学、历史学界的著名学者吕叔湘、李荣、季羡林、朱德熙、周祖谟、杨伯峻、张政烺、胡厚宣、刘大年、吴宗济等参加会议并在会上讲话。1989年《中国语文》第四期和《方言》杂志第二期分别组织专辑悼念丁声树先生,刊登吕叔湘和李荣分别撰写的纪念文章。

(《现代汉语词典》和《现代汉语小词典》的前两版均未署编写人员名字,1996年7月、1999年12月,两书先后出版第3版,开始署主编和编者名字。)

(韩敬体集录)

附录二

丁声树先生主要论著目录

专著：

湖北方言调查报告（与赵元任、杨时逢、吴宗济、董同龢合著），商务印书馆 1948 年 3 月。

方言调查词汇手册，中国科学院语言研究所 1955 年 8 月印行，科学出版社 1956 年。

汉语方言调查简表（与李荣合著），中国科学院语言研究所 1956 年 8 月。

汉语方言调查手册（与李荣合著），科学出版社 1957 年。

古今字音对照手册，科学出版社 1958 年，1981 年 10 月转中华书局。

昌黎方言志（与李荣等合著），科学出版社 1960 年。上海教育出版社 1984 年 2 月新一版。

现代汉语语法讲话（与吕叔湘、李荣等合著），商务印书馆 1961 年 12 月。

现代汉语词典（主编），商务印书馆 1978 年 12 月。

现代汉语小词典（主编），商务印书馆 1980 年 6 月。

汉语音韵讲义（与李荣合著），《方言》1981 年第 4 期 241—274 页，单行本上海教育出版社 1984 年。

有闻录（读书札记），草稿，未发表。

论文：

释否定词"弗""不"，《历史语言研究所集刊·庆祝蔡元培先生六十五岁论文集》下册 967—996 页(1935 年)。
诗经"式"字说(附胡适信),《历史语言研究所集刊》第 6 本第 4 分册 487—495 页(1936 年)。
诗卷耳苯苢"采采"说,《国立北京大学四十周年纪念论文集》乙编上 1—15 页(1940 年)。
"何当"解,《历史语言研究所集刊》第 11 本 449—463 页(1947 年)。
"碚"字音读答问,《历史语言研究所集刊》第 11 本 465—468 页(1947 年)。
论诗经中的"何""曷""胡",《历史语言研究所集刊》第 10 本 349—370 页(1948 年)。
"早晚"与"何当",《历史语言研究所集刊》第 20 本下册 61—66 页(1949 年)。
说文引祕书为贾逵说辨证,《历史语言研究所集刊》第 21 本第 1 分册 55—61 页(1949 年)。
魏鹤山与孙愐唐韵,《周叔弢先生六十生日纪念论文集》1—4 页(1950 年)。
谈谈语音构造和语音演变的规律,《中国语文》1952 年 7 月创刊号 15—17 页。
谈谈汉字标准化,《一九五〇年语文问题论文辑要》114—115 页,大众书店 1952 年。
汉语方言调查(与李荣合作),《现代汉语规范问题学术会议文件汇编》80—88 页,科学出版社 1956 年。
在语法座谈会上的发言,《中国语文》1956 年第 9 期 40 页。
改进文风问题管见,《中国语文》1958 年第 5 期 201 页。
关于进一步开展汉语方言调查研究的一些意见,《中国语文》1961 年第 3 期 4—6 页。
说"匼"字音,《中国语文》1962 年第 4 期 151—153 页。
方言调查词汇表,《方言》1981 年第 3 期 161—205 页。
河南省遂平方言记略,《方言》1989 年第 2 期 81—90 页。
汉语方言和标准语,未发表。
普通话语音研究培训班第三期(总结),未发表。

编　后　记

2009年3月9日是我国著名的语言学家、中国科学院哲学社会科学学部委员丁声树先生百年诞辰。

丁声树先生,号梧梓,河南邓县(今邓州市)人。1932年毕业于北京大学,曾任中央研究院历史语言研究所专任研究员。1944—1948年在美国考察,兼任哈佛大学远东语言部、耶鲁大学研究院语言学部研究员。1950年后任中国科学院语言研究所研究员、中国科学院哲学社会科学学部委员、中央推广普通话工作委员会委员、中国科学院普通话审音委员会委员、《中国语文》杂志主编等职。为全国政协第三届委员、第六届全国政协常务委员,第三届、第五届全国人大代表,在音韵、训诂、汉语方言、汉语语法和词典编纂等方面,造诣深湛。曾主持编写《现代汉语词典》《昌黎方言志》,编录《古今字音对照手册》,与他人合著有《湖北方言调查报告》《现代汉语语法讲话》《汉语音韵讲义》等。丁声树先生的为人和治学都受到学界的广泛称扬,中国社会科学院曾在1983年召开大会表彰丁声树先生,誉之为老一代知识分子的最优秀的代表人物。

2008年春,中国社会科学院语言研究所为隆重纪念丁声树先生诞辰100周年,计划开展一些活动,其中有一项工作就是编辑出版《丁声树先生百年诞辰纪念文集》。所领导研究决定,建立文集编辑筹备组,由韩敬体、李志江两位同志负责征集、编辑文稿及文集出版联系工作。

纪念文稿征集函发出后,受到了学界和有关人士的积极响应,不到半年时间,就征集到各方面的纪念性文章四五十篇。文稿作者有丁先生的同学、好友和其他同辈的学者,有跟丁先生共事多年的同事,有丁先生的晚辈学人,也有丁先生的亲属。在此敬向他们致谢。征集的文章记述的基本上都是作者亲身与丁先生交往的事迹。这些往事有的表现出丁先生博大精深的学术造诣,有的表现出丁先生呕心沥血钻研学术的执著精神,有的表现出丁先生刻苦、忘我工作的敬业和奉献精神,有的反映出丁先生的先人后己、助人为乐的高尚品格,有的反映出丁先生艰苦朴素、严于律己的生活情操。这些记述充分说明人们称颂丁声树先生"学问足为人师,道德堪做世范"、"德高而不显,望重而不骄"绝非溢美之词。

对于来稿,我们一般都是尊重原文(包括个人特别用字),不加改动,只作必要的文字加工。个别篇章,应作者嘱托,稍作改动,文章改动之处也都听取了作者意见。

我们根据作者所属单位及文章涉及的内容将文章分成几组。开头的一组都是与先生同时代的人撰写的追思文章,作者都是学界的老前辈,多为著名的学术大家。跟在后面一组是先生的同学好友百岁老人吴宗济先生和一些晚辈同事写的纪念性的诗词。后面的几组则是按作者单位分列的。作者有来自先生上世纪50年代任职的语言研究所方言研究室的,有来自先生曾较长时间任职的语言研究所词典编辑室的,有来自先生"文革"前担任主编的

《中国语文》杂志编辑部的，有来自语言研究所其他研究室的，也有来自国内一些高等学校和出版单位的，还有一组是先生家属方面的。最后附有丁声树先生生平年表和丁声树先生主要论著目录。

韩敬体、李志江执行语言研究所领导的指示，在文集的征稿、编辑方面做了许多工作，语言研究所词典编辑室的编辑研究人员杜翔、吕京、王楠、王伟、潘雪莲、王霞等同志也在文稿的文字编辑加工工作中贡献了力量。金欣欣、丁声俊两位先生也对本书的集稿工作给予了帮助。中国社会科学院语言研究所和商务印书馆对纪念文集的编辑出版给予了大力支持。谨向他们致以衷心的感谢。

由于时间较紧，还有一些先生的文章未能按时寄来，因此没有来得及编入文集。这是应当向这些先生表示歉意的。期望以后能有机会弥补这一缺憾。

丁声树先生诞辰100周年了，辞世也20周年了，他的音容笑貌还深深留在不少人的记忆里。他的卓越贡献、治学精神、高尚品格更是要长期地留在祖国的文化事业中，它已成为我国学术界一份弥足珍贵的遗产。"高山仰止，景行行止"，我们纪念丁声树先生，就是要学习他的精神，发扬他的风格，奋发有为，将他所从事的科研事业推向新的高度。

中国社会科学院语言研究所
《丁声树先生百年诞辰纪念文集》编辑组
2009年9月